公共服务供给与缩小收入分配差距研究：机会平等视角

刘成奎　著

本书得到武汉大学经济与管理学院理论经济学"双一流"学科建设资金的资助

科 学 出 版 社

北 京

内 容 简 介

　　本书在系统阐述公共服务供给影响人力资本水平，进而影响收入机会平等性的理论基础上，运用中国宏观数据测度公共服务供给与人力资本供给水平，进而运用微观调研数据实证分析公共服务供给（主要以教育与医疗、低保为例）对人力资本、人力资本对收入机会平等性的影响，由此提出了针对性的政策建议，这有助于构建缩小收入分配不平等的长效机制。本书拓展了环境-努力二元框架，将环境因素从传统的家庭环境拓展为政府提供的公共服务环境，从而为政府干预收入不平等提供理论支撑。同时，利用中国的微观调研数据检验公共服务对人力资本形成、人力资本对收入不平等的影响机制与效应，为政府提供可靠的实践支撑。

　　本书适合公共服务供给、收入分配不平等等有关研究领域的研究者，有关政府部门的工作人员，高校的经济学、社会学专业的研究生等阅读与参考。

图书在版编目（CIP）数据

　　公共服务供给与缩小收入分配差距研究：机会平等视角 / 刘成奎著. ——北京：科学出版社，2023.5
　　ISBN 978-7-03-075459-2

　　Ⅰ. ①公… Ⅱ. ①刘… Ⅲ. ①公共服务 – 影响 – 收入分配 – 研究 – 中国 Ⅳ. ①F124.7

　　中国国家版本馆 CIP 数据核字（2023）第 072870 号

责任编辑：郝　悦 / 责任校对：贾娜娜
责任印制：张　伟 / 封面设计：有道设计

科 学 出 版 社 出版
北京东黄城根北街 16 号
邮政编码：100717
http://www.sciencep.com

北京中科印刷有限公司 印刷
科学出版社发行　各地新华书店经销

*

2023 年 5 月第 一 版　　开本：720×1000　1/16
2023 年 5 月第一次印刷　印张：18 1/4
字数：368 000

定价：186.00 元
（如有印装质量问题，我社负责调换）

序

促进收入分配平等一直是各国政府努力追求的目标，为此，各国政府尝试了多种类型的政策，如设定最低工资制度、划定贫困线等。虽然这些政策措施取得了一定的积极效果，但是距离社会理想的"合意"状态仍有一定差距。

近年来对收入不平等的研究大体上遵循罗默（Roemer）等的思路，将居民无法控制的诸如家庭背景、性别、出生地点等因素作为外部环境因素，将居民可以控制的因素作为内部努力因素，其中由"环境"因素引起的收入不平等即收入机会不平等。任何国家的居民对收入机会不平等的关注度都很高且容忍度很低，而由"努力"因素引致的收入不平等是可以接受的。

《公共服务供给与缩小收入分配差距研究：机会平等视角》将"环境"拓展为社会环境，同时引入人力资本概念来解释公共服务供给对收入机会不平等的影响机制，更加合理化与显性化了有关理论的解释能力。本书逻辑思路主要为，政府公共服务供给导致居民社会环境存在差异，而这会影响居民人力资本的形成与积累，居民人力资本的差异又会导致收入机会不平等，收入机会不平等必然会导致收入不平等，进而可以推知，改善收入不平等，应该重在改善收入机会不平等，而这依赖于居民人力资本的形成与积累，由此应该优化政府公共服务供给决策。

与现有其他研究相比，《公共服务供给与缩小收入分配差距研究：机会平等视角》做了以下尝试。一是选择从人力资本角度切入，研究公共服务供给对人力资本、人力资本对收入机会平等性的影响，从而拓展了政府解决收入分配不平等问题的政策范围。二是拓展了对收入机会不平等的测度，将现有的短期收入不平等测度拓展为长期收入不平等测度，使得对收入不平等的测度更加合理，同时也更有解释能力。三是将环境因素的范围由传统的侧重于家庭环境拓展为社会环境（政府公共服务供给），从而使得政府提升人力资本水平、改善收入机会不平等等目标有了可依靠的政策基础。四是尝试利用中国的微观调研数据来实证检验与人力资本形成直接相关的公共教育、公共医疗等对人力资本的影响机制与效应，以及人力资本对收入机会不平等的影响机制与效应等。

　　将公共服务供给作为"环境"因素来思考收入机会不平等问题，事实上也丰富了公共服务供给的绩效研究。与之前公共服务供给绩效侧重于短期显性绩效研究相比，《公共服务供给与缩小收入分配差距研究：机会平等视角》将公共服务供给作为"环境"因素有助于推动公共服务供给的长期隐性绩效研究。2021 年诺贝尔经济学奖获得者美国经济学家大卫·卡尔德（David Card）、约书亚·D. 安格里斯特（Joshua D. Angrist）、吉多·W. 因本斯（Guido W. Imbens）通过自然实验发现"学校的资源对于学生未来在劳动力市场上取得成功的重要性远远超过之前的预期"，这实质上也是公共教育的长期绩效评估研究。

　　中国政府一向高度关注并推动解决居民收入不平等问题，如近年来通过"精准扶贫"战略于 2020 年帮助贫困人口摆脱了绝对贫困，并明确提出乡村振兴战略以努力促进城乡居民收入平等，2021 年又宣布推动在全社会实现"共同富裕"目标。诚然，"共同富裕"目标是人民群众最终达到富裕，但绝不是"同时富裕、同步富裕、同等富裕"，也不是整齐划一的平均主义；其目标也允许存在合理差距，其中内含的就是允许居民因"努力"差异而导致的收入差异，这也就为政府决策提供了理论依据。由此，研究由"环境"导致的收入机会不平等，有助于识别合理的与不合理的收入不平等，进而为推动实现共同富裕提供可行的政策建议，逐步缩小地区差距、城乡差距与收入差距，分阶段促进共同富裕。

　　《公共服务供给与缩小收入分配差距研究：机会平等视角》作者刘成奎是武汉大学经济与管理学院教授、武汉大学财政金融研究中心主任，在跟随我完成博士后研究后，他长期专心于公共产品及其绩效研究，这是他的最新阶段性研究成果。我期待看到他更多新成果问世。

中国财政科学研究院原副院长

2021 年 10 月 20 日

目　　录

第一章 引　言

　　收入不平等是人类社会发展过程中无法绝对避免的难题，各国政府都在努力完善各类政策措施以努力缓解收入不平等，不可否认，这些政策取得了一定的积极效果，但是依旧难以达到"合意"的状态。缓解收入不平等的途径是多面向的，其中通过公共服务供给促进个体人力资本水平提升，推动个体收入机会平等进而促进收入分配的平等，是一种潜在且长期有效的路径。

第一节　研究背景与意义

　　中国政府一向重视解决收入分配不平等的问题，通过完善社会保障制度、不断提高最低工资水平等，为抑制中国收入不平等问题做出了重要贡献，但是，多年来一直位于 0.4 的国际警戒线之上，说明中国收入分配不平等问题依旧存在。究其背后原因，促进收入分配公平政策的效果除了受政府政策因素影响外，还在很大程度上依赖于帮扶对象的禀赋与努力，而这是与帮扶对象的人力资本水平直接相关的。

一、中国居民收入分配不平等问题依旧存在

　　改革开放后尤其是近年来中国居民收入有了大幅度提高，全国人均可支配收入由 2014 年的 20 167.1 元增长至 2019 年的 30 732.8 元，中国居民收入基尼系数已经由 2008 年的 0.491 下降为 2019 年的 0.465，但是同期中国居民收入基尼系数一直维持在 0.4 的国际警戒线之上（表 1-1），而且地区、城乡之间的收入不平等问题依旧存在。表 1-2 数据显示，中国东部、中部、西部、东北部四大地区的人均可支配收入最高与最低的差距由 2010 年的 7 466.3 元递增为 2019 年的 15 452.8 元，但是地区收入比由 2010 年的 1.47 增加为 2015 年的 1.67，之后缓慢递减为 2019

年的 1.64。同样地，城乡收入差距绝对额也在持续扩大，由 2010 年的 13 190.4 元扩大到 2019 年的 26 338.1 元，城乡收入比由 2010 年的 3.23 逐渐回落到 2019 年的 2.64。这说明中国居民收入分配未达到"合意"状态。

表 1-1　2004~2019 年中国居民收入基尼系数

年份	2004	2005	2008	2010	2015	2016	2017	2018	2019
基尼系数	0.473	0.485	0.491	0.481	0.462	0.465	0.467	0.468	0.465

资料来源：相应年份的《中国统计年鉴》《中国统计摘要》《中国发展报告》

表 1-2　2010~2019 年中国区域间居民人均可支配收入差距

年份	地区收入差距/元	地区收入比	城乡收入差距/元	城乡收入比
2010	7 466.3	1.47	13 190.4	3.23
2015	11 354.9	1.67	19 773.1	2.73
2016	12 247.9	1.67	21 252.8	2.72
2017	13 283.7	1.66	22 963.8	2.71
2018	14 362.4	1.65	24 633.8	2.69
2019	15 452.8	1.64	26 338.1	2.64

注：①本表的地区指东部、中部、西部、东北部四大地区，地区收入差距=东部地区人均可支配收入-西部地区人均可支配收入，地区收入比=东部地区人均可支配收入/西部地区人均可支配收入；②城乡收入差距=城镇居民可支配收入-农村居民可支配收入，城乡收入比=城镇居民收入/农村居民收入

资料来源：相应年份的《中国统计年鉴》《中国农村统计年鉴》

进一步地，表 1-3 数据显示，2015~2019 年五等份分组的全国居民人均可支配收入中，虽然最高 20%收入与最低 20%收入之间差额由 2015 年的 49 322.3 元扩大到了 2019 年的 69 020.3 元，但同期的最高 20%收入与最低 20%收入的比值一直在 10.35~10.97，显示最高 20%收入群体与最低 20%收入群体之间的绝对额在扩大但比值基本稳定。

表 1-3　2015~2019 年中国五等份分组的全国居民人均可支配收入　　单位：元

分组	2015 年	2016 年	2017 年	2018 年	2019 年
全国最低 20%	5 221.2	5 528.7	5 958.4	6 440.5	7 380.4
全国中偏下 20%	11 894.0	12 898.9	13 842.8	14 360.5	15 777.0
全国中间 20%	19 320.1	20 924.4	22 495.3	23 188.9	25 034.7
全国中偏上 20%	29 437.6	31 990.4	34 546.8	36 471.4	39 230.5

续表

分组	2015 年	2016 年	2017 年	2018 年	2019 年
全国最高 20%	54 543.5	59 259.5	64 934.0	70 639.5	76 400.7
最高最低收入差	49 322.3	53 730.8	58 975.6	64 199	69 020.3
最高最低收入比	10.45	10.72	10.90	10.97	10.35

资料来源：相应年份的《中国统计年鉴》《中国统计摘要》《中国发展报告》

这种收入分配不平等的主要影响因素包括外部环境与居民人力资本[①]等。表 1-4 显示，2004~2018 年中国城乡各类受教育程度人口占比的结构总体上持续优化，且城镇与农村的大专及以上学历人口占比总体上均有较明显提升；但是城乡之间的差距依旧存在，如大专及以上学历人口占比 2004 年城乡差距为 14.24%，2018 年上升为 22.72%。表 1-5 显示，中国东部、中部、西部地区的人均受教育年限存在东部高于中部、中部高于西部的特点。中国地区与城乡之间受教育程度的差异和中国地区与城乡之间居民收入差距呈现高度一致性。

表 1-4　2004~2018 年中国城乡各类受教育程度人口占比

年份	文盲		小学		初中		高中		大专及以上	
	城镇	农村	城镇	农村	城镇	农村	城镇	农村	城镇	农村
2004	4.55%	11.81%	19.19%	39.89%	35.81%	40.83%	25.33%	6.58%	15.13%	0.89%
2005	5.16%	13.76%	21.36%	40.72%	36.72%	38.45%	22.38%	6.31%	14.38%	0.76%
2010	2.09%	7.25%	15.95%	38.06%	36.08%	44.91%	24.37%	7.73%	21.50%	2.06%
2015	2.29%	8.65%	15.15%	35.36%	31.74%	42.28%	23.63%	10.22%	27.19%	3.48%
2016	2.40%	8.81%	15.36%	34.70%	31.79%	43.00%	24.11%	10.39%	26.35%	3.11%
2017	2.14%	8.17%	14.55%	34.61%	30.76%	42.72%	24.62%	11.03%	27.93%	3.47%
2018	2.29%	8.26%	14.98%	34.69%	31.26%	41.83%	24.51%	10.99%	26.96%	4.24%

注：文盲指不识字或识字很少的人口；各类受教育人口占比的人口总数指全国抽样调查的 6 岁及以上人口数
资料来源：相应年份的《中国统计年鉴》《中国教育统计年鉴》

表 1-5　2004~2019 年中国东中西部地区人均受教育年限　　单位：年

地区	2004 年	2005 年	2010 年	2015 年	2016 年	2017 年	2018 年	2019 年
东部地区	8.64	8.59	9.45	8.96	9.82	10.04	10.00	10.02

① 因无法获得健康指标衡量数据，只好以居民受教育程度来衡量人力资本水平。

续表

地区	2004 年	2005 年	2010 年	2015 年	2016 年	2017 年	2018 年	2019 年
中部地区	8.26	8.07	8.94	9.81	9.30	9.37	9.42	9.49
西部地区	7.21	6.88	7.96	9.58	8.25	8.47	8.47	8.51

注：表中的东、中、西部省份依据国家有关文件的传统分类方法确定

　　众所周知，人力资本内容包括智力与健康两个主要方面，智力受到政府提供的公共教育的均等化与教育质量的直接影响，而健康则受到政府提供的公共医疗卫生的直接影响[①]，以及其他公共服务的综合作用。表 1-6 显示，2004~2018 年义务教育阶段的初中与小学生均预算内教育经费额均有较大提高，除 2016 年和 2018年外，其他年份生均教育经费额增速都较快；尤其是农村义务教育阶段的生均经费增速保持了较快速度，与城镇义务教育阶段生均经费增速基本上保持了同步，说明义务教育均等化水平有了较大提升。表 1-7显示，2004~2019 年城镇与农村卫生技术人员数量均在增长，但是城镇每千人拥有的卫生医疗机构床位数、卫生技术人员数明显高于农村，说明城乡医疗卫生差异依旧存在。

表 1-6　2004~2018 年中国义务教育阶段生均教育经费

年份	地方普通初中		地方农村初中		地方普通小学		地方农村小学	
	经费额/元	增速	经费额/元	增速	经费额/元	增速	经费额/元	增速
2004	1 296.13	18.2%	1 101.32	23.8%	1 159.21	21.7%	1 035.27	25.8%
2005	1 561.69	20.5%	1 355.40	23.1%	1 361.09	17.4%	1 230.26	18.8%
2010	5 415.41	19.3%	5 061.33	18.6%	4 097.62	19.7%	3 876.24	19.8%
2015	12 341.01	16.4%	11 549.59	16.3%	8 928.28	14.5%	8 652.89	15.1%
2016	13 641.95	10.5%	12 644.58	9.5%	9 686.16	8.5%	9 348.05	8.0%
2017	17 543.08	28.6%	15 514.66	22.7%	12 176.29	25.7%	11 365.24	21.6%
2018	18 519.57	5.6%	16 239.51	4.7%	12 738.90	4.6%	11 826.96	4.1%

资料来源：相应年份的《中国教育经费统计年鉴》

[①] 受数据限制，这里以义务教育阶段生均教育经费衡量教育供给，以卫生技术人员数量衡量医疗卫生供给。

表 1-7　2004~2019 年中国卫生事业供给情况

年份	每千人卫生技术人员数/人		每千人卫生医疗机构床位数/张	
	城镇	农村	城镇	农村
2004	4.99	2.24	—	—
2005	5.82	2.69	4.03	1.74
2010	7.62	3.04	5.94	2.60
2015	10.21	3.90	8.27	3.71
2016	10.42	4.08	8.41	3.91
2017	10.87	4.28	8.75	4.19
2018	10.91	4.63	8.7	4.56
2019	11.1	4.96	8.78	4.81

注：2004 年每千人卫生医疗机构床位数缺失

资料来源：相应年份的《中国卫生和计划生育统计年鉴》《中国卫生健康统计年鉴》《中国农村统计年鉴》

二、推动缓解中国收入分配不平等的思考

根据对前述宏观统计数据的分析可知，中国收入水平较高地区，其居民人力资本水平也较高（以居民受教育程度衡量），而居民人力资本水平较高地区，其公共服务供给水平也较高（以义务教育阶段生均教育经费、每千人卫生技术人员数衡量）。由此，公共服务供给水平提升有助于提升居民人力资本水平即受教育水平与健康水平，进而缓解居民收入分配不平等。同时，众多基于微观调研数据的实证分析结果也显示，居民收入水平与其受教育程度存在正相关关系[1]，同时也与居民所在地区公共服务供给水平大体上呈正相关关系。这也说明，公共服务供给是影响居民人力资本与居民收入不平等的重要因素。

为了有效缓解收入不平等，政府应从优化居民外部环境、提升居民人力资本水平两个方面着手，以期构建起以人为本、内在且可持续的政府政策支持体系。由此，本书主要思考的理论与现实问题有：一是除了现有的针对短期收入机会不平等的衡量外，长期收入机会不平等应该如何衡量？二是公共服务供给对人力资本的影响机制与效应究竟为何？不同类型公共服务供给对不同类型人力资本的影响效应又是如何？三是基于人力资本对缓解收入机会不平等的影响机制，应该如何进行公共服务供给决策？

---

[1] 2021 年诺贝尔经济学奖获得者大卫·卡尔德（David Card）、约书亚·D. 安格里斯特（Joshua D. Angrist）和吉多·W. 因本斯（Guido W. Imbens）就发现了"长期的教育如何影响一个人未来的收入"。

对上述问题的回答就构成了本书研究的主要内容。这也使得本书研究具有重要且紧迫的经济与社会意义。一是有助于拓展与丰富对机会不平等的研究。本书在当前将机会不平等用于解释收入不平等的众多研究成果基础上，拓展了对收入机会不平等的研究及测度，并在短期收入机会不平等测度基础上尝试测度长期收入机会不平等。二是有助于发现缓解收入不平等的政策着力点。遵循罗默环境–努力理论基础，重点分析政府公共服务供给环境对人力资本的影响机制与效应，由此能为政府缓解收入不平等提供针对性的公共服务供给的政策建议。三是有助于正确理解收入不平等与共同富裕。缓解收入不平等或促进共同富裕是政府追求的目标，但是并非要求实现收入的完全平等，而是应该支持居民经过努力形成的"合理的"收入差距，政府调节的对象是各类环境因素导致的"不合理"收入差距。

第二节　文　献　综　述

收入不平等一直是学界与社会高度关注的问题，而这源于收入机会不平等。收入不平等的形成受到环境与努力禀赋两个因素影响，环境主要是指个体无法控制的宏观政府政策、微观家庭环境等，努力禀赋则更多表现为受个体自身属性影响的个体自主表现。一般地，努力禀赋是难以直接从外部改变的，而环境因素可以通过施加适度影响而改变，故现有很多研究主要是围绕如何干预个体的外部环境而展开的。

一、机会不平等及其影响研究

机会平等最初源自政治学领域，后来逐渐成为经济学研究的一个重要内容，并成为解释经济与社会问题重要且有效的工具。

（一）机会不平等的内涵与趋势

不平等是人们对分配结果差异的主观认知，但人们对源自个体努力与社会出身的不平等的主观判断差异很大，由此形成了差异化的机会不平等概念。机会不平等会阻碍社会和谐与经济持续稳定增长（Aiyar and Ebeke, 2020；Marrero and Rodríguez, 2013）。机会平等的最初判断标准是个体对资源的获得及其对分配结果的责任（Dworkin, 1981），后来逐渐发展为获取福利的机会（Arneson, 1989, 1999），环境与努力两因素（Roemer, 1993, 1998；Roemer et al., 2003），环境、努力与运气三因素（Lefranc et al.，2009）。测度机会不平等影响的方法主要有随机占优的"是非"判断方法（Quirk and Saposnik，1962；Lefranc et al.，2009）、机会不平等的程度测量（Checchi and Peragine，2010；Ferreira and Gignoux，2008）两大类。

（二）机会不平等的影响因素

机会不平等受到个体努力、家庭环境、社会环境（如公共服务供给）等影响，其中个体努力不可直接观察，而家庭环境、社会环境是可观察的。一是社会环境会影响机会不平等。研究发现，近年来中国公共服务供给对机会不平等的影响占比在下降（李莹，2020），尤其是高等教育机会不均等会直接导致个人之间成功机会的不均等（赵修渝和李湘军，2007）。美国高等教育大众化虽缩小了不同家庭背景子女"上大学"的机会差异，但扩大了进入优质高校的机会差异（王伟宜，2008）。二是家庭环境、个体努力也会影响机会不平等。研究发现，户籍等个体特征类因素是收入不平等的重要来源（李莹和吕光明，2019；刘成奎等，2021），收入等家庭因素会影响子女机会及其收入流动性（王一兵，2004；邸玉娜，2014；亓寿伟，2016），其影响途径是人力资本、社会资本（龙翠红和王潇，2014）。

二、公共服务供给与人力资本研究

机会不平等受到环境（如公共服务供给）与努力共同影响，而公共服务供给会影响人力资本形成，进而由人力资本影响收入机会不平等与收入不平等。

（一）人力资本

人力资本是经济增长的重要推动力，也是个体收入增长、社会群体代际向上流动等的关键影响因素。人力资本研究始于亚当·斯密（Adam Smith），其早期主要集中于人力资本内涵的研究（Schultz，1961a；Becker，1975；Denison，1962；Mincer，1974），并开创了现代人力资本理论。传统人力资本衡量方法是受教育水平，而受教育水平衡量方法存在估计偏误（Arrow，1973；Griliches，1977；Grubb，1993；李晓曼和曾湘泉，2012；周金燕，2015），此后逐渐转向认知能力与非认知能力两个维度（Heckman and Rubinstein，2001；李晓曼等，2019；刘冠军和尹振宇，2020）。研究发现，认知能力和非认知能力发展能提升青年劳动者的工资收入（黄国英和谢宇，2017；朱红和张宇卿，2018），非认知能力对青少年成长与成就的影响也十分显著（Brown and Taylor，2014；Hong et al.，2015；李涛和张文韬，2015；乐君杰和胡博文，2017；刘中华，2018；Marta and Karolina，2018；王春超和张承莎，2019）。此外，健康人力资本能够增加个体健康的工作时长，从而降低家庭经济福利不平等（Baye and Epo，2015）以及收入不平等（石大千和张哲诚，

2018；杨晶等，2019；J. Lee and H. Lee，2018；Park，1996；Sehrawat and Singh，2019）。

（二）公共服务供给与人力资本

公共服务供给是重要外部环境，如公共教育、公共医疗等会直接影响个体智力、健康等人力资本组成的重要内容。

公共教育对智力人力资本有着直接而重要的影响。学校教育、在职培训、家庭教育会提升人力资本水平（张小芳等，2020），学前教育和大学教育也能提高青少年认知能力与非认知能力（许多多，2017；龚欣和李贞义，2018；李玲等，2020）。学校教育对认知能力与非认知能力的影响途径很多，如学生干部同群效应（Burke and Sass，2013；王春超和钟锦鹏，2018）、班级规模（郑力，2020）、寄宿制学校（朱志胜等，2019）等。在职培训会提升人力资本水平，如职业教育比政府主导的转移培训更能显著提高接受培训者的技能和工资收入（翁杰和郭天航，2014），对员工进行培训的企业比不做培训的企业各项绩效指标优秀（吴万宗和汤学良，2016）。家庭教育也对人力资本形成有重要影响，而且家庭教育甚至比学校教育的影响更加深远（Taubman and Wales，1973）。

良好的公共医疗条件也能显著促进健康人力资本，多数研究均认为二者之间存在积极关系。国外发达国家与发展中国家的公共卫生支出增加均有助于降低婴儿的死亡率（Gupta et al.，1999；Boachie and Ramu，2015；Mayer and Sarin，2005；Nixon and Ulmann，2006），而且发展中国家数据检验发现公共卫生支出减少时，收入增加与预期寿命提升的正相关关系将消失（Anand and Ravallion，1993）；中国加大青少年营养和卫生保健等健康人力资本投资，能够提高其成年后的身高和生产率（高文书，2009）。医疗保险覆盖范围广能促进居民常规就医与自评健康（Hadley and Waidmann，2006；Card et al.，2008；He and Nolen，2019），医疗保险的长期效应更加明显（Levere et al.，2019）；医疗保险制度对弱势群体效应更加明显，如医疗补助计划显著提高低收入群体就医的可能性（Decker and Lipton，2015）。针对中国新型农村合作医疗（简称新农合）的研究发现，新农合能改善农村劳动者健康（程令国和张晔，2012；郑适等，2017；章丹等，2019；赵为民，2020），且对短期健康的效果尤为明显（王翌秋和刘蕾，2016）。

公共转移支付也有助于提升弱势群体的人力资本。公共转移支付的目标主要是提升贫困家庭人力资本尤其是子代人力资本（Kilburn et al.，2017），而贫困家庭子代人力资本的积累是阻断贫困代际传递的重要途径（邹薇和郑浩，2014；黄潇，2014）。多数研究认为，公共转移支付能提升贫困家庭子代人力资本（Baird et al.，2013），墨西哥 PROGRESA 项目（Parker and Vogl，2018）、尼加拉瓜针对 9~12 岁男性的研究（Barham et al.，2018）均证明了该结论。同样，墨西哥 PROGRESA

项目对贫困家庭儿童健康（Gertler，2004）、马拉维 SCTP（Social Cash Transfer Program）项目对青少年心理健康的影响（Angeles et al.，2019）验证了公共转移支付对健康的积极影响。

（三）收入不平等及其原因

解释与解决收入不平等的研究很多，如机会不平等是研究重点之一，而机会不平等又受到人力资本等诸多因素影响。

1. 人力资本对收入机会不平等的影响

人力资本是个人收入水平的重要决定因素（Psacharopoulos，1977），目前对影响个体人力资本形成的受教育水平和健康状况等有较为丰富的研究，但直接关注人力资本与收入机会不平等关系的研究较少。教育是收入代际传递的重要渠道之一（陈杰等，2016；陈琳和袁志刚，2012；Fan，2016；Qin et al.，2016），也可用来提升代际收入流动性（黄潇，2014；李勇辉和李小琴，2016；刘志国和范亚静，2014；徐俊武和张月，2015；杨沫和王岩，2020；Iannelli and Paterson，2007），尤其是政府通过弥补低收入家庭的子女教育投资可以提升其子女的代际收入流动性（宋旭光和何宗樾，2018；周波和苏佳，2012；Kotera and Seshadri，2017；Yang and Qiu，2016）。当然，虽然努力有助于提升平均人力资本，但受环境差异影响反而会增加人力资本不平等（Marrero and Rodríguez，2013），如教育更多发挥了维持环境优势作用，而对促进社会群体流动作用不明显（Zhou and Zhao，2019）。

事实上，机会也会影响人力资本形成，机会分布不平等增加导致人力资本分布不平等并最终造成收入不平等（Mejía and St-Pierre，2008）。

2. 机会不平等与收入不平等

收入不平等的源头与起点是机会不平等（周冰和万举，2006），如父代背景对子代收入有较大影响（陈琳和葛劲峰，2015），但是在中国并不认可由家庭背景导致的机会不平等（高梦滔和和云，2006），而居民不认可的收入不平等会导致显著的再分配偏好（刘华和徐建斌，2014）。

衡量收入不平等程度与变化趋势的重要指标则是代际收入流动性，研究发现：中国代际收入弹性大于 0.339（杨亚平和施正政，2016）；中国城镇住户的代际收入流动性呈现递增的趋势，其中低收入组的代际流动性递增趋势非常明显，而高收入组代际流动性较低（杨娟和张绘，2015）；通过人口迁移可以避免“代际低收入传承陷阱”（孙三百等，2012）；增加弱势群体子女的受教育机会、消除劳动力市场分割、创造平等的就业机会是减缓收入差距代际传递趋势的有效措施（徐晓红，2015）。同时，一些研究也发现，中国教育、收入和职业等客观指标对群体自我定位的净效应较小且逐渐弱化（陈云松和范晓光，2016），低收入群体的代际收入弹性是非低收入群体的 1.6 倍（黄潇，2014）。

三、简单述评

机会不平等是收入不平等的重要影响因素。收入不平等直接源于收入机会不平等，而收入机会不平等受到外部环境与努力程度等多种因素影响。综合现有研究可以发现以下几点。一是由于机会不平等的衡量直接性、客观性较弱，由此衍生的众多间接衡量方法各有优劣，有时还会引发争议。二是现有研究对机会不平等与收入不平等的界定及其影响机理，存在假设性的前提条件过于严苛与抽象的问题，从而约束了现有模型与分析对现实问题的解释能力。三是对影响收入不平等的公共服务供给因素未能给予足够重视，这也影响了对收入不平等形成原因的精准分析。四是针对公共服务供给绩效的评价多侧重于其短期直接效应，而对公共服务供给的长期间接效应关注不够。五是对努力因素的研究取得了一定成果，但是很难从政府政策方面施加有效影响。

第三节 可能的创新点

在现有丰富的研究文献基础上，本书研究可能的创新点主要有以下几点。

第一，通过引入人力资本中间变量来阐述公共服务供给对人力资本形成的影响机理。通过引入人力资本概念，论述主要类型的公共服务供给（如公共教育、公共医疗卫生、低保政策等）影响人力资本形成与积累的机制与效应，能够较为系统地阐述人力资本理论。

第二，尝试测度了长期机会不平等。现有研究主要测度短期、静态的机会不平等，而对长期的机会不平等研究较少，本书尝试利用中国数据来测度长期机会不平等指数。

第三，尝试分析人力资本对收入机会不平等的影响机制，并利用中国数据实证分析人力资本对收入不平等的影响效应。

第四，尝试研究公共服务供给的长期间接效应。在现有研究多侧重于早期短期直接绩效的基础上，尝试研究总体与分类公共服务供给的长期间接绩效，如公共服务供给对机会不平等、收入不平等的影响等。

第四节 研究框架

本书分为九章（图 1-1）。

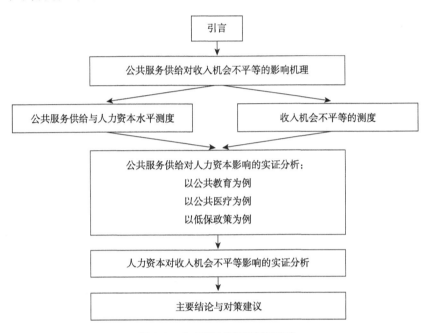

图 1-1 本书研究框架结构图示

第一章是引言。主要介绍研究背景与意义、文献综述、可能的创新点及研究框架等。第二章是公共服务供给对收入机会不平等的影响机理。在论述不同类别公共服务（包括教育、健康与医疗、基础设施）对人力资本影响机理的基础上，进一步论述由此形成的人力资本对收入机会不平等的影响机理。第三章是公共服务供给与人力资本水平测度。利用中国数据分别测算中国公共教育、公共医疗卫生、基础设施供给、社会保障、信息供给等直接影响人力资本的公共服务供给水平，以及中国人力资本水平。第四章是收入机会不平等的测度。在收入机会不平等文献综述基础上，通过多种方法测度短期收入机会不平等，通过模拟方法来测算长期收入机会不平等，最后综合考虑贫困因素的收入机会不平等。第五章是公共服务供给对人力资本影响的实证分析：以公共教育为例。主要利用中国数据实证检验公共教育对人力资本的实际影响、公共教育对人力资本的逆传递效应等。第六章是公共服务供给对人力资本影响的实证分析：以公共医疗为例。主要利用中国数据实证检验公共医疗对健康人力资本、智力人力资本的影响等。第七章是公共服务供给对人力资本影响的实证分析：以低保政策为例。主要利用中国数据实证检验低保政策对人力资本的实际影响。第八章是人力资本对收入机会不平等影响的实证分析。利用中国数据测算人力资本对收入机会不平等的实际影响。第九章是主要结论与对策建议。通过对前述实证分析结论进行提炼得到前述基本实证分析的主要结论，并据此提出有针对性的政策建议。

第二章 公共服务供给对收入机会不平等的影响机理

第一节 公共服务供给对人力资本的影响机理

人力资本是依托居民个体的能力，其形成需要前期投资，包括个体家庭的投资与政府或社会的投资，而且个体人力资本形成后其效能的发挥也依赖于外部环境。由此，在个体人力资本形成时的基本公共服务均等化、个体人力资本形成后外部环境的机会均等化是影响公共服务供给对收入机会不平等的作用的重要因素。

一、人力资本内涵

人力资本是蕴藏在人体内的健康、智力、精神等综合体，其对经济发展的重要性日益重要，也受到研究者与政府越来越多的重视。

英国古典政治经济学先驱者威廉·配第（William Petty）认为，人的素质的差异可导致生产力的不同。英国资产阶级古典政治经济学创立者亚当·斯密在《国富论》中最早探讨了人力资本的内涵，认为人力资本是"社会居民或成员习得的（acquired）、有用的（useful）能力（abilities）"，不过他并没有触及"习得的、有用的能力"的内涵。18世纪法国经济学家魁奈（Quesnay）认为"构成国家强大因素的是人……人本身就成为自己财富的第一个创造性因素"。马克思（Marx）认为劳动者是生产力中最积极活跃的因素，必须对劳动者进行教育和培训，因为"教育会生产劳动能力"。受过更多教育的劳动力的价值较高，能够在同样长的时间内生产较多的价值，他们从事的复杂劳动等于倍加的简单劳动。新古典经济学的代表人物马歇尔（Marshall）在《经济学原理》中指出，教育可以发展人的才能，教育投资能够获得很大的回报，"最有价值的资本是投资人力的资本"，"老一代经济学家对于人的能力作为一种资本类型参与生产活动的认识是十分不足的"。在马歇尔首先考虑第四大要素——"组织管理"对经济增长的影响后，尤其是第二次世界大战后，很多研究在探讨经济增长原因时，除了关注传统的土地、资本、劳动三大要素外，还持续关注"组织管理"因素对经济增长的"额外"贡献，其中，舒尔茨（Schultz）认为"人力资本是通过对人力资源投资而体现在劳动者身上的，由知识、技能和体力所构成的资本"，对人力资本研究做出了开创性贡献。此外，其他代表性研究者有贝克尔（Becker）、丹尼森（Denison）、明塞尔（Mincer）等，他们围绕着人力资本的投资和收益开展研究，开创了现代人力资本理论。

对人力资本内涵的研究也在逐渐深化，由侧重"认知能力"的传统人力资本，逐渐转向"认知能力""非认知能力"并重的现代人力资本。传统人力资本理论中，"能力"被自然地理解为"认知能力"，在瓦尔拉斯（Walras）模型的均衡劳动力市场条件下，单一的价格规律保证具有同样生产能力的个人能够获得同样的工资，其中的生产能力由劳动者的知识与技术决定，尤其是能够被付酬的数学运算能力、读写能力、生产知识与技术等。但是，传统人力资本理论主要基于经济均衡与完全合同两个假设条件，对人力资本能力的理解局限于"认知能力"，限制了人力资本理论的解释能力，由此发展为同时关注"认知能力"与"非认知能力"的人力资本扩展模型（Bowles et al., 2001）。

此外，舒尔茨指出"人力资源的质量成分，如技术、知识以及一些能提高劳动者生产力的特征……要去准确测量是困难的……但是可以通过考察旨在提高这种能力的某些重要活动，来获得许多见解"（Schultz, 1961b），其内涵事实上就包括了人力资本的概念与形成两个类别的研究。第一，侧重于人力资本概念内容研究，早期研究认为人力资本是劳动者的知识、技能、健康状况的总和，后来又将国民的道德素质、信誉和社会资本也作为人力资本内容，正如舒尔茨所指出的，"人的知识、能力、健康等人力资本的提高对经济增长的贡献远比物质、劳动力数量的增加重要得多"（Schultz, 1961b）。第二，侧重于人力资本形成机制与影响因素研究，认为人力资本是人们在教育、职业培训、健康、移民等方面的投资所形成的资本，正如贝克尔等指出的，"人力资本是通过人力投资形成的资本……用于增加人的资源、影响未来的货币和消费能力的投资为人力资本投资"（Becker et al., 1990）。

二、人力资本理论研究

第二次世界大战后，西方主要发达国家在实物投资条件大体相同的条件下却引致了收益差额的悬殊，进一步的研究发现，导致收益差额的原因是人力资源的质量与存量上的差异，由此引发了人力资本理论的形成与发展。

（一）人力资本理论的形成

西方人力资本理论的形成大约在 20 世纪中叶，其中，美国经济学家舒尔茨1960 年对人力资本做了系统阐述，标志着现代人力资本理论的初步形成。在舒尔茨之前，受到根深蒂固的传统道德与哲学束缚，很多学者研究时不会探讨人的投资及其增值价值，而且认为自由"人"不能经由市场买卖。舒尔茨通过对长期资本收入比的变化异常、国民收入增长远远快于资源的增长、劳动者实际收入的增长差异的比较，发现除了规模收益递增等原因外，最重要的是"人"的能力提升，从而提高劳动力质量与单位时间劳动生产率。

人力资本包括数量与质量两个衡量维度，舒尔茨主要关注的是能够提高劳动生产率的人的技能、知识等方面。对于人力资本的测度，可以采用投入成本来衡量，但是不足之处在于无法准确识别投入成本中的投资因素与消费因素；也可以采用产出来测量，如劳动者的收入提高水平。提高劳动者生产能力大体上可以包括五个方面，如与劳动者健康相关的活动、公司的在职培训、正式的学校教育、成人学习项目、人和家庭为工作机会而进行的迁徙，其中，正式的学校教育投资是最重要的方面，教育成本包括学校运行的各类直接费用、学生因上学而放弃的收入，即机会成本。舒尔茨以 1929~1956 年美国国民收入增量为例检验后发现，有 3/5 无法解释，其中教育收益贡献占很大一部分。

总体而言，舒尔茨认为，人力资本表现为人的素质，与人的收入正相关；人力资本是稀缺的；人力资本可由教育、健康投资形成；人力资本投资也应获得回报；人的知识、能力、健康等人力资本的提高对经济增长的贡献远比物质资本、劳动力数量的增加重要。

美国经济学家贝克尔（Becker，1964）对人力资本理论做出了里程碑式贡献，并开启了后续大量研究。他认为，正规教育和职业培训支出对人力资本形成具有重要作用，个人为自身与子女花费的教育支出，目的是获得现在与将来的效用或满足，而且这种效用或满足可以是货币的或非货币的。贝克尔选择以在职培训作为切入点，并在完全竞争的劳动力与产品市场基础上，分析了厂商、劳动者等行为主体如何对待在职培训以追求自身利益最大化。劳动者在职培训成本包括培训的直接费用和劳动者用于培训时间的机会成本，劳动者因为参加培训必然会减少工作时间与边际产出。劳动者在职培训收益则是劳动者经过培训后各个生产期间劳动生产率的提升，并引致边际产出增加。市场均衡的条件是各期间的成本与收益贴现值相等。此外，贝克尔还研究了人力资本投资对个人就业和经济收入的各种重大影响，并提出了估算人力资本投资量及其收益的若干方法，从而奠定了人力资本理论的微观分析范式，推动了对其研究的数量化和精细化。

（二）人力资本理论的发展

继舒尔茨、贝克尔之后，丹尼森与明塞尔对人力资本理论做了重大贡献。

20 世纪 60 年代初美国经济学家丹尼森利用美国历史统计资料分析与度量影响经济增长的各因素的作用。研究结果显示，1948~1982 年美国经济增长约 1/3 是劳动力素质提高贡献的，约 1/2 是技术革新贡献的，而这两个因素事实上都可归因于人力资本质量提高。由此，他认为经由增加正规教育年限进而提高劳动者的受教育程度，是过去经济增长的重要因素，也是能够推动未来经济增长的重要因素，而且其重要性日益明显。

美国经济学家明塞尔认为，人力资本包括劳动者所接受的正规学校教育，以及在工作中工作经验的积累，这两项人力资本投资差异决定了劳动者收入差异。明塞尔在 1958 年发表的《人力资本投资与个人收入分配》论文中开始尝试建立个人收入分配与其所受教育和培训量之间关系的计量经济模型，推动了人力资本理论的实证研究。1974 年他更是将受教育年限纳入收入方程，建立了"明塞尔收入方程"，揭示了劳动者收入差别与劳动者所受教育和他所获得工作经验年限长短的关系。此后，有大量研究运用"明塞尔收入方程"证明经由教育而形成的人力资本与个人经济收入之间确实存在直接影响。总体而言，明塞尔认为，每个劳动者学习经历不同，资质与兴趣也存在差异，每个职业对劳动者受教育水平的要求也不尽相同，在面临多样化的职业选择时，劳动者收入分配也会存在差异，为了弥补劳动者先期教育成本，应该对劳动者后期收入分配进行补偿，而且后期补偿利率还要足够高。

此后，研究者尝试从不同视角解释人力资本与经济增长，逐渐推进了人力资本研究的细化与深入，并出现了一些新解释，如新增长理论、卫生经济学、教育经济学等。

受到舒尔茨与贝克尔影响，卢卡斯（Lucas，1988）主要关注人力资本积累机制以及人力资本为什么不像物力资本那样呈现边际收益递减的趋势。由此，他构建了学校教育进行人力资本积累、边做边学的专业人力资本积累两个模型。卢卡斯认为，人力资本效应可以分为内部效应与外部效应。内部效应更多关注个体知识技能的增长对经济的效应，也存在边际收益递减规律；同时，他更强调人力资本的外部效应，即脱离个体而存在的人力资本的社会遗传，人力资本促进各种生产要素相互作用的综合效应，以及这种效应对整个社会人力资本水平的影响。他说："如果仅仅把边际收益递减的人力资本纳入模型，人力资本将不会成为经济增长的动力。"由此，在他重点关注的学校教育机制对人力资本增长模型中，认为人力资本的一部分直接用于生产，另一部分用于人力资本积累，积累的结果作为整个社会的人力资本水平纳入了增长模型，保证了经济增长的长期可持续性。

罗默（Romer，1990）认为人力资本具有竞争性与排他性。个体人力资本投资，是无法与他人分享的，它附着于人身上，随着生命的消亡而消亡。人力资本决定了知识与技术的生产，人力资本的存量决定了知识与技术的增长，而且知识与技术的增长是无上限的，知识与技术的积累越多，其边际收益越大。在罗默构建的三部门经济增长模型中，竞争性的研究部门的知识与技术对研究部门是非排他的，对中间部门是排他的；垄断竞争的中间产品部门，面临一个固定成本（专利费）和一个不变的边际成本，形成自然垄断，并以垄断定价将生产耐用品销售（出租）给最终产品部门；竞争性的最终产品部门通过雇佣劳动、一部分人力资本并利用各种耐用品生产最终产品，使各种要素获得相应报酬。由此，罗默认为，经济增长的一个最重要的决策就是人力资本在不同部门之间的配置与均衡。知识与技术增长是没有上限的，其边际收益是递增的，由此可以实现人类经济长期可持续增长。

20 世纪 50 年代初期美国经济学家玛尔达在《卫生的经济问题》论文中开创了卫生经济学的研究，此后，马希肯和费尔德斯坦推动了卫生经济学的发展。卫生经济学认为，政府的卫生医疗支出与个人医疗健康支出是人力资本投资，由此可以促进家庭成员健康，提高劳动者及其后代的人力资本劳动能力，增加其经济收入，同时也可提高社会人力资本的质量，促进经济增长与国民收入增加。

1935 年美国学者沃尔什（Waish）出版专著《人力资本观》、1964 年舒尔茨发表《教育的经济价值》，开始了教育经济学研究。教育对劳动者存在增加专业潜能的"知识效应"与提高工作责任心与积极性的"非知识效应"，而教育投资主要分为社会教育投资与个人教育投资两大类，教育投资成本包括直接成本与机会成本，教育投资收益应为考虑折现率后的净现值收益。通过社会教育投资与个人教育投资能够提高劳动者的技能与责任心，进而提高教育投资的收益，促进经济增长。

（三）人力资本的主要类型

随着人力资本研究的进一步深入，不同学者分别从不同角度界定了人力资本。总体而言，人力资本可以有如下分类。

1. 根据人力资本投资形成的方式分为教育资本与非教育资本

根据人力资本形成机制与影响因素的分类，人力资本分为教育资本与非教育资本，其中教育资本决定或影响着其他形式人力资本的效应大小，是人力资本的核心和最重要的内容。教育资本又可分为普通教育资本与专业技术知识资本。普通教育资本是指经由小学、初中的正规学历教育或者业余教育获得的基础知识，是许多其他类型人力资本形成的投入要素或形成基础，也是人力资本的最基础部分；专业技术知识资本是指通过中等与高等教育的专业学习、在职培训、干中学等途径获得的，劳动者所具有的可以直接用于生产产品与服务的知识和技能，是人力资本的核心。非教育资本包括干中学的经验资本、健康资本和迁移与流动资本。健康资本主要与劳动者的体力、精力、健康状况等相关，会影响普通教育资本与专业技术知识资本的效率发挥，也是其他形式人力资本的存在基础。迁移与流动资本主要是通过改变劳动者人力资本所有者位置（地理位置或职业位置）导致配置效率提高，进而提高人力资本的利用效率；而一旦迁移与流动过程结束，就会失去这种资本独立存在的形式。

2. 根据人力资本构成内容可以分为智力人力资本与健康人力资本

智力人力资本主要是指经过学校教育后所形成的知识与技能的积累，是个体开展生产与消费活动重要的指导能力，也是人力资本差异的重要形式。健康人力资本是指个体成长过程中所形成的强健体魄、良好的自信意识与人际协调能力、积极乐观的生活与工作态度等。而且智力人力资本与健康人力资本彼此相互影响，尤其是健康人力资本是智力人力资本发挥有效作用的重要依托载体。

此外，根据人力资本作用[①]可以分为生产性能力与消费性能力。生产性能力是指生产出更多更好的产品与服务、挣得更多收入的能力等，而这又细分为主要受学校教育影响的认知能力与受到学校、家庭及个人禀赋综合影响的带有个人气质色彩的能力。

（四）人力资本理论面临的困难

因为人力资本理论能够很好地解释西方发达国家经济增长，尤其是传统理论无法解释的"额外收益"问题，从而推动了人力资本理论的发展与深化，而且确实增强了其对某些现实经济问题的解释能力。但是，与其他经济理论一样，人力资本理论也面临一些挑战。一是人力资本投资所形成的生产能力必须依赖于非人力资本的支持与结合，而如何分离与识别人力资本与非人力资本的贡献难度很大。二是人力资本投资更多是提高劳动者的智力、体力，与实物投资所形成的实物产量的增加之间存在差异，由此如何评价人力资本投资的收益存在盲区。三是人力资本形成的载体是有丰富情感的个体劳动者，其技能的发挥受到其价值观与情感、工作态度与积极性等因素影响，如何激励个体劳动者也是人力资本理论无法有效解释的，所以仅仅依据人力资本净投资与净收益比较来评价人力资本投资是存在缺陷的。四是筛选假说对人力资本理论提出了挑战。筛选假说认为教育具有发现

---

① 其实，依据人力资本作用，还可以分为人际沟通与协调整合能力、人的道德水准及意志品格等能力。

和筛选功能，而不是提高受教育者的能力，从而具有信号传递功能，这与传统的教育功能认知明显不同。五是在人工智能可以部分地替代人力劳动时，人力资本内涵、市场价值评估及其影响效应将会发生深刻的乃至根本性的变化，由此也会对传统的人力资本理论提出挑战。

三、公共服务及劳动者自身对人力资本形成的影响

人力资本形成受到劳动者个体禀赋与公共服务供给的双重影响，如教育、医疗、健康、思想道德培养等公共服务，以及如在职培训、干中学、就业迁移与流动投资等劳动者个体行为。

（一）公共服务对人力资本形成的影响

人力资本的基本要素为劳动者的知识、技能、体力（健康状况）乃至情商等。由此，人力资本投资包括了所有能够提高人力资本构成要素的投资，包括物质性投资与时间性投资。人力资本投资是伴随着人的一生的投资，包括人力生产、发育、健康、普通教育、职业教育、继续教育、在职培训、就业迁移等方面的支出在劳动力身上的有效凝结，大体上可以分为未成年阶段的纯粹投资阶段、成年阶段的投资与产出并存阶段。

在人力资本形成与效能发挥的影响因素中，包括政府提供的公共服务与劳动者个体禀赋与努力，而且政府提供的公共服务与劳动者个体之间是互为环境、相互作用的。在众多政府提供的公共服务中，与人力资本直接相关的主要就是教育、医疗、保健等，以及其他一些有助于提升个体的公共服务获得性的基础设施等。

1. 教育对人力资本形成有重要影响

通过教育可以将前人所积累的经验、技能、思想以及其他形式的文明成果实现代际延续。在当代社会中，教育在延续代际知识的同时，能够促进受教育者获得各类有用能力或技能，从而使得受教育者在未来的生产活动中得到更多的增值效应。教育对人力资本的形成可以通过有形载体与无形载体来实现。学校是教育功能实现的重要有形载体，是实现人力资本生产的专门工厂，而且在学校的人才生产过程中，作为"被加工"对象的人也就是学生，不是被动地等待"加工"，而是主动地投入人才生产过程中，耗费必要时间与精力。工厂等其他有形的实践性场地也是教育功能实现的重要载体，如通过干中学、在职培训等途径也会促进知识与经验的传播。此外，教育还会通过无形方式提高受教育者人际交流、团队协作、适应社会的能力，如受教育者所在学校自身的学风、研究风格等也会潜移默

化地影响受教育者，而且这种无形方式的影响能够推动受教育者所接受的知识与技能发挥更大的作用。

当然，受教育者人力资本的形成受到学校教育、家庭教育的双重影响。传统理论均认为，学校教育对人力资本的影响主要表现如下：一是通过对人类既往积累知识与技术的传授，提高受教育者的科学文化知识与技术水平，增加人的知识含量；二是通过学习过程中智力与精神活动促进人的认知能力与创造性思维发展，学会做正确的事、掌握做正确性事情的本领；三是通过伦理道德的评价与高尚人格的弘扬，诱导与促进受教育者的道德提升与人格完善。但也有理论认为，学校教育主要是发挥了筛选器的作用（Spence，1973，1974），能够发现、鉴别不同受教育者的内在素质与能力差别，并由此适当地施加不同种类与层次的教育，并颁发体现不同人力资本含量的相应文凭，简言之，就是因材施教、唯才是举。

此外，研究者对学校教育效果也是质疑的，学校教育资源投入量只能解释学生学业成绩变异较小的部分，而学生的学业成绩更多地受到家庭和同伴因素的影响（Coleman et al.，1966），在学校资源和学生学业成绩之间没有强有力的自始至终的联系（Hanushek，1997），家庭教育甚至比学校教育的影响更加深远（Taubman and Wales，1973）。

2. 医疗、保健对人力资本形成有明显影响

健康是人力资本的重要组成部分，也是人力资本发挥作用的重要基础，由此健康也经常被称为健康资本。健康除了先天性的基因遗传外，重要的是通过后天性投资获得的，包括医疗卫生、营养保健、闲暇、锻炼等，而这就与改善营养、完善公共卫生与医疗服务、提高教育质量等直接相关。

众所周知，拥有健康身体，才能拥有充沛的体力、精力和能力，才能有效地获取知识、增强技能、提高工作能力，由此可知，健康是其他形式人力资本存在的重要前提与基础，而且健康与教育对人力资本的作用存在趋同现象。拥有健康身体才能延长人的平均预期寿命和生命中的"健康时间"，由此才会增加其他人力资本如教育投资的回报，由此反过来会刺激人们向正规教育、在职培训、人口流动进行投资，促进形成人力资本的正向激励机制。在人力资本的健康资本形成的投资中，包括医疗、保健等直接物质性投资，以及增加休息、锻炼和娱乐时间等非物质性投资，而非物质性投资常用机会成本来衡量。当然，对健康投资的衡量并非投资越多越好，因为食品、药物等都有一个适度问题，否则会过犹不及，由此会增加衡量健康人力资本的难度。

此外，健康包括身体健康与精神健康。根据世界卫生组织定义，"健康是一种完整的肉体、心理和社会的良好状态，而不仅仅是没有疾病或伤残"。在特定情境下，精神健康甚至比身体健康更为重要，一旦精神健康出现问题，如心理和精神

上的疾病，其对人力资本能力的发挥会造成很大障碍，严重时会使人完全丧失生活能力。影响人们的精神健康的因素很多，如儿童时期孩子受到父母的关爱程度、在成长中某个特定阶段受到的挫折或关爱等，经常会影响其一生的人生态度。

3. 思想意识形态对人力资本形成有深刻影响

思想意识形态通过社会舆论、劳动者内心信念和传统习惯来调节人与人、人与社会间的行为规范和准则。个体思想意识形态是支配人们行为的观念或意识，在个体素质中居于支配地位，起着决定性作用。个体思想意识形态可以降低市场经济规范运行的制度费用，是市场经济健康发展的基础，尤其是在当今经济、技术、社会等快速发展的背景下，市场经济运行中所依赖的成文规则，根本无法有效覆盖不断变化更新的社会现实，此时思想意识形态可以有效且快速地调节市场经济运行秩序。当然，思想意识形态的形成受到个体自身内部因素与社会外部因素的多重影响，其中个体成长早期所接触的知识与社会经历对其思想道德的形成影响尤为重要，虽然其形成过程比较缓慢，但是一旦形成就会存在很强的路径依赖。实际上思想意识形态对人力资本的作用已经被很多学者发现并认可（熊彼特，1990；诺思，1992）。形成有利于市场经济运行的思想意识形态体系，需要多方面，如政府、社会、家庭等长期的共同投资，其中，思想意识形态投资主要依赖于政府与社会，而道德方面的投资主要依赖于家庭与个体自身。

此外，除了前述教育、医疗、健康、思想道德等影响因素外，还应该包括构成个体人力资本形成环境的基础设施。基础设施可以分为生活型基础设施与生产型基础设施两类，其中，生活型基础设施主要包括教育、医疗等软公共服务，生产型基础设施主要包括交通、电力、通信等硬公共产品。总体上，生产型基础设施主要通过规模效应、降低生产成本等途径，促进人力资本形成与效能提高。一方面，生产型基础设施有效充分供给能够促进产业集聚与人口聚集，进而促进各区域市场分工的深化与细化，并导致区域经济活动的集聚与繁荣。另一方面，生产型基础设施供给能够降低信息成本与交通运输成本从而降低交易费用。而且，交易成本的降低也有利于推动劳动者的就业迁移与区位流动，从而实现劳动者能力与工作岗位的有效匹配，进而促进劳动者人力资本效能的发挥。生产型基础设施的供给能够吸引外资流入，提高外贸自由度，通过模仿与学习效应等途径提高外资流入地劳动者的素质。

（二）劳动者自身对人力资本形成的影响

人力资本的形成除了受到政府提供的公共服务的影响，也受到劳动者自身获得公共服务的机会及发挥效能的影响，而这受到劳动者自身禀赋及其努力的深刻影响。

1. 在职培训和干中学

现代社会是终身学习社会，在正规教育阶段学习的知识可能无法满足新时代的需要，但是正规教育阶段掌握的学习技能是非常重要的，也是在职培训与干中学的重要基础。在职培训与干中学也是促进人力资本积累的重要形式，而且事实上劳动者很多重要的劳动技能并非在学校里获得的，而是受益于在职培训与干中学（Arrow，1962）。

各类在职培训项目，有助于促进劳动者掌握和获得工作所需的技能、态度、知识等。在职培训可以分为一般培训和专门培训。一般培训是指在不同企业均使用的，主要训练劳动者的通用技能的培训；专门培训是指只有劳动者所在单位受益的，经过培训只在该公司使用的技能，但这两种培训事实上难以完全分开（Becker，1962）。在职培训也存在直接成本与机会成本，直接成本如学费、书本费等容易计算，而机会成本是难以测算的，但明塞尔（Mincer）发展了在职培训成本及收益的估测模型，为探讨在职培训与收入、就业行为的实证分析提供了基础（Mincer，1962）。此后，对人力资本在职培训的成本收益的实证分析日渐精细，且研究结论基本都支持在职培训是一项有经济价值的人力资本投资。综合世界各国实践，在职培训模式主要有学徒制的德国模式、终身雇佣的日本模式、政府主导培训的北欧模式、完全市场化的自由市场模式。

干中学是指人力资本所有者在劳动中通过模仿和其他人示范、帮助从而获得人力资本。干中学理论源于个体劳动者生产某产品所需的劳动时间随着其生产量的增加而逐步减少（Wright，1936），而后该理论被用于解释国家层面的技术进步的内生性（Arrow，1962），由此在加入知识变量后随着经济载体的规模扩大和分工的深化，劳动者会在干中学中积累更多的知识（Romer，1986），而且干中学理论被作为人力资本积累的重要途径，甚至专用性人力资本就是劳动者在企业工作中经由学习与经验积累而形成的一些特殊知识与技能（Williamson，1996）。

2. 就业迁移与流动

根据"双重劳动力市场"理论（Doeringer and Piore，1971），主要市场属于不完全竞争市场，次要市场属于完全竞争市场[①]，而双重劳动力市场确实导致了两个劳动力市场中流动迁移存在很大的成本-收益差异，主要市场内的流动迁移成本小、收益大，次要市场内的流动迁移成本少、收益也少；而从次要市场向主要市场转移的流动性较弱且成本较高甚至很高，但是也会给迁移者带来较大的收益。由此，劳动力是否进行迁移流动，取决于其自身对成本和收益的比较，且当预期

---

① 主要市场特征是具有一定的垄断性、工作稳定、工作环境好、有在职培训、工资高福利好、有良好的职业发展通道。次要市场特征是工资低福利差、缺乏培训、提升机会少、劳动强度大、劳动力流动频繁。

收益高于迁移成本时，才会发生真正的迁移流动，否则就不会迁移流动。究其实质，劳动力流动中所付出的迁移成本具有人力资本自我投资的性质，而迁入地方获得的各类经济性与非经济性收益就是投资获得的利润。但是实际上并非每个劳动力都能实现迁移意愿，劳动力迁移类型大体上可分为被迫迁移、主观意愿迁移但被迁出地条件限制、主观意愿迁移但被迁入地条件限制、自由迁移等。

劳动力迁移也是实现劳动力自我价值追求的过程。劳动力迁移主要是为了让自己及家人获得更好的教育、医疗、就业、收入、生活，由此而发生的费用就是为了家庭居住地以及工作转换的投资。诱使家庭迁移决策的主要因素有地区收入差距、教育水平和卫生医疗差距、失业率、生活环境质量等。此外，劳动力迁移也有助于促进人力资本资源配置优化。因为劳动力就业迁移与流动（含住所与工作的变换），客观上有助于充分发挥人力资本作用，推进劳动者自身素质的提高；通过劳动者流动能够实现其技能与岗位的有效匹配，同时在劳动者迁移前所具备的一定技能基础上，迁移后会根据新工作需要进行在职培训，外加迁入地优秀文化与思想的熏陶，能够极大地提高劳动者素质。

除了前述在职培训与干中学、就业迁移与流动外，个体品德对个体人力资本形成也有重要影响。个体品德是一个比较宽泛的概念，包括协调与团结意识、与人相处能力等，这些能力的形成又受到意识形态、个体家庭背景、个体禀赋等因素共同制约。在意识形态既定的背景条件下，个体家庭背景与个体禀赋因素对个体人力资本存在着直接而明显的效应。

第二节　人力资本对收入机会不平等的影响机理

一、人力资本的衡量方法

根据人力资本价值内涵，目前对人力资本的衡量主要包括三大类方法，如成本衡量方法、收益衡量方法与教育成果衡量方法，而每类衡量方法近年来也都有一定的新进展[①]。

（一）成本衡量方法

德国统计学家恩斯特·恩格尔（Ernst Engel）最早根据父母抚养孩子的成本来估算人力资本。他认为，个人人力资本等于其从出生到成年的抚养成本，随着年

---

① 第四种方法是直接能力测算法，这是目前最精确但不成熟的方法，主要有经济合作与发展组织的交叉课程能力计划、生活技能调查、人力资本指标计划等。

龄增长，抚养成本呈线性增加，一个孩子完全成年年龄，男性一般为 26 岁，女性一般为 20 岁，因此抚养孩子的成本主要发生在男孩子 26 岁之前（即 $x < 26$），女孩子 20 岁之前（即 $x < 20$）。同时，考虑到不同阶层抚养孩子成本存在差异，恩格尔将社会分为低、中、高三个阶层，设定计算公式为

$$c_{xi} = c_{0i} + xc_{0i} + \sum_{1}^{x} k_i c_{0i} = c_{0i} \left[1 + x + \frac{k_i x(x+1)}{2} \right] \tag{2-1}$$

其中，x 表示年龄；$i = 1,2,3$ 分别表示低、中、高阶层；c_{0i} 表示一个人的出生成本；$c_{0i} + k_i c_{0i}$ 表示每年的养育成本。式（2-1）表示的含义是一个男孩子 26 岁（或女孩子 20 岁）之前的全部抚养成本，等于人力资本各项投资的历史成本的简单加总，即该公式没有考虑货币的时间价值与社会成本等因素对人力资本投资的影响。

为了克服人力资本投资的历史成本简单加总的弊端，以及式（2-1）未考虑到个人成年前也有可能参与工作并获得收入进行自我抚养，学者们对此进行了修正（Dublin and Lotka，1930），逐渐形成了目前流行的人力资本存量等于人力资本各项投资的贴现值之和的估算方法。

$$C_x = (\pi_x)^{-1} \left[\sum_{t=0}^{x-1} (1+i)^{x-t} \pi_t (c_t - y_t E_t) \right] \tag{2-2}$$

其中，C_x 表示一个 x 岁的人所花费的抚养成本；π_t 表示个人活到 t 岁的概率；i 表示利率；c_t 和 y_t 分别表示个人从 t 岁到 $t+1$ 岁的人均生活费和赚取的收入；E_t 表示个人从 t 岁到 $t+1$ 岁参加工作的概率。由此，通过引入利率 i 与个人收入 y_t 可以较好地解决货币时间价值与机会成本问题。

但是，该衡量方法依旧无法有效区分人力资本与人力资本投资、消费与人力资本问题，后续研究对此进行了改进，认为抚养成本是人力资本投资而不是人力资本，促进人力资本成长的成本是有形人力资本投资（主要发生在 14 周岁之前），而促进提高个人素质与劳动生产力的支出为无形的人力资本投资（如健康、安全、迁移和培训、教育的机会成本）（Kendrick，1976；Eisner，1985）。

当然，成本衡量方法的不足在于：一是人力资本投资数量与产出之间没有必然联系，可能会导致估算结果的横向比较与纵向比较稳健性不够；二是对家庭抚养孩子的各类支出哪些应该列入人力资本投资存在争议，如消费和人力资本投资无法完全区分，有些消费本身具有人力资本投资功能，且对每类人力资本投资的作用难以准确估算；三是人力资本投资的贴现率如何选择也是存在较大难度的，且选择贴现率的不同对结果影响很大；四是人力资本投资效果常常遇到滞后期效果的估算难题，因为当期投资效果需要之后几年、十几年甚至几十年才会显现；五是没有重视非市场活动价值，如自我实现、个人才能发展等教育的外部效应等。

（二）收益衡量方法

人力资本收入测算法大体上可以分为预期收入现值测算法、收入指数测算法等。

1. 预期收入现值测算法

预期收入现值测算法始于威廉·配第，他认为一个国家的总人力资本存量是个体人力资本的总和，而个体人力资本存量等于个体毕生预期总收入的折现值。当然该方法是一个简单的估值，没有考虑到人口的异质性问题。威廉·法尔（Farr，1853）是最早估算人的货币价值的学者，其基本方法是根据个人在劳动力市场上的终生收入，减去其生活费用后，使用5%的贴现率，根据生命表调整死亡率，得到其人力资本价值。在法尔的基础上，达布林和洛特卡（Dublin and Lotka，1930）考虑了就业率，并构建了如下计算公式：

$$V_a = \sum_{x=a}^{\infty} \frac{P_{a,x}\left(W_x Y_x - C_x\right)}{\left(1+i\right)^{x-a}} \tag{2-3}$$

其中，V_a代表一个年龄为a的个体的货币价值；$P_{a,x}$代表年龄为a的人存活到x岁的概率；W_x代表年龄为x岁的人群的就业率；Y_x代表个人从x岁到$x+1$岁的年收入；C_x代表个人从x岁到$x+1$岁的生活支出；i代表利率。

达布林和洛特卡方法面临的难题就是如何获得有效且足够的微观收入数据，为此韦斯布罗德（Weisbrod，1961）利用代表性收入、就业率、生存概率等数据估算人力资本价值：

$$V_a = \sum_{x=a}^{74} \frac{P_{a,x} W_x Y_x}{\left(1+i\right)^{x-a}} \tag{2-4}$$

其中，V_a代表一个年龄为a的个体的货币价值；Y_x代表年龄为a的人的平均收入；$P_{a,x}$代表年龄为a的人存活到x岁的概率；W_x代表年龄为x岁的人群的就业率；i代表利率；退休年龄设为75岁，退休者不再获得收入。

Mincer（1974）提出了人力资本收入方程，发现人力资本与受教育年数存在线性关系。格雷厄姆和韦布（Graham and Webb，1979）弥补了韦斯布罗德未能考虑经济增长对个人收入的影响这一缺陷，并对人力资本估算公式进行了完善：

$$V_a^i = \sum_{x=a}^{75} \frac{P_{a,x}^i W_x^i Y_x^i \left(1+g_k^i\right)^{x-a}}{\left(1+r_k^i\right)^{x-a}} \tag{2-5}$$

其中，V_a^i代表个体i在年龄a的未来预期收入的现值；g_k^i和r_k^i分别代表该个体在生命中的第k年所对应的利率和收入增长率；其他变量含义同式（2-3）。

后来，乔根森和佛美尼（Jorgenson and Fraumeni，1989，1992）通过向后循环估算出任何年龄个体所有税后市场和非市场劳动收入的贴现值，创建了一个具有广泛综合性的基于收入的人力资本估算方法，从而对格雷厄姆和韦布的人力资本价值估算模型进行了改进和扩展。

2. 收入指数测算法

事实上，劳动者收入受到人力资本与可获得的物资资本的双重影响，即使人力资本水平相同，物资资本的差异也会导致劳动收入的差异。为了消除物资资本的影响，马利根和萨拉-伊-马丁（Mulligan and Sala-i-Martin，1997）认为，教育质量存在地区与时间差异，受教育程度相同者未必有相同技能，而只有未受教育者的人力资本在不同时期和不同地区都是相同的，即使其收入未必相同。由此，他们构建了国家 i 在时间 t 的平均人力资本存量 $h_i(t)$ 的估算模型：

$$h_i(t) = \int_0^\infty \frac{w_i(t,s)}{w_i(t,0)} \eta_i(t,s) \mathrm{d}s \qquad (2\text{-}6)$$

其中，$w_i(t,s)$、$w_i(t,0)$ 分别为接受 s 年教育和未受教育的工人的工资率，二者的比值即相应教育水平的人力资本指数；$\eta_i(t,s)$ 为接受 s 年教育的人占总人口的比率。

除了前述两类估算方法外，还有一种"剩余法"，即以未来收入限制余额来估算人力资本价值存量，其测算的基本思路是，将人口按性别和年龄分为六组，分步骤来估算社会在某一时点人口的平均剩余年限、社会在某一时点人口的未来收入贴现值、人力资本价值存量。计算公式为人力资本存量＝当前时点的人口在生存剩余年限所能得到的未来收入的贴现值－（人造资本价值＋土地价值）。

综合前述研究可见，相对于成本衡量方法，收益衡量方法包含了个体的能力、付出的努力、生产率、教育程度及人力资本供求等因素，由此就无须再考虑这些无法直接观测因素的影响。但是，收益衡量方法的不足也是明显的，如收入是否确实包括了生产力差异的全部因素也是存在争议的，个体的生存成本是否应该从收入中扣除也没有定论，收入数据收集也存在较大难度。

（三）教育成果衡量方法

教育成果衡量方法是人力资本测算方法中使用频率较高的方法，特别适合于区域或国家间的比较研究。该方法使用的指标大体上包括相对数指标（如学校入学率、成人识字率）、总量指标（如教育总年限、受教育水平）及平均指标（如平均受教育年数、生均教育经费）等；或者分为数量型指标（如识字率、入学率、辍学率、平均受教育年限）与质量型指标。此外，还衍生出多样计算方法，如 Barro 和 Lee（1996，2001）构建了人均公共教育开支、师生比、教师工资、辍学率、退学率、大学生的国际测试得分等衡量指标；Hanushek 和 Kimko（2000）尝试构建国际科学与数学测试得分这个单一的教育质量指标，而 Wassermann（2003）则尝试使用 Hanushek 和 Kimko 创立的质量指标来估算人力资本存量。

进一步地，为了克服教育成果衡量指标的不足，一些学者尝试改善教育成果衡量方法，主要包括以下方面。

Tao 和 Stinson（1997）综合成本法与收入法构建了如下方程：

$$Y_{s,a,e} = w_t h_{s,a,e}$$

其中，Y 表示个人收入；h 表示人力资本存量；s、a、e 分别表示性别、年龄与受教育程度；w_t 表示时间 t 的人力资本租金率。

Dagum 和 Slottje（2000）将个体人力资本定义为若干个无量纲的潜在内生变量 z：

$$z = L\left(x_1, x_2, x_3, \cdots, x_p\right)$$

其中，$x_1, x_2, x_3, \cdots, x_p$ 分别表示 p 个标准化的人力资本指标。由此，个体人力资本货币价值 h_i 可以表示为 $h_i = e^{z_i}$。

进一步地，年龄为 x 的个体的人力资本价值为

$$H_x = \sum_{n=0}^{70-x} \frac{Y_{x+n} P_{x,x+n}\left(1+g\right)^n}{\left(1+i\right)^n} \qquad (2\text{-}7)$$

其中，Y_{x+n} 表示年龄为 x 的个体存活 n 年后所得到的收入；$P_{x,x+n}$ 表示年龄为 x 的人再存活 n 年的概率；g 表示经济增长率；i 表示贴现率；退休年龄设定为 70 岁。

此外，教育成果衡量方法具有的优点主要有计算较简单、数据较易获得、无须考虑价格因素影响，因而相关研究中使用较多。但是该衡量方法也存在一些明显的不足，如教育成果的衡量指标很多，但是究竟何种指标衡量效果更好、更客观存在争议；教育指标主要考虑正规学校教育而忽视了非正规学校教育；教育指标核算未涉及人力资本货币价值量，没有体现与物质资本核算体系的一致性；教育年限指标忽视了教育的效率差异和知识积累效应，未能准确反映教育层次间的时间价值差异。

二、人力资本对收入机会不平等的影响

收入不平等的实质可以归结为收入机会不平等，而收入机会不平等又受到人力资本差异的深刻影响。在众多影响人力资本形成因素中教育、在职培训等至关重要，而这些人力资本投资又可以细分为家庭投资与非家庭投资。

（一）人力资本形成与收入分配关系

现有有关人力资本形成与收入分配的研究主要集中于明塞尔的正规教育或在职培训、工资收入函数模型，以及贝克尔的最优人力资本投资模型。

1. 正规教育或在职培训

为了增强研究结论的适用性，雅各布·明塞尔在以前均质劳动、短期工资和就业决策基础上，研究异质性劳动、长期投资决策条件下人力资本与收入分配的关系。明塞尔认为，劳动者收入差异的原因在于劳动者所接受的正式学校教育，以及在工作当中工作经验的积累等人力资本投资的差异；通过构建人力资本的劳动收入函数，接受教育或参加培训意味着人力资本投资，也表示劳动所得的延迟，但随着人力资本投资量增加，其延迟得到的收入也在增加；其均衡条件是不同人力资本投资量的个人终生所得的现值相等。

根据人力资本投资的收入补偿原理，每个受教育者如果教育年限增加一年，则其推后一年获得收入将得到更高补偿。出于简化考虑与不失一般性，暂不考虑教育服务费用。令 V_n 表示开始接受学校教育或培训投资时的个人终生获得的收入总和的现值；l 表示工作期长度或者工作期与教育、培训年限总长度；r 表示未来获得收入的贴现率；a_n 表示接受 n 年教育或培训的个人年收入；d 表示不同个人教育培训年限的差别。则接受 n 年教育或培训的终生收入的贴现值如下。

当贴现过程为离散型时：

$$V_n = a_n \sum_{t=n+1}^{l} \left(\frac{1}{1+r} \right)^t, \ t=1,2,\cdots,l \tag{2-8}$$

当贴现过程为连续型时：

$$V_n = a_n \int_n^l e^{-rt} \, dt = \frac{a_n}{r} \left(e^{-rn} - e^{-rl} \right) \tag{2-9}$$

由此接受了 $n-d$ 年正规教育或培训的个人获得的收入为 a_{n-d}，则其终生获得收入的贴现值为

$$V_{n-d} = a_{n-d} \int_{n-d}^l e^{-rt} \, dt = \frac{a_{n-d}}{r} \left[e^{-r(n-d)} - e^{-rl} \right] \tag{2-10}$$

由 $V_n = V_{n-d}$ 可得到两个正规教育或培训相差 d 年的个体年收入比率 $k_{n,n-d}$ 存在下列关系：

$$k_{n,n-d} = \frac{a_n}{a_{n-d}} = \frac{e^{-r(n-d)} - e^{-rl}}{e^{-rn} - e^{-rl}} = \frac{e^{r(l+d-n)} - 1}{e^{r(l-n)} - 1} \tag{2-11}$$

由此 $k_{n,n-d}$ 表达式可知，教育投资越多的人收入越高（ $k_{n,n-d} > 1$ ）；教育投资或培训相差 d 年，不同人收入差别越大，则其未来收入贴现率越高；教育与培训量

增加时各种受教育程度对应年收入不是相差一个常数而是一个倍数。

2. 工资收入函数模型

接受正规学校教育的个体会获得相应补偿，但是个体之间的差异依旧存在，主要原因在于工作积累（干中学）的差异。明塞尔（Mincer，1974）通过构建工作收入函数来研究教育或培训等人力资本投资对个体生命周期中收入水平、变动模式及个体收入分配格局的影响。

假定任意 t 时期个体的净收入 $Y_t = E_t - C_t$，其中，E_t 表示 t 期的总收入（也即 t 期的收入能力），C_t 表示 t 期的净成本支出。

收入能力 E 为人力资本投资的结果，且随着时间推移而增长，即 $E_t > E_{t-1}$，且二者差额为 $t-1$ 期的人力资本投资的收益，于是得到 $E_t = E_{t-1} + r_{t-1}C_{t-1}$，其中，$r_{t-1}$ 为 $t-1$ 期的人力资本投资的收益率，C_{t-1} 为 $t-1$ 期的投资量。

通过递推得到

$$E_t = E_0 + \sum_{j=0}^{i-1} r_j C_j \qquad (2\text{-}12)$$

从而得到个体净收入：

$$Y_t = E_0 + \sum_{j=0}^{i-1} r_j C_j - C_t \qquad (2\text{-}13)$$

其中，E_0 表示先天遗传禀赋"原始"收入能力；C_j 表示第 j 期投资成本；r_j 表示第 j 期投资收益率。

除了前述的绝对量差异外，相对收入差异具有相同趋势。假设 k_j 表示 j 时期的投资成本 C_j 占总收入 E_j 的百分比，则有 $C_j = k_j \times E_j$，且 $E_j = E_{j-1} + rC_{j-1} = E_{j-1}\left(1 + r \times k_{j-1}\right)$。

通过递推得到

$$E_j = E_0 \prod_{i=0}^{j-1}\left(1 + r_i \times k_i\right) \qquad (2\text{-}14)$$

当 $k \leqslant 1$ 且 r 较小时，式（2-14）可以改写为

$$\lg E_j = \lg E_0 + \sum_{i=0}^{j-1} r_i \times k_i \qquad (2\text{-}15)$$

又因为净收入有 $Y_j = E_j\left(1 - k_j\right)$，则有

$$\lg Y_j = \lg E_0 + \sum_{i=0}^{j-1} r_i \times k_i + \lg(1-k) \qquad (2\text{-}16)$$

假设像在学校教育投资模型中那样，在整个学校教育期 $k_i = 1$，则有

$$\lg E_j = \lg E_0 + rs + \sum_{i=s-1}^{j-1} r_i \times k_i \qquad (2\text{-}17)$$

其中，s 表示学校教育的年限。

再令学校教育完成后继续进行人力资本投资的数量 $P_j = \sum_{i=s-1}^{j-1} k_i$，同时假设 r_j 对于所有 j 时期都相同，则可以得到

$$\lg E_j = \lg E_0 + r_s s + r_j P_j \qquad (2\text{-}18)$$

由此可知，只要 $k_i > 0$，人力资本投资量的差异导致收入绝对量方差或对数方差都会随着年龄增长而扩大。

3. 最优人力资本投资模型

贝克尔（Becker, 1964）认为，人力资本投资是为了掌握知识、提高生产率以及带来高收入的投资，投资范围拓展为家庭教育投资。现实中个体工资差异源于个体生产率的差别，而个体生产率差别取决于个体人力资本投资量。

长期而言，在给定生产技术和资源的条件下，每一代人的时间价值可以由他这一生所享受的总效用与他愿意留给下一代的总效用决定。假设人力资本投资分布在不同投资期，而收益是长期的。Y 表示个体进入特定年龄后人力资本投资活动，$Y_0, Y_1, \cdots, Y_n$ 表示每一个时期的净收入（含货币收入与货币表示的心理收入），则该人力资本投资活动产生的净收入现值为

$$V(Y) = \sum_{j=0}^{n} \frac{Y_j}{(1+i)^{j+1}} \qquad (2\text{-}19)$$

其中，i 表示市场贴现率，且各时期是相同的。进一步假设个体在同时段选择 X 活动（非人力资本活动）而不是 Y，则其在不同时间段引致的净收入分别为 X_0、X_1、X_n，净现值为 $V(X)$，则选择 Y 产生的收入净现值为

$$d = V(Y) - V(X) = \sum_{j=0}^{n} \frac{Y_j - X_j}{(1+i)^{j+1}} \qquad (2\text{-}20)$$

假定 Y 活动只需在初始阶段进行投资，而 X 活动无须任何投资，则 $C = X_0 - Y_0$，$k_j = Y_j$，$j = 1, 2, \cdots, n$，R 为总收益，则从人力资本投资活动 Y 获得的收入净现值为

$$d = \sum_{j=1}^{n} \frac{k_j}{(1+i)^j} - C = R - C \qquad (2\text{-}21)$$

令 E_t 表示个体在任意年龄 t 获得的净收入，X_t 表示在无人力资本投资下获得的收入，k_t 表示以往人力资本投资引致的总回报，C_t 表示本期发生的投资成本，于是得到

$$E_t = X_t + k_t - C_t$$

再假定各时期的投资回报率都相等，令 r_{t-j} 表示 $t-j$ 期的回报率，f_{t-j} 表示生命期限的调整，C_{t-j} 表示投资量，则上式可以改写为

$$E_t = X_t + \sum_{j=1}^{n} r_{t-j} \times f_{t-j} \times C_{t-j} - C_t \qquad （2-22）$$

式（2-22）表现的人力资本投资与收益的关系与明塞尔模型结论基本一致。

（二）人力资本投资与收入分配关系

人力资本投资是指在人力资本形成过程中用于人口的生育、抚养、智力开发、教育培养、工作搜寻、家庭迁移等方面的时间和物质价值的总和，大体上可以分为直接成本、间接成本、机会成本等，投资主体一般分为家庭投资与非家庭投资两大类，其中，人力资本投资的直接成本是与家庭生育、抚养、学前教育、正规学校教育、医疗保健、工作搜寻等有关的直接货币支出总和，如食品营养、健康医疗卫生、家庭教育及工作搜寻等费用。人力资本投资的机会成本则是因为子女的人力资本投资或者孩子达到法定年龄因继续接受教育而放弃的其他可供选择的收益。人力资本投资是为了获得未来的物质收益（如给家庭与社会带来的收入增加）与非物质收益（如子女成功给父母带来的幸福感提升等），这些收益有些能够以货币衡量（即直接收益），而有些是难以以货币衡量的（即间接收益）。

当然，每个个体所在家庭环境不同，即使面临相同的人力资本的非家庭投资条件，最终个体收益也会存在差异性，从而导致收入分配的不平等问题难以有效收敛。

1. 模型设定

这里基于 Prettner 和 Schaefer（2021）、Boehm 等（2015）的研究成果，构造一个包括家庭和政府人力资本投资的三期世代交叠模型，以此说明人力资本投资与收入分配的关系。

1）代表性行为个体

这里假定经济中的代表性行为个体存活三期——少年时期、成年时期与老年时期。具体而言，个体在少年时期接受教育、健康等人力资本投资而不提供劳动，人力资本的投资决策来自家庭与社会（Hansen and Lønstrup，2012）。个体在成年时期进入劳动力市场，进行消费-储蓄决策以最大化一生效用，其收入水平取决于少年时期的人力资本积累。个体在老年时期退出劳动力市场，消费所需来自其成年期的储蓄，剩余收入作为遗产留给子代，用于财富积累。此外，本章按照收入水平将社会群体（r）划分为高收入群体（a）、中等收入群体（b）与低收入群体（c）。借鉴已有研究，代表性行为个体的效用函数设定如式（2-23）所示：

$$U\left(C_{r,t},C_{r,t+1},H_{r,t+1},W_{r,t+1},\varphi_t\right) = \ln\left(C_{r,t}-C_0\right) + \varsigma\ln\left(H_{r,t+1}\right) \\ + \varphi_t\ln\left(C_{r,t+1}\right) + \varphi_t\sigma\ln\left(W_{r,t+1}\right) \tag{2-23}$$

其中，$C_{r,t}$ 与 $C_{r,t+1}$ 分别表示个体在成年时期和老年时期的消费；C_0 表示维持生存所必需的生存性消费；$H_{r,t+1}$ 表示子代人力资本水平；$W_{r,t+1}$ 表示个体留给子代的财富，其也可表示家庭所积累的财富；ς 表示个体对子代人力资本投资的偏好，也可视为子代人力资本积累影响个体效用的权重；φ_t 表示贴现因子；σ 表示个体将财富留给子代的偏好。

考虑到子代的人力资本水平受到家庭与政府投入的共同影响，本章在模型中同时引入家庭和政府对人力资本投资，分别用 $X_{f,r,t}$ 和 $X_{g,r,t}$ 表示，基于 de la Croix 和 Doepke（2004）的研究成果，设定人力资本积累函数如式（2-24）所示：

$$H_{r,t+1} = f\left(X_{f,r,t},X_{g,r,t}\right)\overline{h}_{r,t}^{1-\psi}h_{r,t}^{\psi} \tag{2-24}$$

其中，$f\left(X_{f,r,t},X_{g,r,t}\right) = \left(X_{f,r,t}+X_{g,r,t}\right)^{\upsilon}$，$\upsilon\in(0,1)$ 表示人力资本投入的边际生产率递减；$H_{r,t+1}$ 表示子代的人力资本；$\overline{h}_{r,t}$ 表示人力资本均值；$h_{r,t}$ 表示个体的人力资本；ψ 表示人力资本代际传递的比重。

进一步地，这里借鉴 Prettner 和 Schaefer（2021）的研究思路，人力资本是教育、健康等社会生产部门的产物，假设相关部门从业人员属于中等收入群体，且不考虑人力资本代际传递，则有 $\overline{h}_{r,t} = H_{b,t}$，$\upsilon=1$，$\psi=0$，因此本章的人力资本积累函数的最终设定如式（2-25）所示：

$$H_{r,t+1} = \left(X_{f,r,t}+X_{g,r,t}\right)H_{b,t} \tag{2-25}$$

在成年时期，代表性个体的收入由人力资本水平决定，假设个体在该时期决定生育子代的数量 q 并将子代养育至成年时期，养育每个子代到成年所花费的时间占个体时间禀赋的比重为 μ（Zhang et al., 2001），则在成年时期代表性个体的劳动时间 m 可以表示为 $m = 1-\mu q$（J. S. Zhang and J. Zhang, 2005），本章设定的收入函数如式（2-26）所示：

$$Y_{r,t} = \eta\left(1-\mu q\right)H_{r,t} + \kappa W_{r,t} \tag{2-26}$$

其中，$Y_{r,t}$ 表示代表性个体在成年期的收入；η 表示工资率；κ 表示资本回报率。此时，代表性个体所面临的预算约束如下所示，$S_{r,t}$ 表示代表性个体在成年期的储蓄：

$$Y_{r,t} = C_{r,t} + S_{r,t} + qX_{f,r,t}\eta H_{b,t} \tag{2-27}$$

$$S_{r,t} = \frac{C_{r,t+1}+qW_{r,t+1}}{\kappa} \tag{2-28}$$

2）代表性企业

基于已有研究，本章假定在完全竞争经济中代表性企业的生产函数为柯布-道格拉斯（Cobb-Douglas）形式：

$$Q_t = \Gamma K_t^\theta H_t^{1-\theta} \qquad (2\text{-}29)$$

其中，$\Gamma > 0$ 表示全要素生产率；$\theta \in (0,1)$；Q_t 表示代表性企业 t 期的产出；K_t 表示 t 期物质资本存量；H_t 表示 t 期参与生产的总人力资本。当企业利润最大化时存在：

$$\pi_t = \frac{K_t}{H_t}, \quad \kappa_t = \Gamma \theta \pi_t^{\theta-1}, \quad \eta_t = (1-\theta)\Gamma \pi_t^\theta \qquad (2\text{-}30)$$

在式（2-30）中，π_t、κ_t、η_t 分别表示劳均物质资本、资本回报率及工资率。

3）市场出清

一方面，在劳动力市场，$n_r(1-\mu q) = n_r m$ 与 $H_t = (H_{a,t}n_a + H_{b,t}n_b + H_{c,t}n_c) \times (1-\mu q)$ 成立，其中，n_r 表示 r 收入群体的人口数量，即人力资本的总供给等于总需求；另一方面，在资本市场，$\kappa_{t+1}(S_{a,t}n_a + S_{b,t}n_b + S_{c,t}n_c) = \kappa_{t+1}\pi_{t+1}H_{t+1}$ 成立，即总收入等于总支出。因此，根据瓦尔拉斯定理（Walras' law）可得，该完全竞争经济中的产品市场也是均衡的。

2. 模型求解

1）人力资本投资最优量

当以式（2-27）为约束条件时，构建拉格朗日方程如下所示：

$$L = U\left(C_{r,t}, C_{r,t+1}, H_{r,t+1}, W_{r,t+1}, \varphi_t\right) + \lambda\left(Y_{r,t} - C_{r,t} - S_{r,t} - qX_{f,r,t}\eta H_{b,t}\right) \qquad (2\text{-}31)$$

将式（2-25）与式（2-28）代入式（2-31），如下所示：

$$\begin{aligned} L = {} & U\left(C_{r,t}, C_{r,t+1}, \left(X_{f,r,t} + X_{g,r,t}\right)H_{b,t}, W_{r,t+1}, \varphi_t\right) \\ & + \lambda\left(Y_{r,t} - C_{r,t} - \frac{C_{r,t+1} + qW_{r,t+1}}{\kappa} - qX_{f,r,t}\eta H_{b,t}\right) \end{aligned} \qquad (2\text{-}32)$$

其中，λ 表示拉格朗日乘子。进一步地，由个体效用最大化的一阶条件可得家庭人力资本投资的最优量，如式（2-33）所示：

$$X_{f,r,t} = \frac{\varsigma\left(Y_{r,t} - C_0\right)}{q\eta H_{b,t}\left[1 + \varsigma + (1+\sigma)\varphi_t\right]} - \frac{\left[1 + (1+\sigma)\varphi_t\right]}{1 + \varsigma + (1+\sigma)\varphi_t}X_{g,r,t} \qquad (2\text{-}33)$$

由此可得，一方面，$X_{f,r,t}$ 与 $Y_{r,t}$ 正相关，说明代表性个体的收入越高，则家庭人力资本投资就越大；另一方面，人力资本投资最优量与财富的偏好程度 σ 负相关，而与人力资本投资的偏好程度 ς 正相关。值得注意的是，生育子代的数量 q、生存性消费 C_0 与政府人力资本投资 $X_{g,r,t}$ 的增加都会造成人力资本投资最优量的下降。

2）财富最优量

同样地，在满足约束条件的前提下，使个体效用最大化的 $W_{r,t+1}$ 为家庭积累财富的最优值。再次构造拉格朗日方程，由效用最大化时的一阶条件可得最优财富值，如式（2-34）所示：

$$W_{r,t+1} = \sigma\varphi_t \frac{\kappa\left(Y_{r,t} - C_0 + q\eta H_{b,t} X_{g,r,t}\right)}{q\left[1 + \varsigma + (1+\sigma)\varphi_t\right]} \tag{2-34}$$

式（2-34）表明，贴现率 φ_t 越高，财富的最优量越大；生育子代的数量 q 越多，抚养负担越大，越不利于财富积累。与此同时，个体对子代人力资本投资的偏好 ς 越大，当期储蓄用于下一期人力资本支出的正效用越大，进而最优财富值越小，对其同样可通过比较个体当期与下一期的最优消费量进行解释（Prettner and Schaefer，2021）。此外，由式（2-34）还可得到，政府的人力资本投资量 $X_{g,r,t}$ 越高，最优财富值就越高；生存性消费 C_0 越高，最优财富值则越低。

3. 均衡结果分析

本章借鉴 Prettner 和 Schaefer（2021）对收入不平等变化过程的解释，将人力资本对收入不平等的影响主要分为以下几个方面：人力资本的收入效应；人力资本投资的财富门槛；人力资本投资的挤出效应；政府人力资本投资的影响。

1）人力资本的收入效应

根据人力资本积累函数［如式（2-25）所示］与收入函数［如式（2-26）所示］，代表性个体对子代在教育、健康等方面的投资将促使子代人力资本的形成，提升子代的生产效率，进而能够提高子代的收入水平。个体收入差异源于生产效率的差异，而个体生产效率的差异又来自人力资本投资量的不同（Becker，1975），并且考虑到高低收入群体所面临的预算约束不同，不同收入群体的人力资本投资量必然存在差异，因此收入不平等程度将随着人力资本的积累而不断扩大。基于模型求解结果，得到家庭积累财富与人力资本的比例关系，步骤如下。

由式（2-32）可得

$$X_{f,r,t} + X_{g,r,t} = \frac{\varsigma\left(q\eta H_{b,t} X_{g,r,t} + Y_{r,t} - C_0\right)}{q\eta H_{b,t}\left[1 + \varsigma + (1+\sigma)\varphi_t\right]} \tag{2-35}$$

$$\frac{H_{r,t+1}}{H_{r,t}} = \frac{H_{b,t}\left(X_{f,r,t} + X_{g,r,t}\right)}{H_{r,t}} \tag{2-36}$$

联立式（2-35）与式（2-36）后除以式（2-34），得到人力资本与家庭积累财富的比，如下所示：

$$\frac{H_{r,t+1}}{W_{r,t+1}} = \frac{\varsigma}{\eta\kappa\sigma\varphi_t} \tag{2-37}$$

由此可得，假设不同收入群体具有相同的人力资本投资偏好 ς 与遗产效用权重 σ，由于 $W_{a,t+1} > W_{b,t+1} > W_{c,t+1}$，因此 $H_{a,t+1} > H_{b,t+1} > H_{c,t+1}$ 成立，即高收入群体的子代拥有更高的人力资本水平，意味着如果高收入群体的人力资本投资水平始终不低于中低收入群体，那么初始的收入不平等将因人力资本的收入效应而不断扩大。

2）人力资本投资的财富门槛

式（2-33）表明，个体收入还将反向影响人力资本投资的最优量。如果人力资本投资存在收入或财富门槛，那么收入或财富门槛将促使贫富差距的进一步拉大。当人力资本投资的最优量 $X_{f,r,t} \geqslant 0$ 时，存在

$$\frac{\varsigma Y_{r,t}}{H_{b,t}q\eta} \geqslant \frac{C_0}{H_{b,t}q\eta} + \left[1 + (1+\sigma)\varphi_t\right]X_{g,r,t} \qquad (2\text{-}38)$$

进一步求解可得，人力资本投资的收入门槛如式（2-39）所示：

$$\tilde{Y}_{r,t} = \frac{C_0\varsigma + X_{g,r,t}\left[1+(1+\sigma)\varphi_t\right]H_{b,t}q\eta}{\varsigma} \qquad (2\text{-}39)$$

因此，当收入 $Y_{r,t}$ 大于门槛值 $\tilde{Y}_{r,t}$ 时，家庭进行子代人力资本投资的效用相对更高；当收入 $Y_{r,t}$ 小于门槛值 $\tilde{Y}_{r,t}$ 时，则会优先考虑消费或者储蓄。进一步地，由于 $Y_{r,t} = \eta(1-\mu q)H_{r,t} + \kappa W_{r,t}$，那么 $t+1$ 期的财富值如式（2-40）所示：

$$W_{r,t+1} = \sigma\varphi_t \frac{\kappa\left[q\eta H_{b,t}X_{g,r,t} + \eta(1-\mu q)H_{r,t} + \kappa W_{r,t} - C_0\right]}{\left[1 + \varsigma + (1+\sigma)\varphi_t\right]q} \qquad (2\text{-}40)$$

其中，当 $W_{r,t} = W_{r,t+1}$ 时，家庭积累财富趋于稳态，如式（2-41）所示：

$$\hat{W}_r = \frac{\kappa\sigma\varphi_t}{\left[1+\varsigma+(1+\sigma)\varphi_t\right]q - \kappa^2\sigma\varphi_t}\left[\eta\left(qH_{b,t}X_{g,r,t} - \mu q H_{r,t} + H_{r,t}\right) - C_0\right] \qquad (2\text{-}41)$$

此时，由于进行人力资本投资时，收入需满足 $\hat{Y}_{r,t} = \eta(1-\mu q)H_{r,t} + \kappa\hat{W}_{r,t} > \tilde{Y}_{r,t}$，人力资本投资的财富门槛如式（2-42）所示：

$$\tilde{W}_{r,t} = \frac{\eta(\mu q - 1)}{\kappa}H_{r,t} + \frac{C_0\varsigma + X_{g,r,t}\left[1+(1+\sigma)\varphi_t\right]H_{b,t}q\eta}{\kappa\varsigma} \qquad (2\text{-}42)$$

由此可得，当财富积累量 $W_{r,t}$ 大于门槛值 $\tilde{W}_{r,t}$ 时，家庭会优先考虑投资子代人力资本。同时意味着收入 $Y_{r,t}$ 同样将大于门槛值 $\tilde{Y}_{r,t}$，即财富条件 $W_{r,t} > \tilde{W}_{r,t}$ 与收入条件 $Y_{r,t} > \tilde{Y}_{r,t}$ 可以相互推出。

上述分析表明，收入或财富门槛意味着初始收入差距将使不同收入群体进行人力资本投资的时间顺序不同，高收入群体会率先投资子代人力资本。由于人力资本影响个体收入，个体收入又反向影响人力资本投资的最优量，由此驱动了收入不平等的加剧。

3）人力资本投资的挤出效应

为了简化分析，本章首先考虑 $X_{f,r,t}=0$ 时的情况，即人力资本投资仅由政府承担。此时最优财富值如式（2-43）所示：

$$\overline{W}_{r,t+1}=\frac{\left(Y_{r,t}-C_0\right)\kappa\sigma\varphi_t}{\left[1+(1+\sigma)\varphi_t\right]q}\tag{2-43}$$

随着家庭财富的不断积累，当高收入群体投资子代人力资本时，$X_{f,r,t}>0$。此时代表性个体的收入 $Y_{r,t}$ 超过门槛值 $\tilde{Y}_{r,t}$，关系如式（2-44）所示：

$$Y_{r,t}>\tilde{Y}_{r,t}=\frac{C_0\varsigma+X_{g,r,t}\left[1+(1+\sigma)\varphi_t\right]H_{b,t}q\eta}{\varsigma}\tag{2-44}$$

进一步化简，可得最优财富值之间的关系，式（2-45）所示：

$$W_{r,t+1}<\overline{W}_{r,t+1}\tag{2-45}$$

由此可得，在投资子代人力资本条件下的家庭财富积累小于不投资时的最优财富，人力资本投资"挤出"了家庭储蓄。再加上个体留给子代财富的暂时性下降对子代收入的影响快于人力资本积累（Prettner and Schaefer，2021），收入的不平等程度会存在一个暂时性下降的过程，直至个体子代进入劳动力市场。

4）政府人力资本投资的影响

由于人力资本积累量存在上限，不会出现无限人力资本投资形成无限大人力资本的现象，因此当中低收入群体的收入或财富突破门槛值，并且家庭人力资本投资量逐渐与高收入群体持平时，子代人力资本水平比的极限值等于政府的人力资本投资比，如式（2-46）所示：

$$\lim_{t\to\infty}\frac{H_{r,t+1}}{H_{b,t+1}}=\frac{X_{g,r,t}}{X_{g,b,t}}\tag{2-46}$$

进一步求解可得，$t\to\infty$ 时不同收入群体的财富比值如式（2-47）所示：

$$\lim_{t\to\infty}\frac{\hat{W}_{r,t+1}}{\hat{W}_{b,t+1}}=\frac{\eta(1-\mu q)\dfrac{X_{g,r,t}}{X_{g,b,t}}-C_0+\eta qX_{g,r,t}+\dfrac{\kappa^2\sigma\varphi_t\eta}{\varsigma}}{\eta(1-\mu q)-C_0+\eta qX_{g,b,t}+\dfrac{\kappa^2\sigma\varphi_t\eta}{\varsigma}}\tag{2-47}$$

当 $X_{g,r,t}>X_{g,b,t}$ 时，$\dfrac{\hat{W}_r}{\hat{W}_b}>1$；当 $X_{g,r,t}<X_{g,b,t}$ 时，$\dfrac{\hat{W}_r}{\hat{W}_b}<1$；当 $X_{g,r,t}=X_{g,b,t}$ 时，

$\dfrac{\hat{W}_r}{\hat{W}_b}=1$。因此，从长期来看，政府的人力资本投资大多属于涉及起点公平的基础性投资，如实行义务教育等，其不仅直接影响个体人力资本投资及其收益，还会影响社会收入分配的长期公平。

第三章 公共服务供给与人力资本水平测度

公共服务类型比较宽泛，不同类型公共服务对人力资本的作用机制有所不同。根据公共服务对人力资本作用机制的差异，本章主要考虑与人力资本形成直接相关的教育、医疗卫生，以及与人力资本间接相关的基础设施、社会保障、信息等公共服务。

第一节 公共服务供给测度

2003 年后我国开始推动基本公共服务均等化，同时考虑数据可得性，本章主要测算 2004~2019 年教育、医疗卫生、基础设施、社会保障、信息五类公共服务供给水平，并根据省级、城镇、乡村层面数据分别测算了其供给水平。各类公共服务供给水平测度采用极值法。

一、教育

教育是公共服务的重要类型，也是人力资本形成最为直接有效的衡量指标。为了消除各衡量指标自身量纲的影响，对原始数据进行了无量纲化处理，使数据具备可比性。

（一）指标介绍

教育供给包括义务教育与非义务教育两个阶段，而义务教育是政府提供基本公共服务的最重要内容，考虑数据可得性后，这里选择义务教育供给数据来衡量教育供给水平。综合借鉴对教育供给水平测度的主流研究方法，这里选取单位行政面积万人普通小学数（所）、单位行政面积万人普通初中学校数（所）①、小学生师比、初中生师比共四项指标来衡量各地区教育水平。由于生师比是教育供给水平的逆向指标，因此这里对生师比指数进行正向化处理，即用 1 减去该项指标原来的指数值，得到该指标的正向指数。

这里使用前述四项指标 2004~2019 年的义务教育阶段（即小学、初中）数据来测算各省（区、市）教育供给指数，用以上指标相应的城镇和农村数据来计算各地区城镇教育供给指数②和农村教育供给指数，各指标权重平均分配。原始数据均来自相应年份的《中国教育统计年鉴》③。

（二）教育供给水平测算

由图 3-1 可知，虽然教育供给指数 2011 年、2012 年出现较大回落，2013 年后呈现逐步降低趋势，但是总体而言，2004~2019 年中国教育供给水平呈波动上升趋势。

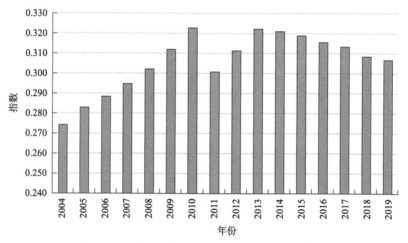

图 3-1　2004~2019 年全国教育供给指数均值趋势图

表 3-1 展示了 2004~2019 年各省（区、市）总体、各省（区、市）城镇、各省（区、市）农村义务教育供给指数均值④。各省（区、市）义务教育供给指数均

---

① 由于各省（区、市）城镇、农村行政面积数据难以获取，这里使用各省（区、市）面积代替城镇面积，用各省（区、市）行政面积与市区面积之差代替各省（区、市）农村面积。

② 原始数据分城市、县镇（镇区）、农村三大类，城镇数据等于城市和县镇（镇区）数据之和。

③ 因 2011 年教育事业统计方法进行了全面改革，将原来的城市、县镇、农村的三个分类调整为新的三大类七小类的城乡分类，为了保持前后时期数据的一致性，这里将新分类归并为 2011 年之前的旧三类，即城区（含主城区和城乡接合部）、镇区（镇中心区、镇乡接合区、特殊区）、农村（乡中心区、村）。

④ 这里教育供给水平的衡量指标均是数量型指标，体现了教育均等化的政策绩效。统计数据未包含港澳台数据，后同。

值显示，北京、天津、河北、上海、山东、山西、河南、吉林等省市义务教育供给指数均值位居全国前列，而广西、四川、贵州、西藏、陕西、青海、宁夏、云南等省区的义务教育供给指数均值排位靠后，这也说明在经济较为落后的西部地区①义务教育供给水平也较为落后。值得注意的是，广东教育供给指数均值排位靠后，表明广东义务教育供给在数量上较为紧缺。

表 3-1　2004~2019 年各省（区、市）义务教育供给指数均值

省(区、市)	指数均值			省(区、市)	指数均值		
	总体	城镇	农村		总体	城镇	农村
北京	0.436	0.427	0.536	内蒙古	0.299	0.301	0.380
天津	0.444	0.462	0.334	广西	0.227	0.282	0.276
河北	0.345	0.440	0.320	重庆	0.292	0.308	0.310
上海	0.551	0.569	0.477	四川	0.202	0.300	0.267
江苏	0.319	0.350	0.303	贵州	0.222	0.334	0.270
浙江	0.275	0.324	0.288	西藏	0.236	0.277	0.296
福建	0.317	0.320	0.333	陕西	0.227	0.330	0.285
山东	0.365	0.357	0.319	甘肃	0.318	0.347	0.344
广东	0.259	0.289	0.276	青海	0.258	0.261	0.316
海南	0.284	0.260	0.337	宁夏	0.188	0.190	0.286
山西	0.377	0.394	0.351	云南	0.225	0.230	0.296
安徽	0.307	0.330	0.289	新疆	0.267	0.254	0.328
江西	0.262	0.295	0.291	辽宁	0.326	0.321	0.337
河南	0.384	0.425	0.284	吉林	0.364	0.330	0.383
湖北	0.285	0.291	0.306	黑龙江	0.324	0.313	0.375
湖南	0.294	0.341	0.292	全国	0.306	0.331	0.325

注：①各项衡量指标权重平均分配；②详表见附录中附表 3-1a、附表 3-1b、附表 3-1c。

2004~2019 年各省（区、市）城镇义务教育供给指数均值显示，北京、天津、河北、上海等东部地区省市的城镇义务教育供给指数均值在全国位居前列，而广西、西藏、青海、宁夏、云南、新疆等省区的城镇义务教育供给指数均值在全国均排位靠后。这也说明各省（区、市）城镇义务教育供给与其经济发展存在正相关关系。2004~2019 年各省（区、市）农村义务教育供给指数均值显示，北京、上海、吉林、辽宁、黑龙江等东部和东北地区省市指数均值较高，西部地区省（区、

① 这里所指的西部地区包括重庆、四川、广西、贵州、云南、陕西、甘肃、内蒙古、宁夏、新疆、青海、西藏。

市）指数均值较低，表明各省（区、市）农村义务教育供给指数与各省（区、市）经济发展水平也呈正相关关系。

二、医疗卫生

医疗卫生也是影响人力资本形成的重要直接指标。完善的医疗卫生条件能够提高受教育者的健康水平，也能够提高其获得知识的能力，是推动人力资本形成的重要因素。

（一）指标介绍

综合考虑现有文献主流研究中所使用的医疗卫生衡量指标并结合数据的可获得性，选取每万人拥有卫生医疗机构数、每万人拥有卫生人员数以及每万人拥有卫生机构床位数三个指标衡量各省（区、市）和各地区的医疗卫生水平，使用每万人拥有城市和乡镇卫生医疗机构数、每万人拥有城市和乡镇卫生人员数以及每万人拥有城市和乡镇卫生机构床位数衡量各省（区、市）城镇医疗卫生水平，使用农村卫生室数、乡村医生和卫生员数指标衡量各省（区、市）农村医疗卫生水平。

数据来源于《中国统计年鉴》、《中国农村统计年鉴》和《中国人口和就业统计年鉴》，其中，2004~2019 年各省（区、市）卫生医疗机构数、卫生人员数和卫生机构床位数由《中国统计年鉴》获得，2004~2019 年各省（区、市）乡镇卫生医疗机构数、卫生人员数和卫生机构床位数以及农村卫生室数、乡村医生和卫生员数来自《中国农村统计年鉴》。各省（区、市）城市层面的数据由省级层面数据与乡镇和农村层面数据相减得到。2004~2019 年各省（区、市）总人口数、城市人口数和农村人口数来自《中国人口和就业统计年鉴》。

（二）医疗卫生供给水平测度

由图 3-2 可知，2004~2019 年中国医疗卫生供给水平呈上升趋势，其中，从 2009 年开始医疗卫生供给指数呈现快速增长，这或许与当年开始推行新医改直接相关。

表 3-2 展示了 2004~2019 年各省（区、市）医疗卫生供给指数均值。各省（区、市）医疗卫生供给指数均值显示，相较于 2004 年，2019 年各省（区、市）医疗卫生供给水平有了较大提升；但各省（区、市）之间的医疗卫生供给水平差异依旧较大，如北京（0.493）是安徽（0.211）的 2.3 倍。此外，东部（如北京、上海等）、中部（如山西、湖南等）、西部（如四川、西藏、甘肃、青海等）与东北（如辽宁、吉林等）地区均有省（区、市）指数均值高于全国指数均值（0.334）。综上可知，我国医疗卫生供给水平存在省份不平衡与区域点状高峰分布。

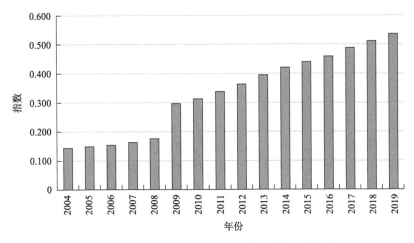

图 3-2 2004~2019 年全国医疗卫生供给指数均值趋势图

表 3-2 2004~2019 年各省（区、市）医疗卫生供给指数均值

省（区、市）	指数均值			省（区、市）	指数均值		
	总体	城镇	农村		总体	城镇	农村
北京	0.493	0.260	0.270	内蒙古	0.379	0.291	0.378
天津	0.297	0.132	0.270	广西	0.270	0.321	0.220
河北	0.337	0.286	0.487	重庆	0.314	0.270	0.265
上海	0.340	0.128	0.088	四川	0.367	0.405	0.330
江苏	0.283	0.198	0.158	贵州	0.291	0.356	0.260
浙江	0.317	0.258	0.110	西藏	0.443	0.723	0.687
福建	0.265	0.172	0.364	陕西	0.394	0.365	0.392
山东	0.346	0.269	0.438	甘肃	0.347	0.469	0.269
广东	0.228	0.133	0.168	青海	0.388	0.346	0.449
海南	0.264	0.256	0.111	宁夏	0.327	0.313	0.204
山西	0.401	0.338	0.487	云南	0.258	0.351	0.138
安徽	0.211	0.223	0.163	新疆	0.440	0.505	0.160
江西	0.263	0.217	0.360	辽宁	0.425	0.286	0.368
河南	0.317	0.325	0.363	吉林	0.365	0.317	0.221
湖北	0.320	0.267	0.253	黑龙江	0.332	0.252	0.217
湖南	0.341	0.326	0.315	全国	0.334	0.302	0.289

注：①各项衡量指标权重平均分配；②详表见附录中附表 3-2a、附表 3-2b、附表 3-2c

2004~2019 年各省（区、市）城镇医疗卫生供给指数均值显示，中部（如山西、

河南、湖南等）、西部（如四川、贵州、西藏等）与东北（如吉林等）地区的城镇医疗卫生水平高于全国指数均值（0.302）；而经济更发达、医疗技术更先进的东部地区省（市）均值更小，如北京、天津、上海、江苏等。这可能是东部地区省（市）城镇人口稠密，导致城镇每万人拥有的医疗机构数、每万人拥有的卫生人员数、每万人拥有的卫生机构床位数较少，从而拉低了经济发达地区城镇医疗卫生人均供给水平。

2004~2019年各省（区、市）农村医疗卫生供给指数均值显示，与全国指数均值（0.289）相比，河北（0.487）、福建（0.364）、山东（0.438）、山西（0.487）、江西（0.360）、河南（0.363）、湖南（0.315）、内蒙古（0.378）、四川（0.330）、西藏（0.687）、陕西（0.392）、青海（0.449）、辽宁（0.368）的均值相对较高。总体而言，西部地区省份农村医疗卫生指数均值更高。东部地区省份均值较低的可能原因是城市化后大量农村地区被划归城市，导致农村地区医疗机构数、卫生人员数和卫生机构床位数减少。

三、基础设施

基础设施是地区经济发展、居民生活所必备的条件，而这些都会对居民人力资本的形成产生重要的间接影响。若缺少必要的基础设施，会极大地损害居民获得发展的机会，从而阻碍人力资本的形成。

（一）指标介绍

借鉴已有文献使用的基础设施衡量指标并结合数据的可获得性，选取每万平方千米的公路里程、每万平方千米的铁路营运里程[①]、人均电力消费量、人均用水量衡量各省（区、市）及各地区的基础设施水平，使用城市人均道路面积、城市用水普及率、城市燃气普及率三个指标衡量各省（区、市）城市基础设施水平，使用每万平方千米的四级公路里程[②]、农村卫生厕所普及率、农村每万人用电量、每万平方千米的耕地灌溉面积衡量农村基础设施水平。

数据来源于《中国汽车市场年鉴》《中国统计年鉴》等。2004~2019年各省（区、市）一级公路、二级公路、三级公路、四级公路和等外公路的里程全部来自《中国汽车市场年鉴》。各省（区、市）公路里程为这五种道路里程之和。2004~2019年

---

① 东部与西部地区人口密度差异很大，导致地广人稀的西部地区每万人拥有的公路里程和每万人拥有的铁路营运里程大大超过人口密度很大的东部地区，这与各地现实基础设施供给情况不相符。因此，这里使用每万平方千米的公路里程和每万平方千米的铁路营运里程来衡量各地基础设施供给水平。

② 因农村公路里程数据不完整，这里以各省（区、市）四级公路里程近似替代农村公路里程，因为国家四级公路技术标准接近于农村公路标准。

各省（区、市）铁路营运里程来自《中国统计年鉴》。2004~2019 年各省（区、市）电力消费量由《中国能源统计年鉴》获得[①]。2004~2019 年各省（区、市）人均用水量源于《中国环境统计年鉴》。2004~2019 年城市人均道路面积、城市用水普及率、城市燃气普及率以及各省（区、市）面积来自《中国统计年鉴》。2004~2017年农村卫生厕所普及率来源于《中国环境统计年鉴》，其中 2004~2015 年西藏农村卫生厕所普及率缺失，2018 年、2019 年各省（区、市）农村卫生厕所普及率数据缺失，因此本书采取平均增长率补充缺失数据。2004~2019 年农村用电量和耕地灌溉面积来自《中国农村统计年鉴》。各省（区、市）每万平方千米的公路里程和每万平方千米的铁路营运里程分别为各省（区、市）公路里程和铁路营运里程除以各省（区、市）面积。

（二）基础设施水平测算

由图 3-3 可知，2004~2019 年中国基础设施供给水平呈较为稳定的上升趋势。

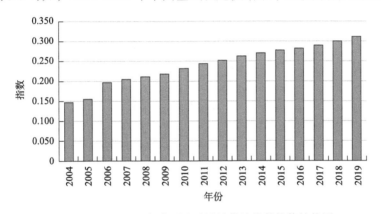

图 3-3 2004~2019 年全国基础设施供给指数均值趋势图

表 3-3 展示了 2004~2019 年各省（区、市）总体、各省（区、市）城镇、各省（区、市）农村基础设施供给指数均值。各省（区、市）基础设施供给指数均值显示，2004~2019 年各省（区、市）基础设施水平均有提升，而且经济较为发达省市（如北京、天津、上海、江苏、浙江等）的基础设施供给水平高于西部地区（如西藏、甘肃、青海、云南等）；而且东部（如北京、天津、上海、江苏、浙江、山东等）、中部（如安徽、河南、湖北等）与西部（重庆、宁夏、新疆等）均有一些省（区、市）指数均值高于全国指数均值（0.240）；但是省（区、市）间的指数均值差异较大，如均值最大的上海（0.486）是均值最小的西藏（0.104）的 4.7 倍。

---

① 《中国能源统计年鉴》的各省（区、市）电力消费量中缺失西藏的电力消费情况。因此，2006~2019 年西藏电力消费量来自国家统计局，2004~2005 年的数据通过平均增长率的方法补齐。

表 3-3 2004~2019 年各省（区、市）基础设施供给指数均值

省（区、市）	指数均值			省（区、市）	指数均值		
	总体	城镇	农村		总体	城镇	农村
北京	0.381	0.715	0.384	内蒙古	0.211	0.726	0.148
天津	0.410	0.823	0.514	广西	0.165	0.725	0.251
河北	0.237	0.836	0.373	重庆	0.257	0.663	0.310
上海	0.486	0.696	0.669	四川	0.121	0.676	0.237
江苏	0.351	0.905	0.584	贵州	0.181	0.563	0.206
浙江	0.269	0.831	0.435	西藏	0.104	0.533	0.057
福建	0.230	0.783	0.322	陕西	0.172	0.730	0.213
山东	0.308	0.893	0.559	甘肃	0.123	0.647	0.191
广东	0.255	0.730	0.381	青海	0.184	0.718	0.147
海南	0.195	0.741	0.286	宁夏	0.343	0.731	0.207
山西	0.225	0.704	0.259	云南	0.132	0.609	0.227
安徽	0.247	0.799	0.448	新疆	0.333	0.794	0.153
江西	0.205	0.755	0.336	辽宁	0.237	0.731	0.264
河南	0.275	0.626	0.474	吉林	0.164	0.656	0.275
湖北	0.247	0.744	0.389	黑龙江	0.160	0.629	0.235
湖南	0.216	0.708	0.346	全国	0.240	0.723	0.319

注：①各项衡量指标权重平均分配；②详表见附录中附表 3-3a、附表 3-3b、附表 3-3c

2004~2019 年各省（区、市）城镇基础设施供给指数均值显示，与全国指数均值（0.723）相比，天津（0.823）、河北（0.836）、江苏（0.905）、浙江（0.831）、福建（0.783）、山东（0.893）、广东（0.730）、海南（0.741）、安徽（0.799）、江西（0.755）、湖北（0.744）、内蒙古（0.726）、广西（0.725）、陕西（0.730）、宁夏（0.731）、新疆（0.794）、辽宁（0.731）的均值都相对较高。总体而言，2004~2019 年各省（区、市）城镇基础设施供给指数均值都在 0.5 之上，而且相对集中，说明我国各省（区、市）城镇基础设施水平较高，各省（区、市）间的差距不太大。在全部省（区、市）中，西藏的均值（0.533）最小，表明西藏城镇基础设施水平在全部省（区、市）中最低；而且与其他省（区、市）相比，2019 年西藏城市人均道路面积（15.75 平方米）、城市用水普及率（95.03%）和城市燃气普及率（60.11%）均处于很低水平。

2004~2019 年各省（区、市）农村基础设施供给指数均值显示，相比全国指数

均值（0.319），北京（0.384）、天津（0.514）、河北（0.373）、上海（0.669）、江苏（0.584）、浙江（0.435）、福建（0.322）、山东（0.559）、广东（0.381）、安徽（0.448）、江西（0.336）、河南（0.474）、湖北（0.389）、湖南（0.346）的均值相对较高。均值最大的上海（0.669）是均值最小的西藏（0.057）的11.7倍，各省（区、市）农村基础设施水平的差距较大。总体来看，2004~2019年各省（区、市）农村基础设施指数虽有所提高，但是部分地区农村基础设施水平仍有待进一步提高，如西藏、青海、甘肃、新疆等。相比于西部地区省份，中国东部地区和中部地区省份的农村基础设施供给更充分。

四、社会保障

社会保障是为居民尤其是弱势群体居民提供的必要的生存与生活保障，从而为居民健康与教育提供必要基础条件，这也是影响居民人力资本的重要外部条件。

（一）指标介绍

借鉴已有文献使用的信息衡量指标并结合数据的可获得性，在计算各省（区、市）总体社会保障供给指数时，选用各省（区、市）参加基本养老保险人数占总人口数比重、各省（区、市）参加基本医疗保险人数占总人口数比重和各省（区、市）参加失业保险人数占总人口数比重三项指标；计算城镇社会保障供给指数时，选用城镇参加基本养老保险人数占总人口数比重、城镇参加基本医疗保险人数占总人口数比重两项指标；计算农村社会保障供给指数时，选用农村参加基本养老保险人数占总人口数比重、农村参加基本医疗保险人数占总人口数比重两项指标。

社会保障供给指数测算数据跨度为2004~2019年，其间由于国家政策变动，部分指标统计口径发生了变化，为了保障数据的完整性，本书对比改革前后指标的统计口径和方法，采取合适的数据进行转换替代。例如，因2012年8月起城乡居民社会养老保险合并，则以参加城乡居民基本养老保险人数代替参加农村社会养老保险人数；因2018年1月1日新型农村合作医疗与城镇居民医疗保险合并为城乡居民基本医疗保险，则以参加城乡居民基本医疗保险人数代替参加新型农村合作医疗人数。参加基本养老保险人数、基本医疗保险人数和失业保险人数的数据和各省（区、市）城镇、农村人口数据均来自相应年份的《中国统计年鉴》，少量空缺值通过插值法补充完整。

（二）社会保障水平测算

由图3-4可知，2004~2014年中国社会保障水平呈现稳定增长趋势，2015年出现小幅回落后又开始逐步小幅递增，总而言之，2004~2019 年中国社会保障供给水平呈上升趋势。

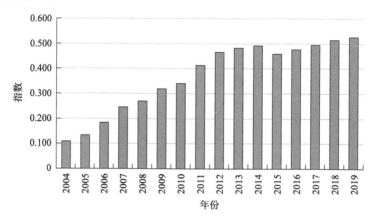

图 3-4　2004~2019 年全国社会保障供给指数均值趋势图

表 3-4 展示了 2004~2019 年各省（区、市）总体、各省（区、市）城镇、各省（区、市）农村社会保障供给指数均值。各省（区、市）社会保障供给指数均值显示，社会保障水平与经济发展水平呈现正相关关系，经济发展水平较高的省市，其社会保障供给指数均值较高，如北京、天津、上海、江苏、浙江、山东、广东、辽宁等①，其中，北京、上海、浙江社会保障供给指数均值位居前列，分别为 0.630、0.518、0.448。云南、西藏、青海社会保障供给指数均值居于最后三位，分别为 0.298、0.305、0.316。与全国社会保障供给指数均值（0.372）相比，北京遥遥领先。

表 3-4　2004~2019 年各省（区、市）社会保障供给指数均值

省(区、市)	指数均值			省(区、市)	指数均值		
	总体	城镇	农村		总体	城镇	农村
北京	0.630	0.531	0.395	内蒙古	0.318	0.247	0.397
天津	0.417	0.346	0.495	广西	0.329	0.187	0.437
河北	0.335	0.205	0.464	重庆	0.402	0.284	0.548
上海	0.518	0.496	0.266	四川	0.350	0.302	0.405
江苏	0.427	0.353	0.501	贵州	0.322	0.157	0.428
浙江	0.448	0.449	0.421	西藏	0.305	0.158	0.360

① 以 2019 年各省（区、市）地区生产总值排名为参照，北京（第 12 名）、天津（第 23 名）、上海（第 10 名）、江苏（第 2 名）、浙江（第 4 名）、山东（第 3 名）、广东（第 1 名）、辽宁（第 15 名）。

续表

省（区、市）	指数均值			省（区、市）	指数均值		
	总体	城镇	农村		总体	城镇	农村
福建	0.370	0.218	0.531	陕西	0.362	0.234	0.482
山东	0.401	0.276	0.534	甘肃	0.324	0.191	0.410
广东	0.439	0.409	0.387	青海	0.316	0.233	0.402
海南	0.368	0.313	0.382	宁夏	0.346	0.329	0.367
山西	0.348	0.233	0.449	云南	0.298	0.141	0.407
安徽	0.362	0.178	0.523	新疆	0.320	0.356	0.273
江西	0.334	0.221	0.456	辽宁	0.418	0.429	0.404
河南	0.370	0.217	0.485	吉林	0.319	0.321	0.319
湖北	0.353	0.257	0.468	黑龙江	0.318	0.333	0.293
湖南	0.355	0.236	0.483	全国	0.372	0.285	0.425

注：①各项衡量指标权重平均分配；②详表见附录中附表 3-4a、附表 3-4b、附表 3-4c

2004~2019 年各省（区、市）城镇社会保障供给指数均值显示，城镇社会保障供给指数均值居于前三位的仍然是北京（0.531）、上海（0.496）、浙江（0.449）。指数均值处在倒数后三位的为云南（0.141）、贵州（0.157）、西藏（0.158）。分区域来看，东部地区和东北地区各省份城镇社会保障供给指数均值较高，排在前十位的省份中，东部地区和东北地区占了 8 个，中部地区和西部地区省份指数均值较低。值得注意的是，山东（第 15 位）、福建（第 23 位）两个经济强省城镇社会保障供给指数排名靠后，这表明两省仍需要进一步加强城镇社会保障建设。

2004~2019 年各省（区、市）农村社会保障供给指数均值显示，与全省（区、市）社会保障供给指数和城镇社会保障供给指数不同，各省（区、市）农村社会保障供给指数均值排在前三位的为重庆（0.548）、山东（0.534）、福建（0.531），而上海（0.266）、新疆（0.273）、黑龙江（0.293）居最后三位，其中，上海农村社会保障供给指数均值排名明显低于其全市和城镇均值排名，表明在农村社会保障方面，上海还有改善空间。分区域来看，东部地区和中部地区省份的农村社会保障供给指数均值较高，有 16 个省份均值高于全国指数均值（0.425），这表明这些省份在农村社会保障方面取得了较好的进展，而西部地区和东北地区仍需要进一步加强农村社会保障服务供给。

五、信息

信息是知识获取、文化传播等的重要途径。信息供给水平影响着居民知识和文化水平，是推动人力资本形成的另一重要因素。

（一）指标介绍

借鉴已有文献使用的信息衡量指标并结合数据的可获得性，选取互联网普及率、人均互联网宽带接入端口数、电话普及率和平均每百户家庭计算机拥有量四个指标衡量各省（区、市）和各地区信息供给水平，使用各省（区、市）城镇居民家庭平均每百户彩色电视机拥有量、平均每百户移动电话拥有量和平均每百户计算机拥有量衡量各省（区、市）城镇信息供给指数，使用各省（区、市）农村居民家庭平均每百户计算机拥有量、平均每百户移动电话拥有量和平均每百户彩色电视机拥有量衡量各省（区、市）农村信息供给指数。

数据来源于国家统计局、《中国统计年鉴》。2004~2016 年各省（区、市）互联网上网人数来自国家统计局[①]，互联网普及率为各省（区、市）互联网上网人数与各省（区、市）总人口之比。2004~2019 年互联网宽带接入端口数来自国家统计局，人均互联网宽带接入端口数为各省（区、市）互联网宽带接入端口数与各省（区、市）总人口之比。2004~2019 年各省（区、市）固定电话用户数和移动电话用户数来自《中国统计年鉴》，电话普及率为各省（区、市）固定电话和移动电话用户数占各省（区、市）总人口的比重。各省（区、市）平均每百户家庭计算机拥有量为各省（区、市）城镇居民家庭平均每百户计算机拥有量与各省（区、市）农村居民家庭平均每百户计算机拥有量之和。2004~2012 年、2015~2019 年各省（区、市）城镇和农村居民家庭的平均每百户计算机拥有量、平均每百户移动电话拥有量和平均每百户彩色电视机拥有量均来自《中国统计年鉴》[②]。

（二）信息供给水平测算

由图 3-5 可知，2004~2019 年中国信息供给水平呈稳定上升趋势，但是 2013 年后增速趋于平缓。

表 3-5 展示了 2004~2019 年各省（区、市）总体、各省（区、市）城镇、各省（区、市）农村信息供给指数均值。各省（区、市）总体信息供给指数均值显示，东部（如北京、天津、上海、江苏、浙江、福建、广东、海南等）、西部（如重庆、西藏、宁夏等）一些省（区、市）指数均值较高，高于全国指数均值（0.267）；而且各省（区、市）之间指数均值存在较大差异，指数均值最大的北京（0.519）是均值最小的云南（0.166）的 3.1 倍。此外，各省（区、市）信息供给水平从 2004 年

---

① 2017~2019 年各省（区、市）互联网上网人数缺失，本书通过平均增长率的方法补齐数据。

② 2013 年、2014 年各省（区、市）城镇和农村居民家庭的平均每百户计算机拥有量、平均每百户移动电话拥有量和平均每百户彩色电视机拥有量数据缺失，本书通过平均增长率的方法补齐数据。

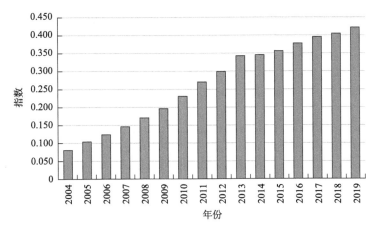

图 3-5 2004~2019 年全国信息供给指数均值趋势图

到 2019 年都有不同程度的提升，指数较大的省份大多分布在东部地区，东部地区省份信息供给水平优于中部地区、西部地区省份。

表 3-5 2004~2019 年各省（区、市）信息供给指数均值

省（区、市）	指数均值			省（区、市）	指数均值		
	总体	城镇	农村		总体	城镇	农村
北京	0.519	0.569	0.686	内蒙古	0.228	0.302	0.357
天津	0.314	0.432	0.487	广西	0.226	0.485	0.381
河北	0.244	0.365	0.434	重庆	0.286	0.491	0.360
上海	0.482	0.770	0.670	四川	0.214	0.421	0.352
江苏	0.330	0.588	0.535	贵州	0.170	0.365	0.311
浙江	0.413	0.664	0.628	云南	0.166	0.375	0.325
福建	0.339	0.608	0.526	西藏	0.304	0.329	0.226
山东	0.265	0.406	0.422	陕西	0.238	0.380	0.402
广东	0.362	0.533	0.515	甘肃	0.190	0.308	0.358
海南	0.306	0.351	0.346	青海	0.204	0.275	0.360
山西	0.240	0.314	0.372	宁夏	0.270	0.313	0.428
安徽	0.198	0.424	0.379	新疆	0.230	0.278	0.276
江西	0.195	0.466	0.399	辽宁	0.275	0.329	0.380

续表

省（区、市）	指数均值			省（区、市）	指数均值		
	总体	城镇	农村		总体	城镇	农村
河南	0.199	0.380	0.400	吉林	0.237	0.364	0.421
湖北	0.227	0.413	0.419	黑龙江	0.209	0.273	0.378
湖南	0.193	0.401	0.370	全国	0.267	0.418	0.416

注：①各项衡量指标权重平均分配；②详表见附录中附表 3-5a、附表 3-5b、附表 3-5c

　　2004~2019 年各省（区、市）城镇信息供给指数均值显示，相比全国指数均值（0.418），北京（0.569）、天津（0.432）、上海（0.770）、江苏（0.588）、浙江（0.664）、福建（0.608）、广东（0.533）、安徽（0.424）、江西（0.466）、广西（0.485）、重庆（0.491）、四川（0.421）均值相对较高。均值最大的上海（0.770）是均值最小的黑龙江（0.273）的 2.8 倍，各省（区、市）城镇信息供给指数存在一定的差距。总体而言，2004~2019 年各省（区、市）城镇信息供给水平均有所提高，相比西部地区和东北地区省份，东部地区省份城镇发展速度更快，信息供给水平更高。

　　2004~2019 年各省（区、市）农村信息供给指数均值显示，与全国指数均值（0.416）相比，北京（0.686）、天津（0.487）、河北（0.434）、上海（0.670）、江苏（0.535）、浙江（0.628）、福建（0.526）、山东（0.422）、广东（0.515）、湖北（0.419）、宁夏（0.428）、吉林（0.421）的均值相对较高。均值最大的北京（0.686）是均值最小的西藏（0.226）的 3 倍，各省（区、市）农村信息供给水平具有较大差距。总体来看，2004~2019 年各省（区、市）农村信息供给指数均有所提高，但部分西部地区省份农村信息供给水平发展缓慢，如西藏、新疆等。相比西部地区省份，东部地区省份农村信息供给水平更高。

第二节　人力资本水平测度

　　人力资本是增强居民获得发展机会、提高收入水平的重要内在因素。人力资本内涵包括了多维度的解释，因此人力资本的衡量与测度方法也是多样的，而且每种衡量与测度方法各有优劣。

　　这里借鉴已有文献采用的方法并考虑数据的可获得性，选取人均受教育年限指标测量省级的人力资本水平。

（一）测度指标介绍

人均受教育年限是相对数衡量指标，也是数量型衡量指标，数据采集与测度相对简单易行。现有数据中并没有直接可获得的省级层面的人均受教育年限数据，因此较为普遍的做法是，通过用各层级受教育程度的人口占比对相应的受教育年限加权计算得到人均受教育年限。本书也遵循这一做法，数据均摘编自《中国人口和就业统计年鉴》①，其公布了分地区、分城镇乡、按性别分类的 6 岁及以上人口数和 6 岁及以上人口中按受教育程度划分的人口数。

受教育程度分为未上过学、小学、初中、高中（包括中职或中专）、大专及以上，则其受教育年限相应地分别为 0 年、6 年、9 年、12 年、16 年。由此，各省（区、市）的人均受教育年限的计算公式为：人均受教育年限=小学受教育程度人口占比×6+初中受教育程度人口占比×9+高中受教育程度人口占比×12+大专及以上受教育程度人口占比×16。

特别需要指出的是，由于 2015 年年鉴公布的受教育程度人口统计口径与其他年份有所不同，故本书计算的高中人口数指的是普通高中学历人口数与中职学历人口数之和，大专及以上人口数指的是大专、大学本科、研究生学历人口数之和。

（二）人力资本水平测算

1. 中国各省（区、市）人均受教育年限

由图 3-6 可知，2004~2019 年中国人均受教育年限各年份之间差异并不大，总体上呈现缓慢上升趋势。

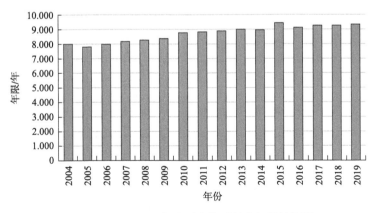

图 3-6　2004~2019 年中国人均受教育年限趋势图

---

① 2007 年以前《中国人口和就业统计年鉴》名称是《中国人口统计年鉴》。

表 3-6 展示了 2004~2019 年各省（区、市）人均受教育年限。北京、上海、天津、辽宁、吉林、黑龙江等省市位于全国前列，西藏、云南、贵州、青海、甘肃等省区居于全国后列。分区域来看，东部地区和东北地区省份人均受教育年限较高，西部地区省份人均受教育年限较低。总体来说，人力资本水平与各省（区、市）经济发展水平呈现正相关关系，经济发展较为落后的西部地区省份仍需进一步加强人力资本建设。

表 3-6　2004~2019 年各省（区、市）人均受教育年限　　　单位：年

省（区、市）	人均受教育年限	省（区、市）	人均受教育年限
北京	11.268	内蒙古	8.980
天津	10.173	广西	8.529
河北	8.787	重庆	8.480
上海	10.492	四川	8.131
江苏	8.962	贵州	7.612
浙江	8.726	云南	7.632
福建	8.463	西藏	5.070
山东	8.650	陕西	8.935
广东	9.102	甘肃	7.944
海南	8.959	青海	7.681
山西	9.236	宁夏	8.410
安徽	8.210	新疆	8.918
江西	8.671	辽宁	9.458
河南	8.700	吉林	9.155
湖北	8.900	黑龙江	9.084
湖南	8.864	全国	8.716

注：详表见附录中附表 3-6

表 3-7 展示了 2004~2019 年各省（区、市）城镇、农村人均受教育年限。北京、上海、天津、山西、新疆、辽宁、吉林城镇人均受教育年限位于全国前列，均在 10 年以上。西藏、云南、贵州、青海等西部省区城镇人均受教育年限较低。可以看到，全国大部分省（区、市）城镇人均受教育年限在 9 年左右，达到了初中毕业水平。与城镇人均受教育年限相比，各省（区、市）农村人均受教育年限

显著低于城镇，平均来看，全国农村均值比城镇均值少 1.831 年。北京、天津、上海、山西农村人均受教育年限仍排在前列，广东、河北、江苏、海南等农村人均受教育年限高于全国均值（7.819）。在城镇和农村两个层面，总体上东部地区、东北地区人均受教育年限较高，西部地区人均受教育年限较低。值得注意的是，新疆城镇、农村人均受教育年限均高于全国均值。

表 3-7　2004~2019 年各省（区、市）城镇、农村人均受教育年限　　单位：年

省（区、市）	人均受教育年限		省（区、市）	人均受教育年限	
	城镇	农村		城镇	农村
北京	11.663	9.349	内蒙古	9.947	7.864
天津	10.667	8.514	广西	9.511	7.993
河北	9.516	8.302	重庆	9.378	7.482
上海	10.760	8.404	四川	9.418	7.333
江苏	9.580	8.102	贵州	9.067	6.991
浙江	9.408	7.844	云南	8.907	7.015
福建	9.141	7.710	西藏	6.173	4.817
山东	9.424	7.896	陕西	9.976	8.181
广东	9.631	8.261	甘肃	9.569	7.094
海南	9.708	8.299	青海	9.282	6.465
山西	10.081	8.529	宁夏	9.639	7.426
安徽	9.196	7.528	新疆	10.168	8.119
江西	9.559	8.000	辽宁	10.248	8.372
河南	9.643	8.185	吉林	10.188	8.051
湖北	9.985	7.931	黑龙江	9.930	8.155
湖南	9.781	8.184	全国	9.650	7.819

注：详表见附录中附表 3-7a、附表 3-7b

表 3-8 展示了 2004~2019 年各省（区、市）男性、女性人均受教育年限。北京、上海、天津三个直辖市男性人均受教育年限位于全国前列，均在 10 年以上；西藏、云南、贵州、青海等省区男性人均受教育年限排在后几位。分区域来看，东部地区、东北地区省份处于领先位置，西部地区省份男性人均受教育年限较低，除内蒙古、陕西以外，其他西部省份男性人均受教育年限均低于全国均值。

表 3-8　2004~2019 年各省（区、市）男性、女性人均受教育年限　　　单位：年

省（区、市）	人均受教育年限		省（区、市）	人均受教育年限	
	男性	女性		男性	女性
北京	11.439	11.092	内蒙古	9.291	8.658
天津	10.342	9.997	广西	8.883	8.147
河北	9.079	8.488	重庆	8.779	8.177
上海	10.841	10.133	四川	8.510	7.750
江苏	9.474	8.461	贵州	8.154	7.037
浙江	9.131	8.301	云南	8.023	7.218
福建	9.002	7.912	西藏	5.590	4.551
山东	9.163	8.134	陕西	9.291	8.741
广东	9.485	8.685	甘肃	8.509	8.524
海南	9.392	8.480	青海	8.195	7.144
山西	9.450	9.013	宁夏	8.850	7.959
安徽	8.773	7.635	新疆	9.039	8.792
江西	9.129	8.195	辽宁	9.654	9.261
河南	9.031	8.364	吉林	9.353	8.953
湖北	9.364	8.421	黑龙江	9.290	8.874
湖南	9.180	8.536	全国	9.087	8.375

注：详表见附录中附表 3-8a、附表 3-8b

2. 人均受教育年限水平指数测算

由图 3-7 可知，2004~2019 年中国人均受教育年限指数各年份之间差异不大，也呈现出缓慢波动递增趋势。

表 3-9 展示了 2004~2019 年各省（区、市）人均受教育年限指数均值，其中，北京、上海、天津三个直辖市的人均受教育年限指数均值位居前列，分别为 0.842、0.755、0.719。西藏、贵州、云南三个省区指数均值排名靠后，分别为 0.149、0.433、0.435。西藏的指数显著低于贵州、云南等省份，与全国指数均值（0.556）差距显著，说明西藏人均受教育年限显著低于全国平均水平。总体上，各个省（区、市）人均受教育年限指数与经济发展水平呈现正相关关系。值得注意的是，东北地区三个省份辽宁（0.639）、吉林（0.606）、黑龙江（0.598）指数均值排在全国前列，表明东北地区人均受教育年限较高。

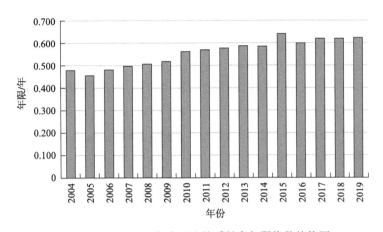

图 3-7 2004~2019 年中国人均受教育年限指数趋势图

表 3-9 2004~2019 年各省（区、市）人均受教育年限指数均值

省（区、市）	指数均值	省（区、市）	指数均值
北京	0.842	内蒙古	0.586
天津	0.719	广西	0.536
河北	0.564	重庆	0.530
上海	0.755	四川	0.491
江苏	0.584	贵州	0.433
浙江	0.558	云南	0.435
福建	0.528	西藏	0.149
山东	0.549	陕西	0.581
广东	0.600	甘肃	0.470
海南	0.584	青海	0.441
山西	0.615	宁夏	0.522
安徽	0.500	新疆	0.579
江西	0.552	辽宁	0.639
河南	0.555	吉林	0.606
湖北	0.577	黑龙江	0.598
湖南	0.573	全国	0.556

注：详表见附录中附表 3-9

表 3-10 展示了 2004~2019 年各省（区、市）城镇、农村人均受教育年限指数均值。可以看到，城镇人均受教育年限指数均值与各省（区、市）指数均值呈

现相似规律，指数均值最高和最低的三个省（区、市）相同。各省（区、市）农村人均受教育年限中，北京、山西、天津三个省市指数均值位居前列，分别为0.470、0.407、0.406。西藏、青海、贵州三个省区居于最后三位，分别为0.121、0.248、0.288。分区域来看，东部地区、东北地区省份排名靠前，西部地区省份仍居于后列。

表 3-10　2004~2019 年各省（区、市）城镇、农村人均受教育年限指数均值

省（区、市）	指数均值		省（区、市）	指数均值	
	城镇	农村		城镇	农村
北京	0.827	0.470	内蒙古	0.632	0.356
天津	0.714	0.406	广西	0.582	0.365
河北	0.583	0.389	重庆	0.567	0.326
上海	0.725	0.397	四川	0.572	0.315
江苏	0.590	0.374	贵州	0.532	0.288
浙江	0.571	0.354	云南	0.514	0.290
福建	0.540	0.344	西藏	0.202	0.121
山东	0.573	0.358	陕西	0.635	0.380
广东	0.596	0.386	甘肃	0.589	0.296
海南	0.605	0.389	青海	0.556	0.248
山西	0.647	0.407	宁夏	0.597	0.322
安徽	0.547	0.330	新疆	0.657	0.375
江西	0.588	0.366	辽宁	0.666	0.395
河南	0.597	0.380	吉林	0.660	0.370
湖北	0.636	0.361	黑龙江	0.630	0.378
湖南	0.613	0.380	全国	0.598	0.352

注：详表见附录中附表 3-10a、附表 3-10b

表 3-11 展示了 2004~2019 年各省（区、市）男性、女性人均受教育年限指数均值，其中，男性人均受教育年限指数均值居于前三位的为北京、上海、天津，分别为0.838、0.768、0.709；西藏、云南、贵州排名靠后，分别为0.150、0.436、0.452。北京、上海、天津三个直辖市的女性人均受教育年限指数均值同样位居前列，分别为 0.368、0.323、0.317；西藏、贵州、青海指数均值排名靠后，分别为0.064、0.179、0.184。分性别来看，西藏男性、女性人均受教育年限指数均值显著低于其他省（区、市）。通过比较各省（区、市）的指数均值发现，大部分省（区、

市）男性、女性人均受教育年限指数分布相对集中，这表明各省（区、市）人力资本差异较小。

表 3-11　2004~2019 年各省（区、市）男性、女性人均受教育年限指数均值

省（区、市）	指数均值		省（区、市）	指数均值	
	男性	女性		男性	女性
北京	0.838	0.368	内蒙古	0.585	0.255
天津	0.709	0.317	广西	0.538	0.231
河北	0.560	0.247	重庆	0.525	0.232
上海	0.768	0.323	四川	0.494	0.213
江苏	0.607	0.246	贵州	0.452	0.179
浙江	0.567	0.238	云南	0.436	0.188
福建	0.551	0.220	西藏	0.150	0.064
山东	0.570	0.230	陕西	0.585	0.259
广东	0.608	0.256	甘肃	0.493	0.248
海南	0.597	0.246	青海	0.456	0.184
山西	0.604	0.271	宁夏	0.534	0.222
安徽	0.525	0.207	新疆	0.556	0.261
江西	0.566	0.233	辽宁	0.628	0.283
河南	0.555	0.241	吉林	0.593	0.268
湖北	0.594	0.244	黑龙江	0.585	0.265
湖南	0.572	0.249	全国	0.561	0.242

注：详表见附录中附表 3-11a、附表 3-11b

综合前述分析可知：第一，中国人力资本水平大体上呈现"东北高、西南低"的布局。在经济比较发达的省市，如北京、上海、天津、江苏等，人力资本指数居于第一梯队，经济发展水平欠发达的省区，如西藏、青海、贵州、广西、甘肃等，人力资本指数居于全国后列。东北地区虽然近年来经济发展水平在全国并不领先，但人力资本水平却位居全国前列，这说明东北地区重视教育的传统优势依旧延续。第二，各省（区、市）人力资本水平仍存在城乡差异等，城镇人力资本水平高于农村。第三，西藏人力资本指数明显落后于其他省（区、市），这意味着西藏仍需要进一步努力，提高人力资本水平，缩小与其他省（区、市）的差距。

第四章　收入机会不平等的测度

改革开放 40 多年来，中国经济发展水平与居民收入水平有了大幅度提升，但是居民收入分配差距依旧存在。国家统计局数据显示，居民人均可支配收入基尼系数自 2009 年开始大致呈不断下降的趋势，但始终都高于 0.4 的国际警戒线。当然，收入分配差距也分为合理部分与不合理部分。根据 Roemer（1998）研究，收入分配差距中的不合理部分主要源于违背了公平正义原则的机会不平等，主要是指个体无法控制也无须为之负责的"环境"因素（包括父母受教育程度等）；而收入分配差距中的合理部分主要源于没有违背公平正义原则的努力不平等，主要是指个体可以控制或者部分可以控制的"努力"因素（如工作类型、工作时间等）。由此，政府缓解收入分配差距并非追求完全消除收入分配差距，因为适度的收入分配差距反而有助于推动效率提升，由此政府收入分配政策主要是消除收入分配差距中的不合理部分，而非合理部分的收入差距。因此，准确测算收入不平等的程度及其来源就成为提高政府缓解收入分配不公平政策的针对性与有效性的基础。

第一节　收入机会不平等文献综述

自 1978 年实施改革开放政策以来，中国经济增长取得了长足进步，居民收入水平显著提高。国家统计局数据显示，城镇和农村居民人均可支配收入①分别由 1978 年的 343.4 元和 133.6 元增加到 2017 年的 36 396 元和 13 432 元。伴随着居民收入快速增长，居民收入差距依旧存在。Ravallion 和 Chen（2007）研究发现，20 世纪 80 年代早期中国居民收入差距的基尼系数基本维持在 0.3 以下。自 20 世纪

---

① 2013 年起，国家统计局开始执行城乡一体化住户收支与生活状况调查。此前，农村居民人均可支配收入为农村居民人均纯收入。

80年代后期，中国居民收入差距急剧扩大，2008年则达到了峰值。此后，居民收入差距小幅回落，但依然维持在0.4的国际警戒线以上（图4-1）。

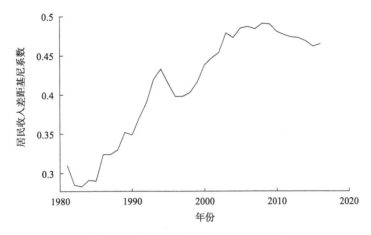

图 4-1　中国居民收入差距的基尼系数

资料来源：1981~2001年的居民收入差距基尼系数来自 Ravallion 和 Chen（2007），2002年的数据来自联合国世界收入不平等数据库 WIID，2003~2016年的数据来自国家统计局

　　然而居民收入不公平程度是否真如基尼系数反映的这样呢？基尼系数以收入相等为基础度量收入差距，因此，只有个体收入完全相等才是公平。这显然有悖于现代社会的公平标准——社会易于接受个人努力导致的收入差距，而难以接受环境如家庭背景等因素导致的收入差距（Fleurbaey and Maniquet，2011）。基尼系数忽视了收入差距来源的合理性，将各种来源的收入差距都视为收入不公平，因此并不能准确度量收入不公平程度。由此，准确测度中国收入机会不平等并发现收入机会不平等的影响因素就显得重要且紧迫。

一、收入机会不平等测度研究

　　事实上，相比收入不平等本身，人们更加关注收入不平等的来源。个体的收入不平等感知主要取决于获取收入的来源是否公平（Gaertner and Schwettmann，2007；Cappelen et al.，2010）。机会不平等理论为研究收入不平等的来源提供了新视角，将收入不平等的决定因素划分为个体不可控制的"环境"和个体可以控制的"努力"，其中，"环境"因素导致的收入不平等为机会不平等，"努力"因素引致的收入不平等为努力不平等（Roemer，1998）。机会不平等显然有悖于公平正义的分配原则，会降低个体工作积极性，甚至引发社会矛盾，阻碍经济社会发展，是收入不平等中的不合理部分。努力不平等为个体提供了努力就能获取高收入的激励，有利于提高个体努力，是收入不平等中的合理部分。由此可知，机会不平等不仅是个体不公平感知的重要来源，更是收入不平等中阻碍经济增长的部分（Marrero and Rodríguez，2013）。

机会不平等概念最早由 Rawls（1971）提出，他试图将个体责任纳入公平分配的分析框架。之后，众多学者从不同视角对机会不平等进行研究，认为如果个体拥有获取某种结果的同等机会，即使存在个体自主选择导致的不平等，也符合公平正义原则（Arneson，1999）。以此为基础，Roemer（1993）运用数理方法构建了机会不平等的经济学分析框架。具体而言，他将收入视为"环境"与"努力"相互作用的结果，定义当收入独立于环境而只体现个体努力时，就达到了机会平等，其中，"环境"是指不受个体控制的外生因素如家庭背景等；"努力"是指个体可问责的因素如工作类型、工作时间及受教育程度等。由于数据限制等原因，现实中无法穷尽所有"环境"和"努力"因素，必然会遗漏部分不可观测环境和不可观测努力因素。此外，Lefranc 等（2009）进一步扩展了罗默的"环境-努力"二维分析框架，将"运气"因素纳入机会不平等分析框架。

在明确机会不平等的内涵后，学者们对如何度量机会不平等进行广泛研究，并提出了多种测度方法。机会不平等测度可以区分为事前法（ex-ante perspective）和事后法（ex-post perspective）（Fleurbaey and Peragine，2013）。事前法将处于相同外部环境的个体划分为一组，定义组间收入不平等为收入机会不平等（Fleurbaey，1995a，1995b；Checchi and Peragine，2010）；事后法则将具有相同努力水平的个体划分为一组，定义组内收入不平等为收入机会不平等（Bourguignon et al.，2007a；Ferreira and Gignoux，2008；Lefranc et al.，2009）。另外，机会不平等测度亦可划分为非参数法与参数法（Ferreira and Gignoux，2008）。非参数法的基本思路是，根据环境变量或努力变量将个体划分为不同组别，采用标准不平等指数测度的组间不平等或组内不平等即收入机会不平等（Lefranc et al.，2008；Checchi and Peragine，2010）；参数法的基本程序是，将对数收入设定为环境与努力变量的线性函数，估计收入决定函数得到参数估计值，通过对环境变量取均值来构造消除环境影响的反事实收入分布，反事实收入分布与实际收入分布间的收入不平等差异即收入机会不平等（Bourguignon et al.，2007a；Björklund et al.，2012）。此外，Ramos 和 van de Gaer（2016）总结了基于标准收入分布的机会不平等测度方法，该方法的基本程序为，构建机会平等原则下的反事实收入分布，采用满足一定条件的不平等指标测度实际收入分布与反事实收入分布间的差异，定义该差异为收入机会不平等（Devooght，2008；Almås et al.，2011）。

大量研究运用参数法对机会不平等进行测度。Bourguignon 等（2007a）尝试将机会不平等分解为环境的直接影响和间接影响。由于忽视了不可观测环境和不可观测努力的影响，参数估计结果存在遗漏变量偏误，分解结果并不能视为因果关系（Bourguignon et al.，2013）。Ferreira 和 Gignoux（2011）在残差与可观测环境不相关的假设下，估算不同环境变量对机会不平等的影响。由于遗漏的不可观测环境和不可观测努力包含在残差中，且一般情形下，不可观测环境和不可观测努力与可观测环境相关，因此残差与可观测环境不相关的假设并不成立。他们还进一步指出遗漏不可观测环境和不可观测努力将难以正确估计不同环境变量对机会不平等的影响。近年来，机会不平等也逐渐引起国内学者关注。李莹和吕光明（2016）及史新杰等（2018）运用 Shapley 值分解测算环境变量在收入机会不平等中的相对贡献。他们虽然考虑了环境与努力的相关性，但都忽视了不可观测环境和不可观测努力对机会不平等估计结果的影响，导致机会不平等估计结果存在一定偏误。

机会不平等会损害个体的工作积极性，强化个体的不公平感知，阻碍社会和经济发展，不利于社会稳定（Marrero and Rodríguez，2013）。刘成奎和何英明（2020）将公共服务作为影响个体收入的宏观环境，拓展了环境集，重新评估了中国居民收入分配中的机会不平等。

二、简单述评

综合前述有关机会不平等参数测度法，通过量化不可观测环境和不可观测努力以及处理环境与努力相关性，弥补参数测度法的不足。尝试将改进的参数法与Shapley 值分解相结合，对中国居民收入分配中的机会不平等进行测度，同时估算不同环境变量对机会不平等的相对贡献。此外，现有的国内学者对机会不平等的研究大多侧重于短期机会不平等，即选取单年收入作为机会不平等分析的基础。这主要是因为长期机会不平等分析需以长期收入测度为基础。已有文献中长期收入测度方法都对数据要求较高，需要微观个体长期追踪调查数据。基于短期收入的机会不平等分析虽然在一定程度上反映了机会不平等程度，揭示了不同环境因素对机会不平等的贡献程度，但由于短期收入会受到随机冲击的影响，故短期机会不平等分析并不能全面刻画居民收入分配中的机会不平等水平及各影响因素的相对贡献，而长期收入可以过滤随机冲击对个体收入产生的影响，更能体现个体福利水平。由此，本章在机会不平等理论的基础上，结合短期机会不平等测度方法，以长期收入测度为基础，基于中国家庭追踪调查（China Family Panel Studies，CFPS）数据，对中国居民收入分配中的长期机会不平等程度及其影响因素进行实证检验。

相比已有研究，可能的创新点主要有：一是运用潜类别分析（latent class analysis，LCA），同时考虑可观测环境和不可观测环境，将样本划分为不同环境组别，用环境组别内的相对收入分位测度不可观测努力。以此为基础，通过残差分解，进一步量化不可观测环境，从而减弱不可观测环境和不可观测努力对机会不平等测度的影响。二是处理环境与努力相关性，区分环境影响机会不平等的直接渠道和间接渠道。三是从长期视角出发，在测度长期收入的基础上，评估中国居民收入分配中的长期机会不平等，丰富了现有机会不平等测度理论。四是在此基础上，通过分解估算不同环境变量在长期机会不平等形成过程中的贡献差异，揭示了长期机会不平等的形成机制。测度居民收入分配中的长期收入不公平，明确长期机会不平等的形成机制，对于收入再分配政策的制定，进而实现更为公平的居民收入分配格局和经济可持续增长，无疑具有重要的现实意义与实践价值。

第二节　短期机会不平等测度与分解

结合机会不平等理论，以机会不平等传统参数法为基础，通过量化不可观测努力、不可观测环境和处理环境与努力相关性，弥补参数测度法的不足。利用中国家庭收入项目调查（Chinese Household Income Project Survey，CHIP）数据对中国居民短期机会不平等水平进行评估，并分析短期机会不平等的异质性。同时，结合 Shapley 值分解估算不同环境变量在短期机会不平等中的相对贡献程度。

一、机会不平等的参数测度法及改进

本部分首先对机会不平等参数测度法的基本思路进行介绍，并指出其不足。其次提出不可观测环境和不可观测努力的量化方法，并处理环境和努力相关性，以弥补传统参数测度法的不足。最后将改进的参数法与 Shapley 值分解结合，测度机会不平等。

（一）机会不平等的参数测度法

假定 C 表示环境，E 表示努力水平，μ 表示运气等其他不可观测因素。三者共同决定了个体收入水平 y，收入决定函数为

$$y_i = F\left(C_i, E_i, \mu_i\right) \qquad (4\text{-}1)$$

一般而言，环境会影响个体努力水平。因此，式（4-1）可改写为

$$y_i = F\left(C_i, E_i\left(C_i, \upsilon_i\right), \mu_i\right) \qquad (4\text{-}2)$$

其中，υ_i 为除环境外影响个体努力水平的其他因素。为测算机会不平等，必须设定收入决定函数的具体形式。假定收入决定函数为线性形式，从而可将收入决定方程设定为

$$\ln y_i = \alpha + \beta C_i + \gamma E_i + \mu_i \qquad (4\text{-}3)$$

进一步假定环境变量以线性形式影响个体努力水平：

$$E_i = \xi + \sigma C_i + \upsilon_i \qquad (4\text{-}4)$$

将式（4-4）代入式（4-3）得

$$\ln y_i = \varphi + \delta C_i + \varepsilon_i \qquad (4\text{-}5)$$

其中，$\varphi = \alpha + \gamma \xi$，$\delta = \beta + \gamma \sigma$，$\varepsilon_i = \gamma \upsilon_i + \mu_i$。

通过估计式（4-5）并将环境变量取均值 $\overline{C}_i$，得到消除环境影响的反事实收入分布 $\hat{y}_i = \exp(\hat{\varphi} + \hat{\delta}\overline{C}_i)$。由于环境对收入的影响已消除，故反事实收入分布 $\hat{y}_i$ 中的不平等均源自个体努力水平的差异。实际收入分布 y 和反事实收入分布 $\hat{y}_i$ 的收入不平等差异就是环境导致的收入不平等即机会不平等。如果用 IOP 表示机会不平等，用 I 表示不平等测度指标[①]，a 表示绝对水平，绝对机会不平等为

$$\text{IOP}^a = I(y) - I(\hat{y}_i) \qquad (4\text{-}6)$$

用 r 表示相对水平，相对机会不平等即机会不平等占收入不平等的比例为

$$\text{IOP}^r = \frac{I(y) - I(\hat{y}_i)}{I(y)} \qquad (4\text{-}7)$$

此外，依据式（4-5）将环境变量 j 取均值，得到消除环境变量 j 影响的反事实收入分布 $\hat{y}_i^j = \exp(\hat{\varphi} + \hat{\delta}^j \overline{C}_i^j + \hat{\delta}^{k \neq j} C_i^{k \neq j})$。由此，可得环境变量 j 导致的机会不平等：

$$\text{IOP}^j = I(y) - I(\hat{y}_i^j) \qquad (4\text{-}8)$$

以上即机会不平等参数测度法的基本程序。容易看出，由于式（4-5）遗漏了努力变量，努力变量的影响将全部归入随机扰动项 μ_i。一般而言，环境和努力具有明显相关性。因此，随机扰动项 μ_i 与式（4-5）中的环境变量相关，从而导致参数估计结果存在内生偏误（Bourguignon et al.，2013）。直观上可以通过估计纳入努力变量的式（4-3），克服内生偏误。但依据纳入努力变量的式（4-3）将环境变量取均值虽然可以消除环境对收入的直接影响，但并不能消除环境对收入的间接影响。这是因为将环境变量取均值并没有改变努力变量 E_i 的取值，因此环境通过努力对收入产生的间接影响依然存在。由此可知，加入努力变量虽然缓解了遗漏变量导致的内生性，但环境和努力的相关性却使均等化环境变量取值并不能消除环境对收入的全部影响，进而导致无法准确估计机会不平等。更为重要的是，实践中无法穷尽所有环境和努力，必然存在遗漏的不可观测环境和不可观测努力。

---

① 已有相关文献大多采用泰尔零阶指数 GE（0）作为不平等的测度指标，为了便于与已有研究的结果进行对比，本章将采用泰尔零阶指数来度量收入不平等。

不可观测环境和不可观测努力的影响也将归入随机扰动项 μ_i，因此，忽视不可观测环境和不可观测努力的影响会进一步加剧遗漏变量导致的内生性问题。

（二）机会不平等参数测度法的改进

本部分将重点量化不可观测环境和不可观测努力，并将其与可观测努力共同纳入收入决定方程，以解决遗漏变量导致的内生性问题。此外，通过获取剔除环境影响的净努力，消除环境与努力相关性对机会不平等测度产生的不利影响。最后，以改进的参数测度法为基础，运用 Shapley 值分解估算机会不平等及不同环境变量对机会不平等的贡献，并将机会不平等区分为环境影响的直接渠道和间接渠道。

1. 不可观测努力的量化

已有研究中不可观测努力的量化方法主要有两类。一是罗默（Roemer，2003）依据可观测环境对个体进行分类，将具有相同环境的个体划分为同一组别，并采用组别内个体的相对收入分位测度不可观测努力。该方法的合理性在于，同一组别内的个体面临相同环境，因此组别内个体的收入水平恰好体现了个体的努力程度。二是比约克伦等（Björklund et al.，2012）采用式（4-5）的估计残差度量不可观测努力。估计残差等于个体实际收入与期望收入的差异，残差取值为正表明实际收入高于期望收入，意味着个体努力水平较高，反之，个体努力水平则较低。

上述方法为不可观测努力的量化提供了可借鉴的思路。然而由于忽视了不可观测环境的影响，采用以上方法测度的不可观测努力存在偏误[1]。这里借鉴李东尼等（Li Donni et al.，2015）的思路，运用潜类别分析，在同时考虑可观测环境和不可观测环境的情形下，将个体划分为不同环境组别，并将环境组别内个体的相对收入分位作为不可观测努力的代理变量。潜类别分析假定总体样本 N 包含 M 个潜在类别，潜在类别由可观测环境和不可观测环境共同决定，可观测环境的差异体现了潜在类别的特征。对于每种可能的潜在类别数目，潜类别分析通过最小化类别内可观测环境的相关性，将总体样本划分到不同类别。潜在类别的最优数目通过施瓦茨贝叶斯信息准则（Schwarz's Bayesian information criterion，SBIC）和 LMR 检验确定。具体而言，量化不可观测努力包括以下步骤。

（1）运用潜类别分析将总体样本 N 划分为 M 个类别，最优类别数目 M 通过 SBIC 和 LMR 检验确定。

（2）在每个类别内，将个体收入划分为 10 个收入分位，定义处于相同收入

---

① 例如，在罗默的量化方法中，仅依据可观测环境集进行的分类，只能保证同类别内的个体具有相同的可观测环境，但个体的不可观测环境则可能存在差异。基于此得到的收入分位不仅体现了个体的努力水平，而且包含了不可观测环境的影响。因此，依据该方法得到的收入分位并非不可观测努力的理想测度。

分位 $\tau\left(\tau=1,2,\cdots,10\right)$ 的个体拥有同等努力水平。类别内个体的收入分位用虚拟变量 q_τ^m 表示。

$$q_\tau^m = \begin{cases} 1, & i \text{属于类别} m, \text{且所处收入分位为} \tau \\ 0, & \text{其他} \end{cases} \quad (4\text{-}9)$$

其中，$\tau=1,2,\cdots,10;\ m=1,2,\cdots,M$。

（3）汇总变量 $q_\tau^1, q_\tau^2, \cdots, q_\tau^M$ 的信息，生成虚拟变量 q_τ，并将 q_τ 作为个体不可观测努力 E_i^u 的替代变量。

$$q_\tau = \begin{cases} 1, & i \text{处于收入分位} \tau \\ 0, & \text{其他} \end{cases} \quad (4\text{-}10)$$

其中，$\tau=1,2,\cdots,10$。

2. 不可观测环境的量化

在量化不可观测努力 E_i^u 后，遵循比约克伦等（Björklund et al., 2012）的做法，通过残差分解测度不可观测环境。具体地，通过以下步骤量化不可观测环境。

（1）将不可观测努力 E_i^u 和可观测努力 E_i 代入收入决定方程（4-5）中：

$$\ln y_i = \tilde{\alpha} + \tilde{\beta} C_i + \tilde{\gamma} E_i + \lambda E_i^u + \mu_i \quad (4\text{-}11)$$

采用不同类别内的样本估计式（4-11），得到不同类别样本下残差项的方差估计值 σ_m^2。

（2）以 $k = \left(1 \Big/ \sum_1^m f_m \sigma_m^2\right)^{1/2}$ 为权重，将总样本的残差项进行分解，其中，f_m 为不同类别内的样本占总样本的比例。

$$\begin{aligned} \ln y_i &= \tilde{\alpha} + \tilde{\beta} C_i + \tilde{\gamma} E_i + \lambda E_i^u + \mu_i - \frac{\mu_i^m}{k\sigma_m} + \frac{\mu_i^m}{k\sigma_m} \\ &= \tilde{\alpha} + \tilde{\beta} C_i + \tilde{\gamma} E_i + \lambda E_i^u + \tilde{\mu}_i + \epsilon_i \end{aligned} \quad (4\text{-}12)$$

其中，$\tilde{\mu}_i = \mu_i - \dfrac{\mu_i^m}{k\sigma_m}$，$\epsilon_i = \dfrac{\mu_i^m}{k\sigma_m}$。类别内残差均值 $\mu_i^m = 0$，总样本残差的方差满足 $\sigma^2 = \sum_1^m f_m \sigma_m^2$，因而，$\epsilon_i$ 的方差为 σ^2。ϵ_i 是残差中不随环境类别变化的部分，反映了运气等随机因素的影响。$\tilde{\mu}_i$ 是残差中随环境类别变化的部分，体现了不可观测环境的影响。因此，这里将 $\tilde{\mu}_i$ 和 ϵ_i 作为不可观测环境和运气的替代变量。

3. 剔除环境影响后的净努力

估计式（4-12）可以得到参数的无偏估计值。然而正如前文所述，由于加入了努力变量，依据式（4-12）将环境变量取均值只能消除环境对收入的直接影响，而环境对收入的间接影响依然存在。为消除环境对收入的全部影响，须用剔除环境影响的净努力替换式（4-12）的努力变量。参考朱索等（Jusot et al.，2013）的做法，可得到剔除环境影响的净努力。具体地，这里将努力变量对可观测环境和不可观测环境回归，采用估计残差测度净努力：

$$E_i = \omega + \rho C_i + \phi \tilde{\mu}_i + \eta_i \tag{4-13}$$

当努力为连续型变量时，采用普通最小二乘（ordinary least squares，OLS）估计式（4-13），估计残差即净努力。当努力变量为虚拟变量时，采用 Probit 模型估计式（4-13），并计算广义残差（Gourieroux et al.，1987）。广义残差即净努力。用净努力 $\hat{E}_i$、$\hat{E}_i^{\mu}$ 替换式（4-12）中的努力变量得

$$\ln y_i = \psi + \pi C_i + \chi \hat{E}_i + \nu \hat{E}_i^{\mu} + a \tilde{\mu}_i + \zeta_i \tag{4-14}$$

依据式（4-14）将环境变量取均值，便可消除环境对收入的全部影响。基于此，便能准确估算机会不平等和不同环境变量对机会不平等的贡献。

4. 运用 Shapley 值分解法测度和分解机会不平等

与传统参数测度法通过将环境变量取均值，测算机会不平等和不同环境变量对机会不平等的贡献不同，这里采用 Shapley 值分解法估算机会不平等和不同环境变量的贡献。一般而言，某环境变量对机会不平等贡献的估计结果与分解顺序相关。在不同分解顺序下，贡献值也不同。为消除分解顺序产生的影响，Shapley 值分解将所有分解顺序的估计结果取均值，并将均值作为此环境变量对机会不平等的贡献值。

具体地，依据 K 个环境变量和 J 个努力变量构造集合。集合内每个元素都包含 K 个环境变量和 J 个努力变量，且元素内变量取值状态包括两种：一是用该变量的样本均值替换相应变量的实际值；二是相应变量的取值保持实际值不变。因此，该集合共包含 2^{K+J} 个元素，不同元素对应于 K 个环境变量和 J 个努力变量不同取值状态的组合。依次得到变量 n 取值状态不同而其余变量取值状态相同情形下的收入不平等差异，该差异的均值即变量 n 对收入不平等的影响。全部环境变量对收入不平等的影响即机会不平等。

经典 Shapley 值分解法没有考虑残差对收入不平等的影响，万广华（Wan，2004）针对这一不足进行改进。他将实际收入和预测收入的不平等差异定义为残差对收入不平等的影响，即

$$C_e = I(y) - I(\hat{y}) \tag{4-15}$$

其中，C_e 表示残差对收入不平等的影响；$I(y)$ 和 $I(\hat{y})$ 分别表示实际收入的不平等和依据收入决定方程得到的预测收入的不平等。这里将残差对收入不平等的作用视为运气对收入不平等的影响。

二、变量选择与数据来源

在实证分析之前，准确界定各类变量选择的理由与范围，并对实证分析的数据来源做清晰说明。

（一）变量选择

（1）收入变量。这里定义收入为个体主要职业的实际年收入。因不同地区间、城镇与农村间的生活成本存在较大差异，若忽视这种差异，将使收入不平等的估计结果存在偏误（Brandt and Holz，2006；夏庆杰等，2010）。因此，这里采用布兰特和霍尔兹（Brandt and Holz，2006）构建的生活成本指数和各地区居民消费物价指数对主要职业劳动年收入中的地区间生活物价差异和城乡间生活物价差异进行调整①。

（2）环境变量。个体无法控制的收入决定因素即环境。环境变量的选取对机会不平等的测度至关重要，遵循已有研究的做法（Bourguignon et al.，2007b；Checchi and Peragine，2010），同时考虑数据可获得性，选取如下变量作为决定个体收入的环境因素：父母受教育程度、户籍类型、年龄和居住地等。

（3）努力变量。依据已有研究的做法（Roemer，1998）和数据可获得性，这里选取个体受教育程度、个体职业类型和工作时间作为影响个体收入的努力变量。虽然这些变量会受到外界环境的影响，但个体在很大程度上能够自主决定接受多少教育、从事何种职业和工作多长时间，同时这些因素都对个体收入具有重要影响。

（二）数据来源

这里使用的数据来自 2013 年 CHIP。CHIP 通过系统抽样，从国家统计局 2013 年城乡一体化常规住户调查大样本库中，抽取涵盖 15 个省（区、市）的 18 948 个住户样本和 64 777 个个体样本，全面收集个人、家庭收入和家庭消费等方面的数据，为研究提供了丰富的收入、个体特征和家庭背景等方面的信息。这里选取 2013 年 CHIP 数据中城镇住户和农村住户作为分析样本。

首先，依据调查问卷中的主要职业收入信息，借助 Brandt 和 Holz（2006）构建的生活成本指数及居民消费价格指数，计算得到个人主要职业的实际年收入。

---

① Brandt 和 Holz（2006）构建了一篮子生活商品，计算了 1990 年该篮子商品在不同地区的城镇和农村的价格，从而获取了相应的生活成本；并结合各地区的居民消费价格指数，进一步得到了 1990 年后各地区城镇和农村的生活物价差异指数。

其中，雇员收入包括工资、奖金、津贴以及其他各种现金福利。雇主或自营劳动者收入为扣除经营成本后的净收入。

环境变量中，户籍类型划分为农业户口和非农业户口两类，其中居民户口（此前为非农业户口）[①]、外籍及其他类型均划为非农业户口。个体年龄依据出生年月推算得到，为控制年龄对收入的非线性影响，这里在收入决定方程中加入年龄平方项。依据个体受访时所在地将居住地划分为东部地区、中部地区和西部地区（以西部地区为参照组）。依据父母受教育程度推算其受正规教育年限，用父母平均受教育年限作为父母受教育程度的代理变量。折算标准：未上过学为 0 年，小学为 6 年，初中为 9 年，高中、职高和技校为 12 年，大专为 15 年，本科为 16 年，研究生为 19 年。参照吴晓刚（2007）及王学龙和袁易明（2015）的职业分类方法，将父母职业类型划分为四类，包括机构负责人或管理人员，专业技术人员，办事人员、商业及服务人员，体力劳动者及其他从业人员。

努力变量中，个体受教育程度用受正规教育年数表示。采用与父母职业类型相同的划分标准，对个体职业类型进行划分。工作时间用有效工作月数表示，有效工作月数依据个体主要职业工作时间信息计算得到[②]。

再剔除收入为负值或缺失以及其他变量缺失的个体，同时将样本限定为年龄处于 18~60 岁的就业者。经过处理后最终得到 12 486 个样本。主要变量的描述性统计展示在表 4-1 中。

表 4-1　主要变量的描述性统计

	变量	观测数	均值	标准差	最小值	最大值
个体特征	主要职业实际年收入对数	12 486	9.961	0.807	0.995	14.134
	年龄	12 486	44.995	7.903	20	60
	年龄平方	12 486	2 087.044	698.806	400	3 600
	户籍类型	12 486	0.456	0.498	0	1
	居住地为东部地区	12 486	0.408	0.492	0	1
	居住地为中部地区	12 486	0.387	0.487	0	1
	居住地为西部地区	12 486	0.205	0.404	0	1
	父母受教育年限均值	12 486	4.383	3.877	0	17.5
	个体受教育年限	12 486	9.625	3.473	0	21

[①] 根据问题"改为居民户口时，您的户口性质是什么"来判定个体在变更为居民户口之前是否拥有非农业户口。

[②] 依据问题"2013 年您工作了多少个月""平均每月工作多少天""平均每天工作多少小时（包括加班在内的实际劳动时间）"来计算个体主要工作的年工作小时数，并将其折算为有效工作月数。

续表

变量		观测数	均值	标准差	最小值	最大值
个体特征	有效工作月数	12 486	2.945	1.162	0.001	9
父亲职业类型	机构负责人或管理人员	12 486	0.037	0.19	0	1
	专业技术人员	12 486	0.058	0.234	0	1
	办事人员、商业及服务人员	12 486	0.110	0.313	0	1
	体力劳动者及其他从业人员	12 486	0.795	0.404	0	1
母亲职业类型	机构负责人或管理人员	12 486	0.01	0.099	0	1
	专业技术人员	12 486	0.027	0.162	0	1
	办事人员、商业及服务人员	12 486	0.082	0.274	0	1
	体力劳动者及其他从业人员	12 486	0.881	0.324	0	1
个体职业类型	机构负责人或管理人员	12 486	0.049	0.216	0	1
	专业技术人员	12 486	0.141	0.348	0	1
	办事人员、商业及服务人员	12 486	0.389	0.488	0	1
	体力劳动者及其他从业人员	12 486	0.421	0.490	0	1

三、实证结果与分析

这里采用前文介绍的方法量化不可观测环境和不可观测努力，并对纳入不可观测环境和不可观测努力的收入决定方程进行估计。再将改进的参数法与 Shapley 值分解结合，基于 2013 年 CHIP 数据测算居民收入分配中的机会不平等，并分析不同环境变量对机会不平等的贡献。此外，将机会不平等区分为环境影响的直接渠道和间接渠道。

（一）收入决定方程的估计结果

采用全样本和分组样本对式（4-14）进行估计，估计结果展示在表 4-2 中。为节省篇幅，不可观测努力的估计结果展示在表 4-2 中。从表 4-2 中可以看出，加入不可观测环境和不可观测努力后，模型拟合优度大幅度增加，调整 R^2 都达到 0.9 以上，意味着加入不可观测环境和不可观测努力后，模型能够解释个体收入变动的绝大部分。

表 4-2　收入决定方程（4-14）的估计结果

变量	全样本		农村		城镇	
	式（4-3）	式（4-14）	式（4-3）	式（4-14）	式（4-3）	式（4-14）
年龄	0.038 9*** （5.81）	0.081 5*** （31.91）	0.039 9*** （4.38）	0.082 7*** （22.32）	0.024 4** （2.45）	0.055 8*** （13.36）
年龄平方	−0.000 6*** （−7.74）	−0.001 2*** （−39.69）	−0.000 7*** （−6.48）	−0.001 3*** （−27.80）	−0.000 3*** （−2.98）	−0.000 9*** （−15.80）
户籍类型	0.424 7*** （30.10）	0.796 1*** （78.89）				
居住地 （东部地区）	0.319 4*** （18.34）	0.379 1*** （58.67）	0.286 0*** （11.22）	0.422 7*** （45.77）	0.308 9*** （13.53）	0.303 0*** （32.23）
居住地 （中部地区）	0.080 8*** （4.66）	0.114 9*** （17.45）	0.135 7*** （5.50）	0.144 5*** （16.38）	0.003 7 （0.16）	0.066 4*** （7.36）
父母受教育年限	0.022 2*** （10.68）	0.005 1*** （5.60）	0.009 1*** （2.92）	0.000 8 （0.58）	0.029 1*** （10.59）	0.014 5*** （12.13）
父亲职业 （机构负责人或管 理人员）	0.083 4** （2.42）	0.029 3** （2.32）	0.040 8 （0.57）	0.031 7 （1.16）	0.076 9** （2.03）	0.039 4*** （2.88）
父亲职业 （专业技术人员）	0.097 2*** （3.34）	0.109 5*** （8.03）	0.051 2 （0.93）	0.072 4*** （4.33）	0.092 2*** （2.74）	0.126 4*** （7.83）
父亲职业 （办事人员、商业及 服务人员）	0.037 0 （1.58）	−0.050 7*** （−5.17）	−0.023 6 （−0.47）	−0.152 4*** （−6.38）	0.046 5* （1.82）	−0.009 3 （−1.00）
母亲职业 （机构负责人或管 理人员）	0.242 0*** （3.96）	0.316 7*** （14.33）	0.037 9 （0.30）	0.377 1*** （8.47）	0.228 8*** （3.57）	0.283 2*** （13.18）
母亲职业 （专业技术人员）	0.116 3*** （2.70）	0.160 8*** （10.60）	−0.147 6 （−1.54）	0.182 4*** （5.36）	0.126 4*** （2.74）	0.098 5*** （5.64）
母亲职业 （办事人员、商业及 服务人员）	0.103 7*** （3.81）	0.092 2*** （8.88）	0.046 3 （0.48）	0.085 8* （1.94）	0.093 2*** （3.29）	0.058 3*** （5.83）
个体职业 （机构负责人或管 理人员）	0.102 3*** （5.94）	0.016 1*** （3.04）	0.029 6 （0.92）	0.023 4*** （2.74）	0.126 8*** （6.07）	0.020 0*** （3.00）
个体职业 （专业技术人员）	0.090 5*** （7.23）	0.000 3 （0.04）	0.028 9 （1.48）	−0.002 1 （−0.19）	0.113 1*** （6.73）	0.005 1 （0.81）
个体职业 （办事人员、商业及 服务人员）	−0.056 8*** （−6.50）	0.001 5 （0.53）	−0.073 3*** （−6.49）	0.002 8 （0.85）	−0.022 1 （−1.59）	0.004 2 （0.97）

续表

变量	全样本		农村		城镇	
	式（4-3）	式（4-14）	式（4-3）	式（4-14）	式（4-3）	式（4-14）
有效工作月数	0.228 7*** （32.48）	0.032 9*** （13.66）	0.304 0*** （35.90）	0.030 8*** （10.91）	0.090 8*** （7.86）	0.012 2*** （3.24）
个体受教育年限	0.053 5*** （21.58）	0.002 5*** （3.10）	0.027 2*** （7.39）	0.002 3** （2.13）	0.068 6*** （20.70）	0.004 0*** （3.58）
控制不可观测环境	否	是	否	是	否	是
控制不可观测努力	否	是	否	是	否	是
观测值	12 486	12 486	6 798	6 798	5 688	5 688
调整 R^2	0.334 5	0.921 8	0.329 6	0.922 1	0.249 2	0.917 9

***、**、*分别表示在 1%、5%、10%的显著性水平上显著

注：括号内为基于稳健标准误的 t 统计量，表中全部努力变量均为剔除环境影响后的净努力。限于篇幅，本表展示了部分结果

1. 可观测环境的估计结果

我们重点关注加入不可观测环境和不可观测努力的估计结果。可观测环境变量估计系数的符号和显著性基本一致，且大多数变量都达到了 1%的显著性水平。就户籍类型而言，相对农村居民而言，城镇居民更倾向于获取高收入，意味着劳动力市场歧视使同等条件下的农村居民获取偏低的收入。总体上，户籍系数为 0.796 1 且达到了 1%的显著性水平。分区域看，无论是全样本结果还是城乡分组样本结果都显示，东部地区居民收入水平最高，西部地区居民收入水平最低，而中部地区居民收入水平居中。以全样本估计结果为例，居住地为东部地区和中部地区的估计系数分别为 0.379 1 和 0.114 9，且两者都达到了 1%的显著性水平。个体收入存在明显区域差异的可能解释是，现阶段我国区域发展不平衡现象依然存在，地区经济发展水平存在较大差异，这直接影响了不同地区居民的就业机会和收入获取。就父母特征而言，拥有高学历父母的个体更倾向于获取高收入，这一结果在城乡分组样本中依然成立。这是因为：一方面，高学历父母收入水平较高，能更好地满足子女的人力资本投资需求；另一方面，高学历父母会投入更多时间与子女交流互动，如辅导作业、交流学习方面的问题（李忠路和邱泽奇，2016）。因此，父母受教育程度对人力资本的影响最终会体现为个体收入差异。估计结果显示，父母平均受教育年限的系数为 0.005 1 且达到了 1%的显著性水平，城镇居民和农村居民的该系数为 0.014 5 和 0.000 8，且前者也达到了 1%的显著性水平。除

父母受教育年限外，父母职业类型也对个体收入具有较重要的影响。总体而言，相对父母从事体力劳动的个体而言，父母从事负责或管理工作、专业技术工作和办事或服务工作的个体更倾向于获取高收入。

2. 可观测努力的估计结果

这里选取教育、职业类型和工作时间作为可观测努力的代理变量。可观测变量的估计结果展示在表 4-2 中，从表 4-2 中可以看出，教育系数为正且达到了 1%的显著性水平，意味着现阶段教育具有较高的回报率，是影响个体收入的重要因素。从职业类型看，总体而言，相对于从事体力劳动的个体，从事负责或管理工作和专业技术工作的个体收入水平更高，从事办事或服务工作的个体收入相对较低。这可能的解释是，相对办事或服务工作，体力劳动工作虽然面临着较强的不稳定性，但工资报酬水平相对较高。有效工作月数的估计值符号为正，且达到了1%的显著性水平，意味着在其他条件不变的情形下，工作时间越长，个体收入越高，证实了付出就有回报的观点，个体可以通过努力改善自身收入状况。

3. 不可观测努力的估计结果

这里遵循 Roemer（2003）的做法，选取不同环境组别内个体的相对收入分位测度不可观测努力。不可观测努力的估计结果展示在图 4-2 中。从图 4-2 中可以看出，总体上，不论处于何种环境组别，付出较高努力的个体都将获取更高的收入。以全样本为例，努力水平在 20%分位以下个体的收入水平较低。此后，随着努力水平的提升，个体的收入水平也将明显提高。这意味着努力就有回报，同时也支持了以相对收入分位测度个体不可观测努力的合理性。

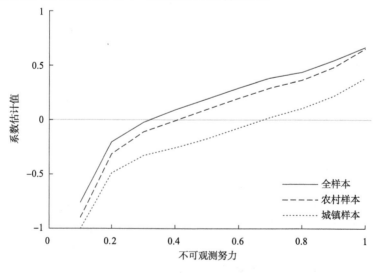

图 4-2 不可观测努力估计结果

4. 残差分解结果: 不可观测环境和运气

依据式（4-11）和式（4-12）对残差分解，得到不可观测环境和运气。图 4-3 展示了在不同环境组别内不可观测环境和运气的概率分布。

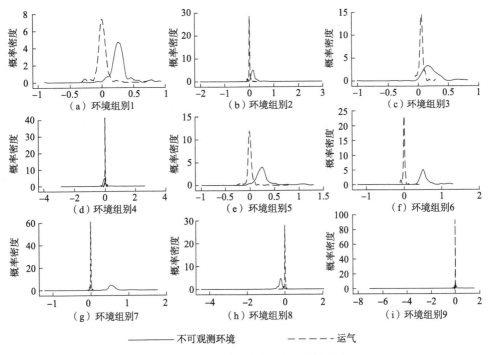

图 4-3　不可观测环境和运气的概率分布

从图 4-3 中可以看出，在各环境组别内，运气大致以 0 为均值对称分布且方差较小，意味着运气因素对个体收入的影响基本上是随机的。与之不同，不可观测环境在各环境组别内的分布具有明显差异。除环境组别 4 外，不可观测环境在其他环境组别内都为非对称分布，且分布特征也具有明显不同，方差较大。这表明在不同环境组别内，不可观测环境对个体收入的影响存在显著的异质性，忽视不可观测环境将影响机会不平等的估计结果。

（二）收入机会不平等的测度与分解结果

1. 机会不平等的测度结果

基于收入决定方程［式（4-12）和式（4-14）］，结合 Shapley 值分解方法，这里估算全样本和城乡组的收入机会不平等，并区分了机会不平等产生的直接渠道和间接渠道。估计结果展示在表 4-3 中。从表 4-3 上半部分可以看出，相对机会不平等系数为 23.48%，意味着居民收入不平等中的 23.48%源于个体环境差异，

71.07%的收入不平等源于个体努力差异，运气因素只解释了 5.45%的收入不平等。与使用相同数据和样本的研究相比，在修正不可观测环境和不可观测努力影响后，机会不平等系数增大。董丽霞（2018）运用传统参数法测算的机会不平等系数为 21.11%。马占利和邹薇（2018）估算的机会不平等系数为 20.74%。这意味着忽视不可观测环境和不可观测努力的影响将低估机会不平等。从环境引起机会不平等的渠道看，直接渠道的影响更重要。环境通过直接渠道解释了 20.21%的收入不平等，而通过影响努力的间接渠道仅解释了 3.27%的收入不平等。城乡组中，农村居民收入不平等系数高于城镇居民，但其相对机会不平等系数低于城镇居民，农村居民相对机会不平等系数为 12.41%，城镇居民相对机会不平等系数达到了 16.98%。这可能的解释是，城镇较为复杂的社会经济利益结构使父辈教育等更易通过其经济社会优势为子代收入创造机会，而农村居民较低的机会不平等则与农村劳动力迁移相关。劳动力迁移为农村居民摆脱不利环境影响，寻找更多就业机会提供了可能（陈琳和袁志刚，2012）。

表 4-3 机会不平等测度及分解结果

变量	全样本	农村	城镇
机会不平等测度结果			
收入不平等	0.302 5	0.290 4	0.255 3
绝对机会不平等	0.071 0	0.036 0	0.043 4
直接渠道	0.061 1	0.034 9	0.042 1
间接渠道	0.009 9	0.001 2	0.001 2
相对机会不平等	23.48%	12.41%	16.98%
直接渠道比例	20.21%	12.00%	16.50%
间接渠道比例	3.27%	0.40%	0.48%
努力	71.07%	82.41%	73.88%
运气	5.45%	5.18%	9.61%
机会不平等分解结果			
可观测环境	19.33%	8.64%	11.78%
年龄	1.63%	1.78%	0.67%
户籍类型	6.01%		
居住地	2.35%	2.21%	2.93%
父母受教育程度	2.96%	0.75%	2.78%
不可观测环境	4.16%	3.76%	4.71%

注：收入不平等与机会不平等的绝对水平是基于零阶泰尔指数进行测算的，各变量的占比是指该变量导致的收入不平等占总体收入不平等的比例。限于篇幅，本表只展示了部分影响因素的结果

2. 机会不平等的分解结果

机会不平等的分解结果展示在表4-3下半部分。从中可以看出，可观测环境导致的机会不平等解释了19.33%的收入不平等，不可观测环境导致的机会不平等只占收入不平等的4.16%。在可观测环境中，各环境变量对收入不平等的贡献程度从高到低依次是户籍类型（6.01%）、父母受教育程度（2.96%）、居住地（2.35%）、年龄（1.63%）等。

户籍类型对机会不平等的贡献最大，解释了6.01%的收入不平等。这可能的解释是，现阶段以户籍为基础的公共服务供给体制导致城市与农村居民享有的教育、医疗、社会保障等公共服务在数量与质量方面存在较大差异（王伟同，2009）。此外，城镇户籍不仅增加了城镇劳动者的工资溢价，同时也降低了其失业风险（吴贾等，2015）。公共服务享有机会和就业机会的差异，导致城乡居民在人力资本形成和收入获取机会方面存在较大差别。

父母特征包括受教育程度和职业类型对机会不平等的影响也较为明显，父母受教育程度解释了2.96%的收入不平等。已有研究表明父母能通过多种途径影响子女收入（Black and Devereux，2010）。受教育程度占优的父母一般也具有较高的收入和丰富的社会资本，能够通过对子女进行更多且有效的人力资本投资促进子女人力资本积累。这会导致不同家庭背景的个体的收入差距。此外，值得注意的是，父母受教育程度差异分别解释了城镇居民收入不平等的2.78%和农村居民收入不平等的0.75%，前者是后者的近4倍。父母教育背景对机会不平等的影响存在显著城乡差异的原因可能在于城乡教育资源分布的不均衡。城市集中了大量优质教育资源，这为高学历父母为子女争取更多的优质教育机会提供了基础。相对于城市，农村优质教育资源相对匮乏，高学历父母虽有强烈的动机，但受制于客观的教育环境，其为子女争取优质教育的机会相对较少。因此，家庭背景对子女人力资本形成的影响在城市更重要（李忠路和邱泽奇，2016），人力资本的差异最终将体现为个体间收入的差异。

居住地差异引起的机会不平等占总收入不平等的2.35%。现阶段区域经济发展存在较大差异，地区经济发展水平差异直接决定了个体享有工作机会的差异，进而引致个体收入不平等。

此外，年龄导致的机会不平等占收入不平等的比例为1.63%。个体收入在生命周期内存在规律性变动，一般而言，随着年龄增加和工作经验积累，个体收入会提高，但在达到一定年龄后，个体收入会随着年龄增加而逐渐下降。因此，年龄是决定收入分布的重要因素。

四、研究小结

机会不平等理论将收入不平等划分为机会不平等和努力不平等，其中，环境导致的机会不平等是收入不平等的不合理部分，应成为收入再分配政策瞄准的对象。准确测度机会不平等水平是优化现行收入再分配政策，实现公平收入分配格局的基础。本节研究的目的是对中国居民收入分配中的机会不平等进行准确评估，因此这里以机会不平等的参数测度法为基础，通过量化不可观测环境和不可观测努力以及处理环境与努力相关性以弥补传统参数测度法的不足。以此为基础，结合 Shapley 值分解法，基于 2013 年 CHIP 数据对中国居民收入分配中的机会不平等及不同环境变量对机会不平等的贡献进行估算，并将机会不平等区分为环境影响的直接渠道和间接渠道。研究结果显示如下。①总体而言，环境导致的相对机会不平等占收入不平等的比例为 23.48%，个体努力水平差异解释了 71.07%的收入不平等，而运气因素只解释了 5.45%的收入不平等。这表明现阶段我国居民收入分配差距中的近四分之一是环境导致的，收入差距中的绝大部分源自个体努力水平的不同。②户籍类型、父母受教育程度分别解释了收入不平等的 6.01%和 2.96%，两者构成了现阶段居民机会不平等的主要来源。③机会不平等的直接渠道和间接渠道分别解释了 20.21%和 3.27%的收入不平等，意味着环境主要通过直接渠道影响收入不平等，通过间接渠道的影响较弱。

第三节　长期机会不平等测度与分解

短期收入不平等并不能全面反映中国居民收入分配中的机会不平等现状。为此，在前述对短期收入进行测度的基础上，利用 CFPS 2010、CFPS 2012 和 CFPS 2014 三年数据，结合机会不平等参数测度法，全面评估中国居民收入分配中的长期收入机会不平等，并对短期机会不平等和长期机会不平等进行对比分析，同时也探究长期机会不平等在不同群体中的差异性。此外，通过分解进一步揭示长期机会不平等形成的根源，以期为减少机会不平等、促进收入分配公平提供经验证据支撑。

一、长期机会不平等测度方法

本部分首先对机会不平等参数测度法的基本思路进行介绍，其次提出长期收入的估算方法，在估算长期收入的基础上，对中国居民收入分配中的机会不平等进行评估。此外，结合 Shapley 值分解对不同环境因素在长期机会不平等形成中的相对贡献进行估计。

（一）长期收入测度

现阶段机会不平等相关研究主要集中于短期机会不平等的重要原因在于长期收入难以获得。通常而言，长期收入的获得需要横跨个体整个职业周期的收入数据，这意味着需要 30 年以上的微观追踪数据。国内现有的微观调查数据，多数执行年份都较短，难以满足计算长期收入的要求。

现阶段国内测度长期收入主要有以下几种方法。一是选取单年收入替代长期收入。由于单年收入容易获取，这种方法简单易行。但单年收入容易受到随机因素的影响，并不能准确刻画个体的真实收入水平。二是采用数值模拟的方法估算长期收入。董志强和汤灿晴（2010）、杨燕绥和胡乃军（2010）在研究长期收入不平等的相关问题时都采用了数值模拟的手段预测个体的长期收入，但这种方法可能存在较为严重的偏差（刘志国和 James，2017）。三是采用多年期平均收入反映个体长期收入。与使用单年收入替代长期收入相比，多年期平均收入利用了更多收入信息，对长期收入的测度更准确。此外，已有文献研究表明，多年期平均收入可以较好过滤随机冲击对个体收入的影响，相比数值模拟方法的偏误更小。因此，结合本章研究目的和数据可获得性，这里利用 CFPS 2010、CFPS 2012 和 CFPS 2014 三年期的平均收入衡量个体的长期收入。

（二）机会不平等的参数测度法

假定 C 表示环境，E 表示努力水平，μ 表示运气等其他不可观测因素，三者共同决定了个体收入水平 y，收入决定函数为

$$y_i = F\left(C_i, E_i, \mu_i\right) \tag{4-16}$$

一般而言，环境会影响个体的努力水平。因此式（4-16）可改写为

$$y_i = F\left(C_i, E_i\left(C_i, \upsilon_i\right), \mu_i\right) \tag{4-17}$$

其中，υ_i 表示除环境外影响个体努力水平的其他因素。为实现机会不平等的测算，必须对收入决定函数的具体形式进行设定。假定收入决定函数为线性形式，从而可将收入决定方程设定为

$$\ln y_i = \alpha + \beta C_i + \gamma E_i + \mu_i \tag{4-18}$$

进一步假定环境变量以线性形式影响个体的努力水平：

$$E_i = \xi + \sigma C_i + \upsilon_i \tag{4-19}$$

将式（4-19）代入式（4-18）得

$$\ln y_i = \varphi + \delta C_i + \varepsilon_i \tag{4-20}$$

其中，$\varphi = \alpha + \gamma\xi$，$\delta = \beta + \gamma\sigma$，$\varepsilon_i = \gamma\upsilon_i + \mu_i$。

通过估计式（4-20）并将全部环境变量取均值 $\bar{C}_i$，就可以得到消除环境影响的反事实收入分布 $\hat{y}_i = \exp(\hat{\varphi} + \hat{\delta}\bar{C}_i)$。由于环境对收入的影响已被消除，反事实收入分布 $\hat{y}_i$ 中的不平等均源自个体努力水平的差异。实际收入分布 y 和反事实收入分布 $\hat{y}_i$ 的不平等水平的差异就是环境导致的收入不平等即机会不平等。如果用 IOP 表示机会不平等，用 I 表示不平等测度指标[①]，那么机会不平等的绝对水平为

$$\text{IOP}^a = I(y) - I(\hat{y}_i) \qquad (4\text{-}21)$$

机会不平等的相对水平即机会不平等占收入不平等的比例为

$$\text{IOP}^r = \frac{I(y) - I(\hat{y}_i)}{I(y)} \qquad (4\text{-}22)$$

此外，依据式（4-20）将环境变量 j 取均值，就可以得到消除环境变量 j 影响的反事实收入分布 $\hat{y}_i^j = \exp(\hat{\varphi} + \hat{\delta}^j\bar{C}_i^j + \hat{\delta}^{k\neq j}C_i^{k\neq j})$。由此可得环境变量 j 导致的机会不平等为

$$\text{IOP}^j = I(y) - I(\hat{y}_i^j) \qquad (4\text{-}23)$$

以上即机会不平等参数测度法的基本程序。总量收入机会不平等的测度无法揭示不同环境变量的相对贡献程度，将收入机会不平等依据环境变量进行分解，不仅有助于理解收入机会不平等的生成机制，而且有利于制定促进收入公平的收入再分配政策。借鉴 Ferreira 和 Gignoux（2008）、Bourguignon 等（2013）及李莹和吕光明（2016）的思想，这里采用 Shapley 值分解（Shorrocks，2013）来估算不同环境变量对收入机会不平等的相对贡献。相对于其他不平等分解方法，Shapley 值分解的优势在于，其满足分解的可加性。也就是说，各变量的相对贡献之和等于总的收入机会不平等。具体而言，假定存在 K 个环境变量，为了得到第 k 个环境变量对收入机会不平等的贡献程度，只需比较包含与不包含第 k 个环境变量时，收入机会不平等的变动。K 个环境变量共存在 2^K 种排序，取所有可能结果的平均值即得到第 k 个环境变量在收入机会不平等中的相对贡献度。

二、变量选择与数据来源

（一）变量选择

（1）收入变量。这里定义收入为个体年总收入，其原因在于，相比于劳动或职业收入，总收入更能体现个体的福利水平，收入再分配政策设计更应关注年总

[①] 已有相关文献大多采用泰尔零阶指数 GE（0）作为不平等的测度指标，为了便于与已有研究的结果进行对比，本章将采用泰尔零阶指数来度量收入不平等。

收入。为保证不同年份收入具有可比性，这里采用消费价格指数，以不变价格对不同年份收入进行调整，从而消除通货膨胀对收入带来的影响。

（2）环境变量。收入决定因素中个体无法控制的部分即环境（Roemer, 1998），如何界定环境变量对于收入机会不平等的测度至关重要。随着环境变量的增加，收入机会不平等水平将会上升，环境变量的不可完全观测性会导致收入机会不平等水平的低估（Ferreira and Gignoux, 2008）。Bourguignon 等（2007b）选取出生地、父亲职业、父亲受教育程度和母亲受教育程度等环境变量。Marrero 和 Rodríguez（2013）将父亲受教育程度作为影响个体收入的环境变量。李莹和吕光明（2018）选取了年龄、地区、户口类型、父母平均受教育程度、父亲职业类型等作为环境变量。刘成奎和杨冰玉（2018）、刘成奎和何英明（2020）创新性地将教育服务、医疗卫生服务及基础设施等个体所处宏观环境纳入环境集，为定义环境集提供了新的视角。

遵循已有研究的做法，同时考虑数据的可获得性及本章研究目的，我们选取三类变量作为决定个体收入的环境变量。第一类是个体特征，包括年龄、户籍类型等；第二类是家庭背景因素，如父亲受教育程度等；第三类是反映个体所处宏观环境的居住地。以户籍为基础的公共服务供给制度，导致教育、医疗、社会保障等公共服务供给在城乡间差异显著（王伟同，2009），不仅如此，城镇户籍也给劳动者带来了正向的工资溢价和更低的失业率（吴贾等，2015）。享有公共服务的差异，造成城乡居民在就业能力获取与享有的就业机会上存在明显差距，进而引致了城乡居民收入差距。从家庭背景看，父母会通过多种途径影响子女收入的获取，如先天基因遗传、人力及非人力资本投资、社会资本等（Black and Devereux, 2010），但由于个体无法选择父母，因此，我们将父亲受教育程度等作为决定个体收入的环境因素。从宏观环境看，现阶段不同地区经济发展不平衡依然较为明显，这不仅使不同地区居民享有的公共服务存在明显差距（刘成奎和何英明，2020），进而影响个体人力资本积累，更为重要的是，不同地区就业环境也存在显著差异，这将最终导致个体收入差距。

（二）数据来源

这里使用的数据来自北京大学中国社会科学中心负责执行的 CFPS。2010 年实施的基线调查采用多阶段随机抽样方法成功访问了 25 个省、自治区和直辖市14 960 户家庭和 42 590 个个体，此后每两年对基线调查确定的追踪对象进行追访。系统收集了个体、家庭和社区三个层次的详细数据，为研究提供了丰富的个人收入、特征及家庭背景等方面的信息。这里选取 CFPS 2010、CFPS 2012 和 CFPS 2014 共三年的数据作为分析样本。

第一，依据成人问卷中的个体年收入信息，结合消费者物价指数，计算得到个体的实际年收入[①]。个人收入包括非经营性收入和经营收入，非经营性收入具体包括保险、福利、奖金、补贴等。

第二，环境变量中，性别设定为0-1虚拟变量，男性取值为1，女性取值为0。户籍类型划分为农业户口和非农业户口两类。个体年龄依据出生年份计算得到，考虑到年龄对个体收入的非线性影响，在收入决定方程中加入了年龄平方项。此外，将居住地作为影响个体收入的宏观环境，依据个体受访时的所在地将居住地划分为东部地区、中部地区和西部地区。在家庭背景变量中，父亲受教育程度以完成的最高学历衡量，划分为文盲、小学、初中和高中及以上四种类型。

剔除变量缺失值和收入为负值的个体，同时将样本年龄限定为18~60岁的就业者，最终得到了3 189个样本。主要变量的描述性统计展示在表4-4中。

表4-4　主要变量描述性统计

变量		均值							
		全样本	城市	农村	男性	女性	东部	中部	西部
个人收入状况	三年期平均收入/元	24 095.28	29 728.48	19 344.52	26 033.43	20 539.43	27 750.30	21 159.53	18 798.18
	2010年收入/元	18 727.01	24 738.67	13 657.06	20 015.12	16 363.77	22 206.47	15 907.70	13 719.36
	2012年收入/元	26 923.91	33 329.86	21 521.43	29 205.53	22 737.90	30 745.93	24 253.83	20 814.32
	2014年收入/元	26 634.93	31 116.90	22 855.05	28 879.66	22 516.61	30 298.49	23 317.05	21 860.84
个体特征	男性	0.647	0.589	0.697	1.000	0.000	0.607	0.680	0.706
	农业户口	0.542	0.000	1.000	0.584	0.467	0.517	0.483	0.693
	年龄/岁	39.574	39.735	39.439	40.359	38.133	39.858	39.760	38.572
居住地	东部	0.517	0.546	0.492	0.484	0.576	1.000	0.000	0.000
	中部	0.284	0.321	0.253	0.298	0.258	0.000	1.000	0.000
	西部	0.199	0.134	0.254	0.217	0.166	0.000	0.000	1.000
父亲特征	文盲	0.352	0.256	0.434	0.376	0.308	0.344	0.317	0.425
	小学	0.309	0.295	0.321	0.311	0.306	0.320	0.301	0.293
	初中	0.192	0.216	0.172	0.168	0.236	0.198	0.203	0.161
	高中及以上	0.146	0.232	0.074	0.144	0.150	0.138	0.179	0.121
观测值		3 189	1 459	1 730	2 064	1 125	1 648	906	635

注：收入选取个人年总收入。为保证收入可比，以2010年不变价格为基础，将2012年和2014年收入折算到2010年

---

① 以2010年不变价格为基础，对2012年和2014年收入进行调整，以消除通货膨胀对收入产生的影响，保证不同年份收入可比。

从收入来看，总样本和分组样本的统计结果都显示收入在不同年份存在较为显著的波动，这证实了单年收入容易受到随机冲击的影响，不能准确衡量个体真实收入水平。三年期平均收入可以过滤随机冲击的影响，更能真实反映个体收入水平。相比农村居民，城市居民收入水平更高。不同区域居民收入水平差异明显，以三年期平均收入为例，东部地区居民收入最高，达到了 27 750.30 元，中部地区居民次之，为 21 159.53 元，西部地区居民最低，仅为 18 798.18 元。总样本中父亲受教育程度是文盲的比例为 35.2%，小学的比例为 30.9%，初中的比例为 19.2%，高中及以上的比例仅为 14.6%。城乡分组结果显示，相比农村样本，城市样本中父亲受教育程度更高。城市样本中父亲受教育程度是文盲和小学的比例为 25.6%和 29.5%，远低于农村样本中的 43.4%和 32.1%，而城市样本中父亲受教育程度是初中和高中及以上的比例分别为21.6%和23.2%，远高于农村样本中的17.2%和7.4%。上述特征差异可能会对个体收入产生重要影响，导致机会不平等。

三、实证结果与分析

这里利用 CFPS 2010、CFPS 2012 和 CFPS 2014 三年期数据，采用平均收入测度长期收入。在此基础上，结合机会不平等参数测度法，评估了中国居民收入分配中的长期机会不平等。同时，采取 Shapley 值分解估算了不同环境变量在长期机会不平等形成中的相对贡献。考虑到个体收入在生命周期内存在显著变动，选取 35~40 岁个体的收入衡量永久收入，并基于永久收入对机会不平等进行进一步分析。

（一）收入决定方程的估计结果

基于总样本和分组样本分别估计收入决定方程［式（4-20）］，估计结果展示在表4-5 中。第一，总样本估计结果显示，农业户口系数为-0.441，且达到了 1%的显著性水平，意味着与具有非农业户口的居民相比，具有农业户口的居民收入显著偏低。农业户口更为重要地影响女性个体收入的原因可能在于农村居民一般更多地从事体力劳动相关的工作。第二，总体上，男性估计系数为 0.443，表明相比于女性，男性具有更高的收入水平。第三，分区域估计结果表明，东部地区居民收入水平最高，中部地区居民收入水平次之，西部地区居民收入水平最低。以三年期平均收入为例，以西部为对照组，东部系数和中部系数分别为 0.364 和 0.082。不同区域居民收入存在差距的可能原因在于，目前地区经济发展不平衡问题依然存在，经济发达地区可以为当地居民提供更多的就业机会，有利于提高居民收入水平。第四，从家庭背景因素看，总体上，父亲受教育程度越高，子女越倾向于获得更高的收入。以三年期平均收入为例，以父亲文盲为对照组，父亲小学学历、初中学历和高中及以上学历的估计系数分别为 0.110、0.137 和 0.133。父亲受教育程度对子女收入存在正向影响的可能解释是，高学历父母不仅更加重视子女教育，而且收入水平也较高，有能力对子女进行更多人力资本投资。人力资本是个体在劳动力市场获取收入的重要决定因素。

表 4-5　收入决定方程估计结果

变量	（1）三期年均收入	（2）2010 年单期收入	（3）2012 年单期收入	（4）2014 年单期收入	（5）城市	（6）农村	（7）男性	（8）女性
农业户口	-0.441***（0.024）	-0.633***（0.033）	-0.493***（0.036）	-0.457***（0.047）			-0.381***（0.029）	-0.559***（0.043）
男性	0.443***（0.025）	0.469***（0.037）	0.447***（0.038）	0.616***（0.047）	0.310***（0.032）	0.563***（0.038）		
年龄	0.060***（0.008）	0.094***（0.012）	0.028**（0.013）	0.218***（0.017）	0.018（0.013）	0.083***（0.010）	0.070***（0.009）	0.040**（0.018）
年龄平方	-0.001***（0.000）	-0.001***（0.000）	-0.001***（0.000）	-0.003***（0.000）	-0.000*（0.000）	-0.001***（0.000）	-0.001***（0.000）	-0.001***（0.000）
东部地区	0.364***（0.031）	0.506***（0.048）	0.437***（0.047）	0.408***（0.064）	0.279***（0.044）	0.415***（0.041）	0.324***（0.035）	0.477***（0.062）
中部地区	0.082**（0.033）	0.151***（0.050）	0.087（0.053）	0.153**（0.067）	-0.064（0.045）	0.215***（0.044）	0.052（0.037）	0.166**（0.066）
父亲行政管理职务	0.100（0.076）	0.267***（0.084）	0.139（0.099）	0.053（0.147）	0.052（0.099）	0.253**（0.106）	0.095（0.094）	0.083（0.124）
小学	0.110***（0.029）	0.154***（0.040）	0.098**（0.044）	0.055（0.059）	0.139***（0.044）	0.079**（0.038）	0.150***（0.034）	0.032（0.055）
初中	0.137***（0.033）	0.220***（0.048）	0.106*（0.055）	0.084（0.065）	0.212***（0.048）	0.075（0.046）	0.144***（0.039）	0.108*（0.059）
高中及以上	0.133***（0.041）	0.178***（0.055）	0.159***（0.057）	0.064（0.067）	0.251***（0.048）	0.066（0.075）	0.143***（0.048）	0.107（0.072）
常数项	8.725***（0.162）	7.295***（0.254）	9.217***（0.268）	6.293***（0.309）	9.380***（0.248）	7.906***（0.202）	8.915***（0.179）	9.162***（0.336）
观测值	3 189	3 189	3 189	3 189	1 459	1 730	2 064	1 125
调整 R^2	0.282	0.227	0.151	0.272	0.147	0.285	0.267	0.257

***、**、*分别表示在 1%、5%、10%的显著性水平上显著

注：括号内为稳健标准误，其中区域以西部地区为对照组，父亲受教育程度以文盲为对照组。限于篇幅，本表只展示了部分解释变量结果

（二）长期收入机会不平等测度与分解

本部分主要评估长期机会不平等以及不同环境变量对长期机会不平等的相对贡献，以全面了解目前中国居民收入分配中的长期机会不平等程度，揭示产生长

期机会不平等的根源以及不同影响因素的相对贡献程度。

1. 长期机会不平等水平

这里采用前文所述的机会不平等参数测度法，在对长期收入进行测度的基础上，对长期机会不平等、短期机会不平等进行估算并进行对比分析。同时，为更全面了解长期机会不平等，我们还衡量了分城乡、分区域和分出生组的长期机会不平等的绝对水平和相对水平。估计结果展示在表 4-6 和表 4-7 中。

表 4-6　收入不平等与绝对机会不平等（零阶泰尔指数）

变量	收入不平等				机会不平等			
	年均收入	2010 年	2012 年	2014 年	年均收入	2010 年	2012 年	2014 年
全样本	0.254 4	0.383 6	0.396 2	0.545 0	0.077 3	0.113 4	0.083 1	0.238 3
城市	0.210 2	0.282 1	0.327 5	0.436 0	0.029 5	0.032 9	0.036 7	0.137 9
农村	0.249 3	0.388 3	0.410 1	0.615 1	0.078 8	0.081 5	0.087 8	0.278 5
东部地区	0.259 1	0.361 0	0.354 8	0.566 5	0.067 6	0.073 3	0.072 6	0.231 1
中部地区	0.202 4	0.300 6	0.402 9	0.448 0	0.053 8	0.083 0	0.049 2	0.210 0
西部地区	0.249 5	0.459 2	0.432 0	0.574 8	0.092 4	0.172 6	0.108 5	0.280 7
50 后	0.396 5	0.472 4	0.583 3	1.180 5	0.148 1	0.162 2	0.191 3	0.513 4
60 后	0.234 5	0.353 4	0.373 9	0.508 9	0.061 7	0.093 5	0.077 8	0.147 2
70 后	0.212 7	0.340 2	0.326 8	0.302 7	0.055 2	0.112 7	0.064 3	0.054 7
80 后	0.204 0	0.410 8	0.359 4	0.304 4	0.044 5	0.122 4	0.051 3	0.043 0

注：限于篇幅，本表只展示了部分结果

表 4-7　相对机会不平等（零阶泰尔指数）

变量	机会不平等			
	年均收入	2010 年	2012 年	2014 年
全样本	30.40%	29.56%	20.98%	43.72%
城市	14.04%	11.66%	11.20%	31.62%
农村	31.60%	20.99%	21.40%	45.28%
东部地区	26.07%	20.30%	20.46%	40.79%
中部地区	26.59%	27.60%	12.22%	46.88%
西部地区	37.05%	37.58%	25.13%	48.83%
50 后	37.34%	34.33%	32.80%	43.49%

续表

变量	机会不平等			
	年均收入	2010 年	2012 年	2014 年
60 后	26.32%	26.45%	20.80%	28.92%
70 后	25.96%	33.13%	19.68%	18.08%
80 后	21.82%	29.80%	14.28%	14.12%

注：限于篇幅，本表只展示了部分结果

表 4-6 和表 4-7 的估计结果显示，不同年份估计的机会不平等存在较大波动。采用 CFPS 2010、CFPS 2012 和 CFPS 2014 数据估计的机会不平等绝对水平分别是 0.113 4、0.083 1 和 0.238 3。由于单年收入容易受到随机因素的影响，不能准确衡量真实收入水平，故基于单年收入估计的短期收入不平等也存在随机因素导致的偏误。三年期平均收入能够减弱随机因素的影响，基于此估计的长期机会不平等能更好地刻画居民收入分配中的机会不平等。估计结果显示，基于三年期平均收入估算的长期机会不平等的绝对水平是 0.077 3。对比长期机会不平等和短期机会不平等估计结果，可以发现短期机会不平等倾向于高估机会不平等的真实水平。从机会不平等占收入不平等的比例即机会不平等的相对水平看，基于 CFPS 2010、CFPS 2012 和 CFPS 2014 数据估计的机会不平等相对水平分别是 29.56%、20.98%和43.72%，基于三年期平均收入计算的长期机会不平等的相对水平是 30.40%。与国内机会不平等测度结果相比，本章长期机会不平等测度结果处于中间水平。刘成奎和何英明（2020）利用中国综合社会调查（Chinese General Social Survey，CGSS）数据测算的不同年份的机会不平等相对水平处于 34.75%~46.25%。宋扬（2017）估算的机会不平等相对水平为 17%。李莹和吕光明（2019）采用非参数法，基于 CGSS 数据测度的 2008 年的机会不平等相对水平为 46.36%，2015 年的机会不平等相对水平下降到了 34.88%。与其他国家相比，中国机会不平等相对水平与拉美等发展中国家类似（Ferreira and Gignoux，2011）。Marrero 和 Rodríguez（2013）测算了欧盟 23 个国家的机会不平等水平，发现机会不平等占收入不平等的比例平均为 8.98%，其中最低的丹麦仅为 1.89%。Ferreira 和 Gignoux（2011）研究发现拉美国家的机会不平等占收入不平等的比例处于 25.2%~35.9%。

城乡分样本估计结果显示，农村居民长期机会不平等的绝对水平和相对水平都高于城市居民，意味着相比城市居民，农村居民面临着更为严重的长期机会不平等。从短期机会不平等变动趋势看，城市居民和农村居民的短期机会不平等水平都呈上升趋势。城市居民和农村居民短期机会不平等相对水平分别从 2010 年的 11.66%和 20.99%增加到 2014 年的 31.62%和 45.28%。

从分区域估计结果看，西部地区居民的长期机会不平等最为严重，东部地区次之，中部地区最低。除 2014 年外，短期机会不平等的空间分布与长期机会不平等基本一致。

为了解机会不平等在不同出生年龄组间的分布，我们依据年龄对样本进行分组，估计不同出生组中的机会不平等程度。出生组估计结果显示，"80 后"的机会不平等程度最低。这与已有文献得出的结论一致。江求川等（2014）、李莹和吕光明（2019）研究认为"80 后"面临较低机会不平等的原因可能是，"80 后"是在 2000 年左右进入劳动力市场的，经过近 20 年的改革开放，相比父辈，他们面临着更为完善的劳动力市场。"60 后"和"70 后"在改革开放初期进入劳动力市场，改革开放促进经济社会结构发生重大变革，弱化了家庭背景等环境因素对个体发展的影响。因此，相比"50 后"，"60 后"和"70 后"的机会不平等水平趋于下降。

2. 长期机会不平等分解

本部分采用 Shapley 值分解估算不同环境变量在机会不平等中的相对贡献，从而揭示机会不平等形成的根源。估计结果展示在表 4-8 和表 4-9 中。在三类环境因素中，个体特征是机会不平等的首要来源，其中，户口类型的贡献最大。在家庭背景因素中，父亲受教育程度在机会不平等中发挥着重要的作用。体现个体就业环境的居住地也对机会不平等产生了重要的影响。

表 4-8 机会不平等分解（绝对水平）

变量	个体特征				就业环境	家庭背景			
	合计	农业户口	男性	年龄	居住地	合计	父亲行政管理职务	父亲受教育程度	父亲政治面貌
全样本	0.056 0	0.023 7	0.015 4	0.016 9	0.011 7	0.009 5	0.000 5	0.007 7	0.001 3
2010 年	0.077 4	0.051 4	0.017 3	0.008 7	0.022 4	0.013 7	0.001 0	0.008 1	0.004 6
2012 年	0.055 4	0.029 5	0.016 1	0.009 8	0.017 9	0.009 8	0.000 8	0.007 6	0.001 4
2014 年	0.205 7	0.024 8	0.026 5	0.154 4	0.010 5	0.022	0.000 9	0.020 7	0.000 4
城市	0.012 5	—	0.010 3	0.002 2	0.011 4	0.005 7	0.000 2	0.005 0	0.000 5
农村	0.061 4	—	0.023 8	0.037 6	0.010 9	0.006 4	0.000 8	0.005 2	0.000 4
东部地区	0.055 5	0.026 1	0.014 8	0.014 6	—	0.012 2	0.000 6	0.010 8	0.000 8
中部地区	0.046 7	0.011 8	0.013 4	0.021 5	—	0.007 1	0.000 9	0.004 9	0.001 7
西部地区	0.080 3	0.031 1	0.026 6	0.022 6	—	0.012 1	0.000 4	0.007 7	0.004 0
50 后	0.115 7	0.080 8	0.011 6	0.023 3	0.015 2	0.017 1	0.000 3	0.010 7	0.006 1

续表

变量	个体特征				就业环境	家庭背景			
	合计	农业户口	男性	年龄	居住地	合计	父亲行政管理职务	父亲受教育程度	父亲政治面貌
60后	0.046 1	0.020 9	0.024 2	0.001 0	0.009 2	0.006 4	0.000 4	0.004 6	0.001 4
70后	0.037 4	0.013 8	0.019 5	0.004 1	0.011 8	0.006 0	0.000 6	0.005 0	0.000 4
80后	0.026 2	0.011 7	0.009 0	0.005 5	0.014 6	0.003 7	0.000 8	0.001 3	0.001 6

注：表中结果依据零阶泰尔指数计算得到。限于篇幅，本表只展示了部分结果

表 4-9　机会不平等分解（相对水平）

变量	个体特征				就业环境	家庭背景			
	合计	农业户口	男性	年龄	居住地	合计	父亲行政管理职务	父亲受教育程度	父亲政治面貌
全样本	72.40%	30.60%	19.97%	21.83%	15.17%	12.43%	0.69%	10.00%	1.74%
2010 年	68.17%	45.30%	15.24%	7.63%	19.75%	12.08%	0.91%	7.13%	4.04%
2012 年	66.61%	35.51%	19.35%	11.75%	21.55%	11.84%	0.99%	9.12%	1.73%
2014 年	86.36%	10.43%	11.14%	64.79%	4.41%	9.23%	0.38%	8.70%	0.15%
城市	42.34%	—	34.79%	7.55%	38.72%	18.94%	0.57%	16.78%	1.59%
农村	78.00%	—	30.24%	47.76%	13.83%	8.18%	1.05%	6.56%	0.57%
东部地区	82.00%	38.61%	21.84%	21.55%	—	18.00%	0.89%	15.97%	1.14%
中部地区	86.86%	21.88%	24.96%	40.02%	—	13.14%	0.97%	9.07%	3.10%
西部地区	86.83%	33.66%	28.76%	24.41%	—	13.16%	0.41%	8.38%	4.37%
50后	78.18%	54.57%	7.86%	15.75%	10.28%	11.54%	0.21%	7.23%	4.10%
60后	74.67%	33.93%	39.18%	1.56%	14.94%	10.40%	0.68%	7.45%	2.27%
70后	67.79%	24.96%	35.36%	7.47%	21.36%	10.84%	1.15%	9.01%	0.68%
80后	58.88%	26.19%	20.26%	12.43%	32.89%	8.23%	1.83%	2.90%	3.50%

注：表中结果依据零阶泰尔指数计算得到。限于篇幅，本表只展示了部分结果

在长期机会不平等中，个体特征差异解释了 72.40% 的长期机会不平等，其中，户口类型发挥着最重要的作用，解释了 30.60% 的长期机会不平等。年龄因素也对长期机会不平等具有重要影响，解释了 21.83% 的长期机会不平等。居住地可以解

释长期机会不平等中的 15.17%，体现了工作机会差异对个体收入影响的重要性。家庭背景共解释了 12.43% 的长期机会不平等，其中，父亲受教育程度的贡献最大。各不同种类环境变量在短期机会不平等中的相对重要性，与其在长期机会不平等中的相对重要性基本一致。

城乡分组结果显示，城市居民和农村居民的机会不平等形成机制存在较大差异。具体而言，相比城市居民，个体特征在农村居民机会不平等中发挥着更为重要的作用。具体而言，个体特征解释了农村居民机会不平等中的 78.00%，而在城市居民机会不平等中这一比例仅为 42.34%。与个体特征的作用不同，相比农村居民，居住地和家庭背景在城市居民机会不平等中发挥着更重要的作用。

出生组估计结果显示，个体特征差异在不同出生组中的机会不平等的构成中都是最大的贡献因素。但个体特征在不同出生组中的贡献程度存在差异，其贡献随着出生组推移而趋于下降，对"50 后"机会不平等贡献最大，对"80 后"机会不平等贡献最小。户口类型的影响也随着出生组的推移而下降，其在"50 后"机会不平等和"80 后"机会不平等中的绝对贡献是 0.080 8 和 0.011 7，相对贡献从 54.57% 下降到 26.19%。这可能的解释是，随着户籍改革的不断推进和人口流动增强，户籍对个体收入的影响不断减弱。居住地对"80 后"机会不平等贡献最大，相对水平达到了 32.89%，其原因可能在于，区域经济发达的地区，劳动力市场更完善，社会开放程度更高，能为个体提供更加公平的竞争环境，促进了机会平等。家庭背景对"80 后"机会不平等的贡献最小，也从一定程度上表明了市场机制的不断完善有利于促进个体机会平等。

四、进一步分析

长期收入能够减弱随机冲击的影响，可以更准确地测度个体真实收入水平。但个体收入在生命周期不同阶段存在显著差异，相关文献研究表明 40 岁左右的收入能较好衡量个体的永久收入。因此，我们将样本年龄限制在 35~40 岁，从而以永久收入为基础评估机会不平等（刘怡等，2017）。估计结果展示在表 4-10 中。从机会不平等的绝对水平看，基于永久收入估算的机会不平等绝对水平是 0.054 7，低于长期收入机会不平等绝对水平的 0.077 3。从相对水平看，基于永久收入计算的机会不平等的相对水平是 23.79%，低于长期收入机会不平等相对水平的 30.40%。分组结果显示：农村居民的机会不平等程度高于城市居民；西部地区机会不平等程度最高，东部地区机会不平等程度次之，中部地区机会不平等程度最低。从机会不平等的构成看，三类环境因素对机会不平等的总体贡献程度从高到低依次是个体特征、就业环境和家庭背景。

表 4-10 机会不平等分解（永久收入）

变量	绝对机会不平等	相对机会不平等	个体特征				就业环境	家庭背景			
			合计	农业户口	男性	年龄	居住地	合计	父亲行政管理职务	父亲受教育程度	父亲政治面貌
全样本	0.054 7	0.237 9	73.41%	30.64%	41.28%	1.49%	14.57%	12.02%	0.12%	10.32%	1.58%
城市	0.032 3	0.162 3	49.8%	0.00	48.96%	0.84%	30.53%	19.67%	0.08%	15.91%	3.68%
农村	0.049 0	0.215 7	75.48%	0.00	69.66%	5.82%	19.32%	5.21%	1.04%	3.86%	0.31%
东部地区	0.060 3	0.242 7	82.50%	31.04%	47.44%	4.02%	0.00	17.50%	0.05%	16.76%	0.69%
中部地区	0.027 7	0.169 8	82.16%	26.71%	54.30%	1.15%	0.00	17.85%	1.71%	10.58%	5.56%
西部地区	0.070 8	0.295 5	82.07%	42.54%	38.15%	1.38%	0.00	17.94%	0.24%	14.46%	3.24%

注：表中结果依据零阶泰尔指数计算得到。限于篇幅，本表只展示了部分结果

五、研究小结

本节致力于探讨中国居民收入分配中的长期机会不平等程度及其根源，以期为收入再分配政策设计和实现公平收入分配格局提供可借鉴的经验证据。从长期视角出发，利用 CFPS 2010、CFPS 2012 和 CFPS 2014 三年数据，在测度长期收入的基础上，结合机会不平等参数法，评估居民收入分配中的长期机会不平等，并进一步探究不同群体中机会不平等程度差异。此外，借助 Shapley 值分解测算不同环境变量在长期机会不平等形成中的贡献程度，揭示长期机会不平等的形成根源。长期收入机会不平等水平和根源的深入分析，对制定"合意"的收入再分配政策以及实现更为公平的居民收入分配，无疑具有重要的现实意义和实践价值。

研究结果显示如下。①由于单年收入容易受随机冲击的影响，基于单年收入估算的机会不平等水平在不同年份存在较为明显的波动。长期收入能够减弱随机冲击的影响，基于长期收入估计的长期机会不平等占收入不平等的比例为 30.40%，意味着个体长期收入不平等中的 30.40% 源自个体无法控制的外部环境。②从长期机会不平等构成看，现阶段个体特征是导致长期机会不平等的首要因素，其中，户口类型对长期机会不平等的贡献最大。家庭背景因素中，父亲受教育程度对长期机会不平等的作用最重要，远高于父亲行政管理职务和父亲政治面貌。③短期机会不平等估算和分解结果显示，户口类型在机会不平等形成中发挥的作用趋于减弱，但父亲受教育程度对机会不平等的贡献则趋于增强。

第四节　机会不平等测度的扩展分析

前文依据机会不平等理论从短期和长期视角分别测度了中国居民收入分配中的机会不平等水平，并估算了不同环境变量在机会不平等中的贡献程度。机会不平等固然是收入不公平的重要影响因素，但实际上除了机会不平等，贫困也是收入不公平的重要来源。从代际内来看，机会平等情形下的收入分配差距无须进行干预，因为此时的收入差距完全源自个体努力水平的差异。然而，从代际公平的角度出发，即使实现了机会平等，贫困依然会影响收入不公平[①]。大量文献表明贫困代际传递日趋强化，出生于贫困家庭的子女成年后具有更高的概率陷入贫困，而家庭收入缺乏导致的子女人力资本投资不足是贫困代际传递的重要渠道（Black and Devereux，2010；Chetty et al.，2016）。鉴于机会不平等与贫困都是影响收入不公平的重要因素（Hufe et al.，2018），我们将机会不平等和贫困纳入统一分析框架，尝试测度居民收入分配中的收入不公平程度。

一、收入不公平的测度与分解方法

机会不平等和贫困是影响收入不公平的重要因素，要了解居民收入不公平的程度就必须基于机会不平等和贫困来构建收入不公平的测度指标。此外，为了明确机会不平等与贫困影响收入不公平的相对作用，则需进一步对收入不公平进行分解。本部分将对收入不公平的测度与分解方法进行介绍。

（一）收入不公平的测度方法

1. 收入分布差异的测度

Ramos 和 van de Gaer（2016）总结了基于标准收入分布的不平等测度方法。该方法的基本思路是，构造符合特定收入分配原则的个体标准收入，实际收入分布与标准收入分布的差异即特定收入分配原则下的收入差距。假定机会平等和贫困自由原则[②]下的标准收入分布为 y^r，个体实际收入分布为 y^e，两者的差异 $D(y^e \| y^r)$ 即机会平等和贫困自由原则下的收入不公平，其中，$D(\cdot)$ 为收入分布差异的测度指标。本部分将分别采用 Magdalou 和 Nock（2011）及 Cowell（1985）

---

① 机会平等的情形下，虽然个体收入完全取决于自身的努力水平，但贫困依然会存在。

② 贫困自由原则指的是不存在贫困的状态。

提出的如下测度指标来度量收入不公平。

$$D_{\mathrm{MN}}\left(y^e \| y^r\right) = \begin{cases} \dfrac{1}{N}\sum_i \ln \dfrac{y_i^r}{y_i^e} + \dfrac{y_i^e}{y_i^r} - 1, & \text{if } \alpha = 0 \\[2mm] \dfrac{1}{N}\sum_i y_i^e \ln \dfrac{y_i^e}{y_i^r} + y_i^r - y_i^e, & \text{if } \alpha = 1 \\[2mm] \dfrac{1}{N}\dfrac{1}{\alpha(\alpha-1)}\sum_i \left(y_i^e\right)^\alpha - (1-\alpha)\left(y_i^r\right)^\alpha - \alpha y_i^e \left(y_i^r\right)^{\alpha-1}, & \text{if } \alpha \neq 0,1 \end{cases} \quad (4\text{-}24)$$

$$D_C\left(y^e \| y^r\right) = \begin{cases} \dfrac{1}{N}\sum_i y_i^r \ln \dfrac{y_i^r}{y_i^e}, & \text{if } \alpha = 0 \\[2mm] \dfrac{1}{N}\sum_i y_i^e \ln \dfrac{y_i^e}{y_i^r}, & \text{if } \alpha = 1 \\[2mm] \dfrac{1}{N}\dfrac{1}{\alpha(\alpha-1)}\sum_i \left[\left(y_i^e\right)^\alpha \left(y_i^r\right)^{1-\alpha} - 1\right], & \text{if } \alpha \neq 0,1 \end{cases} \quad (4\text{-}25)^{①}$$

2. 标准收入分布的构建

测度收入不公平的关键在于构建符合机会平等和贫困自由原则的标准收入分布。这里参考 Hufe 等（2018）的方法来构建标准收入分布。假定存在有限个体 i，$i \in 1,2,\cdots,N$。个体 i 拥有集合 $\{y_i^e, y_i^r, C_i\}$，其中，y_i^e 为个体 i 的实际收入，y_i^r 为个体 i 的标准收入，C_i 为个体 i 具有的环境集。环境集 C_i 包含 K 个环境变量，每个环境变量具有 x_k 个取值水平。据此，个体可以划分为 $T = \prod_{k=1}^{K} x_k$ 种类别。假定总体收入的均值为 μ，各类别实际收入和标准收入的均值分别为 μ_t^e 和 μ_t^r。贫困标准为 $y_{\min}$，据此可将有限个体划分为穷人 $i \in P\{i: y_i^e \leqslant y_{\min}\}$ 和富人 $i \in P\{i: y_i^e > y_{\min}\}$。为构建符合机会平等和贫困自由原则的标准收入分布，需对标准收入分布施加如下约束条件。

关注于既定收入总量的公平分配问题，不考虑经济增长对收入分配的影响。因而，标准收入分布须满足收入总量不变的约束条件。

$$\sum_{i=1}^{N} y_i^r = \sum_{i=1}^{N} y_i^e \quad (4\text{-}26)$$

采用非参数法测度机会不平等。将具有相同环境的个体划为一类，类别间收入不平等即机会不平等。因此，机会平等要求不同类别的收入均值相等。

$$\mu_t^r = \frac{1}{N_t}\sum_{i \in t} y_i^r = \frac{1}{N}\sum_{i \in N} y_i^e = \mu \ \forall t \in T \quad (4\text{-}27)$$

---

① 参数 α 反映了不平等的厌恶程度。α 取值越大，不平等的厌恶程度就越高，反之则越低。

考虑到代际公平，穷人的标准收入应达到贫困标准。

$$y_i^r = y_{\min} \ \forall t \in P \qquad (4\text{-}28)$$

式（4-26）和式（4-28）意味着富人需对穷人进行转移支付以使穷人脱离贫困。为避免过度的收入转移而使富人陷入贫困，则富人的标准收入应高于贫困标准。

$$y_i^r > y_{\min} \ \forall i \in R \qquad (4\text{-}29)$$

类别内个体收入高于贫困线部分的差距在实际收入分布和标准收入分布中保持不变。

$$\frac{y_i^r - y_{\min}}{y_j^r - y_{\min}} = \frac{y_i^e - y_{\min}}{y_j^e - y_{\min}} \ \forall i, \ j \in t \bigcap R, \ \forall t \in T \qquad (4\text{-}30)$$

在上述约束条件下，可采用比例税来构建符合机会平等和贫困自由原则的标准收入分布。

为实现贫困自由原则，应通过转移支付弥补穷人实际收入与贫困标准的缺口。式（4-26）和式（4-29）表明弥补穷人实际收入与贫困标准的缺口的转移支付应来自富人收入高于贫困标准的部分，即 $\sum_{i \in P} y_{\min} - y_i^e = \sum_{i \in R} \tau_i^{\text{Ffp}} \left(y_i^e - y_{\min} \right)$，其中，$\tau_i^{\text{Ffp}}$ 为比例税税率。式（4-30）意味着如果不考虑机会平等原则，那么富人收入高于贫困线的部分都是合理的，因此所有富人适用于相同的税率 τ_i^{Ffp}。在约束条件式（4-26）、式（4-28）、式（4-29）、式（4-30）下，符合贫困自由原则的标准收入分布记为 y_{Ffp}^r。

$$y_i^r = \begin{cases} y_{\min}, & \text{if } y_i^e \leqslant y_{\min} \\ y_i^e \left[1 - \tilde{y}_i \tau^{\text{Ffp}} \right], & \text{if } y_i^e > y_{\min} \end{cases} \qquad (4\text{-}31)$$

其中，$\tilde{y}_i = \dfrac{y_i^e - y_{\min}}{y_i^e}$，$\tau^{\text{Ffp}} = \dfrac{N_P \left(y_{\min} - \mu_P^e \right)}{N_R \left(\mu_R^e - y_{\min} \right)}$。

在贫困自由原则下，富人不需为实现机会平等而纳税。如果进一步考虑机会平等，式（4-29）意味着必须以贫困自由原则下富人的标准收入高于贫困标准的部分为税基，采用比例税的方式来完成不同类别间的转移支付，从而使得不同类别的收入均值相等。因此，符合机会平等和贫困自由的标准收入分布 $y_{\text{Ffp+Eop}}^r$ 为

$$y_i^r = \begin{cases} y_{\min}, & \text{if } y_i^e \leqslant y_{\min} \\ y_i^e \left[1 - \tilde{y}_i \left(\tau^{\text{Ffp}} + \tau_t^{\text{Eop}} \left(1 - \tau^{\text{Ffp}} \right) \right) \right], & \text{if } y_i^e > y_{\min} \end{cases} \qquad (4\text{-}32)$$

其中，

$$\tilde{y}_i = \frac{y_i^e - y_{\min}}{y_i^e}$$

$$\tau^{\text{Ffp}} = \frac{N_P\left(y_{\min} - \mu_P^e\right)}{N_R\left(\mu_R^e - y_{\min}\right)}$$

$$\tau_t^{\text{Eop}} = \frac{\mu_t^e + \dfrac{N_{P\cap t}}{N_t}\left(y_{\min} - \mu_{P\cap t}^e\right) - \tau^{\text{Ffp}}\left(\dfrac{N_{R\cap t}}{N_t}\left(\mu_{R\cap t}^e - y_{\min}\right)\right) - \mu}{\mu_t^e + \dfrac{N_{P\cap t}}{N_t}\left(y_{\min} - \mu_{P\cap t}^e\right) - \tau^{\text{Ffp}}\left(\dfrac{N_{R\cap t}}{N_t}\left(\mu_{R\cap t}^e - y_{\min}\right)\right) - y_{\min}}$$

最后，为实现后文收入不公平的分解，这里也构建了只符合机会平等原则的标准收入分布 y_{Eop}^r。在只考虑机会平等原则时，贫困标准 $y_{\min} = 0$，此时不存在贫困人口，比例税率 $\tau^{\text{Ffp}} = 0$。因此，由式（4-32）可知机会平等原则下的标准收入分布 y_{Eop}^r 为

$$y_i^r = y_i^e\left(1 - \frac{\mu_t^e - \mu}{\mu_t^e}\right) = y_i^e\,\frac{\mu}{\mu_t^e} \tag{4-33}$$

（二）收入不公平的分解方法

机会不平等和贫困对收入不公平的影响存在共同部分，这可以从如下例子中得到证实。假定所有穷人均属于同一类别 t_p。贫困自由原则要求通过转移支付弥补穷人收入与贫困标准的缺口。然而在消除贫困的同时，t_p 类别的收入均值 μ_{t_p} 也将趋近于总体均值 μ，意味着贫困的消除也会导致机会不平等的减少。由于存在机会不平等和贫困对收入不公平的共同影响，故并不能确切分解出收入不公平和贫困对收入不公平的影响。但我们可以估计出机会不平等和贫困对收入不公平的共同影响 C，以及机会不平等与贫困对收入不公平的独立影响 Eop 和 Ffp。

如果将共同影响 C 归入机会不平等的独立影响 Eop 之中，那么就得到了机会不平等的影响上限 UB_{Eop}。机会不平等的影响上限 UB_{Eop} 为实际收入分布 y^e 与只符合机会平等原则的标准收入分布 y_{Eop}^r 的差异。收入不公平 $D\left(y^e \parallel y_{\text{Eop+Ffp}}^r\right)$ 减去机会不平等的影响上限 UB_{Eop} 便得到了贫困的影响下限 LB_{Ffp}。相反，如果将共同影响 C 归入贫困的独立影响 Ffp 之中，那么就得到了贫困的影响上限 UB_{Ffp}。贫困的影响上限 UB_{Ffp} 为实际收入分布 y^e 与仅满足贫困自由原则的标准收入分布 y_{Ffp}^r 的差异。收入不公平 $D\left(y^e \parallel y_{\text{Eop+Ffp}}^r\right)$ 减去贫困的影响上限 UB_{Ffp} 便得到了机会不平等的影响下限 LB_{Eop}。上述结论可用公式归纳为

$$\text{Eop} + C = \text{UB}_{\text{Eop}}$$

$$\text{Ffp} + C = \text{UB}_{\text{Ffp}} \quad\quad (4\text{-}34)$$

$$\text{Eop} + \text{Ffp} + C = D\left(y^e \| y^r_{\text{Eop}+\text{Ffp}}\right)$$

$$D\left(y^e \| y^r_{\text{Eop}+\text{Ffp}}\right) = \underbrace{D\left(y^e \| y^r_{\text{Eop}+\text{Ffp}}\right) - D\left(y^e \| y^r_{\text{Eop}}\right)}_{\text{LB}_{\text{Ffp}}} + \underbrace{D\left(y^e \| y^r_{\text{Eop}}\right)}_{\text{UB}_{\text{Eop}}} \quad (4\text{-}35)$$

$$D\left(y^e \| y^r_{\text{Eop}+\text{Ffp}}\right) = \underbrace{D\left(y^e \| y^r_{\text{Eop}+\text{Ffp}}\right) - D\left(y^e \| y^r_{\text{Ffp}}\right)}_{\text{LB}_{\text{Eop}}} + \underbrace{D\left(y^e \| y^r_{\text{Ffp}}\right)}_{\text{UB}_{\text{Ffp}}} \quad (4\text{-}36)$$

依据式（4-34）、式（4-35）、式（4-36），可以得到机会不平等和贫困对收入不公平的独立影响 Eop 和 Ffp，以及两者的共同影响 C。

二、变量说明及测度结果

（一）变量说明

（1）收入变量。这里界定的是收入个体年总收入，因为总收入比劳动或职业收入更能反映个体的福利状况。

（2）环境变量。遵循已有研究的做法，同时考虑数据的可获得性，这里选取的环境变量具体包括父亲受教育程度、父亲职业等，其中，父母受教育程度和职业类型会显著影响子女收入（Black and Devereux，2010），但个体无法选择父母。此外，一方面，城镇户籍提高了城镇劳动者的工资溢价，降低了其失业风险；另一方面，户籍制度阻碍了劳动力通过迁移来摆脱不利环境的影响和寻找更多的工作机会（孙三百等，2012；吴贾等，2015）。

（3）贫困标准。收入贫困包括绝对贫困和相对贫困，其中，绝对贫困指的是个人或家庭的收入低于满足基本生存所需的绝对剥夺状态，而相对贫困则是指个人或家庭的收入虽然可以满足基本生存所需，但无法满足发展需要的相对剥夺状态（Townsend，1979）。由此可知，贫困标准关注生存问题，而相对贫困标准则注重发展和共享问题。本部分分别采用世界银行公布的人均每天 1.25 美元和人均每天 2 美元的贫困标准与欧盟执行的 50%中位收入的相对贫困标准来度量贫困[①]。

（4）数据来源。将 CGSS 2008、CGSS 2010、CGSS 2011、CGSS 2012、CGSS 2013、CGSS 2015 共 6 年的数据作为分析样本，其中，个人年总收入依据调查问卷中的问题"您个人去年全年的总收入是多少"整理得到。户籍类型依据问题"您目前的户籍登记状况是什么"得到，其中军籍户口和居民户口（以前是非

[①] 本实证分析主要是基于我国全面脱贫前的 CGSS 2008、CGSS 2010、CGSS 2011、CGSS 2012、CGSS 2013 与 CGSS 2015 6 年数据进行的实证分析。

农业户口）均划归为非农业户口，反之则为农业户口。父亲受教育程度依据问题"您父亲的最高受教育程度是什么（包括目前在读的）"划分为四类：未受任何教育、小学或私塾、初中和高中及以上[①]。父亲职业的数据来自问题"请问您 14 岁时，您父亲的就业状况是什么"，将其分为务农和非农职业[②]。这里剔除了主要变量存在缺失的样本，并分年份展示了主要变量的描述性统计结果，具体结果见表 4-11。

表 4-11　变量描述性统计

变量		2008 年		2010 年		2011 年		2012 年		2013 年		2015 年	
		比例	收入	比例	收入	比例	收入	比例	收入	比例	收入	比例	收入
户籍	农业户口	44.29%	11 186	52.11%	15 372	58.13%	15 014	55.87%	20 140	58.96%	23 553	62.3%	29 554
	非农业户口	55.71%	18 324	47.89%	25 967	41.87%	20 847	44.13%	26 720	41.04%	29 693	37.7%	38 722
父亲职业	务农	53.66%	13 413	57.01%	17 449	21.34%	16 331	57.83%	19 467	58.82%	21 364	62.07%	28 778
	非农职业	46.34%	18 484	42.99%	26 219	22.00%	23 962	42.17%	28 046	41.18%	31 929	37.93%	39 837
	已去世					51.39%	16 321						
父亲受教育程度	未受任何教育	33.10%	12 757	37.35%	14 550	37.94%	14 104	36.35%	15 776	37.29%	18 010	42.48%	24 677
	小学或私塾	36.26%	15 612	36.31%	22 009	35.30%	17 967	36.75%	23 432	35.17%	25 743	31.84%	32 757
	初中及以上					26.76%	22 680						
	初中	17.62%	17 020	14.65%	25 398			14.35%	27 595	15.84%	28 984	14.67%	36 755
	高中及以上	13.01%	21 810	11.69%	31 042			12.55%	32 770	11.70%	39 444	11.01%	49 114

注：表中"收入"指收入均值，单位为元。限于篇幅，本表只展示了部分结果

（二）测度结果分析

1. 收入不公平的测度结果

居民收入不公平的测度结果展示在表 4-12 中。结果显示如下。①居民收入差距的基尼系数水平略高于国家统计局公布的数据，且总体呈波动下降的趋势。基尼系数由 2010 年的 0.531 下降到了 2015 年的 0.510。②在不同贫困标准下，收入不公平的水平也不同，贫困标准的提高会扩大收入不公平。总体上，依据 1.25 美

[①] 在 2011 年的数据中，父亲受教育程度划分为四类会导致部分组别内的样本数目过少，从而影响估计结果的准确性。因此，将父亲受教育程度重新划分为三类：未受任何教育、小学或私塾、初中及以上。

[②] 在 2011 年的数据中，问题"请问您 14 岁时，您父亲的就业状况是什么"的回答结果为"已去世"的个体占了总样本的 51.39%，为避免出现分组样本过少的情况，将父亲职业重新编码为三类：务农、非农职业和已去世。

元、2 美元和 50%中位收入的贫困标准，收入相对不公平占收入差距的比重分别为 24.35%、26.50%和 34.11%。③在不同贫困标准下，收入不公平水平的变动趋势存在差异。依据每人每天 1.25 美元和 2 美元的贫困标准，收入相对不公平占收入差距的比重分别从 2008 年的 26.30%和 29.08%下降为 2015 年的 22.01%和 23.87%。在 50%中位收入的贫困标准下，2008 年的收入相对不公平占收入差距的比重则由 32.63%上升到了 2015 年的 34.55%。收入不公平水平的变动趋势在不同贫困标准下存在差异的可能原因是，经济增长和大规模的扶贫开发导致了绝对贫困人口的大量减少①，从而减弱了绝对贫困对收入不公平的影响，导致在 1.25 美元和 2 美元的绝对贫困标准的收入不公平水平趋于下降。但在此过程中相对贫困可能并未得到有效缓解，因而在 50%中位收入的相对贫困标准下，收入不公平程度逐渐扩大。后文将通过分解收入不公平来检验相对贫困和绝对贫困对收入不公平影响作用的变动趋势。

表 4-12　居民收入不公平的测度结果

变量		2008 年	2010 年	2011 年	2012 年	2013 年	2015 年	均值
		全样本	全样本	全样本	全样本	全样本	全样本	
收入不平等	基尼系数	0.509	0.531	0.514	0.510	0.495	0.510	0.511
	泰尔指数	0.546	0.569	0.566	0.556	0.538	0.584	0.560
收入不公平		1.25 美元线						
	绝对不公平	0.144	0.142	0.146	0.131	0.126	0.128	0.136
	相对不公平	26.30%	24.96%	25.83%	23.66%	23.35%	22.01%	24.35%
		2 美元线						
	绝对不公平	0.159	0.152	0.161	0.143	0.135	0.139	0.148
	相对不公平	29.08%	26.67%	28.51%	25.67%	25.18%	23.87%	26.50%
		中位收入 50%线						
	绝对不公平	0.178	0.178	0.193	0.186	0.207	0.202	0.191
	相对不公平	32.63%	31.37%	34.19%	33.55%	38.39%	34.55%	34.11%

① 2015 年，世界银行公布的绝对贫困线为 1.9 美元/（人·天），据此，中国贫困发生率从 2008 年的 14.8%下降到了 2014 年的 1.4%。

续表

变量		男性	女性	男性	女性	男性	女性	男性	女性	男性	女性	男性	女性	男性	女性
收入不平等	基尼系数	0.487	0.523	0.513	0.533	0.488	0.528	0.486	0.527	0.475	0.501	0.491	0.519	0.490	0.522
	泰尔指数	0.484	0.584	0.527	0.573	0.496	0.601	0.501	0.591	0.493	0.551	0.529	0.612	0.505	0.585
	1.25 美元线														
收入不公平	绝对水平	0.103	0.175	0.109	0.160	0.104	0.172	0.092	0.164	0.085	0.152	0.090	0.153	0.097	0.163
	相对水平	21.29%	29.95%	20.66%	27.87%	21.05%	28.64%	18.45%	27.70%	17.33%	27.57%	17.01%	25.05%	19.30%	27.80%
	2 美元线														
	绝对水平	0.113	0.197	0.116	0.175	0.114	0.195	0.101	0.179	0.093	0.166	0.098	0.168	0.106	0.180
	相对水平	23.30%	33.79%	22.01%	30.46%	22.94%	32.37%	20.20%	30.33%	18.96%	30.08%	18.51%	27.48%	20.98%	30.75%
	中位收入 50%线														
	绝对不公平	0.143	0.208	0.155	0.189	0.159	0.209	0.168	0.205	0.174	0.214	0.197	0.250	0.166	0.213
	相对不公平	29.53%	35.66%	29.51%	32.93%	32.00%	34.79%	33.49%	34.76%	35.24%	38.80%	37.15%	40.84%	32.82%	36.30%

变量		城镇	农村	城镇	农村	城镇	农村	城镇	农村	城镇	农村	城镇	农村	城镇	农村
收入不平等	基尼系数	0.428	0.550	0.446	0.547	0.403	0.552	0.412	0.555	0.387	0.547	0.411	0.551	0.414	0.551
	泰尔指数	0.345	0.604	0.366	0.577	0.322	0.614	0.325	0.632	0.287	0.631	0.318	0.669	0.327	0.621
	1.25 美元线														
收入不公平	绝对水平	0.040	0.097	0.046	0.097	0.044	0.109	0.041	0.109	0.045	0.103	0.047	0.099	0.044	0.102
	相对水平	11.63%	16.08%	12.44%	16.88%	13.77%	17.75%	12.68%	17.24%	15.71%	16.40%	14.82%	14.79%	13.51%	16.52%
	2 美元线														
	绝对水平	0.044	0.120	0.048	0.106	0.048	0.126	0.044	0.122	0.047	0.114	0.049	0.111	0.047	0.117
	相对水平	12.88%	19.82%	13.07%	18.47%	15.03%	20.53%	13.43%	19.30%	16.30%	18.07%	15.27%	16.65%	14.33%	18.81%
	中位收入 50%线														
	绝对水平	0.070	0.130	0.076	0.113	0.083	0.143	0.076	0.173	0.077	0.153	0.076	0.202	0.077	0.152

续表

变量		男性	女性	男性	女性	男性	女性	男性	女性	男性	女性	男性	女性	男性	女性
收入不公平	相对水平	20.35%	21.45%	20.85%	19.56%	25.84%	23.30%	23.52%	27.29%	26.92%	24.25%	23.83%	30.21%	23.55%	24.34%

注：表中结果依据参数 $\alpha = 0$ 的 D_{MN} 指标得出。变量的相对水平是指其绝对水平占收入不公平的比例，收入不平等为实际收入分布和以收入均值为标准收入分布的差异

2. 收入不公平的分解结果

表 4-13、表 4-14 和表 4-15 展示了不同贫困标准下收入不公平的分解结果。1.25 美元贫困标准下的结果展示在表 4-13 中。结果显示如下。①现阶段相对于贫困而言，机会不平等对收入不公平的影响更为显著。总体上，机会不平等和贫困的独立影响分别解释了收入不公平的 58.80% 和 5.66%，两者的共同影响解释了收入不公平的 35.54%。分组样本的结果表明，如果不考虑机会不平等和贫困对收入不公平的共同影响，机会不平等的独立影响解释了男性和女性收入不公平中的 63.37% 和 51.43%，而贫困的独立影响解释的比例为 6.27% 和 10.11%。此外，机会不平等独立解释了城镇和农村居民收入不公平中的 73.81% 和 57.01%，贫困独立解释了 9.55% 和 9.50%。②机会不平等对收入不公平的影响呈增强趋势，而贫困的影响则呈减弱趋势。机会不平等独立解释的收入不公平的比例从 2008 年的 50.42% 上升到 2015 年的 59.71%，贫困独立解释的收入不公平则从 2008 年的 8.51% 下降到了 2015 年的 4.69%。此外，城乡分组样本的分解结果显示，机会不平等独立解释的城镇和农村居民的收入不公平从 2008 年的 60.52% 和 50.20% 上升到了 2015 年的 83.52% 和 58.16%。贫困独立解释的收入不公平则从 2008 年的 18.09% 和 13.13% 下降到了 2015 年的 0.90% 和 6.48%。

表 4-13　居民收入不公平的分解结果（人均每天 1.25 美元的贫困标准）

变量	2008 年	2010 年	2011 年	2012 年	2013 年	2015 年	均值
	全样本	全样本	全样本	全样本	全样本	全样本	
收入不公平	0.144	0.142	0.146	0.131	0.126	0.128	0.136
机会不平等	50.42%	65.42%	53.09%	60.77%	63.40%	59.71%	58.80%
贫困	8.51%	6.35%	7.23%	2.72%	4.47%	4.69%	5.66%
共同影响	41.07%	28.24%	39.68%	36.51%	32.12%	35.60%	35.54%

续表

变量	男性	女性	男性	女性	男性	女性	男性	女性	男性	女性	男性	女性	男性	女性
收入不公平	0.103	0.175	0.109	0.160	0.104	0.172	0.092	0.164	0.085	0.152	0.090	0.153	0.097	0.163
机会不平等	60.07%	40.18%	69.95%	57.37%	62.73%	43.02%	62.02%	56.17%	63.27%	57.92%	62.19%	53.89%	63.37%	51.43%
贫困	3.46%	14.13%	5.59%	10.11%	2.99%	18.96%	4.60%	3.84%	7.56%	7.29%	13.43%	6.31%	6.27%	10.11%
共同影响	36.47%	45.69%	24.46%	32.52%	34.28%	38.01%	33.38%	40.00%	29.16%	34.79%	24.38%	39.81%	30.36%	38.47%
变量	城镇	农村	城镇	农村	城镇	农村	城镇	农村	城镇	农村	城镇	农村	城镇	农村
收入不公平	0.040	0.097	0.046	0.097	0.044	0.109	0.041	0.109	0.045	0.103	0.047	0.099	0.044	0.102
机会不平等	60.52%	50.20%	77.29%	57.99%	62.65%	49.74%	76.86%	61.38%	82.01%	64.62%	83.52%	58.16%	73.81%	57.01%
贫困	18.09%	13.13%	10.05%	10.69%	21.46%	17.33%	4.58%	5.01%	2.22%	4.40%	0.90%	6.48%	9.55%	9.50%
共同影响	21.39%	36.67%	12.65%	31.32%	15.89%	32.94%	18.57%	33.62%	15.77%	30.98%	15.58%	35.36%	16.64%	33.48%

注：表中结果依据参数 $\alpha = 0$ 的 D_{MN} 指标得出。机会不平等和贫困分别为机会不平等和贫困独立解释的收入不公平，共同影响为无法分解的两者共同解释的收入不公平

表 4-14　居民收入不公平的分解结果（人均每天 2 美元的贫困标准）

变量	2008 年	2010 年	2011 年	2012 年	2013 年	2015 年	均值
	全样本	全样本	全样本	全样本	全样本	全样本	
收入不公平	0.159	0.152	0.161	0.143	0.135	0.139	0.148
机会不平等	42.10%	56.74%	44.86%	52.46%	55.54%	52.54%	50.71%
贫困	10.40%	10.47%	12.80%	3.36%	5.06%	7.13%	8.20%
共同影响	47.50%	32.79%	42.34%	44.18%	39.40%	40.33%	41.09%

变量	男性	女性	男性	女性	男性	女性	男性	女性	男性	女性	男性	女性	男性	女性
收入不公平	0.113	0.197	0.116	0.175	0.114	0.195	0.101	0.179	0.093	0.166	0.098	0.168	0.106	0.180
机会不平等	51.07%	32.61%	61.80%	48.21%	54.16%	35.39%	53.71%	47.82%	55.28%	49.95%	54.95%	46.69%	55.16%	43.45%
贫困	5.37%	23.90%	6.82%	20.71%	5.32%	28.30%	12.85%	6.88%	15.47%	11.37%	20.42%	8.06%	11.04%	16.54%
共同影响	43.57%	43.49%	31.39%	31.09%	40.53%	36.31%	33.45%	45.30%	29.25%	38.68%	24.62%	45.25%	33.80%	40.02%

续表

变量	城镇	农村	城镇	农村	城镇	农村	城镇	农村	城镇	农村	城镇	农村	城镇	农村
收入不公平	0.044	0.120	0.048	0.106	0.048	0.126	0.044	0.122	0.047	0.114	0.049	0.111	0.047	0.117
机会不平等	52.13%	37.48%	70.82%	50.20%	55.54%	40.38%	70.23%	51.67%	77.03%	55.57%	79.14%	49.43%	67.48%	47.45%
贫困	26.07%	29.52%	18.22%	26.47%	28.06%	28.51%	9.93%	9.96%	5.78%	7.70%	3.83%	10.92%	15.31%	18.85%
共同影响	21.80%	33.00%	10.96%	23.32%	16.40%	31.11%	19.84%	38.38%	17.19%	36.73%	17.03%	39.66%	17.20%	33.70%

注：表中结果依据参数 $\alpha=0$ 的 D_{MN} 指标得出。机会不平等和贫困分别为机会不平等和贫困独立解释的收入不公平，共同影响为无法分解的两者共同解释的收入不公平

表 4-15 居民收入不公平的分解结果（50%中位收入的贫困标准）

变量	2008 年	2010 年	2011 年	2012 年	2013 年	2015 年	均值
	全样本	全样本	全样本	全样本	全样本	全样本	
收入不公平	0.178	0.178	0.193	0.186	0.207	0.202	0.191
机会不平等	34.42%	31.92%	33.30%	33.31%	27.36%	28.69%	31.50%
贫困	20.15%	22.93%	27.29%	26.06%	37.74%	41.62%	29.30%
共同影响	45.43%	45.15%	39.41%	40.63%	34.90%	29.69%	39.20%

变量	男性	女性	男性	女性	男性	女性	男性	女性	男性	女性	男性	女性	男性	女性
收入不公平	0.143	0.208	0.155	0.189	0.159	0.209	0.168	0.205	0.174	0.214	0.197	0.250	0.166	0.213
机会不平等	34.10%	29.66%	37.01%	31.84%	31.62%	31.65%	24.14%	38.06%	21.42%	32.56%	18.91%	24.28%	27.87%	31.34%
贫困	25.32%	27.89%	23.74%	27.43%	32.13%	33.28%	47.43%	18.74%	54.53%	31.28%	60.36%	47.93%	40.59%	31.09%
共同影响	40.58%	42.45%	39.25%	40.73%	36.25%	35.07%	28.43%	43.20%	24.04%	36.16%	20.73%	27.80%	31.55%	37.57%

变量	城镇	农村	城镇	农村	城镇	农村	城镇	农村	城镇	农村	城镇	农村	城镇	农村
收入不公平	0.070	0.130	0.076	0.113	0.083	0.143	0.076	0.173	0.077	0.153	0.076	0.202	0.077	0.152
机会不平等	26.58%	33.54%	34.63%	34.05%	26.48%	33.60%	33.29%	30.89%	34.91%	36.00%	38.63%	21.27%	32.42%	31.56%
贫困	53.19%	34.89%	41.52%	32.26%	58.15%	37.02%	36.67%	36.32%	42.93%	31.22%	38.37%	57.51%	45.14%	38.20%
共同影响	20.23%	31.57%	23.86%	33.69%	15.36%	29.38%	30.04%	32.79%	22.15%	32.77%	23.00%	21.22%	22.44%	30.24%

注：表中结果依据参数 $\alpha=0$ 的 D_{MN} 指标得出。机会不平等和贫困分别为机会不平等和贫困独立解释的收入不公平，共同影响为无法分解的两者共同解释的收入不公平

　　表 4-14 展示了 2 美元贫困标准下的分解结果。从中可以看出以下几点。①相对于贫困，机会不平等是收入不公平的最重要来源。机会不平等和贫困分别独立解释了收入不公平的 50.71%和 8.20%，余下的 41.09%的收入不公平为机会不平等和贫困的共同影响。此外，城镇和农村居民收入不公平中的 67.48%和 47.45%为机会不平等的独立影响，而贫困的独立影响只解释了城镇和农村居民收入不公平中的 15.31%和 18.85%。②机会不平等影响收入不公平的作用呈增强趋势，贫困的作用则呈下降趋势。机会不平等独立解释的收入不公平由 2008 年的 42.10%上升到了 2015 年的 52.54%，贫困独立解释的收入不公平则由 2008 年的 10.40%下降到了 2015 年的 7.13%。城乡分组样本的分解结果显示，在城镇和农村居民收入不公平中，机会不平等独立解释的比例分别从 2008 年的 52.13%和 37.48%增加到了 2015 年的 79.14%和 49.43%，贫困独立解释的比例则分别由 2008 年的 26.07%和 29.52%减少到了 2015 年的 3.83%和 10.92%。

　　50%中位收入贫困标准下的分解结果展示在表 4-15 中。分解结果显示如下。①相比于 1.25 美元和 2 美元贫困标准下的结果，机会不平等对收入不公平的影响仍然大于贫困的影响，但贫困的影响作用显著增加，贫困在城镇和农村居民收入不公平中的作用甚至超过了机会不平等的作用。总体而言，机会不平等和贫困分别独立解释了 31.50%和 29.30%的收入不公平。分组样本表明，机会不平等独立解释的城镇和农村居民收入不公平的比例为 32.42%和 31.56%，而贫困独立解释的比例则达到了 45.14%和 38.20%。②与 1.25 美元和 2 美元贫困标准下的机会不平等和贫困的影响作用的变化趋势不同，在 50%中位收入的贫困标准下，贫困对收入不公平的影响呈增强趋势，而机会不平等的影响呈减弱趋势。机会不平等独立解释的收入不公平从 2008 年的 34.42%下降到了 2015 年的 28.69%，而贫困解释比例则从 2008 年的 20.15%上升到了 2015 年的 41.62%。

　　依据 1.25 美元、2 美元和 50%中位收入贫困标准的结果，现阶段机会不平等构成了居民收入不公平的首要来源。但在不同贫困标准下，机会不平等和贫困对收入不公平的影响作用的变化趋势则不尽相同。在 1.25 美元和 2 美元的贫困标准下，机会不平等对收入不公平的影响在增加，而贫困的影响则减弱。相反，在 50%中位收入的贫困标准下，贫困对收入不公平的影响在上升，而机会不平等的作用则在减弱。不同贫困标准下，机会不平等和贫困对收入不公平影响作用的变化趋势存在差异的原因是，经济增长和大规模扶贫开发导致绝对贫困发生率大规模下降，减弱了绝对贫困对收入不公平的影响，但在此过程中，相对贫困并未得到有效缓解，相对贫困对收入不公平的影响日益强化。

三、研究小结

对收入不公平的测度和分解结果显示如下。①收入不公平水平在不同贫困标准下存在差异，且随着贫困标准的提高而扩大。根据 1.25 美元、2 美元和 50%中位收入的贫困标准，收入相对不公平占收入差距的比例平均达到了 24.35%、26.50%和 34.11%。②收入不公平水平在绝对贫困标准下趋于下降，而在相对贫困标准下逐渐提高。依据 1.25 美元和 2 美元的贫困标准，收入相对不公平占收入差距的比例分别从 2008 年的 26.30%和 29.08%下降到了 2015 年的 22.01%和 23.87%。在 50%中位收入的贫困标准下，这一比例从 2008 年的 32.63%上升到了 2015 年的 34.55%。③不同贫困标准下的女性个体和农村居民的收入不公平程度都更为严重。④现阶段相对于贫困，机会不平等对收入不公平的影响更为显著。此外，绝对贫困对收入不公平的影响在减弱，但相对贫困对收入不公平的影响趋于强化。

第五章 公共服务供给对人力资本影响的实证分析：以公共教育为例

在分别对中国公共服务供给、人力资本与收入机会不平等进行测度的基础上，本章将运用中国微观调研数据来验证公共教育供给对人力资本的影响效果与影响机制，这也是本书的重点内容与核心问题。

第一节 公共教育供给对人力资本影响的文献综述

人力资本是个体收入增长、就业质量提升以及社会群体代际向上流动等的关键影响因素。现有研究对人力资本影响机制做了较为丰富的研究。

一、公共教育供给对人力资本影响的研究

人力资本理论认为人力资本主要包括教育和健康两个因素。传统研究认为人力资本的核心是能力（Arrow，1973；Griliches，1977），随后将能力分为认知能力和非认知能力两个维度（Heckman and Rubinstein，2001），尤其是对非认知能力的研究日益受到关注（Brown and Taylor，2014；Hong et al.，2015）。根据 Roemer（1993）的分类，人力资本形成可以分为环境与努力两个层次，而环境可以进一步分为公共政策环境与家庭环境。

公共政策环境包括教育、医疗等与人力资本形成直接相关的政策。教育对认知能力、非认知能力等有显著影响（Xiao et al.，2017；Chen et al.，2017；贾婧和柯睿，2020），其影响机制如学生干部同群效应（Burke and Sass，2013；王春超和钟锦鹏，2018）、班级规模（郑力，2020）、寄宿制学校（朱志胜等，2019）等。教育政策改革效应也较为明显，如高校扩招、义务教育政策等显著提高了农村地

区高中生的比例和更高教育成就获得的可能性（邢春冰，2013；Xing et al.，2018；贾婧和柯睿，2020），增加农村家庭子女的教育投入和劳动者的职业培训等能提高农村劳动者教育人力资本的积累（章元等，2009；才国伟和刘剑雄，2014；翁杰和郭天航，2014），职业教育和长期技能培训带来的效应要高于短期培训（Rinne et al.，2011；翁杰和郭天航，2014；展进涛和黄宏伟，2016）。

家庭环境主要包括家庭社会经济地位（Berger et al.，2009；李丽等，2017；王慧敏等，2017）、家长教养方式（黄超，2018；Zhang et al.，2020；吴贾等，2020）、父母陪伴时间（董芳和周江涛，2019；吴贾等，2019；Nicoletti and Tonei，2020；王春超和林俊杰，2021）等因素。父母受教育程度是前期公共教育成果，会深刻影响子代的出生禀赋（Skirbekk，2008；Osili and Long，2008；McCrary and Royer，2011）、增加对子代的营养与时间的投入（Michael，1973；Cunha et al.，2013；Doepke and Zilibotti，2017；Almond et al.，2018），也会影响子代健康（Behrman and Rosenzweig，2002；Bingley et al.，2009；Dickson et al.，2016），而且以公共教育政策作为工具变量的分析结果大多显示出积极效应（Osili and Long，2008；Keats，2018）。

除了公共教育对人力资本的影响，事实上人力资本也存在逆传递，即子女教育对父母人力资本也存在影响（Bloom et al.，2010），而形成这种逆传递的原因是多方面的（Lee et al.，1994；Becker and Tomes，1976；Ikkink et al.，1999；Frankenberg et al.，2002；Clay and Vander Haar，1993；Cox，1987；Kotlikoff and Spivak，1981）。而且针对子女教育与父母健康的实证分析也发现，子女受教育程度会有助于父母健康（Zimmer et al.，2007），并且获得大学学历的子女对父母的影响会更加显著（McGarry and Schoeni，1995；Friedman and Mare，2014），尤其在经济、资源环境较差的地区这一效应会更加明显（de Neve and Harling，2017）。这主要是因为，接受良好教育的子女通常会与父母分享一些健康知识和技能，让父母拥有健康的生活习惯（Berniell et al.，2013；Cornwell and Laumann，2015；Cutler and Lleras-Muney，2010）。同时，受教育程度较高的子女会拥有良好的经济能力和社会资本，能为父母提供更多的物质支持以及更优质的护理方式（Belo et al.，2016）。但是，也有学者认为子女教育会不利于父母健康，主要表现为受教育程度的提高会增加子女迁离父母的能力与机会，从而减少与父母之间的交流以及对父母的日常照料，进而增加父母健康风险（Silverstein and Bengtson，1991；Machin et al.，2012）。同时由于受教育程度的提高，子女可能为父母提供良好的保健与护理措施，这也会增加父母对子女的依赖，弱化父母自我保健护理意识，进而不利于父母健康（Kuziemko，2014）。

二、简单述评

综合现有文献可以发现以下几点。①现有文献对人力资本的研究多关注未进入劳动市场的儿童、青少年与大学生等能力的发展，但是对学历教育对进入劳动市场的劳动者的影响关注较少，尤其是对劳动者非认知能力的影响的关注就更为鲜见。②现有文献关于公共教育对子代人力资本影响的较多，而关注前期公共教育成果如父母受教育程度对子代健康的影响的文献十分有限，虽然有少数研究涉及将父母受教育程度作为控制变量（刘靖，2008；孙文凯和王乙杰，2016；彭晓博和王天宇，2017），但是缺乏对父母受教育程度与子代健康之间影响机制的探讨；即使部分研究涉及了教育与健康的关系（赵忠和侯振刚，2005；胡安宁，2014；程令国等，2014），多数文献也并没有考虑教育的内生性。③国内外针对公共教育对人力资本逆传递效应的研究鲜见。

由此，本章尝试分析以下问题。①以学历教育对劳动者人力资本（认知能力与非认知能力）的影响为例，尝试分析公共教育对人力资本的影响机制与效应；②以前期公共教育成果即父母受教育程度对子代健康的影响为例，尝试分析公共教育对人力资本健康的影响机制与效应；③以子女教育对父母健康的影响效应与影响机制为例，尝试分析公共教育对人力资本的逆传递机制与效应。

第二节　公共教育供给对人力资本影响的实证分析

根据 Schultz（1960）等的人力资本理论与加尔布雷斯（J. K. Calbrainth）等的智力资本理论，结合研究需要，这里将人力资本分为智力人力资本与健康人力资本两大方面，其中智力人力资本主要包括认知能力、非认知能力等[①]，健康人力资本则主要包括身体健康状态等。公共教育对个体自身人力资本形成有重要影响，而公共教育的前期成果即父母受教育程度也会对子代人力资本形成潜在的重要影响。

一、公共教育对人力资本影响的实证分析

公共教育是个体自身人力资本形成的重要途径，其中学历教育[②]是最典型

---

① 1936 年西尼尔（Senior）最早界定智力资本为个人所拥有的知识与技能，1969 年加尔布雷斯将其放宽界定为静态知识以及有效利用知识的过程、实现手段等，斯图尔特（Stewart，1997）则进一步将其宽泛地界定为能够为企业在市场上获得竞争优势的所有事物之和。

② 出于简便且不失一般性，这里以学历教育替代衡量公共教育，来检验公共教育对人力资本的影响效应与机制。

的公共教育形式。学历教育主要是通过知识与经验的积累，进而形成个体自身的判断力与创新创造能力，从而推动认知能力与非认知能力人力资本的形成与积累。

（一）数据说明

这里的研究数据来自 CFPS[①]，鉴于社区数据和人力资本指标衡量的一致性，我们使用 CFPS 2010 年和 CFPS 2014 年两期追踪调查数据进行分析。这里我们选择已完成学历教育的劳动力样本进行分析，剔除核心解释变量缺失的样本，最后得到的样本量为 34 429 个。

核心解释变量是学历教育。学历教育指个体在学校通过全日制学习毕业时获得的最高学历，其中，小学及以下程度取值为 0，初中程度取值为 1，高中、中专、技校和职高程度取值为 2，大专及以上程度取值为 3。同时根据受教育程度的阶段，估计出教育年限：文盲或半文盲为 0 年，小学程度为 6 年，初中程度为 9 年，高中、中专、技校和职高程度为 12 年，大专程度为 15 年，大学本科为 16 年，硕士为 19 年，博士为 22 年。

被解释变量是人力资本，主要包括认知能力和非认知能力两个主要维度。认知能力来源于 CFPS 调查问卷中认知模块的字词记忆测试和数学测试，为了避免出现偏差，我们将字词成绩和数学成绩按照调查年份进行标准化处理。

非认知能力主要指与个人心理、情感和行为等相关的一系列人格特征。本节参照李涛和张文韬（2015）等国内学者研究，以 NEO（Neuroticism，Extraversion，Openness）人格特征修订问卷和 CFPS 的相关问题，构建基于"大五人格"模型的非认知能力指标，主要包括严谨性、顺同性、外向性、开放性和情绪稳定性 5 个维度，其中：①严谨性指个体处理事务的秩序和精神状态；②顺同性指个体的人际交往情况等；③外向性指个体的活跃程度，是否善于社交等；④开放性指个体对新事物的接受性和对传统观念的反对程度；⑤情绪稳定性指个体面对焦虑、抑郁及应激情况时的情绪状态。具体的指标设计见表 5-1。为了消除各指标之间的测度偏差，我们将不同指标进行标准化处理后，进行加总取平均值可得非认知能力的不同维度得分，分值越高，非认知能力越强。

---

① 该调查样本覆盖我国 25 个省、自治区、直辖市，共有社区问卷、家庭问卷、成人问卷和少儿问卷四种主题问卷类型，旨在通过跟踪收集个体、家庭、社区三个层次的数据，反映中国社会、经济、人口、教育和健康的变迁。CFPS 于 2010 年正式开始访问，每一年或两年一期跟踪调查，由北京大学中国社会科学调查中心和美国密歇根大学调查研究中心等机构合作完成。

表 5-1　CFPS 中对应的非认知能力指标测度

非认知能力	子指标	CFPS 中对应问题
严谨性	条理性	受访者的衣着整洁程度
	谨慎性	受访者的疑虑
顺同性	顺从性	1. 受访者对调查的配合程度 2. 您认为自己在与人相处方面能打几分
外向性	热情性	受访者的待人接物水平
开放性	开放性	受访者对调查的兴趣
	价值	传宗接代的重要程度
情绪稳定性	焦虑	1. 最近 1 个月，感到精神紧张的频率 2. 最近 1 个月，感到坐卧不安的频率
	忧郁	最近 1 个月，感到情绪沮丧、郁闷的频率
	脆弱性	1. 最近 1 个月，感到未来没有希望的频率 2. 最近 1 个月，做任何事情都感到困难的频率 3. 最近 1 个月，认为生活没有意义的频率

注：问题回答均设置为正向评分，即数值越高，所代表的非认知能力评分越高

资料来源：CFPS 2010 年和 CFPS 2014 年调查数据

　　主要控制变量为个体的性别变量，男性取值为 1，女性取值为 0；年龄；户籍变量，非农业户籍取值为 1，农业户籍取值为 0；婚姻状况，已婚取值为 1，其他为 0；健康情况，根据自评健康，健康取值为 1，一般及以下取值为 0；非学历教育[①]，是否接受非学历教育，是取值为 1，否则为 0；职业类型，根据职业编码[②]依次为农业劳动者取值为 1，工人取值为 2，商业和服务人员取值为 3，办事人员取值为 4，专业技术人员取值为 5，高级管理者取值为 6。此外，控制变量还包括父母受教育程度、家庭人均收入、家庭人均支出、社区成员同质性[③]、社区经济状况、所在地区等。同时，这里还控制了年份固定效应和地区固定效应。

　　表 5-2 对此处所用的研究数据进行了描述性统计分析。对个体的认知能力和非认知能力指标进行均值为 0、标准差为 1 的标准化处理。样本数据中 18~60 岁的劳动力受教育年限均值为 7.849 年，低于义务教育水平，其中，大约 43.3%的劳动力

---

　　① 非学历教育是指劳动者进入劳动力市场之后接受的技能、管理和党政思想等培训活动。

　　② 职业编码分类主要包括以下六大类别：农业劳动者是指农业、林业、畜牧业、渔业及水利业生产、管理、产品初加工的人员；工人是指从事矿产勘查、开采，产品的生产制造、工程施工和运输设备操作的人员及有关人员；商业和服务人员是指从事购销、餐饮、运输、保健、家庭以及其他服务行业的人员；办事人员是指行政办公、安保消防、邮电通信以及其他业务人员；专业技术人员是指从事科学研究、工程技术、农业技术、经济、法律、教学、文艺创作等人员；高级管理者是指国家机关、党群组织、企业、事业单位负责人。

　　③ 社区成员同质性是指社区成员的社会经济状态差别，1~7 为混杂~很相似，数值越高表示本社区居民经济状况差距越小。

获得小学及以下的学历水平；约 32.5%的劳动力获得了初中学历教育，仅完成义务教育；约 14.7%的劳动力获得高中或同等水平的学历教育；而仅 9.5%的劳动力获得大专及以上的高等教育。同时，仅 4.4%的劳动力在完成学历教育后会继续接受非学历教育学习。综上可知，劳动力学历水平偏低，主要集中在初中、小学及以下阶段。此外，样本中劳动力的性别、年龄、健康状况、社会经济地位个体特征分布较为均衡，男性大约占比 47.7%，年龄均值为 39.02 岁，身体状态为健康及以上水平的个体大约为 59.1%，且社会经济地位均值大约为 2.758。关于工作状况，则有大约 67.7%的劳动力处于工作状态。已工作样本中，41.9%的劳动力从事农业相关工作，24.3%的劳动力从事技术操作或简单体力劳动等工作，16.2%的劳动力从事商业和服务行业工作，而办事人员、专业技术人员和高级管理者仅占总样本的 17.6%。根据其职业分布可知，样本数据中劳动者主要为农业劳动者和蓝领工人。

表 5-2 变量的描述性统计

变量		样本量	均值	标准差	最小值	最大值
认知能力	词组成绩	34 159	0	1	−2.294	1.573
	数学成绩	34 159	0	1	−2.050	2.120
非认知能力	严谨性	34 154	0	0.684	−2.691	2.180
	顺同性	34 050	0.001	0.750	−3.719	1.329
	外向性	34 154	0	1	−4.516	1.570
	开放性	34 148	0	0.715	−2.266	2.025
	情绪稳定性	34 012	0.001	0.759	−4.460	0.629
学历教育	小学及以下	34 429	0.433	0.495	0	1
	初中	34 429	0.325	0.469	0	1
	高中	34 429	0.147	0.354	0	1
	大专及以上	34 429	0.095	0.293	0	1
个体特征	性别	34 429	0.477	0.499	0	1
	年龄	34 429	39.02	10.98	18	60
	户籍	34 429	0.270	0.444	0	1
	政治面貌	34 159	0.0490	0.216	0	1
	工作	33 542	0.677	0.468	0	1

续表

变量		样本量	均值	标准差	最小值	最大值
个体特征	受教育年限	34 429	7.849	4.490	0	22
	自评健康	34 428	0.591	0.492	0	1
	收入地位	32 677	2.336	0.963	1	5
	社会经济地位	34 026	2.758	0.949	1	5
	非学历教育	34 119	0.044	0.205	0	1
职业类型	农业劳动者	22 784	0.419	0.493	0	1
	工人	22 784	0.243	0.429	0	1
	商业和服务人员	22 784	0.162	0.368	0	1
	办事人员	22 784	0.0580	0.234	0	1
	专业技术人员	22 784	0.0700	0.255	0	1
	高级管理者	22 784	0.0480	0.213	0	1
家庭特征	父亲受教育年限	29 276	4.856	4.512	0	22
	母亲受教育年限	30 305	2.773	3.963	0	22
	家庭规模	34 429	4.455	1.805	1	26
	家庭人均收入对数	32 534	8.719	1.110	0.223	13.82
	家庭人均支出对数	34 058	8.753	1.058	0	15.02
	家庭存款对数值	34 215	3.931	4.817	0	15.20
	基础设施	34 379	0.608	0.488	0	1
	卫生状况	34 379	0.494	0.500	0	1
地区变量	社区经济状况	34 392	4.295	1.428	1	7
	社区居民同质性	34 317	4.812	1.277	1	7
	城镇	34 429	0.457	0.498	0	1
	东部地区	34 429	0.411	0.492	0	1
	中部地区	34 429	0.308	0.462	0	1
	西部地区	34 429	0.281	0.450	0	1

资料来源：CFPS 2010 年和 CFPS 2014 年调查数据

（二）学历教育对人力资本影响的实证分析

1. 基准回归分析

为分析学历教育对劳动者智力人力资本的影响，这里构建基准回归模型如下：

$$\text{humancapital}_{it} = \beta_0 + \beta_1 \text{edu}_{it} + \beta_2 X_{it} + \delta_t + \varphi_c + \varepsilon_{it} \qquad （5\text{-}1）$$

其中，humancapital_{it} 为被解释变量，指个体 i 在年份 t 的人力资本，包括认知能力和非认知能力；edu_{it} 为学历教育，以劳动者的学历水平衡量；X_{it} 为控制变量，主要包括劳动者的健康、职业类型、非学历教育、父母受教育年限、社区经济状况等变量。此外，模型还控制了年份效应 δ_t 和县级固定效应 φ_c。模型的基准回归结果见表 5-3。

表 5-3　基准回归结果

变量	认知能力		非认知能力				
	（1）	（2）	（3）	（4）	（5）	（6）	（7）
	词组	数学	严谨性	顺同性	外向性	开放性	情绪稳定性
学历水平（基准组=小学及以下）							
初中	0.734*** （0.027）	1.064*** （0.02）	0.127*** （0.014）	0.096 4*** （0.014）	0.161*** （0.019）	0.152*** （0.013）	0.095 7*** （0.016）
高中	1.054*** （0.029）	1.825*** （0.019）	0.171*** （0.019）	0.109*** （0.02）	0.214*** （0.025）	0.234*** （0.018）	0.054 9*** （0.02）
大专及以上	1.207*** （0.03）	1.965*** （0.023）	0.222*** （0.027）	0.14*** （0.027）	0.323*** （0.034）	0.31*** （0.023）	0.033 4# （0.024）
非学历教育	0.102*** （0.021）	0.048 5*** （0.013）	−0.013 2 （0.021）	0.067 6*** （0.022）	0.092 7*** （0.031）	0.105*** （0.022）	−0.063 2*** （0.02）
性别	0.118*** （0.018）	0.129*** （0.012）	−0.046 2*** （0.01）	−0.022 1*** （0.011）	−0.003 64 （0.016）	−0.043 7*** （0.01）	0.076*** （0.011）
户籍	−0.026 （0.021）	0.014 2 （0.013）	0.035 1 （0.028）	−0.000 262 （0.025）	0.024 1 （0.038）	0.060 4*** （0.023）	0.003 49 （0.02）
政治面貌	0.101*** （0.019）	0.030 9*** （0.014）	0.088 6*** （0.023）	0.132*** （0.024）	0.156*** （0.031）	0.044*** （0.022）	0.07*** （0.02）
自评健康	0.048 9*** （0.013）	0.039 4*** （0.009）	0.084 4*** （0.014）	0.099 8*** （0.014）	0.028 1* （0.019）	−0.011 7 （0.013）	0.312*** （0.015）
职业类型（基准组=农业劳动者）							
工人	0.221*** （0.028）	0.097 5*** （0.017）	0.103*** （0.02）	0.046 9*** （0.02）	0.098 2*** （0.029）	0.053 4*** （0.021）	0.001 14 （0.019）
商业和服务人员	0.281*** （0.028）	0.144*** （0.018）	0.139*** （0.024）	0.058 2*** （0.024）	0.075 3** （0.033）	0.043 1** （0.022）	−0.029* （0.02）

续表

变量	认知能力		非认知能力				
	（1）	（2）	（3）	（4）	（5）	（6）	（7）
	词组	数学	严谨性	顺同性	外向性	开放性	情绪稳定性
办事人员	0.275*** （0.033）	0.091*** （0.019）	0.168*** （0.03）	0.062 8*** （0.027）	0.116*** （0.038）	0.079 5*** （0.027）	0.015 6 （0.028）
专业技术人员	0.384*** （0.034）	0.211*** （0.025）	0.171*** （0.027）	0.108*** （0.028）	0.148*** （0.038）	0.063 4*** （0.029）	0.024 3 （0.026）
高级管理者	0.293*** （0.033）	0.136*** （0.021）	0.15*** （0.03）	0.18*** （0.028）	0.18*** （0.037）	0.081 3*** （0.029）	−0.006 68 （0.028）
父亲受教育年限	0.016 4*** （0.002）	0.008 72*** （0.001）	0.004 9*** （0.001）	0.004 41*** （0.001）	0.005 28*** （0.002）	0.005 23*** （0.001）	0.002 55** （0.001）
母亲受教育年限	0.005 2*** （0.002）	0.001 51# （0.001）	0.003 04** （0.002）	0.000 858 （0.002）	0.003 53** （0.002）	0.003 96*** （0.002）	−0.003 07*** （0.002）
社区经济状况	−0.001 69 （0.009）	−0.001 07 （0.004）	0.036 8*** （0.011）	0.031 8*** （0.011）	0.068 8*** （0.019）	0.014 6* （0.01）	0.014 6** （0.009）
社区同质性	0.016 4* （0.01）	0.012** （0.007）	0.032 5*** （0.014）	0.050 8*** （0.01）	0.081 1*** （0.018）	0.046*** （0.011）	0.002 96 （0.007）
城市地区	0.054# （0.039）	0.021 6 （0.018）	0.012 8 （0.032）	−0.001 92 （0.029）	−0.020 4 （0.046）	0.022 9 （0.028）	0.003 72 （0.022）
年份固定效应	是	是	是	是	是	是	是
县级固定效应	是	是	是	是	是	是	是
R^2	0.527	0.784	0.211	0.166	0.253	0.201	0.119
N	18 697	18 697	18 693	18 656	18 693	18 690	18 639

#、*、**、*** 分别表示在 20%、15%、10%、5%的显著性水平上显著

注：括号内为标准误，回归聚类在县级水平

　　表 5-3 展示了基准回归模型的估计结果，其中第（1）、（2）列为认知能力的估计结果，第（3）~（7）列为非认知能力的估计结果。第（1）、（2）列显示，完成学历教育能够显著提高劳动者认知能力。具体来讲，与小学及以下学历水平相比，劳动者完成初中学历教育、高中学历教育和大专及以上学历教育，能够分别使得其词组成绩提高 0.734 分、1.054 分和 1.207 分，而其数学成绩则分别提高 1.064 分、1.825 分和 1.965 分，且劳动者学历水平对数学成绩的提升要高于词组成绩。同时，随着学历教育水平的提高，学历教育对认知能力的提升作用也相应增加。

　　表 5-3 的第（3）~（7）列显示，学历教育也能显著提升劳动者的非认知能力。与小学及以下学历相比，完成初中、高中和大专及以上学历教育，能够使得其严

谨性分别提高 0.127 分、0.171 分和 0.222 分；其顺同性分别提高 0.096 4 分、0.109 分和 0.14 分；其外向性分别提高 0.161 分、0.214 分和 0.323 分；其开放性分别提高 0.152 分、0.234 分和 0.31 分；其情绪稳定性分别提高 0.095 7 分、0.054 9 分和 0.033 4 分。而且，除情绪稳定性之外，随着学历水平的提高，教育对劳动者的非认知能力的提升作用也相应增加。

综合第（1）、（2）列和第（3）~（7）列结果可以发现，学历教育对劳动者的认知能力和非认知能力[①]的提升作用会随着受教育程度的提高而增加。同时，与非认知能力相比，学历教育更有利于劳动者认知能力的发展。非学历教育能够显著改善劳动者的认知能力和非认知能力中的顺同性、外向性和开放性，且非学历教育对劳动者的认知能力和非认知能力的提升效用并没有显著差异。

这与新人力资本理论的观点相一致，教育并不仅是反映人力资本的一种信号，反过来讲，教育也可以改善个体的认知能力和非认知能力。此外，在中国优质教育资源不足和升学压力较大的背景下，学历教育可能更侧重于有利于升学的个体认知能力的培养，而对个体严谨性、与人相处、待人接物等非认知能力方面的培养有所忽视。非学历教育则是劳动者进入劳动力市场后所参与的培训活动，其对认知能力和非认知能力的影响并没有明显差异。

在控制变量中，有以下几点发现。第一，从个体特征来看，在性别方面，男性相较于女性有着更高的认知能力分数，但是在非认知能力方面的性别差距并不一致，其中在严谨性、顺同性和开放性三个方面，女性会比男性有着更高的非认知能力分数；在户籍方面，户籍对劳动者的认知能力和非认知能力并没有显著影响；在健康方面，健康能够显著改善劳动者的认知能力和非认知能力，但是非认知能力中的开放性并没有显著影响。从职业类型来看，与农业劳动者相比，工人、商业和服务人员、办事人员、专业技术人员和高级管理者等劳动者有着更高的认知能力和非认知能力[②]。

第二，从家庭背景来看，父亲的受教育程度的提高能够显著提升劳动者的认知能力和非认知能力；而母亲的受教育程度的提高仅能够显著改善劳动者的认知能力和非认知能力中的严谨性、外向性和开放性，而对非认知能力中的顺同性和情绪稳定性并没有改善作用。

第三，从地区特征来看，社区经济发展水平越高，越能够显著改善本地区劳动者的非认知能力，而对认知能力的效应并不显著。而且社区同质性越高，即经济水平差距越小，本地区劳动者的认知能力和非认知能力也越高。此外，劳动者是否居住在城市地区对其认知能力和非认知能力也没有显著影响。

---

① 情绪稳定性除外。
② 不同职业类型间的情绪稳定性并没有显著差异。

此外，由于可能会存在一些不可观测因素同时影响个体认知能力和非认知能力，各方程的扰动项之间会有相关性，基准回归结果可能存在估计误差。因此，我们通过似不相关回归（seemingly unrelated regressions，SUR），重新估计学历教育对劳动者认知能力和非认知能力的影响。

表 5-4 展示了基于 SUR 方程得到的学历教育对劳动者认知能力和非认知能力的回归结果，与基准回归结果并没有显著差异。这表明，劳动者的学历教育能够显著改善其认知能力和非认知能力，且学历教育对认知能力的提升作用要远高于非认知能力。同时，随着学历教育程度的提高，其对劳动者人力资本的影响效用也相应增强[①]。

表 5-4　学历教育对劳动者认知能力和非认知能力的 SUR 方程结果

变量	认知能力		非认知能力				
	（1）	（2）	（3）	（4）	（5）	（6）	（7）
	词组	数学	严谨性	顺同性	外向性	开放性	情绪稳定性
学历水平（基准组=小学及以下）							
初中	0.734*** （0.013）	1.064*** （0.009）	0.126*** （0.011）	0.095 6*** （0.013）	0.159*** （0.016）	0.153*** （0.012）	0.095 8*** （0.013）
高中	1.054*** （0.018）	1.825*** （0.012）	0.171*** （0.016）	0.109*** （0.018）	0.212*** （0.022）	0.235*** （0.017）	0.055 1*** （0.018）
大专及以上	1.207*** （0.024）	1.965*** （0.016）	0.221*** （0.021）	0.139*** （0.023）	0.32*** （0.03）	0.31*** （0.022）	0.033 9# （0.024）
控制变量	是	是	是	是	是	是	是
年份固定效应	是	是	是	是	是	是	是
县级固定效应	是	是	是	是	是	是	是
Chi2	5 376.168***		10 783.573***				
R^2	0.527	0.527	0.21	0.21	0.21	0.21	0.21
N	18 697	18 697	18 602	18 602	18 602	18 602	18 602

#、***分别表示在 20%、5%的显著性水平上显著

注：括号内为标准误，Chi2 值表示各方程扰动项之间"无同期相关"的检验，均在 5%的显著性水平上拒绝各方程的扰动项之间相互独立的原假设。控制变量为性别、户籍、政治面貌、自评健康、职业类型、父亲受教育年限、母亲受教育年限、社区经济状况、社区同质性和城市地区

[①] 除情绪稳定性外，尽管学历教育能够显著改善情绪稳定性，但这种改善作用并不会随着学历水平提高而增加。

2. 学历教育对人力资本影响的贡献测度

根据上一节基准回归分析可知，学历教育不仅能够显著改善劳动者的人力资本水平，而且随着学历教育程度的提高，其对人力资本的提升效用也会增加。那么学历教育对劳动者的人力资本的具体贡献程度又有多少呢？本部分我们将进一步分析学历教育的重要性程度，分解出其具体的贡献率。由于解释变量中学历教育、父亲受教育年限、母亲受教育年限等多个变量之间可能存在多重共线性问题，我们使用基于 R^2 的 Shapley 值分解方法，计算学历教育和其他变量的贡献率。

此外，Shapley 值分解方法还可以对变量进行分组，计算各组的总贡献。我们将解释变量分为四组，其中，第一组是教育，包括学历教育和非学历教育；第二组是劳动者的个体特征，主要有性别、户籍、政治面貌、自评健康、职业类型、是否居住在城市地区等；第三组是劳动者的家庭背景，主要有父亲受教育年限、母亲受教育年限等；第四组是地区特征，主要是社区经济状况和社区同质性。通过基于 R^2 的 Shapley 值分解方法，我们得到了劳动者人力资本方程中学历教育和其他变量的贡献率，具体的结果见表 5-5。

表 5-5　基于 Shapley 值分解方法的各因素贡献率

变量	认知能力		非认知能力				
	词组	数学	严谨性	顺同性	外向性	开放性	情绪稳定性
教育	49.16%	65.69%	15.44%	6.86%	6.98%	16%	8.05%
学历教育	44.49%	61.04%	12.36%	5.58%	5.81%	12.9%	6.38%
小学及以下	29.91%	37.7%	8.65%	4.1%	3.84%	8.16%	4.45%
初中	5.84%	6.82%	1.28%	0.75%	0.61%	1.28%	2.42%
高中	7.77%	13.76%	2.08%	0.73%	0.8%	2.01%	0.61%
大专及以上	9.64%	12.17%	5.52%	1.84%	2.4%	5.21%	0.34%
非学历教育	1.07%	0.9%	0.33%	0.49%	0.41%	1.48%	0.87%
个体特征	22.96%	20.28%	21.06%	9.21%	6.21%	11.17%	38.08%
性别	1.38%	1.27%	0.25%	0.04%	0.07%	0.3%	3.68%
户籍	6.4%	7.26%	7.56%	1.16%	1.5%	4.98%	0.34%
政治面貌	1.69%	1.5%	1.4%	2.18%	1.56%	0.94%	0.78%
自评健康	0.34%	0.29%	2.07%	1.95%	0.09%	0.11%	30.48%
职业类型	14.68%	11.8%	10.62%	4.35%	3.5%	4.96%	2.58%
城市地区	4.39%	3.87%	3.71%	0.84%	0.77%	2.73%	1.31%
家庭背景	12.37%	9.2%	6.24%	3.13%	2.34%	6.67%	1.03%

续表

变量	认知能力		非认知能力				
	词组	数学	严谨性	顺同性	外向性	开放性	情绪稳定性
父亲受教育年限	6.81%	4.64%	3.07%	1.91%	1.19%	2.89%	0.74%
母亲受教育年限	5.79%	4.44%	3.63%	1.4%	1.27%	4.03%	0.39%
地区特征	2.79%	1.6%	11.9%	14.96%	16.84%	8.98%	1.34%
社区经济状况	1.96%	1.06%	6.45%	4.42%	6.26%	3.25%	0.89%
社区同质性	0.38%	0.21%	4.94%	10.51%	10.49%	5.57%	0.33%

注：各因素贡献率是基于基准回归方程的 R^2 进行 Shapley 值分解计算的，其中各维度贡献率的总和与各组之间的总贡献率几乎相等，二者之间的差异为软件计算误差

在劳动者认知能力的影响因素中，最为重要的是劳动者自身的学历教育，其对劳动者词组成绩和数学成绩的影响贡献率分别为 44.49% 和 61.04%。在学历教育的分组中，对劳动者认知能力贡献率最高的是小学及以下学历，其对劳动者词组成绩和数学成绩的贡献率分别为 29.91% 和 37.7%。这不仅说明了学历教育是劳动者认知能力的主要影响因素，也进一步证明了儿童早期是人力资本形成的关键时期，并且对其未来人力资本发展也有着深远影响。非学历教育对劳动者词组成绩和数学成绩的影响贡献率分别为 1.07% 和 0.9%，仅对认知能力的发展起补充作用。

除教育之外，家庭背景对劳动者词组成绩和数学成绩的贡献率分别是 12.37% 和 9.2%。此外，个体特征对劳动者词组成绩和数学成绩的贡献率分别为 22.96% 和 20.28%。在个体特征中，对认知能力贡献率最高的是劳动者的职业类型，其对词组成绩和数学成绩的贡献率分别为 14.68% 和 11.8%，其次是劳动者的户籍，其对词组成绩和数学成绩的贡献率分别为 6.4% 和 7.26%，远大于劳动者的性别、政治面貌、自评健康和城市地区因素。这说明户籍制度对认知能力仍然有着十分重要的影响，劳动者的认知能力城乡差异显著。地区特征对劳动者词组成绩和数学成绩的贡献率分别为 2.79% 和 1.6%，对认知能力影响的贡献率较低。

在劳动者非认知能力的影响因素中，教育并不是非认知能力影响贡献率最高的因素，其中学历教育对严谨性、顺同性、外向性、开放性和情绪稳定性的贡献率分别为 12.36%、5.58%、5.81%、12.9% 和 6.38%，其中，与认知能力相同，在学历教育分组中，小学及以下学历对非认知能力影响的贡献率最高。这进一步证明儿童早期也是非认知能力培养的关键时期，对未来发展也有着深刻影响。

在劳动者非认知能力的影响因素中，家庭背景对劳动者非认知能力的影响贡献度最低，为 1.03%~6.67%。此外，个体特征对劳动者的非认知能力的贡献率为 6.21%~38.08%，其中，对于严谨性、顺同性、外向性和开放性而言，贡献率最高的影响因素是劳动者的职业，这和认知能力相一致；而对于情绪稳定性而言，贡

献率最高的是劳动者的身体健康情况（30.48%）。地区特征则对劳动者除情绪稳定性之外的非认知能力都有着较高的贡献率，为8.98%~16.84%，而对情绪稳定性贡献率仅为1.34%。

综上可知，学历教育，特别是早期的学历教育是个体认知能力发展的关键因素，对非认知能力的发展也有着十分重要的影响。此外，劳动者的职业类型和户籍对其认知能力和部分非认知能力也影响显著，人力资本发展的城乡差异、职业间差异也不容忽视。另外，父母受教育程度在子代人力资本发展中发挥重要作用，且对认知能力的贡献率远高于非认知能力。

3. 异质性分析

由 Shapley 值分解的贡献率可知，除学历教育之外，劳动者的个体特征、家庭背景和居住地经济状况等也是影响人力资本的重要因素。那么学历教育对劳动者认知能力和非认知能力的影响是否会因为个体特征和家庭禀赋等因素而存在群体异质性呢？为进一步验证结果的稳健性，我们根据劳动者的户籍和母亲受教育年限等变量对样本进行划分，以验证在不同子样本中学历教育对劳动者人力资本的影响。

1）户籍

根据 Shapley 值分解可知，户籍是影响劳动者的认知能力以及严谨性和开放性等部分非认知能力的重要因素。我们在基准模型基础上加入学历教育和户籍变量的交互项，以分析能否通过学历教育减少劳动者人力资本之间的城乡户籍差异。

表 5-6 展示了加入学历教育和户籍交互项的回归结果。与基准回归结果相同，学历教育能够显著改善劳动者的人力资本，并且除情绪稳定性之外，随着学历教育程度的提高，其对人力资本的改善作用也不断增强。此外，与农业户籍相比，非农户籍的劳动者拥有更高的认知能力及开放性。交互项的估计结果显示，学历教育能够显著降低劳动者认知能力的城乡差距，而对劳动者非认知能力的城乡差距影响不一致且显著性较低。

表 5-6　学历教育对劳动者人力资本影响的异质性分析：户籍

变量	认知能力		非认知能力				
	（1）	（2）	（3）	（4）	（5）	（6）	（7）
	词组	数学	严谨性	顺同性	外向性	开放性	情绪稳定性
学历水平（基准组=小学及以下）							
初中	0.745*** （0.029）	1.077*** （0.021）	0.134*** （0.014）	0.102*** （0.015）	0.168*** （0.019）	0.154*** （0.014）	0.097 9*** （0.017）

续表

变量	认知能力		非认知能力				
	（1）	（2）	（3）	（4）	（5）	（6）	（7）
	词组	数学	严谨性	顺同性	外向性	开放性	情绪稳定性
高中	1.080*** （0.032）	1.835*** （0.022）	0.152*** （0.020）	0.105*** （0.023）	0.210*** （0.028）	0.215*** （0.021）	0.079 4*** （0.023）
大专及以上	1.212*** （0.035）	1.989*** （0.027）	0.178*** （0.033）	0.141*** （0.038）	0.289*** （0.046）	0.346*** （0.036）	−0.002 38 （0.029）
户籍	0.090 0* （0.059）	0.122*** （0.036）	0.015 4 （0.047）	0.028 0 （0.049）	0.037 1 （0.055）	0.056 0* （0.038）	0.039 4 （0.048）
初中×户籍	−0.135*** （0.064）	−0.137*** （0.041）	−0.024 3 （0.040）	−0.049 6 （0.048）	−0.044 7 （0.048）	−0.003 25 （0.035）	−0.036 1 （0.045）
高中×户籍	−0.155*** （0.065）	−0.113*** （0.040）	0.055 8 （0.044）	−0.015 6 （0.048）	−0.004 58 （0.057）	0.044 2 （0.044）	−0.083 4** （0.047）
大专及以上×户籍	−0.114** （0.061）	−0.129*** （0.043）	0.074 2* （0.050）	−0.027 0 （0.056）	0.031 1 （0.063）	−0.040 9 （0.050）	0.011 6 （0.054）
控制变量	是	是	是	是	是	是	是
年份固定效应	是	是	是	是	是	是	是
县级固定效应	是	是	是	是	是	是	是
R^2	0.527	0.784	0.212	0.167	0.253	0.201	0.119
N	18 697	18 697	18 693	18 656	18 693	18 690	18 639

*、**、***分别表示在15%、10%、5%的显著性水平上显著

注：括号内为标准误，各交互项变量基准组分别为农业户籍劳动者所接受的相应学历教育。控制变量为性别、政治面貌、自评健康、父亲受教育年限、母亲受教育年限、社区经济状况、社区同质性和城市地区。所有回归均控制了时间固定效应和县级地区固定效应，而且回归聚类在县级水平

同时我们也根据是否居住在城市地区对劳动者人力资本的异质性进行分析，结果与户籍结果相似，劳动者认知能力在城乡地区差距显著，而非认知能力并没有体现出显著差异。此外，学历教育会显著缩小认知能力的城乡地区差距，而对非认知能力的城乡差距并没有显著作用。综上可知，学历教育能改善劳动者的人力资本水平，加强学历教育有利于缩小劳动者认知能力之间的城乡差距。

2）母亲受教育年限

一般而言，父母受教育年限越高，劳动者的人力资本水平也会越高。教育作为代际传递的主要渠道，不仅能够增加子代的人力资本和提高其社会经济地位（Blanden et al.，2007；Ermisch and Pronzato，2010；邹薇和马占利，2019），也

是实现社会劣势群体向上流动的重要途径（陈爱丽等，2019；解雨巷和解垩，2019）。我们根据父母受教育年限对样本数据进行分组，研究发现学历教育能打破人力资本之间的代际传递，提高弱势家庭即父母受教育年限较低的劳动者人力资本水平。表 5-7 的回归结果表明，母亲受教育年限能够显著改善劳动者的认知能力和非认知能力，且对认知能力的作用要显著大于非认知能力。此外，交互项的估计系数表明，学历教育能够显著减少母亲受教育年限对劳动者人力资本的影响。同时我们也对父亲受教育年限做了相同分析，结果显示学历教育也可以显著减少父亲受教育年限对劳动者人力资本的影响。总而言之，学历教育能够显著减少父母受教育年限对劳动者人力资本的影响，有助于打破人力资本的代际固化。

表 5-7 学历教育对劳动者人力资本影响的异质性分析：母亲受教育年限

变量	认知能力		非认知能力				
	（1）	（2）	（3）	（4）	（5）	（6）	（7）
	词组	数学	严谨性	顺同性	外向性	开放性	情绪稳定性
学历水平（基准组=小学及以下）							
初中	0.790*** （0.030）	1.106*** （0.022）	0.134*** （0.016）	0.110*** （0.016）	0.187*** （0.021）	0.164*** （0.015）	0.104*** （0.019）
高中	1.154*** （0.031）	1.878*** （0.021）	0.177*** （0.019）	0.139*** （0.024）	0.238*** （0.029）	0.254*** （0.022）	0.099 7*** （0.023）
大专及以上	1.320*** （0.033）	2.028*** （0.025）	0.284*** （0.036）	0.168*** （0.036）	0.383*** （0.046）	0.351*** （0.031）	0.057 9** （0.031）
母亲受教育年限	0.033 7*** （0.004）	0.019 5*** （0.003）	0.008 22*** （0.003）	0.008 26*** （0.003）	0.014 9*** （0.003）	0.010 7*** （0.003）	0.004 51 （0.004）
父亲受教育年限	0.016 1*** （0.002）	0.008 53*** （0.001）	0.004 92*** （0.001）	0.004 34*** （0.001）	0.005 19*** （0.002）	0.005 19*** （0.001）	0.002 49** （0.001）
学历教育×母亲受教育年限							
初中×母亲受教育年限	−0.032 6*** （0.005）	−0.022 8*** （0.003）	−0.004 48# （0.003）	−0.008 11*** （0.004）	−0.014 1*** （0.004）	−0.007 23** （0.004）	−0.006 55* （0.004）
高中×母亲受教育年限	−0.042 1*** （0.005）	−0.024 1*** （0.003）	−0.004 77# （0.004）	−0.011 7*** （0.005）	−0.013 2*** （0.005）	−0.009 06** （0.005）	−0.015 6*** （0.005）
大专及以上×母亲受教育年限	−0.039 3*** （0.005）	−0.023 4*** （0.004）	−0.013 1*** （0.004）	−0.010 1*** （0.005）	−0.017 8*** （0.005）	−0.011 4*** （0.005）	−0.009 82*** （0.005）
控制变量	是	是	是	是	是	是	是
年份固定效应	是	是	是	是	是	是	是

续表

变量	认知能力		非认知能力				
	（1）	（2）	（3）	（4）	（5）	（6）	（7）
	词组	数学	严谨性	顺同性	外向性	开放性	情绪稳定性
县级固定效应	是	是	是	是	是	是	是
R^2	0.530	0.785	0.212	0.167	0.253	0.202	0.119
N	18 697	18 697	18 693	18 656	18 693	18 690	18 639

#、*、**、***分别表示在20%、15%、10%、5%的显著性水平上显著

注：括号内为标准误，交互项的基准组分别为小学及以下×母亲受教育年限。控制变量为性别、户籍、政治面貌、自评健康、父亲受教育年限、母亲受教育年限、社区经济状况、社区同质性和城市地区。所有回归均控制了时间固定效应和县级固定效应，而且回归聚类在县级水平

（三）研究小结

根据前述实证分析，可以得出以下结论：第一，学历教育能够显著提高劳动者的认知能力和非认知能力，且对认知能力的提升作用要高于非认知能力。第二，学历教育对劳动者的认知能力和部分非认知能力的提升作用会随着学历水平的提高而增加。第三，学历教育是劳动者认知能力形成的主要渠道。基于 R^2 的 Shapley 值分解表明，学历教育对认知能力的贡献率为 44.49%~61.04%，是劳动者认知能力形成的主要贡献因素。在学历教育中，小学及以下程度的学历教育对劳动者认知能力的贡献度为 29.91%~37.7%，这也进一步证明了儿童早期教育是成年劳动者认知能力发展的关键时期。第四，学历教育能够显著缩小劳动者认知能力之间的城乡差距，以及缩小父母受教育年限差异带来的认知能力和非认知能力之间的差距，打破人力资本的代际固化。

二、父母受教育程度对子代人力资本的实证分析

家庭环境直接影响了个体人力资本的形成，尤其是父母对子代人力资本形成具有深远影响。父母的受教育程度会直接影响家庭经济条件与对子代的教育方式，进而会对子代人力资本形成产生不同效果。事实上，父母受教育程度也是前期公共教育的结果，受到良好教育的父母有助于提升子代的认知能力、非认知能力与健康等，会对子代包括智力与健康等人力资本的形成产生积极影响。

（一）父母受教育程度对子代人力资本的影响机制

父母受教育程度对子代人力资本的影响渠道多样，但其效应传导机制大体上

可以分为直接途径（如增加子代出生禀赋）与间接途径（如增加对子代营养和时间的投入）两种。

1. 增加子代出生禀赋

学者一直都在探究不平等起源，试图为每个儿童提供平等的发展机会。依据"胎儿起源假说"，胎儿在母体内良好的环境会增加婴儿出生时的禀赋，进而会直接改善子女未来人力资本的获得。父母受教育程度会提高子代出生禀赋，从而有助于子代人力资本提升。首先，教育会影响一个人的生育选择。早育通常会不利于个体人力资本的积累，为此受教育程度高的个体，通常会推迟结婚和生育，降低了早产的可能性（Skirbekk，2008）。其次，教育会改善一个人的健康习惯。孕妇的健康习惯直接影响新生儿的出生健康（McCrary and Royer，2011），如是否吸烟。父母会通过日常学习而了解到更多的健康知识，为保证胎儿良好的发育而降低吸烟的可能性。最后，教育会增加孕妇的产前护理。良好的产前护理会减少婴儿死亡率。受教育程度的提高，在增加经济收入的同时，又丰富了父母的健康方面的知识，在其他情况不变的条件下，这就使得父母更加注重高质量的产期护理（Keats，2018），如日常的体检、产前健康教育，以及日常健康的饮食搭配等。

2. 增加对子代营养和时间的投入

高的受教育程度有利于改善家庭的经济状况（刘生龙等，2016），父母将会有更多的资源投入从而促进儿童人力资本的形成。健康方面，父母高的受教育程度不仅可以提高其经济收入，而且可以增加育儿知识储备（Michael，1973），从而改善子代投入的生产效率（productive efficiency）和分配效率（allocative efficiency）（Grossman，1972）。在发展中国家，儿童营养不良是一个严重而又普遍的问题，营养是否均衡直接决定着子代健康状况（Bhutta et al.，2008）。健康知识的获得会直接影响父母对子代健康的主观期望，从而通过家庭日常食品消费行为而改善儿童营养状况（Cunha et al.，2013）。相对而言，拥有更多健康知识的父母，不仅更注重子代日常营养均衡，同时也会将有限的资源更多地投入某种食物中（通常是营养价值较高的食物，如鱼肉等富含蛋白质的食物），而适当减少其他食物（如主食）的消费，并且也会增加父母劳动时间以满足食品的消费。智力人力资本方面，父母的行为（如教育方式）也是子代人力资本形成的重要因素。通常来讲，在子女人力资本形成过程中，父母既要考虑利他主义，也要结合自身的家长式的动机（表现为父母与子女偏好的差异）（Doepke and Zilibotti，2017）。受教育程度高的父母更愿意参与到子女日常生活中，增加"亲子交流"，如哄孩子入睡，带孩子上医院等日常照料的时间投入，孩子学习时会放弃看电视，经常和孩子讨论学校里的事情，等等。同时也会花更多的时间引导子女行为，达到塑造子女的偏好和限制子女的选择目的，进而改善子女认知能力和非认知能力。

父母受教育程度对子代人力资本有着重要影响，在其他条件一定的情况下，父母具有高的受教育程度会增加子代出生禀赋、增加对子代营养和时间的投入，由此是否就必然意味着父母受教育程度与子代人力资本之间存在因果关系？虽然因为"第三个变量"（third variables）存在导致二者之间关系存在一定的内生性，但是《中华人民共和国义务教育法》（以下简称《义务教育法》）的实施为我们识别父母受教育程度与子代人力资本之间的因果关系提供了条件。

（二）实证模型、变量选取和数据

这里构建计量模型，对所选取的变量与数据进行说明，以进一步识别父母受教育程度对子代人力资本的因果效应。

1. 实证模型

有关教育对人力资本影响的文献中，教育的内生性问题通常会被考虑，在父母受教育程度对子代人力资本的研究中也不例外。父母受教育程度内生性主要是由遗漏变量所引起的，可能存在着一些诸如能力等不可观测的因素会影响估计结果的准确性。因此，在实证分析中为了得到准确的估计结果，这里寻找适当的工具变量进行两阶段回归。关于父母受教育程度对子代人力资本研究的主要实证模型为

$$edu^P = \alpha_0 + \alpha_1 treat^P + \alpha_2 X + \alpha_3 M^C + \varepsilon \quad (5\text{-}2)$$

$$h^C = \beta_0 + \beta_1 edu^P + \beta_2 X + \beta_3 M^C + \nu \quad (5\text{-}3)$$

其中，C 表示子代，P 表示父母。由于父亲和母亲的受教育程度可能存在高度的相关性，我们借鉴 Chou 等（2010）的处理方法，分别分析父亲和母亲对子代人力资本的影响。h^C 为儿童人力资本，edu^P 为父母受教育年限，M^C 为省份固定效应，ε 和 ν 为误差项。X 为其他控制变量，主要包括子代和父母个体特征变量。

关于工具变量的选择，借鉴已有文献（Lundborg et al.，2014；Dickson et al.，2016），这里选用中国第一部《义务教育法》这一外生政策作为父母受教育程度的工具变量，主要是因为本研究样本 10~15 岁个体[①]的父母（其出生年份均在1962~1981 年）受教育程度受到了中国《义务教育法》的巨大影响。1986 年 7 月 1 日

[①] 根据 CFPS 数据库关于个体的划分，16 岁以后进入成人库，本章将 15 岁及以前划定为个体早期。此外，参考 Blankenau 和 Youderian（2015），将 16~54 划分为中期（这里考虑到了世代交替，个体 54 岁时，其子女开始进入中期），55 岁以后个体进入晚期。10~15 岁也是个体健康人力资本形成的重要时期，因此其应该有较好的代表性。

中国第一部《义务教育法》正式实施，根据当时实行的分级财政制度，一些财力较弱的地方政府并没有相应的财政能力推行《义务教育法》，为此中央政府允许一些地区实施《义务教育法》的时间有所延后，各省（区、市）实施时间最长相差 5 年[①]，由此可知中国义务教育的实行是逐步完成的。此外，当时家庭人均收入较低，《义务教育法》实施后家庭所承担的学杂费依旧构成了较大压力，导致一些孩子推迟上学、辍学，甚至并没有接受义务教育（Fang et al.，2012）。而且，没有遵守《义务教育法》规定的必须送适龄儿童上学的父母通常只会受到口头批评（Xie and Mo，2014），导致一些原本应该接受义务教育的孩子未能接受相应的教育。尽管如此，但是《义务教育法》确实提高了孩子的受教育程度，如截至 1990 年有 76% 的县普及了义务教育（Connelly and Zheng，2003）。

依据样本数据所作图示（图 5-1、图 5-2）[②]，在被《义务教育法》影响的第一个出生队列中[③]，父亲和母亲的受教育年限存在明显的跳跃，这意味着，《义务教育法》的实施与父母受教育年限密切相关，显著提高了父母的受教育程度，满足工具变量相关性的条件。并且，《义务教育法》的实施是外生于个体、家庭特征之外的一项政策，所以也满足工具变量外生性的条件。

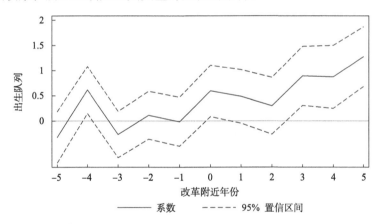

图 5-1　《义务教育法》实施前后父亲受教育年限

① 1986 年实施的省（区、市）有北京、河北、上海、浙江、黑龙江、辽宁、山西、江西、四川和重庆；1987 年实施的有云南、江苏、广东、天津、吉林、安徽、湖北、陕西、山东和河南；1988 年实施的有福建、新疆和贵州；1989 年实施的有青海和内蒙古；1990 年实施的有甘肃；1991 年实施的有广西和湖南。

② 图 5-1 和图 5-2 中虚线为 95% 置信区间。x 轴为父母出生年份相对于《义务教育法》实施的出生队列，y 轴为父母受教育年限。实线分别表示父亲和母亲出生队列与他们自身受教育年限的关系，回归中控制了义务教育改革前后五年虚拟变量、父母的年龄、年龄平方以及出生省（区、市）的固定效应，稳健标准误都聚类到省一级。

③ 以 1986 年实施义务教育改革的省（市）为例，1971 年出生的个体（父母）为第一个出生队列（1986-6-6-3=1971）。

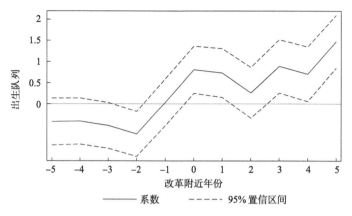

图 5-2　《义务教育法》实施前后母亲受教育年限

同时，在图 5-1 和图 5-2 中也可以发现，在《义务教育法》实施后的第 3 个和第 5 个出生队列中，父亲和母亲受教育年限也存在明显的跳跃，这一结果与 Cui 等（2019）相似，这可能是《义务教育法》分阶段逐步完成的特征，致使出生年份越大的个体（父母），越有可能受到《义务教育法》实施的影响。因此，借鉴赵西亮（2017），式（5-2）中工具变量 $treat^P$ 为每个个体（父母）的出生年份的虚拟变量。

2. 变量选取和数据

数据来源于 CFPS。该调查样本覆盖我国 25 个省、自治区、直辖市，共有社区问卷、家庭问卷、成人问卷和少儿问卷四种主题问卷类型，旨在通过跟踪收集个体、家庭、社区三个层次的数据，反映中国社会、经济、人口、教育和健康的变迁。CFPS 于 2010 年正式开始访问，每一年或两年一期跟踪调查，由北京大学中国社会科学调查中心和美国密歇根大学调查研究中心等机构合作完成。这里使用 2010 年、2012 年、2014 年和 2016 年四年数据。

对数据处理如下。①筛选出有父母信息的样本，为保证父母有能力向子女投资，因此只保留三年都已完成学业的父母。②由于存在子女年龄大于父母的样本，考虑到个体的生育能力，只保留了父母年龄大于子女 15 岁的样本。③保留 10~15 岁儿童样本。本节研究关注父母受教育程度对子女早期人力资本的因果分析，选择 10~15 岁子代为研究对象。④保留 1962~1982 年出生的父母。为更加准确地估计父母受教育程度对儿童人力资本的因果效应，借鉴刘生龙等（2016）的做法，将父母限制在 1962~1982 年出生的个体，防止 1959~1961 年粮食供应紧张、高等教育扩招等其他外生冲击的影响。

被解释变量为子代人力资本，包括健康人力资本、认知能力和非认知能力。关于健康指标，大量的医学研究表明，在发展国家中，年龄别身高 z 分被认为是衡量健康最好的指标（Eriksson et al., 2014）。为此本章选择年龄别身高 z 分（Haz）来衡量子代的健康状况。由于个体在早期还处于发育阶段，本章将 Haz 的提高视为子代健康状况的改善[①]。

CFPS 针对 10 岁以上儿童的认知能力进行了长期的测试和评估，在不同调查年份采用了不同的测试题。2012 年和 2016 年记忆能力和算术推理能力测试得分数据在数据处理中显示缺失值较多[②]，不适合于分析。若 CFPS 对个体认知能力测试可靠，那么认知能力测试得分应该与教育成就密切相关，因为认知能力强的个体在学习中会表现得更好（谢宇等，2014）。因此，我们选择语文测试成绩（Chinese）和数学测试成绩（Math）这两个变量作为子代认知能力的替代指标，在稳健性检验中，利用 CFPS 认知能力测试指标进行分析。

对于儿童非认知能力，CFPS 没有专门的测试。借鉴吴贾等（2020），从行为方式方面衡量子代非认知能力，主要包括 7 个问题："这个孩子学习很努力"，"这个孩子会在完成家庭作业之后检查数遍，看看是否正确"，"这个孩子只在完成家庭作业之后才玩"，"这个孩子做事时注意力集中"，"这个孩子遵规守纪"，"这个孩子一旦开始去做某个事情时，无论如何都必须完成它"和"这个孩子喜欢把自己的物品摆放整齐"。每个问题从"十分不同意"到"十分同意"赋值 1~5，最后加总构成非认知能力指标。

核心解释变量为父母受教育程度（edu）。CFPS 给出了父母的最高学历，根据受教育程度的阶段，估计出受教育年限：文盲或半文盲 0 年、小学 6 年、初中 9 年、高中（包括中专、技校和职高）12 年、大专 15 年、大学本科 16 年。由于子代人力资本还会受到其他诸多因素的影响，在模型估计时还加入了其他控制变量，具体包括：子代年龄（age）；子代兄弟姐妹数（child_nu）；子代性别（gender），男性为 1，女性为 0；居住在城镇还是农村（urban），城镇为 1，农村为 0；子代在读哪一阶段以及父母出生省份虚拟变量。表 5-8 列示了上述各指标的基本统计量。由表 5-8 可知，年龄别身高 z 分小于 0，表明子代健康状况相对较差，存在发育不良的可能性；认知能力和非认知能力平均在中等以上；子代性别均值约为 0.534，男女比例基本持平，并且更多子代居住在农村；相比于母亲，样本中父亲受教育年限更高，子代兄弟姐妹数平均为 0.944，意味着样本中子代平均约有 1 个兄弟姐妹。

---

① 2007 年世界卫生组织公布了 10~15 岁年龄别身高标准，这里的年龄别身高 z 分的计算方法依据世界卫生组织提供的方法。并且为消除极端值，本章借鉴彭晓博和王天宇（2017），将年龄别身高 z 分大于 6 或者小于−6 的样本删除。

② CFPS 数列题测试，受访者有权选择是否作答，因此数据的缺失可能是由于受访者拒绝作答。

表 5-8　描述性统计

变量	父亲		母亲	
	均值	标准差	均值	标准差
Haz	−0.452	1.602	−0.426	1.575
Non-Cognition	25.185	4.244	25.144	4.249
Chinese	2.723	0.942	2.723	0.941
Math	2.672	1.026	2.673	1.026
edu	7.474	4.221	6.153	4.658
gender	0.534	0.499	0.526	0.499
urban	0.422	0.494	0.427	0.495
age	12.5	1.7	12.53	1.698
grade	6.169	1.864	6.196	1.864
child_nu	0.944	0.881	0.957	0.895

（三）实证结果

这里将考察父母受教育程度对子代人力资本的影响，并且深入探讨其内在机理。

1. 父母受教育程度对子代人力资本影响

表 5-9 分别展示了父亲受教育程度和母亲受教育程度对子代人力资本的回归结果，其中表 5-9 第（1）列和第（3）列为 OLS 回归结果，余下各列为工具变量回归结果。从表 5-9 第（1）、（3）列可以发现，父亲和母亲受教育程度都显著改善子代健康状况，回归结果相近，其中父亲和母亲受教育程度每增加 1 年，子代年龄别身高 z 分分别改善 0.030 个标准差和 0.035 个标准差。同样，父亲和母亲受教育程度都显著提高语文和数学成绩，进而认为促进子代认知能力。从非认知能力的回归结果来看，父母受教育程度不利于子代的非认知能力，这可能与核心解释变量存在内生性有关。

表 5-9　父母受教育程度对子代人力资本的影响

变量	父亲		母亲	
	（1）	（2）	（3）	（4）
	OLS	IV	OLS	IV
Haz	0.030*** (0.0062)	0.101*** (0.0317)	0.035*** (0.0044)	0.056* (0.0308)

续表

变量	父亲		母亲	
	（1）	（2）	（3）	（4）
	OLS	IV	OLS	IV
F-sta		58.544		16.832
Hansen-P		0.291		0.506
观测值	6 916	6 916	7 556	7 556
Non-Cognition	−0.043** （0.017）	0.185 （0.115）	−0.100*** （0.016）	0.192* （0.115）
F-sta		45.724		17.222
Hansen-P		0.362		0.360
观测值	7 013	7 013	7 628	7 628
Chinese	0.031*** （0.005）	0.009 （0.021）	0.032*** （0.003）	−0.008 （0.015）
F-sta		76.934		19.036
Hansen-P		0.622		0.491
观测值	7 180	7 180	7 843	7 843
Math	0.034*** （0.006）	0.008 （0.030）	0.039*** （0.003）	−0.003 （0.014）
F-sta		81.984		18.489
Hansen-P		0.497		0.699
观测值	7 178	7 178	7 839	7 839

*、**、***分别表示在 10%、5%、1%的显著性水平上显著

注：括号内为聚类到省份的稳健标准误，控制变量包括子代年龄、性别、居住地、年级、兄弟姐妹个数，以及父/母亲出生省份固定效应。弱识别检验 F-sta 为 Kleibergen-Paap rk Wald F 统计量，过度识别检验使用的是 Hansen J 检验

在使用工具变量消除内生性的 IV 估计中显示，Kleibergen-Paap rk Wald F 统计量都大于 10 的临界值，说明《义务教育法》的实施不是弱工具变量，Hansen J 检验也表明通过了过度识别检验，则《义务教育法》的实施在计量经济学意义上是有效的工具变量。表 5-9 中第（2）列和第（4）列 IV 结果显示，父亲和母亲受教育程度显著提高儿童健康水平，具体而言，父亲和母亲受教育年限每增加 1 年，子代年龄别身高 z 分平均改善 0.101 个标准差和 0.056 个标准差，并且明显大于 OLS 回归结果，表明 OLS 估计可能存在较为严重的估计偏误。对于非认知能力，IV 估计结果显示，母亲受教育程度显著促进儿童非认知能力，受教育年限每增加 1 年，儿童非认知能力变好的概率增加 19.2%。从估计结果中并没有发现父亲受教育程度

对儿童非认知能力的显著影响，这可能是因为，相比于父亲，母亲与子女的日常交往更多，对儿童非认知能力的形成影响更大。从表 5-9 中也可以发现，语文和数学成绩的 IV 估计结果并不显著，且回归系数相比于 OLS 回归较小，故认为父母受教育程度对儿童的认知能力的影响较小。

工具变量估计反映局部平均处理效应，表明如果没有《义务教育法》的实施，有些父母因经济状况等因素可能无法完成九年义务教育，甚至无法接受正规教育。因此 IV 估计结果表明，由《义务教育法》实施提高的父母受教育年限，具有显著改善子代人力资本的作用。

2. 异质性分析

在不同特征样本中分析父母受教育程度与子代人力资本的关系，将有助于识别不同群体间的差异性，也有利于相关政策的制定。为此，本章按照父母受教育年限、儿童性别、居住地和子代年龄对样本进行分组，分析父母受教育程度对子代人力资本的影响。

第一，分父母受教育年限。表 5-10 展示了父母受教育程度对子代人力资本分别在父母受教育年限 9 年及以下和大于 9 年的分样本回归结果。从表 5-10 中可以发现，在 9 年及以下的样本中，父亲和母亲受教育程度显著促进儿童的健康和非认知能力，而在大于 9 年的样本中，父亲和母亲受教育程度的回归系数并不显著。这是因为，表 5-10 的 IV 估计结果主要表示，由《义务教育法》提高的父母受教育年限对子代健康和非认知能力的影响，而《义务教育法》的实施对受教育程度较低的个体（父母）影响较大（如果没有《义务教育法》的实施，他们可能并不会去完成九年教育），所以 IV 估计结果表示在父母受教育程度分布较低的部分，父母受教育程度对子代健康和非认知能力的影响。这意味着，《义务教育法》的实施缓解了由父母受教育程度所引起的健康和非认知能力不平等。从表 5-10 中也可以发现，受教育年限大于 9 年的母亲显著促进儿童语文和数学成绩提高，这可能是因为，受教育程度越高的母亲对子女学习过程参与越多，从而更有利于子女认知能力提高。

表 5-10 父母受教育程度对子代人力资本分教育年限的异质性分析

变量	父亲		母亲	
	（1）	（2）	（3）	（4）
	大于 9 年	9 年及以下	大于 9 年	9 年及以下
Haz	0.132 （0.196）	0.086** （0.034）	0.116 （0.091）	0.073** （0.034）
F-sta	44.248	341.099	22.050	72.496
Hansen-P	0.440	0.402	0.623	0.484

续表

变量	父亲		母亲	
	（1）	（2）	（3）	（4）
	大于 9 年	9 年及以下	大于 9 年	9 年及以下
观测值	1 356	5 560	1 129	6 427
Non-Cognition	−0.421 （0.429）	0.202* （0.107）	−0.110 （0.441）	0.191* （0.111）
F-sta	53.340	431.571	34.252	105.645
Hansen-P	0.787	0.430	0.492	0.334
观测值	1 349	5 664	1 122	6 506
Chinese	−0.003 （0.123）	0.018 （0.021）	0.170** （0.071）	−0.002 （0.018）
F-sta	51.731	680.202	25.044	61.746
Hansen-P	0.295	0.518	0.774	0.343
观测值	1 368	5 812	1 133	6 710
Math	0.052 （0.114）	0.018 （0.027）	0.273*** （0.077）	0.004 （0.022）
F-sta	51.731	698.624	25.044	67.164
Hansen-P	0.463	0.467	0.899	0.306
观测值	1 368	5 810	1 133	6 706

*、**、***分别表示在 10%、5%、1%的显著性水平上显著

注：括号内为聚类到省份的稳健标准误，弱识别检验 F-sta 为 Kleibergen-Paap rk Wald F 统计量。所有回归都为 IV 估计结果，回归里控制了表 5-9 中所有控制变量

第二，分城乡。在前文中，居住地是影响儿童人力资本的重要因素。相对农村，居住在城镇的子代通常会面临很多的优势环境因素，如良好的家庭环境。从样本中可知，父母受教育程度在城乡之间存在较大的差异，其中，城镇和农村父亲的平均受教育年限分别为 9.1 年和 6.2 年，母亲的平均受教育年限分别为 8.2 年和 4.5 年，农村父母较低的受教育程度可能对子代健康影响相对较小（Ali and Elsayed，2018）。表 5-11 健康人力资本的回归结果证实了这一点，从表 5-11 第（1）列和第（2）列可知，在城镇和农村样本中，父亲受教育程度都显著促进子代健康，而城镇样本中的系数是农村的两倍，意味着父亲受教育程度对子代健康的影响在城镇样本中更为显著，并且，这一差距在母亲受教育程度的回归结果中更为明显。从表 5-11 第（3）列和第（4）列中可以发现，母亲受教育程度显著促进城镇子代健康，而对农村子代健康水平的影响并不显著。对于认知能力，从表 5-11 中第（4）列也可以发现，相比于城镇，农村样本中母亲受教育程度对子代认知能力影响更为显著，意味着《义务教育法》的实施，缩小了城乡间儿童认知能力的差距。

表 5-11　父母受教育程度对子代人力资本分城乡的异质性分析

变量	父亲		母亲	
	（1）	（2）	（3）	（4）
	城镇	农村	城镇	农村
Haz	0.110*** （0.038 8）	0.055** （0.026 0）	0.107*** （0.042 3）	−0.023 （0.044 1）
F-sta	71.246	461.171	7.183	35.438
Hansen-P	0.329	0.350	0.295	0.342
观测值	2 919	3 996	3 224	4 332
Non-Cognition	−0.056 （0.145）	0.127 （0.114）	−0.007 （0.144）	0.235 （0.158）
F-sta	25.021	189.359	6.664	23.218
Hansen-P	0.457	0.322	0.375	0.422
观测值	2 901	4 111	3 197	4 431
Chinese	0.026 （0.032）	0.018 （0.021）	0.010 （0.032）	0.034* （0.019）
F-sta	41.841	560.628	6.480	29.884
Hansen-P	0.620	0.465	0.331	0.302
观测值	2 960	4 219	3 263	4 580
Math	0.055 （0.036）	0.019 （0.026）	0.010 （0.028）	0.046 （0.028）
F-sta	53.265	568.597	6.432	26.252
Hansen-P	0.357	0.312	0.613	0.249
观测值	2 960	4 217	3 263	4 576

*、**、***分别表示在 10%、5%、1%的显著性水平上显著

注：括号内为聚类到省份的稳健标准误，弱识别检验 F-sta 为 Kleibergen-Paap rk Wald F 统计量。所有回归都为 IV 估计结果，回归里控制了表 5-9 中所有控制变量

第三，分子代年龄。家庭对子女不同阶段的投资，会对子女日后成就产生不同的影响。刘成奎等（2019a）认为个体在 13 岁以后，自身行为开始对个体成就产生作用，而在 12 岁以前获得的成就主要由环境因素所影响。同时，考虑到样本中子女 12 岁以前更多地就读小学，13 岁以后就读初中，所以将样本分为 10~12 岁和 13~15 岁两个样本，分别探讨父母受教育程度对子代不同阶段人力资本的影响。表 5-12 展示了父母受教育程度对子代人力资本分年龄的异质性分析。

表 5-12　父母受教育程度对子代人力资本分儿童年龄的异质性分析

变量	父亲		母亲	
	（1）	（2）	（3）	（4）
	10~12 岁	13~15 岁	10~12 岁	13~15 岁
Haz	0.120*** （0.037 8）	0.094** （0.042 0）	0.069* （0.041 5）	0.026 （0.031 0）
F-sta	15.604	41.044	33.349	6.196
Hansen-P	0.511	0.610	0.494	0.836
观测值	3 456	3 454	3 706	3 813
Non-Cognition	0.009 （0.094）	0.329* （0.195）	−0.122 （0.122）	0.401* （0.220）
F-sta	22.022	45.003	40.968	5.964
Hansen-P	0.237	0.639	0.548	0.621
观测值	3 562	3 445	3 813	3 815
Chinese	0.021 （0.023）	0.002 （0.028）	0.022 （0.018）	−0.047 （0.031）
F-sta	27.361	48.861	47.876	6.640
Hansen-P	0.453	0.510	0.424	0.232
观测值	3 625	3 549	3 892	3 951
Math	0.010 （0.035）	0.007 （0.047）	−0.017 （0.019）	0.029 （0.041）
F-sta	27.331	53.206	47.104	7.367
Hansen-P	0.705	0.702	0.645	0.242
观测值	3 625	3 547	3 893	3 946

*、**、***分别表示在 10%、5%、1%的显著性水平上显著

注：括号内为聚类到省份的稳健标准误，弱识别检验 F-sta 为 Kleibergen-Paap rk Wald F 统计量。所有回归都为 IV 估计结果，回归里控制了表 5-9 中所有控制变量

从表 5-12 的第（1）列和第（2）列回归结果中可以发现，父亲受教育程度的提高显著改善了 10~12 岁和 13~15 岁子代健康，其中，在 10~12 岁样本回归结果中，父亲受教育程度的回归系数相对更大，这一差异在母亲受教育程度对子代健康的回归结果中更为明显。从表 5-12 的第（3）列和第（4）列回归结果可知，母亲受教育程度显著促进 10~12 岁儿童的健康，而对 13~15 岁子代健康的影响并不显著。这意味，随着受教育程度的提高，父母会更加注重对子女早期健康的投入，进而改善子代健康。

而对于非认知能力，从表 5-12 可以发现，父母受教育程度对 13~15 岁样本影响更显著。这是因为：一方面，13 岁以后自身的行为（如控制力）对非认知能力开始产生作用，相比于 12 岁及以下样本，尽管父母都经历义务教育，但 13~15 岁样本的非认知能力会更高；另一方面，日常陪伴和学业的参与对非认知能力形成起到重要作用，相比于小学，随着受教育程度的提高，父母会更加注重子女初中阶段学业参与的时间投入，从而促进子代非认知能力。

3. 机制分析

如何解释前述父母受教育年限显著促进子代人力资本结果？这里从直接效应和间接效应两个角度进行分析。依据"胎儿起源假说"，胎儿在母体内良好的环境会增加婴儿出生时的禀赋，进而会直接改善子女未来人力资本的获得。为此，这里选择两个方面来分析父母受教育程度对子代人力资本的直接效应，分别为子代出生体重和子代是否出生在医院。

较高出生体重会降低婴儿死亡率，促进未来人力资本形成（Black et al.，2007；洪岩璧和刘精明，2019）。受教育程度较高的父母，通常会拥有良好的经济状况及健康的饮食习惯，为胎儿提供舒适的发育环境，进而可能增加子代的出生体重。表 5-13 第（1）列和第（3）列分别展示了父亲和母亲受教育年限对子代出生体重的影响[①]。从回归结果中可以发现，父亲和母亲受教育年限每增加 1 年，子代出生体重平均提高 0.069 个标准差和 0.059 个标准差，表明父母受教育年限的提高会提高子代的出生体重，进而有利于子女未来人力资本的形成。

表 5-13 直接效应

变量	父亲		母亲	
	（1）	（2）	（3）	（4）
	出生体重	出生在医院	出生体重	出生在医院
edu	0.069*** （0.019 1）	0.056*** （0.011 6）	0.059*** （0.018 3）	0.069*** （0.011 1）
控制变量	YES	YES	YES	YES
F-sta	14.831	20.070	34.029	32.922
Hansen-P	0.341	0.908	0.630	0.785 8
观测值	6 693	6 876	7 560	7 765

***表示在 1% 的显著性水平上显著

注：括号内为聚类到省份的稳健标准误，弱识别检验 F-sta 为 Kleibergen-Paap rk Wald F 统计量。所有回归都为 IV 估计结果，回归里控制了除父母受教育程度之外的其他变量，具体包括儿童年龄、户口、父母民族（汉族为 1，其他民族为 0）和父母出生省份虚拟变量

---

① 表 5-13 中被解释变量"出生体重"为儿童出生体重标准为均值为 0、标准差为 1 后的变量。

对子女早期投入会直接影响其未来人力资本状况，如良好的产前护理会提高对孕妇营养投入的效率，有利于胎儿发育，增加子代出生禀赋（Keats，2018）。由于 CFPS 数据库并没有关于孕妇产前护理、婴儿疫苗接种等行为指标的调查，我们选择子代"是否出生在医院"这一指标来衡量父母对子女的早期投入，因为出生在医院的子代通常会接受到良好的医疗设施和专业的医疗服务，这能为子代健康出生提供一定保障。随着父母受教育程度的提高，家庭经济状况及健康意识也会增强，子代也更有可能出生在医院，表 5-13 的回归结果也证实了这一点。从表 5-13 第（2）列和第（4）列可以看到，父亲和母亲受教育程度的提高增加了子代出生在医院的可能性，具体而言，父亲和母亲受教育程度每增加 1 年，子代出生在医院的可能性平均增加 5.6% 和 6.9%[①]。子代出生在医院这一渠道在农村样本中可能会更为明显，因为从样本中可以发现，父母受教育程度的提高，可以增加子代出生在医院的可能性，进而能让孕妇和婴儿获得更好的医疗服务，从而改善农村子代的出生禀赋。

除直接效应外，父母受教育程度还可能通过对子代营养和时间的投入进而间接促进子代人力资本形成。在子女成长过程中，家庭环境起着至关重要的作用，良好的家庭环境，可以在子女成长的关键阶段提供必要的投入，进而保障促进子女人力资本的形成。这里从父母自身收入、孩子获得的营养、父母耐心程度、教养方式，以及父母与子女交流等方面分析父母受教育程度对孩子人力资本的间接效应。

收入是衡量家庭资源的综合指标，与青少年的人力资本密切相关（Milligan and Stabile，2011；洪岩璧和刘精明，2019）。收入较高的家庭，可以为子女提供良好的居住环境以及优质的医疗服务，防止不利因素对子女的影响，进而改善子女的人力资本形成。表 5-14 第（1）列展示了父母受教育程度对其自身收入的回归结果，可知，父母受教育程度的提高能显著促进自身的收入提高，具体来看，父亲和母亲受教育年限每增加 1 年，自身收入平均提高 15% 和 27.8%。

表 5-14　间接效应

变量	（1）	（2）	（3）	（4）	（5）
	收入	营养均衡	耐心程度	教养方式	交流
父亲					
edu	0.150*** （0.029 0）	0.062 3*** （0.016 4）	−0.112 （0.086）	0.008 （0.104）	0.350*** （0.132）

---

① 表 5-13 中被解释变量"出生在医院"来自 CFPS 数据库"孩子是在哪里出生的？"这一问题，出生在医院为 1，其他为 0。因为线性回归与 Probit、Logit 模型回归系数的符号和显著性高度一致，并且线性回归结果更便于解释，因此表 5-13 中"出生在医院"模型为 IV 估计结果。

续表

变量	（1）	（2）	（3）	（4）	（5）
	收入	营养均衡	耐心程度	教养方式	交流
F-sta	432.267	89.032	37.863	124.326	70.936
Hansen-P	0.399	0.572	0.433	0.397	0.406
观测值	3 985	5 687	1 122	2 118	7 062
母亲					
edu	0.278*** （0.066 6）	0.038* （0.021 4）	0.054 （0.067）	0.110 （0.098）	0.385** （0.151）
F-sta	15.716	11.110	30.907	31.975	18.558
Hansen-P	0.300	0.379	0.620	0.397	0.470
观测值	3 036	6 334	1 220	2 326	7 716

*、**、***分别表示在10%、5%、1%的显著性水平上显著

注：括号内为聚类到省份的稳健标准误，弱识别检验 F-sta 为 Kleibergen-Paap rk Wald F 统计量。所有回归都为 IV 估计结果，回归里控制了表 5-9 中所有控制变量

在饮食方面，受教育程度较高的父母可能更注重日常膳食的营养搭配，为子代提供均衡的营养。CFPS 数据库中公布了儿童过去一周的饮食状况，询问儿童过去一周食用食物的种类，包括肉类、新鲜蔬菜等九类食物，子代食用的种类越多表示获得的营养越均衡[①]。表 5-14 也展示了父母受教育程度对儿童营养均衡的回归结果，从第（2）列可以发现，父亲和母亲受教育程度的提高显著增加了子代在日常饮食中获得食物的种类，丰富了日常饮食，进而促进了子代健康。

除此之外，父母的行为（如教育方式）也是子代人力资本形成的重要因素。受教育程度较高的父母可能在子代人力资本形成中投入更多的时间和精力，从而促进儿童人力资本的提高。这里讨论三个父母行为指标。①耐心程度。耐心程度是一个获得成就的重要指标（Dohmen et al.，2010），越有耐心的个体往往会有越高的受教育程度和经济收入（Golsteyn et al.，2014）。这对儿童同样重要。耐心程度具有很强的代际传递性，耐心的父母更能塑造子女的行为，如努力、自控力等，从而增加子女的认知能力和非认知能力（吴贾等，2020）。与吴贾等（2020）一致，我们选用 CFPS 2014 年"花钱比存钱更能让我满足"这一指标衡量（评分 1~5，从"完全符合"到"完全不符合"，评分越高意味着越有耐心）。②教养方式。在

---

① 由于 CFPS 数据库 2016 年并没有公布关于儿童饮食的数据，故在表 5-14 第（2）列和第（4）列的回归结果中，只包含了 2010 年、2012 年和 2014 年的饮食数据，并且被解释变量"营养均衡"为儿童过去一周食用食物的种类的数标准化后变量。

利他性一致的基础上，不同社会环境的父母会有不同的教养方式，通过塑造子女的偏好和限制子女的选择来影响子女人力资本的形成，其中，父母通过引导来塑造子女偏好更能改善子女的人力资本（Doepke and Zilibotti，2017）。CFPS 2010 年、2012 年和 2014 年询问"当你做得不对时，家长会问清楚原因，并与你讨论该怎样做"，"家长鼓励你独立思考问题"，以及"家长要你做事时，会跟你讲这样做的原因"，评分从 1（从不）到 5（总是），这里利用这三个指标加总来衡量。③父母与子女的交流。在子女人力资本形成过程中，"亲子交流"对子女人力资本的重要性要大于家庭收入（Bevis and Barrett，2015），如哄孩子入睡、带孩子上医院等日常照料的时间投入，都会大大影响子女人力资本形成。这里选用 6 个指标的加总来衡量，具体包括：孩子学习时会放弃看电视，经常和孩子讨论学校里的事情，会要求孩子完成作业，会检查孩子的作业，会阻止孩子看电视，以及会限制孩子所看电视节目类型，每个指标赋值 1~5。

从表 5-14 的第（3）列和第（4）列可以发现，父母受教育程度的提高并没有改善自身的耐心程度及教养方式，这也可能是未改善子女认知能力的主要原因。从第（5）列可以看到，受教育程度的提高增加了父母与子女间的交流，意味着受教育程度高的父母更注重对子女的时间投入。

总体来讲，父母受教育程度会通过直接和间接渠道改善子代人力资本：一方面，受教育程度较高的父母会通过提高对子女的早期投入、增加子代出生体重，促进儿童出生禀赋，进而直接影响子代人力资本；另一方面，父母受教育程度的提高不仅能提高自身收入，还提高了对子代营养上的投入，而且也会增加与子女的交流，进而间接促进子代的人力资本形成。

4. 稳健性分析

为检验前述结果的稳健性，这一部分将从两个方面进行分析：首先，分析父母受教育程度对子代其他人力资本指标的影响；其次，将父亲和母亲受教育程度纳入同一模型中分析父母受教育程度对子代人力资本的影响。

第一，子代人力资本的稳健性检验。在分析父母受教育程度对子代健康的影响中使用子代年龄别身高 z 分衡量子代的健康状况。现有研究中，更多的是用年龄别身高 z 分来衡量青少年长期健康状况（李姣媛和方向明，2018），这一部分也检验父母受教育程度是否改善子代的短期健康状况。在相关文献中，年龄别体重 z 分通常用来衡量青少年的短期健康状况。2007 年世界卫生组织只公布了 5~10 岁年龄别体重标准，认为个体 10 岁以后年龄别体重不能充分监测子代生长。为此，这里借鉴 Keats（2018）的方法，选择儿童标准化后的体重（控制儿童年龄）来衡量儿童的短期健康状况。从表 5-15 第（1）列和第（2）列回归结果中可以发现，父亲和母亲受教育程度的提高，显著改善了儿童的短期健康状况。

表 5-15 子代人力资本的稳健性检验

变量	（1）	（2）	（3）	（4）	（5）
	出生体重	自评健康	非认知能力	字词测试	数学测试
父亲					
edu	0.064*** （0.022 9）	0.085** （0.033 7）	0.021 （0.017）	−0.008 （0.019）	−0.013 （0.021）
F-sta	24.753	191.155	33.875	101.240	119.870
Hansen-P	0.276	0.415	0.681	0.530	0.586
观测值	6 970	6 771	3 840	6 684	6 385
母亲					
edu	0.070*** （0.027 3）	0.090*** （0.026 6）	0.019* （0.011）	−0.036 （0.027）	−0.001 （0.024）
F-sta	17.615	16.292	21.230	16.499	13.287
Hansen-P	0.730	0.395	0.6517	0.366	0.393
观测值	7 444	7 513	4 113	7 332	7 014

*、**、***分别表示在 10%、5%、1%的显著性水平上显著

注：括号内为聚类到省份的稳健标准误，弱识别检验 F-sta 为 Kleibergen-Paap rk Wald F 统计量。所有回归都为 IV 估计结果，回归里控制了表 5-9 中所有控制变量

除年龄别身高 z 分和体重这两个客观指标外，表 5-15 还展示了父母受教育程度对子代自评健康这一主观指标的影响[①]。健康主观评价指标可能会受到受访者心理状况影响，但是自评健康与个体健康水平和死亡率等之间存在高度相关性（Idler and Benyamini，1997；Heiss，2011），并且相比于客观指标，自评健康反映了个体健康的综合指标，包含了疾病严重程度、心理状况等众多因素（连玉君等，2014）。由表 5-15 可知，父母受教育程度显著促进了子代的健康状况，具体而言，父亲和母亲受教育年限每增加 1 年，子代自评健康变好的可能性分别平均改善 0.085 个标准差和 0.090 个标准差。

CFPS 并没有专门针对儿童进行非认知能力的调查，在主要的分析中，这里利用几个询问父母的指标衡量，这里将利用儿童自身主观指标作为非认知能力的替代变量进行分析。CFPS 2012 年、2014 年和 2016 年共同询问"人缘关系有多好"及"有多幸福"，分别是 0~10 分，利用这两个问题平均得分来衡量，结果在

---

① 儿童自评健康为 1~5 的定序变量，分别表示不健康、一般、比较健康、很健康和非常健康。表 5-15 的回归模型中，将儿童自评健康标准化为均值为 0、标准差为 1 的变量。

表 5-15 第（3）列。可以发现，与基准回归相似，母亲受教育程度显著改善儿童非认知能力。

表 5-15 第（4）列和第（5）列对儿童字词测试和数学测试进行了分析。由于 CFPS 2010 年和 2014 年采用一套试题，2012 年和 2016 年采用另一套试题，为了与基准回归具有可比性，这里包含 4 年调查数据，为了消除试题差异对分析的干扰，将字词测试和数学测试通过调查年份和儿童年龄标准化为均值为 0、标准差为 1 的变量。从表 5-15 可以发现，与基准结果类似，父母受教育程度对儿童认知能力影响不显著。

第二，内生性的稳健性检验。父亲和母亲受教育程度存在较强的相关性，所以在主要的因果识别中将父亲和母亲分开分析对子代认知能力的影响。在这一部分，借鉴 Dickson 等（2016）的处理方法，用父母是否受《义务教育法》影响来代替父母的受教育程度，并且将父亲和母亲受教育程度放在同一个模型中研究对子代人力资本的作用，实证模型为

$$\text{health}^C = \beta_0 + \beta_1 \text{treat\_father} + \beta_2 \text{treat\_mother} + \beta_3 X + \epsilon \qquad （5\text{-}4）$$

其中，treat_father 和 treat_mother 分别表示父亲和母亲是否受《义务教育法》影响的虚拟变量。控制变量 X 主要包括子代年龄、性别、居住地、兄弟姐妹数、母亲年龄、母亲年龄平方、父亲年龄、父亲年龄平方。与 Dickson 等（2016）不同的是，由于中国《义务教育法》的实施在各省份之间存在较大差异，所以在表5-16 第（1）列模型的基础上，在第（2）列和第（3）列分别加入了父亲和母亲的出生地虚拟变量。

表 5-16　内生性的稳健性检验

变量	Haz	Non-Cognition	Chinese	Math
	（1）	（2）	（3）	（4）
treat_father	0.218*** （0.06）	0.592*** （0.188）	0.015 （0.048）	0.003 （0.034）
treat_mother	0.207*** （0.061）	0.479* （0.237）	−0.008 （0.057）	0.025 （0.049）
控制变量	YES	YES	YES	YES
父亲出生地	YES	YES	YES	YES
母亲出生地	YES	YES	YES	YES
观测值	6 325	6 075	6 215	6 212

*、**、***分别表示在10%、5%、1%的显著性水平上显著

注：括号内为聚类到省份的稳健标准误，弱识别检验 F-sta 为 Kleibergen-Paap rk Wald F 统计量。回归里控制了表 5-9 中所有控制变量

由表 5-16 的回归结果可知，父母受教育程度都显著促进子代的健康和非认知能力，而对子代认知能力影响不显著。

（四）研究小结

通过采用 CFPS 2010 年、2012 年、2014 年和 2016 年数据，分析了中国父母受教育程度对子代人力资本的因果效应。研究发现如下几点。①父母受教育程度提高对子代健康和非认知能力有积极影响。父母受教育程度提高对子代健康存在显著正向影响，而且父母受教育程度越高越有利于子代健康，如父亲和母亲受教育年限每增加 1 年，子代年龄别身高 z 分平均改善 0.101 个标准差和 0.056 个标准差。母亲受教育程度提高显著促进儿童非认知能力，受教育年限每增加 1 年，儿童非认知能力变好的概率增加 19.2%。②父母受教育程度对子代人力资本存在直接与间接影响。受教育程度较高父母为增加子代出生禀赋，从而会增加对子女早期的投资，改善子代的出生体重，进而直接影响子代人力资本；同时，父母受教育程度的提高，不仅在改善自身收入的同时提高了对子代营养上的投入，而且也会增加与子女的交流，进而间接促进子代的人力资本形成。③受教育程度越高的父母越重视子女早期健康投入，而缺少非认知能力的投入。实证结果显示，相比于 13~15 岁儿童，父母受教育程度对 10~12 岁子代的健康影响更为显著。对于非认知能力，父母受教育程度对 13~15 岁儿童影响更大。④父母受教育程度对儿童人力资本的影响受子代性别、居住地差异的影响。实证结果显示，父母受教育程度对儿子和城镇子代的人力资本影响更为明显。

第三节　公共教育对人力资本的逆传递效应分析：以子女教育对父母健康影响为例

在现有有关文献中更多研究公共教育对子代人力资本的影响，但是鲜见研究公共教育对父母人力资本的逆传递效应，即子女教育对父母人力资本的影响研究较少。众所周知，当前老龄化问题日益引起社会各界重视，由此探讨公共教育对父母人力资本的逆传递效应有很强的现实必要性。父母人力资本主要是健康，由此本节尝试以子女教育对父母健康的影响角度切入探讨公共教育对人力资本的逆传递效应。

一、研究背景与文献综述

随着中国老龄化进程不断加快，对老年人养老问题已逐渐由关注生活保障转向关注生活与健康并重。由于中国老人更偏好于和子女居住在一起的感情交流与满足，家庭养老模式尤其在农村仍然是主体（张川川和陈斌开，2014）；同时，在"养儿防老"意识浓厚、人口出生率下降等大背景下，中国父母更加关注子女教育（赵颖，2016b；李力行和周广肃，2014）。众所周知，父母人力资本对子女代际传递的研究成果较为丰富（Behrman and Rosenzweig，2002；Plug，2004；Holmlund et al.，2010），但是，中国受到良好教育的子女对父母存在何种影响？现有文献中，子女教育对父母物质回报是研究重点，因为接受过良好教育的子女通常拥有更多的资源和良好的经济能力可以为父母提供更好的生活环境（Bijwaard and Kippersluis，2016）。但是，子女教育对父母健康的人力资本代际逆传递效果又是如何？其背后的作用机制又是怎样？应该如何优化子女教育政策从而更好地促进父母健康？

相比于国外研究，目前国内研究子女教育与父母健康的文献十分有限。现有研究更多是从子女外出务工（刘畅等，2017）、子女性别（陆方文等，2017）及子女数量（石智雷，2015）等角度对父母健康及生活质量进行分析，尽管在分析中也控制了子女教育，但是缺乏对子女教育与父母健康之间因果识别及影响机制的探讨。此外，还有一些有关个体教育与健康关系的研究，然而多数文献并没有考虑教育的内生性，主要分析了教育与健康之间的相关关系（胡安宁，2014；程令国等，2014）。基于现有文献，这里以人力资本逆传递角度为切入点，运用《义务教育法》的实施作为工具变量，重点分析子女教育对中国父母健康的影响，并从子女对父母的物资支持和日常照料两个角度揭示其背后的机制。

相比于现有文献，可能的创新与贡献有：①以人力资本代际逆传递的角度为切入点，探究了子女教育对中国父母健康的影响；②使用中国1986年《义务教育法》的实施作为工具变量，分析了教育的非经济回报；③丰富了人力资本代际传递、教育回报等领域的研究文献，并提供了微观经验。

二、实证方法、变量选取和数据

在构建子女教育对父母健康影响的模型基础上，详细介绍实证分析的变量与所采用的数据。

（一）实证方法

为分析子女教育对父母健康的影响，构建回归模型如下：

$$\text{health}_{im} = \alpha_0 + \alpha_1 \text{edu}_{jm} + x_{im} + \pi_m + \varepsilon_{im} \qquad (5\text{-}5)$$

其中，health_{im} 为居住在 m 省 i 父母身体健康，edu_{jm} 为子女 j 的受教育年限，π_m 为

省份固定效应，ε_{im} 为误差项，x_{im} 为控制变量，具体包括家里孩子个数、家庭人均收入、子女出生年份、调查年份虚拟变量，以及父母个体特征变量，即性别、年龄、户口、婚姻状况、受教育年限等。

正如文献中关注的一样，教育是一个内生变量，尽管这里控制了一些可控制的因素，但是还不能判定子女教育与父母健康之间存在因果效应，其中内生性的产生可能由于两方面原因，一是存在遗漏变量，可能存在一些不可观测的因素同时影响着子女教育和父母健康，比如能力和基本健康；二是存在反向因果，健康的父母通常会对子女的人力资本投资更多。这就使得式（5-5）估计存在较大偏误。为此我们考虑工具变量法解决存在的内生性问题，其中工具变量只有满足两个条件才可能识别子女教育对父母健康的因果效应，那就是要与内生变量密切相关，但与误差项不相关。遵循已有文献（Lundborg and Majlesi，2018），选用义务教育这一外生政策作为工具变量，同时现有研究表明《义务教育法》的实施对中国人均受教育年限产生显著的影响（刘生龙等，2016；赵西亮，2017）。重新构建模型如下：

$$\text{edu}_{jm} = \beta_0 + \beta_1 D_m + x_{im} + \varphi_m + \varepsilon_{jm} \qquad （5\text{-}6）$$

$$\text{health}_{im} = \gamma_0 + \gamma_1 \text{edu}_{jm} + x_{im} + \varphi_m + \nu_{im} \qquad （5\text{-}7）$$

在上述两阶段回归中，φ_m 为子女出生地省份固定效应，D_m 为义务教育政策变量，ε_{jm} 和 ν_{im} 为误差项。需要指出的是，本节的被解释变量父母健康为有序变量，为此我们展示 ordered probit 和 ordered logit 回归结果。同时我们也借鉴 Lundborg 等（2014）以及续继和黄娅娜（2018）关于因变量为健康和满意度等有序变量时的定量分析方法，将因变量标准化为均值为 0、标准差为 1 的变量，在实证部分也展示 OLS 回归结果，并且在 IV 估计结果中我们只展示父母健康变量标准化后的回归结果。

中国的第一部《义务教育法》于 1986 年 7 月 1 日正式实施，根据当时实行的分级财政制度，一些财力较弱的地方政府并没有相应的财政能力推行《义务教育法》，为此中央政府允许一些地区实施《义务教育法》的时间有所延后，各省份实施时间最长相差 5 年，由此可知中国义务教育的实行是逐步完成的。此外，当时家庭人均收入较低，《义务教育法》实施后家庭所承担的学杂费依旧构成了较大压力，导致一些孩子推迟上学、辍学，甚至并没有接受义务教育（Fang et al.，2012）。而且，没有遵守《义务教育法》规定的必须送适龄儿童上学的父母通常只会受到口头批评（Xie and Mo，2014），导致一些原本应该接受义务教育的孩子未能接受相应的教育。尽管如此，但是《义务教育法》确实提高了孩子的受教育程度，如截至 1990 年有 76% 的县普及了义务教育（Connelly and Zheng，2003）。借鉴 Neve 和 Fink（2018），式（5-6）中政策变量 D_m 包含两个虚拟变量 pr_m 和 fr_m，分别表示部分接受义务教育改革影响和全部接受义务教育改革影响。以 1986 年实施义务教育改革的省份为例，1971 年出生的子女为第一个被影响的出生队列[①]，1980 年以后出生的子女为完全被改革影响的出生队列，因此若为 1971~1980 年出生并接受正规教育的个体，pr_m 取 1，1980 年以后出生且接受正规教育的个体，fr_m 取 1。

由于《义务教育法》的实施在各省份之间存在差异，为此将模型标准误聚类到省（子女出生省份）一级。可是聚类标准误通常假设在不同省份之间误差项不相关（$E\left[\varepsilon_{im1}\varepsilon_{jm2}\right]=0$，其中，$i\neq j$，$m1\neq m2$），而在同一省份内允许误差项相关（$E\left[\varepsilon_{im}\varepsilon_{jm}\right]\neq 0$）。然而，省内标准误的相关性导致估计的标准误存在偏差，这一偏差主要取决于平均省内样本量（$\bar{N}_m$）、变量 k 在省内的相关性（ρ_k）以及误差项在省内的相关性（ρ_ε），膨胀因子（the inflation factor）为

$$\lambda_k \simeq 1 + \rho_k\rho_\varepsilon\left(\bar{N}_m -1\right) \tag{5-8}$$

当 $\rho_k=0$、$\rho_\varepsilon=0$ 或者 $\bar{N}_m=1$ 时，聚类引起的组内相关性对标准误的估计偏差就会消失。Moulton（1990）指出，由于 ρ_k 和 $\left(\bar{N}_m-1\right)$ 的存在，较小的 ρ_ε 也会导致 λ_k 较大。为控制省内误差项相关，聚类稳健标准误成为主要的选择（Cameron and Miller，2015）。由于聚类稳健标准误的计算基于渐进理论，通常假设聚类数趋于无穷大。但是研究样本中聚类数（省份）只有 28 个，因此通过聚类稳健估计的标准误可能存在偏差。遵循 Cameron 等（2008），我们采用聚类 wild 自助法（wild-cluster bootstrap-t）计算标准误以弥补聚类数较少的不足，这里运用 Rademacher 权重[②]，在计算残差时设定原假设，bootstrap 1 000 次，并且采用等尾（equal-tail）p 值进行假设检验[③]。

（二）变量选取和数据

研究使用的数据主要来自中国健康与养老追踪调查（China Health and Retirement Longitudinal Study，CHARLS）。该调查由北京大学国家发展研究院主持完成，于 2011 年正式开始访问，每隔两年进行一次追踪调查。为了保证样本的代表性，CHARLS 基线调查覆盖了全国 150 个县、区的 450 个村、居，主要针对中国 45 岁以上中老年人及其配偶进行调查，提供了丰富的家庭和个人信息，为研究中国老年人健康问题提供了高质量的数据来源。本节使用 2011 年、2013 年和

[①] 九年制的义务教育（六年小学、三年初中）要求年满 6 周岁开始接受义务教育。

[②] 随机指定每个省份中观察者误差项一个权重 d，50%的概率为 1，50%的概率为-1，因此获得标准误为 $\varepsilon_{im}^* = d \times \varepsilon_{im}$。

[③] Davidson 和 MacKinnon（2010）认为在可能存在弱工具变量的情况下，等尾检验要优于对称（symmetric）检验。

2015 年三年数据。

本书使用 CHARLS 2011 年、2013 年和 2015 年三年数据作为基础数据，对数据处理如下。①筛选出有子女信息的样本，同时，为保证子女有能力给父母转移支付，只保留三年都存活且已完成学业的子女[①]。②分析时需要确定子女完成义务教育的省份，而 CHARLS 并未给出相应的信息，这里选用出生地来代替，只保留子女出生地与父母常住地为同省份的子女[②]。③由于存在子女年龄大于父母的样本[③]，考虑到女性的生育能力，只保留了父母年龄大于子女 15 岁的样本。④为了保证样本中既包含受到义务教育改革影响的个体，也包含未受到改革影响的个体，将子女限制在 1955~1990 年出生的个体。⑤由于《义务教育法》实施的初期会影响教育质量[④]，为缓解这一效应，这里选择剔除第一个出生队列。⑥由于有的家庭包含多个子女，怎样将每个家庭保留一个子女信息就变得尤为重要，这里选择家庭中年龄最大的子女作为研究对象，若存在多个子女出生年份相同，则随机保留一个子女信息。这样的选取主要考虑到年龄最大的子女较早地完成学业，并且与父母相处的时间最长，能够更早参与到父母健康生产中（Torssander，2013）。同时，选择家庭中年龄最大的子女作为研究对象，可以将样本在子女不同性别中较为均匀地分布，以便于更为深入的研究。

被解释变量为个体自评健康（health），具体而言，CHARLS 问卷中关于健康的问题"您觉得您的健康状况怎么样？"答案分别为：很好，好，一般，不好，很不好五个等级，其中 5 为很好，1 为很不好。健康主观评价指标可能会受到受访者心理状况影响，这是它的不足之处。但是自评健康与个体健康水平和死亡率等之间存在高度相关性（Idler and Benyamini，1997；Heiss，2011），并且相比于客观指标，自评健康反映了个体健康的综合指标，包含了疾病严重程度、心理状况等众多因素（连玉君等，2014）。

核心解释变量为子女教育（edu）。CHARLS 给出了子女的最高学历，根据受教育程度的阶段，估计出受教育年限：未受过正规教育为 0 年，小学为 6 年，初中为 9 年，高中、中专为 12 年，大专为 15 年，大学本科为 16 年，研究生为 19 年，对未读完小学的赋值为具体的读书年数。控制变量：父母性别（gender_fm），男性为 1，女性为 0；父母受教育年限（edu_fm），与子女受教育年限处理方式相同；父母婚姻状况（marry），已婚、同居为 1，其他为 0；父母年龄（age_fm），将出生年份中农历转换为阳历，然后通过调查年份进行推算；父母户口（hukou），

---

① 本节中研究的子女样本均指成年子女。

② 在 CHARLS 中对那些出生在父母常住地所在省份之外地区的子女，其出生地信息并没有详细给出。

③ 这里既包括亲生子女也包括收养子女。

④ 这是因为在《义务教育法》实施的初期，学生数量增加，一方面会导致师生比下降，另一方面学校可能选择教学能力较差的老师来任教，以满足对教师的需求。

非农户口为 1，其他为 0；父母出生年份（birth_fm）；家户人均收入[①]（lninc）；家庭子女总数（con）；子女出生年份（birth_c）。表 5-17 列示了上述各指标的基本统计量。从表 5-17 可知，样本中父母自评健康均值为 2.983，总体健康状况"一般"。父母主要是农业户口，非农户口仅占 22.3%，并且平均家里有 3~4 个孩子。父母性别均值为 0.477，男女比例基本持平。相对于父母，孩子的受教育程度更高，子女的受教育年限高于父母 3.596 年，其中从子女出生年份可知，样本中受义务教育政策影响的子女较多，占 58.79%。最年轻的父母出生于 1970 年，刚好没有受到义务教育政策的影响。

表 5-17　描述性统计

变量	CHARLS 编码	均值	标准误	最小值	最大值	样本量
health	da001，da002	2.983	0.924	1	5	8 619
gender_fm	rgender	0.477	0.499	0	1	8 619
birth_fm	ba002，ba003	1 950	9.628	1 919	1 970	8 619
age_fm	ba002，ba003	63.12	9.765	41	96	8 619
hukou	bc001	0.223	0.416	0	1	8 619
marry	be001	0.689	0.463	0	1	8 619
edu_fm	bd001	5.26	4.204	0	19	8 619
con	childID	3.148	1.626	1	14	8 619
lninc	g2	7.638	2.885	0	14.09	8 619
birth_c	cb051	1 974	9.452	1 955	1 990	8 619
edu	cb060	8.856	4.023	0	19	8 619

三、子代受教育程度对父母健康的实证分析

（一）基准回归

表 5-18 展示了子女受教育程度对父母健康状况影响的回归结果，其中第（1）、（2）、（3）列分别为 oprobit、ologit 和 OLS 回归，第（4）、（5）列为 IV 估计中第一阶段与第二阶段回归结果。在前两列中，子女受教育年限的回归系数都显著为正，优势率（odds ratio）分别为 0.030 和 0.054，表明子女受教育程度显著正向影响父母健康。在 OLS 回归结果中显示子女受教育年限每增加 1 年，父母健康显著

---

① 家户人均收入指标为家户人均收入加 1 取对数。

改善 0.028 个标准差。控制变量估计结果也与最近的一些研究结果相吻合（王兵和聂欣，2016；刘畅等，2017）。以第（3）列为例，父母自身受教育程度越高越健康，其中男性的健康状况要显著好于女性，并且随着年龄的上涨，健康状况显著下降。此外，家庭人均收入越高，表明家庭经济状况越好，则父母越健康。相比于独居父母，同居父母的健康状况会较差，可能是由于他们会将更多的时间和精力投入家庭中，缺乏更多的时间去锻炼。

表 5-18　子女受教育程度对父母健康的影响

变量	（1）	（2）	（3）	（4）	（5）
	oprobit	ologit	OLS	第一阶段	第二阶段
edu	0.030*** （0.004） [0.000]***	0.054*** （0.007） [0.000]***	0.028*** （0.004） [0.000]***		0.135** （0.060） [0.018]**
pr				0.968*** （0.300） [0.001]***	
fr				1.946*** （0.482） [0.000]***	
gender_fm	0.137*** （0.033） [0.000]***	0.239*** （0.055） [0.000]***	0.125*** （0.030） [0.000]***	−0.847*** （0.204） [0.000]***	0.223*** （0.057） [0.000]***
age_fm	−0.007** （0.003） [0.063]*	−0.011** （0.006） [0.067]*	−0.006** （0.003） [0.048]**	0.009 （0.021） [0.686]	−0.007* （0.004） [0.086]*
hukou	0.070 （0.048） [0.159]	0.107 （0.085） [0.230]	0.057 （0.046） [0.230]	2.048*** （0.227） [0.000]***	−0.165 （0.130） [0.217]
marry	−0.081* （0.046） [0.079]*	−0.135 （0.084） [0.122]	−0.078* （0.042） [0.066]*	0.592*** （0.104） [0.001]***	−0.141** （0.059） [0.019]**
edu_fm	0.016*** （0.006） [0.008]***	0.029*** （0.010） [0.007]***	0.013** （0.005） [0.017]**	0.280*** （0.017） [0.000]***	−0.017 （0.017） [0.307]
con	−0.017 （0.012） [0.174]	−0.034 （0.021） [0.127]	−0.014 （0.011） [0.211]	−0.373*** （0.063） [0.000]***	0.023 （0.023） [0.359]
lninc	0.016*** （0.005） [0.006]***	0.030*** （0.009） [0.006]***	0.015*** （0.005） [0.007]***	0.078*** （0.013） [0.000]***	0.006 （0.005） [0.240]
birth_c	−0.005 （0.004） [0.184]	−0.009 （0.006） [0.163]	−0.004 （0.003） [0.170]	−0.046* （0.027） [0.125]	−0.008 （0.005） [0.101]

续表

变量	（1）	（2）	（3）	（4）	（5）
	oprobit	ologit	OLS	第一阶段	第二阶段
调查年份 FE	Yes	Yes	Yes	Yes	Yes
出生地 FE	Yes	Yes	Yes	Yes	Yes
In-cluster corr			0.02		0
F-sta					42.357
Hansen-P					0.617
观测值	8 619	8 619	8 619	8 619	8 619

*、**、***分别表示在 10%、5%、1%的显著性水平上显著

注：（1）、（2）列小括号内为标准误，（3）、（4）、（5）列小括号内为聚类到省份的稳健标准误，方括号内为聚类 wild 自助法 p 值，In-cluster corr 为回归残差项在聚类（省份）内相关性，弱识别检验 F-sta 为 Cragg-Donald Wald F 统计量，过度识别检验使用的是 Hansen J 检验

在使用工具变量消除内生性的 IV 估计中显示，Cragg-Donald Wald F 统计量说明《义务教育法》的实施不是弱工具变量，Hansen J 检验也表明通过了过度识别检验，则《义务教育法》的实施在计量经济学意义上是有效的工具变量。同时，由于回归残差项在聚类内存在相关性（相关系数为 0.02），因此表 5-18 第（3）列 OLS 估计的标准误可能存在偏差。在 IV 估计中，回归的残差项在聚类内相关系数为 0，意味着 IV 估计消除了在估计标准误时聚类内误差项相关性的干扰。表 5-18 中第（5）列 IV 回归显示，子女受教育程度显著促进父母健康，具体而言，子女受教育年限每增加 1 年，父母健康状况改善 0.135 个标准差，这一效应在使用聚类 wild 自助法后依然显著。同时第（5）列 IV 估计结果的系数值要明显大于第（4）列 OLS 估计结果系数值，这说明 OLS 估计中存在明显的内生性。工具变量估计反映局部平均处理效应，表明如果没有《义务教育法》的实施，有些家庭子女因经济状况等因素可能无法完成九年义务教育，甚至无法接受正规教育。因此 IV 估计结果表明，由《义务教育法》实施提高的子女受教育年限，具有显著改善父母健康的作用。

（二）异质性分析

接下来分别从年龄、社会经济地位、不同类别子女视角检验基本回归结论的稳健性。

1. 年龄

样本中父母年龄为 41 岁以上，为了进一步分析子女受教育程度对步入老年的

父母的影响，我们首先尝试将父母本人年龄为 50 岁以上、55 岁以上以及 60 岁以上作为划定老年的标准。由表 5-19 第（1）、（2）、（3）列可知，随着老年界定的标准不同，子女受教育年限的估计系数及显著性有所波动，但子女受教育年限显著促进父母健康，其中子女受教育年限每增加 1 年，老年父母健康状况改善 0.101~0.135 个标准差。表 5-19 第（4）列展示了年龄为 60 岁以下父母的健康受子女受教育年限的影响，尽管回归系数与父母 60 岁以上样本相类似，但是并不显著，这也许与 60 岁以下的较年轻父母对子女依赖性较小有关。

表 5-19　子女受教育程度对老年父母健康的影响

变量	（1）	（2）	（3）	（4）	（5）	（6）	（7）	（8）
	≥50 岁	≥55 岁	≥60 岁	<60 岁	≥50 岁母亲	≥50 岁父亲	≥50 岁农村	≥50 岁城镇
edu	0.135** （0.061） [0.016]**	0.120** （0.061） [0.048]**	0.101* （0.060） [0.130]	0.102 （0.288） [0.764]	0.164** （0.082） [0.032]**	0.074 （0.087） [0.390]	0.142*** （0.055） [0.014]**	0.141 （0.110） [0.104]
F-sta	38.83	33.587	28.449	0.965	21.973	14.311	27.596	13.445
Hansen-P	0.916	0.520	0.388	0.978	0.470	0.462	0.983	0.936
观测值	7 896	6 736	5 297	3 322	3 965	3 931	6 092	1 803

*、**、***分别表示在 10%、5%、1%的显著性水平上显著

注：所有回归为 IV 估计结果，因变量为标准化健康。回归里包含了所有控制变量，如表 5-18 第（5）列。小括号内为聚类到省份的稳健标准误，方括号内为聚类 wild 自助法 p 值，弱识别检验 F-sta 为 Cragg-Donald Wald F 统计量，过度识别检验使用的是 Hansen J 检验

此外，出于样本量的考虑，我们又将 50 岁以上父母按照性别和户籍分组进行讨论，其中子女受教育年限对母亲健康的促进较为明显，而对父亲影响并不显著，这可能是因为子女与母亲的感情交流较多，而与父亲的感情交流较少。表 5-19 第（7）、（8）列分城乡的实证分析结果显示，城镇和农村子女受教育年限都正向影响父母健康，但在农村更为显著。这可能有两方面原因：一方面是由于城镇的养老保障体制更加完善，子女受教育年限增加所带来的影响并不明显；另一方面是由于城镇父母受教育程度普遍较高，样本中城镇父母的平均受教育年限要比农村高 3.69 年，这就使得农村父母更需要子女通过教育来改善家庭状况，进而提高自身健康状况。

2. 社会经济地位

在影响个体健康状况的众多因素中，社会经济地位一直扮演着重要的角色，尤其对老年人健康状况。分析子女受教育程度对不同社会经济地位父母的健康的影响，将有助于识别不同群体的差异性，也有利于相关政策的制定。这里从父母

受教育程度与家庭人均收入两个角度衡量父母社会经济地位。

个体教育对自身健康影响的研究一直备受关注（Clark and Royer，2013；Meghir et al.，2018；程令国等，2014），研究结果显示，受教育程度越高的个体健康状况越好，一方面，受教育程度高的个体拥有良好的生活习惯，慢性疾病发生率较低；另一方面，其收入水平和社会经济地位较高，能为自己提供良好的生活环境和医疗保健措施。由此可以推知，受教育年限高的父母应该健康状况更好，而子女的受教育程度对父母健康的影响又是如何？表 5-20 也证实了这一点，在父母受教育年限大于 6 年的样本中[①]，子女教育并不能显著改善父母健康状况，而在父母受教育年限较少的样本中，子女教育提高了父母健康状况，尤其是对受教育程度较低的母亲影响更大。这充分表明受教育程度较低的父母可能缺乏充足的经济资源以及良好的生活习惯，身体状况较为脆弱，更需要子女的照料。

表 5-20　子女受教育程度对不同社会经济地位父母健康的影响

变量	（1）	（2）	（3）	（4）
	教育年限≤6	教育年限>6	低收入家庭	高收入家庭
Panel A　父母				
edu	0.116** （0.055） [0.052]*	0.062 （0.143） [0.700]	0.188** （0.096） [0.036]**	0.065 （0.058） [0.234]
F-sta	40.204	3.115	16.991	20.666
Hansen-P	0.298	0.289	0.440	0.185
观测值	5 910	2 709	4 281	4 307
Panel B　母亲				
edu	0.164** （0.076） [0.030]**	−0.033 （0.094） [0.610]	0.270** （0.133） [0.028]**	0.051 （0.071） [0.466]
F-sta	21.415	5.946	6.725	14.765
Hansen-P	0.120	0.712	0.879	0.028
观测值	3 450	1 059	2 208	2 282

① 这里以父母受教育年限 6 年为分界点，是由于样本中父母受教育年限中位数为 6 年。

续表

变量	（1）	（2）	（3）	（4）
	教育年限≤6	教育年限>6	低收入家庭	高收入家庭
Panel C　父亲				
edu	0.021 （0.082） [0.892]	0.064 （0.232） [0.836]	0.107 （0.117） [0.316]	0.054 （0.098） [0.712]
F-sta	16.704	1.164	8.999	6.077
Hansen-P	0.760	0.094	0.508	0.985
观测值	2 460	1 650	2 073	2 025

*、**分别表示在 10%、5%的显著性水平上显著

注：所有回归为 IV 估计结果，因变量为标准化健康。回归里包含了所有控制变量，如表 5-18 第（5）列。小括号内为聚类到省份的稳健标准误，方括号内为聚类 wild 自助法 p 值，弱识别检验 F-sta 为 Cragg-Donald Wald F 统计量，过度识别检验使用的是 Hansen J 检验

同时表 5-20 也展示了按照家庭人均收入分组的回归结果①。总体上，无论是高收入家庭还是低收入家庭，子女受教育年限都正向影响父母健康，但在低收入家庭组的影响更为显著，从表 5-20 第（3）列可知，子女受教育年限每增加 1 年，低收入家庭的父母健康状况改善 0.188 个标准差，显著大于高收入家庭组，说明低收入家庭的父母更需要子女的照料。这可能是因为，相比于其他父母，经济状况良好的父母通常会拥有更好的居住环境、饮食习惯和医疗环境，进而降低了患有慢性疾病的可能性，从而促进自身健康。不仅如此，家庭人均收入提高，父母也会更少面临生活中的压力，保持良好的心理状态。同样相比于父亲，子女受教育年限对低收入家庭中母亲的健康影响更为显著。总的来讲，经济状况较差的父母可能身体状况较为脆弱，更需要高受教育程度子女的照料。

3. 不同类别子女

为进一步分析子女受教育程度对父母健康的影响，表 5-21 第（1）~（4）列展示了儿子和女儿分组回归结果。在表 5-21 第（1）列中可以看到，女儿的受教育年限越高，越有利于父母健康。一般地，女儿的受教育程度越高，越有可能在情感上体贴父母，增加对父母的日常照料，进而提高父母生活质量和健康状况（熊瑞祥和李辉文，2016；陆方文等，2017）。对于儿子，在表 5-21 第（3）列中发现，受教育程度在 IV 估计中并没有显著影响父母健康。同时在表 5-21 第（2）、（4）列的简约式回归结果可以看到，与女儿不同，儿子是否受到《义务教育法》实施

① 高收入家庭和低收入家庭是以样本中家庭人均收入中位数 5 000 元为分界点进行划分的。

的影响对父母健康影响并不显著。这可能表明以 1986 年《义务教育法》的实施作为工具变量可能没有精确地识别出儿子受教育程度对父母健康影响这一效应。因为《义务教育法》的实施对受教育程度较低的子女影响较大（如果没有《义务教育法》的实施，他们可能并不会去完成九年义务教育），所以以 IV 估计结果表示在子女教育分布较低的部分子女受教育程度对父母健康的影响，而儿子受教育程度在教育分布较低部分对父母健康影响较小。此外，儿子的受教育程度越高，不但不需要父母的物质补助，而且可能越有能力向父母转移更多的物质回报，从而越有利于父母健康。因此，我们不能完全否认儿子受教育程度与父母健康之间存在因果关系。

表 5-21　不同类别子女的受教育程度对父母健康的影响

变量	（1）	（2）	（3）	（4）	（5）	（6）
	女儿		儿子		是否有子女常住在附近	
	IV	Reduced form	IV	Reduced form	是	否
edu	0.223* （0.120） [0.010]**		0.086 （0.067） [0.186]		0.165** （0.081） [0.020]**	0.086 （0.076） [0.382]
pr		0.202*** （0.068） [0.005]***		0.069 （0.085） [0.440]		
fr		0.408*** （0.097） [0.000]***		0.184 （0.128） [0.180]		
F-sta	15.077		29.251		25.963	9.527
Hansen-P	0.476		0.419		0.486	0.931
观测值	3 912	3 912	4 707	4 707	5 323	3 296

*、**、***分别表示在 10%、5%、1%的显著性水平上显著

注：被解释变量为是否有子女常住在附近，当有子女常住在与父母同一个社区/村时为 1，否则为 0。除第（2）、（4）列外，其他回归均为 IV 估计结果，因变量为标准化健康。回归里包含了所有控制变量，如表 5-18 第（5）列。小括号内为聚类到省份的稳健标准误差，方括号内为聚类 wild 自助法 p 值，弱识别检验 F-sta 为 Cragg-Donald Wald F 统计量，过度识别检验使用的是 Hansen J 检验

同时，也按照是否有子女常住在父母附近进行样本划分，分析子女受教育程度对父母健康的影响，表 5-21 第（5）、（6）列展示了回归结果。这样分组主要是考虑到，子女的日常照料对父母健康很重要，而事实上，一些受教育程度高的子女为了获得更好的工作机会更有可能会远离父母（Machin et al., 2012），或因其他原因而被动远离父母去获得工作机会，由此会影响到对父母的日常照料，进而会

不利于其父母健康，尤其是对一些失能老人的健康①。分析样本中的个体（父母）平均有 3~4 个子女，则兄弟姐妹与其父母的居住距离对其父母健康有何影响？表5-21 结果显示，有兄弟姐妹居住在父母附近时，子女受教育程度对父母健康的影响更为显著。这可能是因为，随着子女数量的增多，父母与他们子女同住或居住距离较近的可能性就更大（Oliveira，2016），从而可能弥补了受教育程度较高子女或被动远离父母的不利影响。

（三）机制分析

如何解释上文中子女受教育年限显著促进父母健康状况？我们认为受教育程度越高的子女越有可能为其父母提供健康保障，而这主要是通过子女向父母转移来实现的，具体可以分为两个方面，一方面是子女向父母提供物质支持，子女经济收入状况越好越有可能向父母转移；另一方面是子女向父母时间的投入，也就是照料和陪伴。接下来将从这两个角度对其中的机制进行深入的分析。

1. 物质支持

受教育年限的提高是否对子女的经济收入有所促进？如果子女的经济状况良好，父母就不用给子女经济上的帮助，从而缓解自身经济压力，增加自己消费，促进自身健康；同时子女收入提高会增加向父母经济转移的能力，能为父母提供更舒适的生活环境，进而促进父母健康。表 5-22 给出了 IV 估计第一阶段和第二阶段的结果。从表 5-22 的第（2）列中可以发现子女受教育年限显著提高了自身收入水平，估计系数为 0.194，表明受教育程度越高的子女其经济能力越强，越有能力向父母提供经济上的帮助。

表 5-22　物质支持

变量	（1）	（2）	（3）	（4）
	子女自身收入		经济转移量	是否经济转移
	第一阶段	第二阶段	OLS	OLS
edu		0.194*** （0.069） [0.006]***	0.061*** （0.007） [0.000]***	0.008*** （0.002） [0.003]***
pr	0.829*** （0.223） [0.000]***			

① 样本中有 8%的父母存在基本日常生活活动能力障碍，12.4%的父母存在工具性日常生活活动能力障碍，其中 CHARLS 统计的基本日常生活活动能力包括父母穿衣、洗澡、吃饭、起床、上厕所以及控制大小便是否有障碍；工具性日常生活活动能力包括父母做家务、做饭、买东西、管理财务以及吃药等是否有障碍。

续表

变量	（1）	（2）	（3）	（4）
	子女自身收入		经济转移量	是否经济转移
	第一阶段	第二阶段	OLS	OLS
fr	1.465*** （0.281） [0.000]***			
Chi^2（1）-P		0.018	0.466	0.396
F-sta		29.538		
Hansen-P		0.697		
观测值	4 749	4 749	4 520	6 759

***表示在1%的显著性水平上显著

注：被解释变量子女自身收入，来自对问题"孩子（和他/她配偶）去年的总收入属于下面哪一类？"的回答，用1~11分别表示从"没有收入"到30万元以上，将其标准化。被解释变量经济转移量以及是否经济转移，用不同住子女对父母经济转移减去父亲对该子女的经济转移，来衡量不同住子女对父母经济净转移，被解释变量经济转移量为净经济转移量取对数，净经济转移大于0，被解释变量经济转移为1，否则为0。回归里包含了所有控制变量，如表5-18第（5）列，以及子女工作经验[①]和工作经验平方。小括号内为聚类到省的稳健标准误，方括号内为聚类wild自助法p值，弱识别检验F-sta为Cragg-Donald Wald F统计量，过度识别检验使用的是Hansen J检验，外生性检验为Chi^2检验

上述结论证实子女受教育程度高会有利于其收入水平提高，而子女收入的提高是否会促进对父母的经济转移？表5-22第（3）列和第（4）列分别展示了不同住子女向父母经济转移量以及是否向父母经济转移对子女受教育程度的回归结果。从表5-22中可以看到受教育程度越高，子女越有可能向父母进行经济转移，从而也能支持子女受教育程度提高能促进父母健康的结论。

2. 日常照料

父母健康除了受到子女经济转移影响外，随着父母年龄增大，子女日常照料对父母健康的影响也变得尤为重要。但是子女受教育程度越高，越有能力因事业发展需要而迁离父母到异地工作与生活，从而减少了对父母的日常照料，进而不利于父母健康。表5-23第（1）列的估计结果显示，子女的受教育程度越高，越有可能迁离父母，对父母的照顾与交流相对不足，这就可能会不利于父母健康。但是子女迁离父母对父母健康的影响，还与子女与父母的日常联系情况相关。因为即使子女迁离父母，但是依旧可以通过日常联系，包括电话、短信等现代通信方

[①] 子女工作经验变量构建借鉴李任玉等（2014），具体为：若教育年限+6≥16，工作经验=年龄-教育年限-6；若教育年限+6<16，工作经验=年龄-16。

式，增加与父母之间的情感交流，进而会促进父母健康。表 5-23 第（3）列显示，受教育程度越高的不同住子女，与父母日常联系的系数显著为正（系数值为 0.053 且显著），表明子女受教育程度的提高会促使子女增进与父母的日常联系。

表 5-23　子女受教育程度对父母日常照料

变量	（1）	（2）	（3）	（4）	（5）
	居住状况	日常联系		父母健康	
	OLS	第一阶段	第二阶段	不考虑内生性	考虑内生性
edu	−0.008*** （0.002） [0.000]***		0.053*** （0.02） [0.024]**		
pr		0.775*** （0.266 1） [0.008]***			
fr		1.688*** （0.456） [0.001]***			
居住状况				0.050* （0.027）	0.385 （0.684）
日常联系				0.091* （0.051）	0.592*** （0.145）
Chi² （1）-P	0.402		0.025		
F-sta			14.817		
Hansen-P			0.762		
观测值	6 762	4 423	4 423	4 087	4 070

*、**、***分别表示在 10%、5%、1%的显著性水平上显著

注：被解释变量居住状况来自"孩子在哪里常住"这一问题，子女常住在父母常住地村/社区之外为 0，其他为 1。被解释变量日常联系来自"您和孩子不在一起住的时候，您多长时间跟孩子通过电话、短信、信件或者电子邮件联系"这一问题，子女与父母每周联系 2~3 次以上为 1，其他为 0。子女样本限制在 30 岁以上，这一年龄段子女通常已经有了稳定的工作和居住地。回归里包含了所有控制变量，如表 5-18 第（5）列。第（1）列小括号内为标准误，第（2）、（3）列小括号内为聚类到省份的稳健标准误，方括号内为聚类 wild 自助法 p 值，弱识别检验 F-sta 为 Cragg-Donald Wald F 统计量，过度识别检验使用的是 Hansen J 检验，外生性检验为 Chi² 检验

但是，由居住状况和日常联系组成的日常照料对父母健康的总效用又是如何？从表 5-23 第（1）、（3）列中子女受教育程度的回归系数可以发现，相比于子女的居住状况，子女受教育程度对与父母间的日常联系影响更为显著。进一步将子女居住状况和子女与父母日常联系变量同时放入父母健康模型中，从表 5-23 第（4）、（5）列可以发现，相比于子女居住状况，子女与父母间的日常联系对父母健康的影响更为显著[①]。这意味着，尽管子女受教育程度提高会促使迁离父母，但

① 表 5-23 第（4）列是将居住状况和日常联系同时放入父母健康模型中的回归结果。同时，考虑到子女居住状况和与父母日常联系可能存在内生性，这里将表 5-23 第（1）列和第（3）列中居住状况和日常联系的拟合值同时放入父母健康模型中，表 5-23 第（5）列展示了估计结果。

是子女也可以通过与父母间的日常联系促进父母健康。

总体来讲，子女受教育程度提高会增强其获得高收入的能力，从而有能力向父母提供更多的经济转移；同时子女受教育程度提高也增强了其迁离父母的能力与机会，但是通过与父母的日常联系，反而会促进父母健康。

（四）稳健性检验

1. 更多健康指标

在上文中主要采用自评健康指标衡量父母健康状况，为了从更多维度的健康指标分析子女受教育程度对父母健康的影响，我们还采用两个指标进行稳健性检验，一是抑郁程度[①]，用来衡量父母心理健康状况；二是慢性病患情[②]，用来衡量父母客观健康状况，表 5-24 展示了回归结果。从表 5-24 可知子女受教育程度显著改善父母的心理健康状况，尤其是对母亲。这可能是由于受教育程度高的子女，更有可能为父母提供物质上的转移，缓解生活上的压力，同时受教育程度的提高，能促使子女经常与父母保持联系，进而缓解父母生活中的烦恼和心理上的孤独。同时可以从表 5-24 第（4）~（6）列知道子女受教育程度的提高也会预防父母患有慢性疾病。由于慢性疾病更多是由不良生活环境和饮食习惯等因素长期影响所致，所以子女对父母长期的物质转移和感情上的交流能够显著降低父母慢性疾病发生的可能性。

表 5-24　子女受教育程度对父母健康更多指标的影响

变量	（1）	（2）	（3）	（4）	（5）	（6）
	抑郁程度			慢性病患情		
	父母	母亲	父亲	父母	母亲	父亲
edu	0.966^{**} （0.392） $[0.020]^{**}$	1.371^{**} （0.590） $[0.024]^{**}$	0.282 （0.502） [0.534]	-0.223^{**} （0.112） $[0.056]^{**}$	-0.364^{**} （0.156） $[0.064]^{*}$	-0.027 （0.196） [0.930]
F-sta	37.792	21.741	13.382	40.385	21.586	15.48
Hansen-P	0.271	0.263	0.783	0.309	0.135	0.376
观测值	8 340	4 326	4 014	8 637	4 530	4 107

*、**分别表示在 10%、5%的显著性水平上显著

注：所有回归为 IV 估计结果。回归里包含了所有控制变量，如表 5-18 第（5）列。小括号内为聚类到省份的稳健标准误，方括号内为聚类 wild 自助法 p 值，弱识别检验 F-sta 为 Cragg-Donald Wald F 统计量，过度识别检验使用的是 Hansen J 检验

---

① CHARLS 数据库包含了 10 个关于受访者上周的感觉及行为指标，为这几个指标赋值 0~3 分，然后加总，分值越大表示越健康。

② 慢性病患情用父母患慢性疾病个数来衡量。

2. 进一步再检验

《义务教育法》的实施为因果分析中的一个重要变量，在上述分析中，我们将子女样本限制在 1955~1990 年出生的个体，既包含了受到政策影响的实验组，也包含了控制组。子女教育可能会受到其他事件的影响，如 1959~1961 年粮食供应紧 25 高等教育扩张，为此将样本限制在 1962~1982 年出生的个体进行分析。从表 5-25 的第（2）列可以看到，主要的回归结果依然稳健。

表 5-25 子女受教育程度对父母健康的进一步稳健分析

变量	（1）	（2）	（3）	（4）
	样本区间 1962~1982 年		加入第一出生队列	
	第一阶段	第二阶段	第一阶段	第二阶段
edu		0.070* （0.042） [0.094]*		0.148** （0.071） [0.014]**
pr	1.345*** （0.397） [0.002]***		0.637* （0.313） [0.065]*	
fr	2.524*** （0.694） [0.000]***		1.658*** （0.505） [0.003]***	
F-sta		39.472		36.059
Hansen-P		0.730		0.879
观测值	5 625	5 625	8 934	8 934

*、**、***分别表示在 10%、5%、1%的显著性水平上显著

注：所有回归为 IV 估计结果。回归里包含了所有控制变量，如表 5-18 第（5）列。小括号内为聚类到省份的稳健标准误，方括号内为聚类 wild 自助法 p 值，弱识别检验 F-sta 为 Cragg-Donald Wald F 统计量，过度识别检验使用的是 Hansen J 检验

各地区《义务教育法》的实施可能并没有明确的时间，同时子女就学可能存在复读或者较晚上学的情况，这样就使得工具变量度量存在误差，并且《义务教育法》的实施可能会对教育质量产生一定的影响，所以在主要的回归中我们剔除了第一个出生队列以缓解这一问题。为了研究结果的稳健性，我们将第一出生队列包含在样本中进行分析，表 5-25 中第（3）、（4）列展示了这一结果。与表 5-18 第（4）列中的结果相比，表 5-25 第（3）列工具变量的回归系数有所下降。总体来讲，我们的研究结果较为稳健。

四、研究小结

本节运用中国第一次《义务教育法》的实施作为工具变量，实证分析子女受

教育程度是否对父母健康存在因果效应，并进行了异质性分析。研究发现以下几点。①子女受教育程度提高显著促进父母健康。受教育程度高的子女更有可能促进父母健康，这一效应在年龄较大、社会经济地位较低以及农村父母的样本中更为明显。②子女受教育程度对母亲健康的影响更大。相比于父亲，子女受教育程度提高对母亲健康更为有利；而且女儿受教育程度提高更能显著促进母亲健康，但是儿子受教育程度对父母健康均不存在显著影响。③有兄弟姐妹且居住距离较近有助于其父母健康。一般地，有兄弟姐妹的其与自己父母同住或居住距离较近的概率较大，便于就近照顾父母，由此其受教育程度对父母健康的影响更为显著。④子女受教育程度通过向父母提供物质支持以及对父母日常照料等渠道影响父母健康。子女受教育程度提高促进了自身收入增加，从而能增加其对父母的经济转移，进而促进父母健康，并且父母健康受到子女受教育程度提高而引发的子女迁离父母的机会与能力，以及子女与父母日常联系的双重影响。

第六章　公共服务供给对人力资本影响的实证分析：以公共医疗为例

公共医疗是政府提供的重要公共服务，也能直接影响健康人力资本，尤其是在当前社会上不时出现优秀人才英年早逝、过劳死、老年疾病年轻化等现象，由此关注公共医疗对健康人力资本的研究也日益凸显。正是公共医疗有助于提高健康人力资本，从而也会有助于提高智力人力资本，由此，本章主要就是实证检验公共医疗对健康人力资本的直接影响、对智力人力资本的间接影响。

第一节　公共医疗对人力资本影响的文献综述

受限于各地区经济发展水平、家庭背景及个人禀赋等原因，城乡之间、不同地区间人力资本存量存在较大差异。随着新型城镇化发展、产业结构升级等，加强居民人力资本积累是当前亟须解决的重要问题。

一、公共医疗对人力资本影响的研究

在现有文献研究中，对于如何提高居民的人力资本的研究主要集中在教育和健康方面。在教育人力资本方面，高校扩招、义务教育政策等教育改革政策对居民认知能力、非认知能力和健康等方面有着十分显著的影响（Xiao et al.，2017；Chen et al.，2017；贾婧和柯睿，2020）。此外，扩大公共教育投资、提升公共教育投资效率、推进新型城镇化、调整产业结构、提高知识要素回报率等也是提高教育人力资本积累的重要渠道（才国伟和刘剑雄，2014；商华和乔冬娇，2015；陈恩和李卫卫，2017；李成友等，2018）。

在健康人力资本方面，则是公共医疗保险制度在发挥重要作用。一般而言，

公共医疗保险的保险覆盖范围越广，居民常规就医的可能性越大，居民自评健康也越高（Hadley and Waidmann，2006；Card et al.，2008；He and Nolen，2019）。对低收入群体而言，医疗补助计划显著提高了其就医的可能性。与非贫困群体相比，政府公共卫生干预更能显著改善贫困人口的健康状况，降低贫困群体儿童死亡率（Gupta et al.，2003）。从长期来看，儿童时期增加的公共医疗保险在一定程度上能够改善成年人的健康经济状况，降低贫困脆弱性（Levere et al.，2019）。

国内关于公共医疗保险对居民人力资本的研究主要集中在健康人力资本方面。例如，城镇居民医疗保险能够显著提高参保居民的健康水平，且这种改善作用具有时滞性（潘杰等，2013；黄薇，2017）。城镇职工医疗保险能够有效提高参保者的长期健康水平，同时降低职工患病的可能性（刘晓婷，2014；陈华和邓佩云，2016）。此外，新农合制度能够有效提高医疗服务利用率，改善农村劳动者健康（程令国和张晔，2012；郑适等，2017；章丹等，2019；赵为民，2020），对短期健康的效果尤为明显（王翌秋和刘蕾，2016）。

二、简单述评

综合前述分析，我们可以发现，人力资本研究多数集中在传统的教育人力资本和健康人力资本方面，而对于在现代人力资本理论下的认知能力和非认知能力（Heckman and Rubinstein，2001；李晓曼等，2019）等维度的研究并没有过多涉及。公共医疗保险对居民人力资本的影响则多为健康人力资本方面的研究，同样对居民的认知能力和非认知能力的发展没有过多关注。

由此，本章通过双重差分（differences in differences，DID）模型和倾向得分匹配基础上的双重差分（propensity score matching-differences in differences，PSM-DID）模型，尝试揭示和检验中国公共卫生医疗（以医保制度为例）对居民健康人力资本的影响机制与影响效应，并检验医疗保障制度对智力人力资本（包括认知能力与非认知能力）的影响机制与效应。

第二节　公共医疗对人力资本影响的实证分析

公共医疗[①]对健康人力资本有直接影响，而且也会通过健康影响智力人力资本

---

① 限于公共卫生数据可得性，本章研究未能检验公共卫生对人力资本的影响。

水平，本节通过利用中国数据实证检验公共医疗对健康与智力人力资本的影响效应与机制。

一、公共医疗对健康人力资本的实证分析

公共医疗对健康人力资本的影响较为直接，而且健康人力资本是智力人力资本的载体，失去健康的人力资本将无法有效发挥其效应。

（一）数据来源和模型设计

1. 数据来源

本书数据来自CFPS，鉴于家庭医疗可得性数据指标，我们主要使用CFPS 2010年调查数据进行实证分析。根据本书研究主题，这里选取参加公共医疗保险的居民[①]作为研究对象，分析公共医疗保险对居民健康人力资本的影响。

本书被解释变量为居民的健康人力资本。参考以往文献，选择了以下三个指标：自评健康、近期身体不适情况和慢性病患病情况。第一，自评健康，根据 CFPS 调查问卷中"您认为自己的健康状况如何"将健康取值为1，而健康状况一般及以下则取值为0。第二，近期身体不适情况，根据问卷中"过去两周，身体是否不适"，是取值为1，否则为0。第三，慢性病患病情况，根据问卷中"过去6个月，您是否患有经医生诊断的慢性疾病"，是取值为1，否则为0。

本书主要解释变量是是否参与公共医疗保险[②]，参与任一种公共医疗保险取值为1，没有参加任何公共医疗保险则取值为0。此外，参照已有文献（黄薇，2017；王小龙和何振，2018），控制变量的选取主要分为三类。第一类是个体特征，包括性别、年龄、政治面貌、婚姻、受教育程度、工作和职业类型；第二类是家庭特征，包括家庭规模、老年人比例、未成年人比例、家庭人均纯收入、家庭人均支出、家庭人均医疗支出、到医院距离和到医院时间；第三类是社区特征，包括社区经济状况、社区卫生状况和社区类型。变量选取说明具体见表6-1。

表 6-1　变量选取说明

类别	变量	含义
参保特征	公共医疗保险	是否参加公共医疗保险，参加=1，未参加=0
	社区参保比率	社区公共医疗保险参保率：参保人数/总人数

---

① 由于16岁以下儿童医疗保险数据和健康人力资本数据缺失，我们仅考虑公共医疗保险对16岁以上的居民健康人力资本的影响效应。

② 公共医疗保险主要包括城镇居民医疗保险、城镇职工医疗保险、公费医疗、补充医疗保险和新型农村合作医疗保险5种类型。

续表

类别	变量	含义
健康人力资本	自评健康	1=健康，0=非常不健康/不健康/比较不健康/一般
	近期身体不适情况	过去两周内是否有身体不适，是为1，否则为0
	慢性病患病情况	过去6个月是否患过已诊断的慢性疾病，是为1，否则为0
医疗服务	就医	身体不适时是否看医生，是为1，否则为0
	就诊医院	1=诊所，2=村卫生室，3=乡卫生院，4=专科医院/综合医院
个体特征	性别	是否为男性，是为1，否则为0
	年龄	岁
	政治面貌	是否为党员，是为1，否则为0
	婚姻	是否已婚，是为1，否则为0
	受教育程度	最高的受教育年限，年
	工作	是否工作，是为1，否则为0
	职业类型	1=农业劳动者，2=工人，3=商业和服务人员，4=办事人员，5=专业技术人员，6=高级管理者
家庭特征	家庭规模	家庭总人数
	老年人比例	家庭60岁以上人数/家庭总人数
	未成年人比例	家庭16岁以下人数/家庭总人数
	家庭人均纯收入	家庭纯收入/家庭总人数
	家庭人均支出	家庭总支出/家庭总人数
	家庭人均医疗支出	家庭医疗保健支出/家庭总人数
	距医院距离	距最近医疗点（包括村医）距离（单位：千米），2010年
	到医院时间	以最快捷方式从家到最近医疗点时间（单位：分钟），2010年
社区特征	社区经济状况	村/居的经济状况：1~7为很穷~很富
	社区卫生状况	村/居马路的整洁程度：1~7为很乱~很整洁
	社区类型	1~4依次为农村、城镇、郊区和城市

资料来源：CFPS 2010年调查数据

从表6-2的描述性统计可以发现，在2010年总计31 670个样本观测值中，平均77.7%的居民选择参加公共医疗保险，公共医疗保险在居民中的覆盖率较高。从参保比率可以发现，未参保居民所在的社区参保比率要低于参保居民所在社区。

表 6-2 描述性统计

变量		总样本		参保样本		未参保样本	
		均值	标准差	均值	标准差	均值	标准差
公共医疗	公共医疗保险	0.777	0.416	1	0	0	0
	社区参保比率	0.777	0.187	0.822	0.139	0.620	0.241
健康	自评健康	0.471	0.499	0.454	0.498	0.530	0.499
	近期身体不适情况	0.269	0.444	0.277	0.448	0.242	0.428
	慢性病患病情况	0.146	0.353	0.157	0.364	0.109	0.311
	健康变化（更差）	0.290	0.454	0.302	0.459	0.246	0.431
	健康变化（不变）	0.561	0.496	0.556	0.497	0.576	0.494
	健康变化（更好）	0.150	0.357	0.141	0.348	0.178	0.383
	就医	0.688	0.463	0.704	0.456	0.624	0.484
	就诊医院	2.168	0.957	2.159	0.934	2.206	1.046
个体特征	性别	0.484	0.500	0.489	0.500	0.469	0.499
	年龄	45.54	16.37	47.32	15.35	39.30	18.18
	政治面貌	0.075	0.263	0.085	0.279	0.038	0.192
	婚姻	0.799	0.401	0.851	0.356	0.616	0.486
	受教育程度	6.949	4.765	6.672	4.759	7.914	4.658
	工作	0.503	0.500	0.553	0.497	0.319	0.466
	职业类型	2.093	1.446	2.037	1.444	2.459	1.408
家庭特征	家庭规模	4.233	1.811	4.273	1.829	4.095	1.741
	老年人比例	0.146	0.263	0.152	0.268	0.125	0.243
	未成年人比例	0.137	0.163	0.142	0.165	0.121	0.158
	家庭人均纯收入	9 485	15 680	9 465	15 483	9 555	16 350
	家庭人均支出	8 880	11 077	8 786	11 169	9 211	10 741
	家庭人均医疗支出	995.9	2 951	1 033	3 069	864.3	2 486
	距医院距离	1.660	2.940	1.652	2.861	1.686	3.202
	到医院时间	0.209	0.314	0.211	0.327	0.200	0.261
社区特征	社区经济状况	4.125	1.417	4.087	1.410	4.257	1.435
	社区卫生状况	4.448	1.486	4.411	1.476	4.577	1.511
	社区类型	1.808	1.170	1.714	1.121	2.135	1.275
样本量		31 670	31 670	24 621	24 621	7 049	7 049

资料来源：CFPS 2010 年调查数据

首先，根据居民的健康人力资本可以发现，参保居民的自评健康水平低于未参保居民（0.454<0.530），近期身体不适情况和慢性病患病情况要高于未参保居民（0.277>0.242；0.157>0.109）。从健康变化情况来看，参保居民相较于 1 年前健康变得更差的概率高于未参保居民（0.302>0.246），而健康保持不变和健康变得更好的概率低于未参保居民（0.556<0.576；0.141<0.178）。其次，从居民的医疗消费支出看，参保居民的家庭人均支出低于未参保居民，但是家庭人均医疗支出明显高于未参保居民（8 786 元<9 211 元；1 033 元>864.3 元）。此外，从居民的个体和家庭特征来看，参加公共医疗保险的居民年龄更大、受教育程度更低、家庭人数更多，而且家庭老年人比重和未成年人比重更高，即劳动力负担更大。

这些差异都说明，越是健康水平较差以及医疗负担较高的居民，越是倾向参加公共医疗保险。也就是说，居民在是否参加公共医疗保险方面，具有明显的逆向选择问题，因而本章研究必须要考虑参加公共医疗保险的内生性问题。

2. 模型设计

为考察公共医疗对居民健康人力资本的影响，我们构造如下基准回归方程：

$$Y_{it} = \alpha_0 + \alpha_1 \mathrm{PMI}_{it} + \gamma_1 X_{it} + \mu_j + \tau_t + \varepsilon_{it} \qquad (6\text{-}1)$$

其中，Y_{it} 表示居民的健康人力资本，PMI_{it} 表示居民是否参加公共医疗保险（是为 1，否则为 0），X_{it} 表示一系列可能影响居民健康的因素，包括性别、年龄、婚姻、受教育程度、家庭规模、家庭人均收入、家庭人均支出、家庭人口比和村庄健康医疗条件等变量，μ_j 表示地区固定效应，τ_t 表示出生年份固定效应。

正如前文所说，公共医疗保险强调自愿参加原则，居民是否参加会受到其健康水平的影响，具有内生性，这就使得方程（6-1）的估计结果存在较大误差。为进一步解决公共医疗保险的内生性问题，我们在基准回归模型的基础上引入工具变量的方法。回归模型重新构建如下：

$$\text{第一阶段：} \quad \mathrm{PMI}_{it} = \beta_0 + \beta \mathrm{Treat}_{ct} + \gamma X_{it} + \mu_j + \tau_t + \varepsilon_{it} \qquad (6\text{-}2)$$

$$\text{第二阶段：} \quad Y_{it} = \beta_{01} + \beta_1 \mathrm{PMI}_{it} + \gamma_{01} X_{it} + \mu_j + \tau_t + v_{it} \qquad (6\text{-}3)$$

其中，Treat_{ct} 表示是否参加公共医疗保险的工具变量，X_{it} 表示一系列可能影响居民健康人力资本的控制变量。遵循已有文献选择（Schultz and Tansel，1997；齐良书，2011；黄薇，2017；章丹等，2019），我们使用居民所在社区的参保比率作为工具变量。社区的参保比率是本地区公共医疗保险实施结果的体现，对居民是否参加公共医疗保险有影响，但对居民健康并没有直接影响。

本章健康人力资本和参加公共医疗保险情况均为离散变量，通常采用的基于连续变量的两阶段最小二乘法来解决内生性问题的方法不再有效。因此，我们尝试利用 Probit 模型与 IV-Probit 模型进行实证分析。

（二）实证分析

1. 基准回归分析

表6-3展示了公共医疗保险对居民健康人力资本的基准回归分析的Probit模型结果。在控制地区固定效应和出生年份固定效应之后，我们发现参加公共医疗保险能够降低居民日常生活中身体不适的概率，但是对居民的自评健康状况和居民的慢性病患病情况并没有显著的改善作用。

表6-3 模型的基准回归分析结果——Probit模型

变量	自评健康	近期身体不适情况	慢性病患病情况
	（1）	（2）	（3）
公共医疗保险	0.015 3 （0.019）	−0.066 5*** （0.023）	0.001 96 （0.028）
性别	0.116*** （0.020）	−0.185*** （0.024）	−0.126*** （0.028）
年龄	0.024 1 （0.023）	0.010 1 （0.030）	0.018 6 （0.038）
身高	0.006 02*** （0.001）	−0.001 99# （0.002）	−0.002 03 （0.002）
受教育程度	0.012 5*** （0.002）	−0.007 29*** （0.002）	0.005 56 （0.003）
工作	0.112*** （0.016）	−0.030 1* （0.019）	−0.044 4** （0.023）
社会经济地位	0.129*** （0.008）	−0.076 0*** （0.009）	−0.036 3*** （0.011）
家庭规模	0.031 1*** （0.005）	−0.019 5*** （0.006）	−0.007 57 （0.007）
老年人比例	0.154*** （0.042）	−0.192*** （0.051）	−0.082 3# （0.058）
距医疗点距离	−0.014 8*** （0.003）	−0.001 87 （0.003）	0.001 09 （0.004）
家庭人均支出	0.069 0*** （0.010）	−0.000 072 5 （0.013）	0.014 3 （0.015）
家庭人均医疗支出	−0.080 7*** （0.003）	0.065 9*** （0.004）	0.091 5*** （0.005）
距医疗点时间	−0.007 59 （0.027）	0.051 9** （0.029）	0.046 8* （0.031）
城市地区	0.098 9*** （0.018）	−0.053 4*** （0.021）	−0.033 5# （0.025）

续表

变量	自评健康	近期身体不适情况	慢性病患病情况
	（1）	（2）	（3）
社区经济状况	0.010 6# （0.007）	−0.034 0*** （0.009）	−0.018 7** （0.010）
社区卫生状况	−0.005 66 （0.007）	0.023 7*** （0.009）	0.010 5 （0.010）
省份固定效应	YES	YES	YES
出生年份效应	YES	YES	YES
Pseudo R^2	0.075	0.058	0.097
N	26 025	26 024	26 019

***、**、*、#分别表示在 5%、10%、15%、20%的显著性水平上显著

注：括号内为标准误。模型控制变量包括性别、年龄、身高、受教育程度、工作、社会经济地位、家庭规模、老年人比例、家庭人均支出、家庭人均医疗支出、医疗可得性（到医院的时间和距离）、是否居住在城市地区、社区经济状况和社区卫生状况等

此外，对于居民的个体特征，第一，与女性相比，男性有着更高的自评健康，而且近期身体不适以及患有慢性病的概率也会显著降低。第二，受教育程度较高的居民会有更高的自评健康，同时近期身体不适的概率也会有所下降，但是对慢性病患病情况并没有显著改善作用。第三，对有工作或者社会经济地位较高的居民而言，他们有着更高的自评健康，以及更低的近期身体不适概率和患有慢性病概率。

对于居民的家庭特征和社区特征，第一，家庭人数的增加，会提高居民的自评健康状况，并且减少其近期身体不适的概率，但是对于慢性病患病情况并没有显著改善作用。第二，随着家庭人均医疗支出的提高，居民的自评健康状况越差，且身体不适和患有慢性病的概率更高。第三，居民家庭距最近医疗点的时间越长和距离越远，其自评健康状况会越差，其慢性病患病概率也会随之提高。第四，居住在城市地区以及社区经济条件更好的居民则会有着更高的自评健康、更低的身体不适概率和慢性病患病概率。

此外，由于居民是否参与公共医疗保险具有较为显著的逆向选择问题，本章研究必须要考虑公共医疗保险参保的内生性问题。因此，我们使用居民所在社区的参保比率作为工具变量进一步分析公共医疗保险对居民的健康人力资本的影响效用。

表 6-4 展示了使用工具变量之后公共医疗保险对居民健康人力资本的基准回

归分析的 IV-Probit 模型估计结果。尽管第一阶段的回归结果也显示出社区参保比率对居民是否参加公共医疗保险有着较强的解释力，但是 Wald 检验结果表明仅在居民身体不适概率的方程中，社区参保比例是公共医疗保险显著有效的工具变量。此外，根据模型第二阶段回归结果可知，公共医疗保险能够显著降低近期身体不适的概率，但对其自评健康和慢性病患病情况并没有显著的改善作用，这进一步验证了表 6-3 结论的稳健性。与表 6-3 结果相比，表 6-4 使用工具变量的回归结果有所增加，这说明在不考虑居民所在社区的公共医疗保险覆盖情况时，会低估公共医疗保险对居民的健康人力资本的改善作用，特别是对其身体不适状况的改善作用。

表 6-4 模型的基准回归分析结果——IV-Probit 模型

变量	自评健康		近期身体不适情况		慢性病患病情况	
	（1）		（3）		（5）	
	第一阶段	第二阶段	第一阶段	第二阶段	第一阶段	第二阶段
公共医疗保险		−0.014 1 (0.054)		−0.231*** (0.057)		−0.048 7 (0.068)
社区参保比率	0.938*** (0.013)		0.938*** (0.013)		0.938*** (0.013)	
控制变量	YES	YES	YES	YES	YES	YES
省份固定效应	YES	YES	YES	YES	YES	YES
出生年份效应	YES	YES	YES	YES	YES	YES
Wald 检验	3 091.61		1 634.33***		1 778.69	
N	26 019	26 019	26 019	26 019	26 006	26 006

***表示在 5%的显著性水平上显著

注：括号内为标准误。模型控制变量包括性别、年龄、身高、受教育程度、工作、社会经济地位、家庭规模、老年人比例、家庭人均支出、家庭人均医疗支出、医疗可得性（到医院的时间和距离）、是否居住在城市地区、社区经济状况和社区卫生状况等。Wald 检验是指对内生变量的外生性原假设，仅在近期身体不适情况中显著有效

2. 机制分析

根据前文基准回归分析可以发现，公共医疗保险能够降低其身体不适的概率，但是对其自评健康状况和慢性病患病情况并没有显著改善作用。公共医疗保险对居民健康人力资本的内在影响机制如何有待进一步检验。我们将从居民的医疗服务利用和健康变化情况两个渠道分析公共医疗保险如何影响居民的健康人力资本。

1）医疗服务利用

公共医疗是改善居民健康人力资本的重要渠道，提高居民医疗服务利用率，

增加其患病就医的可能性，能够有利于居民健康人力资本的提升。医疗服务利用主要分为就医行为、就医满意度和医疗支出三个方面，其中，就医行为[①]是指居民感到不适时是否会就医；就医满意度[②]则是指居民对就医条件的满意程度；医疗支出分为医疗负担和灾难性医疗支出[③]，前者指家庭医疗费用直接超出了家庭的支付能力的程度，后者则指家庭医疗费用是否影响到正常生活水平。

根据表 6-5 的回归结果可以发现，公共医疗保险不仅能够显著提高居民在身体感到不适时及时就医的可能性，也显著提高了居民就医时对医疗条件的满意程度。此外，参加公共医疗保险也能够显著减少灾难性医疗支出发生的可能性，减轻家庭医疗负担，降低农村居民"因病致贫"或者"因病返贫"的可能性，减少健康风险冲击。

表 6-5　公共医疗对居民医疗服务利用的回归结果

变量	（1）就医行为	（2）就医满意度	（3）医疗负担	（4）灾难性医疗支出
公共医疗保险	0.278*** （0.098）	0.190*** （0.059）	−0.561*** （0.219）	−0.306*** （0.125）
控制变量	YES	YES	YES	YES
省份固定效应	YES	YES	YES	YES
出生年份效应	YES	YES	YES	YES
Wald 检验	510.06**			3 883.30***
Wald F statistic		1 368.905***	344.127***	
N	7 977	6 153	1 167	16 386

***、**分别表示在 5%、10%的显著性水平上显著

注：括号内为标准误。第（1）列和第（4）列模型为 IV-Probit 模型，第（2）列和第（3）列模型为 2SLS 模型，限于篇幅，均省略第一阶段回归结果。控制变量包括性别、年龄、身高、受教育程度、工作、社会经济地位、家庭规模、家庭人均医疗支出、医疗可得性（到医院的时间和距离）、距省城距离、是否居住在城市地区等。Wald 检验是 IV-Probit 中对内生变量的外生性原假设，显著拒绝外生性原假设。Wald F statistic 是 2SLS 中弱工具变量检验统计量，结果显著拒绝弱工具变量的原假设

2）健康变化状况

居民的健康变化状况在一定程度上显示出公共医疗保险对其健康人力资本的

---

① 就医行为是指农村居民感到不适时是否会选择看医生，是取值为 1，否则为 0。

② 就医满意度是指对医、药、就诊、住院、求医的路程远近和交通便利程度等条件的主观评价，对很不满意、不满意、一般、满意、很满意依次取值为 1~5。

③ 医疗负担是指直接支付的住院费用是否超出家庭支付能力，对只占小部分、能够支付、尚能支付、轻微超过、严重超过依次取值为 1~5；灾难性医疗支出是指家庭医疗支出是否超出家庭非食品消费支出的 40%，是取值为 1，否则为 0。

影响。我们根据 CFPS 调查问卷中"您觉得您的健康状况和一年前比较起来如何？"问题，将居民的健康变化状况分为 3 类，即变得更好、没有变化及变得更差。表6-6展示了公共医疗保险对居民健康变化的回归结果。具体而言，公共医疗保险能够显著提高居民健康状况保持不变的概率，同时显著降低了居民健康与 1 年前相比变得更差的可能性。然而，公共医疗保险对居民健康状况是否能够变得更好并没有显著的正向效用。

表 6-6 公共医疗保险对居民健康变化状况的回归结果

变量	（1）	（2）	（3）
	变得更差	没有变化	变得更好
公共医疗保险	−0.113* （0.078）	0.160*** （0.072）	−0.112 （0.086）
控制变量	YES	YES	YES
省份固定效应	YES	YES	YES
出生年份效应	YES	YES	YES
Wald 检验	2 025.67#	1 322.50*	553.47
N	16 384	16 378	16 294

***、*、#分别表示在 5%、15%、20%的显著性水平上显著

注：括号内为标准误。回归模型为 IV-Probit 模型，限于篇幅，省略第一阶段回归结果。模型控制变量包括性别、年龄、身高、受教育程度、工作、社会经济地位、家庭规模、老年人比例、家庭人均支出、家庭人均医疗支出、医疗可得性（到医院的时间和距离）、距省城距离、是否居住在城市地区等。Wald 检验是对内生变量的外生性原假设，仅在健康状况变得更差和没有变化方程中显著拒绝外生性原假设

这是因为公共医疗保险对居民健康状况的改善主要是通过提高医疗服务利用率这一渠道进行。当居民身体不适需要就医的时候，公共医疗保险能够起到基本医疗保障作用，不仅能够显著提高参保居民就医的可能性，而且也能够进一步提高参保居民对就医条件的满意度。此外，公共医疗保险也能够显著降低居民的医疗负担，减轻居民所承受的健康负向冲击风险，这也进一步提高了患者就医的可能性，从而改善其健康状况，避免健康恶化。综合上述分析可以发现，公共医疗保险对居民健康人力资本的影响主要体现在避免健康负向冲击上，即降低健康状况变化的可能性，并提高健康状况保持不变的概率。

3. 稳健性分析

由于地区分布和个体禀赋的差异，公共医疗保险对居民健康人力资本的影响可能会因此而存在群体异质性。为进一步验证结果的稳健性，这里主要根据家庭所在地区、家庭收入水平和医疗负担状况对样本进行划分，以验证在不同子样本中公共医疗保险对居民健康人力资本影响的稳健性，具体估计结果见表6-7。

表 6-7　公共医疗保险对居民健康人力资本的稳健性分析

变量	保险类型		家庭收入		医疗负担	
	（1）	（2）	（3）	（4）	（5）	（6）
自评健康	城市地区	农村地区	较低	较高	较轻	较重
公共医疗保险	-0.122^{*} （0.078）	0.081 5 （0.083）	0.031 5 （0.072）	-0.071 3 （0.082）	-0.069 8 （0.073）	0.012 2 （0.081）
省份固定效应	YES	YES	YES	YES	YES	YES
出生年份效应	YES	YES	YES	YES	YES	YES
Wald 检验	1 468.42	1 717.84	1 670.19	1 518.94	1 325.69	1 626.33
N	12 028	13 953	12 725	13 252	13 302	12 673
近期身体不适情况						
公共医疗保险	-0.004 26 （0.084）	-0.352^{***} （0.087）	-0.270^{***} （0.075）	-0.190^{***} （0.088）	-0.184^{***} （0.080）	-0.239^{***} （0.082）
省份固定效应	YES	YES	YES	YES	YES	YES
出生年份效应	YES	YES	YES	YES	YES	YES
Wald 检验	726.19	1 064.96***	974.23***	751.70***	689.12***	864.67***
N	12 031	13 947	12 714	13 253	13 299	12 676
慢性病患病情况						
公共医疗保险	-0.133 （0.098）	0.088 6 （0.108）	-0.084 9 （0.090）	-0.029 8 （0.106）	-0.098 3 （0.103）	0.005 93 （0.094）
省份固定效应	YES	YES	YES	YES	YES	YES
出生年份效应	YES	YES	YES	YES	YES	YES
Wald 检验	846.50	1 066.86	940.72	936.30	717.27	900.59
N	12 007	13 921	12 700	13 231	13 277	12 660

***、*分别表示在 5%、15%的显著性水平上显著

注：括号内为标准误。模型为 IV-Probit 模型，限于篇幅，省略第一阶段回归结果。分组变量为地区，分为城市地区和农村地区；家庭收入变量，根据家庭人均收入将居民等分为较高和较低两组；医疗负担变量，根据家庭人均医疗支出将居民等分为较高和较低两组。模型控制变量包括性别、年龄、身高、受教育程度、工作、社会经济地位、家庭规模、老年人比例、家庭人均医疗支出、医疗可得性（到医院的时间和距离）、距省城距离、是否居住在城市地区等。Wald 检验是对内生变量的外生性原假设，结果显示仅在部分方程中显著拒绝外生性原假设

根据表 6-7 的回归结果可以发现，公共医疗保险仅能够显著降低居民近期身体不适的可能性，但是对居民身体自评健康状况和慢性病患病概率并没有显著改善作用，这和基准回归中公共医疗保险的健康效用相一致。第一，与城市地区相比，公共医疗保险对农村地区居民健康人力资本效用更为显著。第二，与高收入群体

相比，公共医疗保险对低收入群体健康的影响效用更强。第三，与医疗负担较轻群体相比，公共医疗保险对医疗负担较重群体的健康改善作用更大。

总体而言，公共医疗保险对居民健康人力资本的改善效用具有较高的群体异质性，对于生活在农村地区、家庭收入较低以及家庭医疗负担较重的群体而言，公共医疗保险对健康的改善作用更为显著。这和公共医疗保险作为基础医疗保障所发挥的作用相一致。

（三）研究小结

基于 CFPS 2010 年数据的实证分析可知：一是公共医疗保险显著改善了居民的健康人力资本。公共医疗保险能够有效降低居民近期内身体不适的可能性，但是对居民的自评健康和慢性病患病概率并没有显著作用。二是公共医疗保险能够提高参保者的医疗服务利用率。公共医疗保险不仅能够显著提高参保者患病就医的概率，也能够提高参保者对就医条件的满意度，这均有利于提高参保者的医疗服务利用率，改善其健康状况。三是公共医疗保险对参保者健康状况的改善，主要体现在提高健康保持不变的概率，同时降低健康状况变得更差的可能性。这是因为公共医疗保险是主要通过提高医疗服务利用率这一渠道来改善参保居民的健康的。

二、公共医疗对智力人力资本的实证分析

个体健康状态是个体智力人力资本形成与发挥效用的重要基础，由此可知，公共医疗会直接影响个体健康进而间接影响智力人力资本。公共医疗一般分为城镇居民医疗保险、城镇职工医疗保险、公费医疗、补充医疗保险和新型农村合作医疗保险 5 种类型，我们以这 5 种类型的公共医疗保险为例来检验公共医疗对智力人力资本的影响效应。

（一）模型设计和数据来源

1. 模型设计

由于公共医疗保险强调自愿参与原则，居民是否参加公共医疗保险并不是随机分配的，而是居民在自身禀赋和家庭背景等因素影响下自我选择的结果。因此，在评估公共医疗保险对居民人力资本的影响时会存在样本选择偏误。如果不对这种选择偏误加以控制，我们有可能会高估公共医疗保险的政策效果。为了更好地克服居民是否参加公共医疗保险的样本选择偏误，我们使用 DID 法和 PSM-DID 法估计公共医疗保险对居民人力资本的净效应。

1）DID

我们构造以下 DID 模型估计公共医疗保险对居民人力资本的影响：

$$Y_{ijt} = \alpha_0 + \alpha_1 \text{treat}_i + \alpha_2 \text{period}_i + \alpha_3 \left(\text{treat}_i \times \text{period}_i \right) + \gamma_1 X_{ijt} + \mu_j + \varepsilon_{ij} \quad （6\text{-}4）$$

其中，Y_{ijt} 表示居民的人力资本；treat_i 取值为 1 表示参保组，否则取值为 0 属于控制组；period_t 是一个代表年份的哑变量，$\text{period}_t = 1$ 表示调查年份为 2014 年，反之则表示调查年份为 2010 年；X_{ijt} 表示一系列可能影响居民人力资本的因素，包括性别、年龄、户口、婚姻、受教育程度、职业、家庭规模、家庭人均收入、家庭人均支出等变量；μ_j 表示地区固定效应；ε_{ij} 表示随机误差项。

2）PSM-DID

正如前文所说，公共医疗保险强调自愿参与原则，是居民自我选择的结果，存在样本选择偏差，这就使得方程（6-4）的结果可能存在估计偏误。为了克服居民是否参加公共医疗保险的样本选择偏误，我们使用 PSM-DID 法估计公共医疗保险对居民人力资本的净效应，此时我们可以得到一个处理组的平均处理效应（ATT），模型如下所示：

$$\text{ATT} = E \left\{ E \left[Y_{i1} \mid D = 1, p(X_i) \right] - E \left[Y_{i0} \mid D = 1, p(X_i) \right] \right\} \quad （6\text{-}5）$$

其中，Y_{i1} 和 Y_{i0} 分别表示个体 i 参加和未参加公共医疗保险两种情况下的人力资本；D 表示虚拟变量，处理组表示居民参加公共医疗保险取值为 1，控制组表示未参加公共医疗保险取值为 0；$p(X_i)$ 表示倾向得分值，表示在控制协变量 X_i 的情况下，居民 i 参加公共医疗保险的条件概率，X_i 表示一系列可能影响居民人力资本的协变量，包括性别、年龄、婚姻、受教育程度、职业、家庭规模、家庭人均收入、家庭人均支出等变量。

同时，为了满足匹配假定，保证处理组和控制组在"是否参加公共医疗保险"之外的其他特征相近，我们仅保留倾向得分取值范围有重叠部分的个体（common support），并进行共同支持和平衡性检验。

在估计倾向分值函数时，我们选择了 Probit 模型，被解释变量为居民的认知能力和非认知能力（详见表 6-8）。估得每个个体的倾向分值以后，据此对样本进行匹配。方法是选择落在"共同支持"倾向分值区间的个体，对每个参保居民选取一个或多个倾向分值与他"足够接近"的非参合者进行匹配。本章采用常见的 Kernel 匹配方法，选取了文献中常用的 tricubic 函数。

表 6-8　变量定义说明

类别	变量	含义
认知能力	字词成绩	认知模块的字词记忆测试得分
	数学成绩	认知模块的数学测试得分

续表

类别	变量	含义
非认知能力	严谨性	指个体的条理性和谨慎性，以衣着整洁度和对调查疑虑度表示
	顺同性	指个体的人际交往，以对调查的配合程度和与人相处得分表示
	外向性	指个体的活跃程度，以受访者的待人接物水平表示
	开放性	指个体的开放性和对传统观念的反对程度，以其对调查的兴趣和对传宗接代的重视程度表示
	情绪稳定性	指个体面对焦虑、抑郁及应激情况时的情绪状态，以对精神状态描述的6个相关问题表示[1]
个体特征	性别	是否为男性，是为1，否则0
	年龄	岁
	婚姻	已婚状态取值为1，未婚或离异丧偶取值为0
	受教育程度	小学及以下、初中、高中、大专及以上依次取值为1、2、3、4
	工作	是否工作，是为1，否则为0
	职业类型	农业劳动者、工人、商业和服务人员、办事人员、专业技术人员、管理者依次取值为1、2、3、4、5、6
	自评健康	根据个体自评健康，健康状态取值为1，一般及以下取值为0
	近期身体不适情况	过去半月内是否身体不适，是取值为1，否则为0
	慢性病患病情况	过去半年内是否患过已诊断的慢性疾病，是取值为1，否则为0
	健康变化情况	与1年前相比健康情况变化，更差、不变、更好依次取值为1、2、3
家庭特征	家庭规模	家庭总人数
	家庭人均纯收入	家庭纯收入/家庭总人数
	家庭人均支出	家庭总支出/家庭总人数
	家庭人均医疗支出	家庭医疗保健支出/家庭总人数
地区特征	城市	是否位于城市地区
	社区经济状况	村/居的经济状况：1~7为很穷~很富
	社区经济差异度	村/居民的经济状况差别：1~7为很混乱~很相似

1）精神状态描述的6个相关问题主要是"最近1个月，感到精神紧张的频率"、"最近1个月，感到坐卧不安的频率"、"最近1个月，感到情绪沮丧、郁闷的频率"、"最近1个月，感到未来没有希望的频率"、"最近1个月，做任何事情都感到困难的频率"和"最近1个月，认为生活没有意义的频率"

注：所有的认知能力和非认知能力指标均为正向评分，数值越大，表示其认知能力和非认知能力越强

资料来源：CFPS 2010年和CFPS 2014年调查数据

2. 数据来源

研究数据来自CFPS，鉴于社区数据和人力资本指标衡量的一致性，我们使用CFPS 2010年和CFPS 2014年两期追踪调查数据进行分析。根据研究主题，选取16岁以上参加公共医疗保险的居民作为研究对象，同时使用2010年和2014年两

次调查中均存在的样本构造一个平衡面板数据，分析公共医疗保险对居民人力资本的影响。为了识别公共医疗保险对居民人力资本的影响，我们进一步将"处理组"定义为 2010 年没有参加任何公共医疗保险[①]，但仅在 2010~2014 年参加了公共医疗保险的居民，而"控制组"为 2010 年和 2014 年两期调查均没有参加任何公共医疗保险的居民。此时，样本不包括 2010 年已经参加公共医疗保险的居民样本。经过上述限定，最终得到了一个 3 612 人的样本，其中处理组为 2 976 人，控制组为 636 人。

被解释变量为居民人力资本。参考以往文献，这里选择了两类七个指标：居民的认知能力和非认知能力。第一，认知能力，即 CFPS 调查问卷中认知模块的字词记忆测试和数学测试得分，并分别按照年份进行标准化处理。第二，非认知能力，根据 CFPS 问卷中访员观察等相关问题，构建基于"大五人格"模型的非认知能力指标，主要包括严谨性、顺同性、外向性、开放性和情绪稳定性 5 个维度。同时我们将不同指标进行标准化处理后，进行加总取平均值可得相应的非认知能力评分。

核心解释变量是是否参加公共医疗保险，参加公共医疗保险取值为 1，否则为 0。此外，参照已有文献（黄薇，2017；王小龙和何振，2018），选取的控制变量主要分为三类。第一类是居民个体特征，包括性别、年龄、婚姻、受教育程度、工作、职业类型等；第二类是家庭特征，包括家庭规模、家庭人均纯收入等；第三类是地区特征，包括是否位于城市地区等因素。各变量的定义描述见表 6-8。

3. 描述性统计

表 6-9 分别展示了 2010 年和 2014 年关于处理组和控制组变量的描述性统计，其中，前两列描述了 2010 年在参加公共医疗保险以前，处理组和控制组之间的变量特征，而后两列则展示了 2014 年在加入公共医疗保险之后处理组和控制组之间的变量特征。显然可以发现，2010 年和 2014 年处理组和控制组部分变量之间表现出显著的差异。

表 6-9　变量的描述性统计

变量		2010 年				2014 年			
		控制组		处理组		控制组		处理组	
		均值	标准差	均值	标准差	均值	标准差	均值	标准差
认知能力	字词成绩	0.214^{***}	0.949	−0.046	1.005	0.184^{***}	0.953	−0.040	1.006
	数学成绩	0.190^{***}	0.974	−0.041	1.001	0.165^{***}	0.990	−0.036	0.999

[①] 公共医疗保险主要包括城镇居民医疗保险、城镇职工医疗保险、公费医疗、补充医疗保险和新型农村合作医疗保险 5 种医疗保险。

续表

变量		2010 年				2014 年			
		控制组		处理组		控制组		处理组	
		均值	标准差	均值	标准差	均值	标准差	均值	标准差
非认知能力	严谨性	0.072***	0.653	−0.015	0.697	0.070***	0.689	−0.015	0.684
	顺同性	0.007**	0.722	−0.052	0.756	−0.025	0.746	0.006	0.732
	外向性	0.065****	0.955	−0.014	1.009	0.050**	0.981	−0.011	1.004
	开放性	0.132***	0.752	−0.028	0.710	0.117***	0.731	−0.026	0.737
	情绪稳定性	0.008	0.782	0	0.764	−0.027	0.772	0.008	0.770
个体特征	性别	0.450	0.498	0.449	0.498	0.450	0.498	0.451	0.498
	年龄	36.890***	16.91	43.14	17.48	40.91***	16.98	47.13	17.44
	政治面貌	0.024***	0.152	0.041	0.199	0.024***	0.153	0.012	0.108
	已婚	0.602***	0.490	0.718	0.450	0.615***	0.487	0.731	0.444
	受教育程度	8.258***	4.287	7.115	4.734	8.925***	4.922	7.524	5.145
	身高	164.800***	8.484	163.4	8.509	164.8***	9.363	163.4	8.629
	工作	0.318**	0.466	0.345	0.475	0.639***	0.481	0.693	0.461
	职业（专业人员和管理者）	0.081	0.274	0.086 4	0.281	0.160***	0.367	0.110	0.313
	自评健康	0.550***	0.498	0.476	0.500	0.721***	0.449	0.686	0.464
	慢性病患病情况	0.080***	0.272	0.128	0.334	0.124***	0.329	0.181	0.385
	近期身体不适情况	0.246***	0.431	0.268	0.443	0.263***	0.441	0.310	0.463
	健康变差	0.224***	0.417	0.284	0.451	0.307	0.462	0.303	0.460
	健康不变	0.599	0.490	0.559	0.497	0.583	0.493	0.583	0.493
	健康变好	0.177***	0.382	0.157	0.364	0.110	0.313	0.114	0.318
	锻炼	0.359***	0.480	0.326	0.469	0.389	0.488	0.409	0.492
	吸烟	0.260	0.439	0.259	0.438	0.255	0.436	0.252	0.434
	喝酒	0.115**	0.319	0.137	0.344	0.128*	0.335	0.146	0.353
家庭特征	家庭规模	3.887***	1.659	4.139	1.757	3.797***	1.681	4.147	1.877
	家庭人均纯收入	8 887	9 618	8 945	15 747	13 720**	13 370	12 842	12 307
	家庭人均支出	9 893***	10 541	8 539	9 669	20 994***	102 000	16 288	30 854
	家庭人均医疗支出	836.8	3 339	882.3	2 249	1 190**	3 103	1 422	4 131

续表

变量		2010 年				2014 年			
		控制组		处理组		控制组		处理组	
		均值	标准差	均值	标准差	均值	标准差	均值	标准差
社区特征	城市地区	0.668***	0.471	0.513	0.500	0.681***	0.467	0.550	0.498
	社区经济状况	4.313	1.503	4.267	1.451	4.965***	1.362	4.859	1.425
	社区经济差异度	4.756***	1.294	4.863	1.278	5.098	1.258	5.086	1.308

***、**、*分别表示在 1%、5%、10%的显著性水平上显著

注：其中处理组为 2010 年未参加任何公共医疗保险，但 2014 年参加公共医疗保险的居民，控制组则为 2010 年和 2014 年均未参加任何公共医疗保险的居民。差异性通过处理组和控制组的均值差异的 T 检验得到

资料来源：CFPS 2010 年和 CFPS 2014 年调查数据

第一，从认知能力来看，参加公共医疗保险的居民的字词成绩和数学成绩显著低于未参加公共医疗保险的居民；第二，从非认知能力来看，参加公共医疗保险的居民的严谨性、外向性和开放性也显著低于未参保居民，而顺同性和情绪稳定性则并没有表现出显著差异；第三，从健康情况来看，参保居民的慢性病患病情况和近期身体不适情况显著高于未参保居民，而自评健康则显著低于未参保居民；第四，从个体特征来看，与未参保居民相比，参保居民的年龄更大、更多地处于已婚状态、受教育程度更低、家庭规模更大、家庭人均支出更低、社区经济差异度更高等；第五，从健康变化情况来看，2010 年参保居民健康状况与以前相比更差的概率显著高于未参保居民，而健康状况变得更好的概率显著低于未参保居民，在 2014 年参与公共医疗保险之后，参保居民和未参保居民之间的健康变化并没有显著差异。

这些差异都充分说明，居民在是否参加公共医疗保险方面，存在明显的逆向选择问题，也就是说，对于收入水平较低、健康水平较差以及人力资本水平较低的居民，由于自身经济基础较弱、人力资本水平较低以及风险抵御能力较差，他们更倾向加入公共医疗保险。本章研究必须要考虑选择性偏差问题。

此外，我们可以发现，在 2014 年居民参加公共医疗保险之后，参保居民和未参保居民在认知能力和非认知能力之间的差距也有所缩小，即参加公共医疗保险在一定程度上会改善居民的人力资本，后续将通过实证分析进一步验证该结论。

（二）实证分析

1. 倾向得分匹配平衡性检验

为了更好地克服是否参加公共医疗保险可能引起的选择性偏误，我们使用 PSM-DID 方法分析公共医疗保险对居民人力资本的影响。模型的处理组为 2010

年未参加公共医疗保险而 2014 年参加公共医疗保险的居民，控制组则为 2010 年和 2014 年均未参加任何公共医疗保险的居民。在进行 PSM-DID 方法分析前，我们需要进行共同支持假设和平衡性假设检验，以确保处理组和控制组有相同的倾向匹配得分取值范围，二者之间不存在系统性差异。从图 6-1 可以看出，大多数样本都落在共同取值范围内，在进行倾向得分匹配时仅会损失少量样本，这满足了我们的共同支持假设。

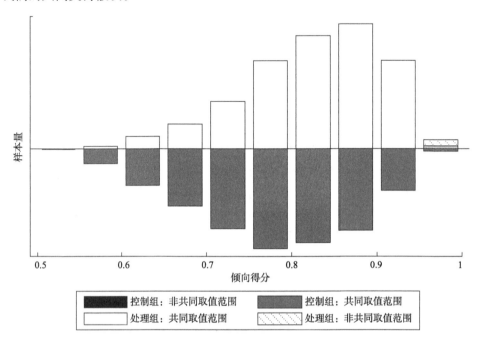

图 6-1　倾向得分的共同取值范围

此外，表 6-10 展示了匹配变量的平衡性检验结果。根据表 6-10 可知，匹配前，处理组和控制组在相应协变量上存在显著差异，而匹配后，协变量差异变得不显著。在匹配前，处理组和控制组的居民相比较，处理组的居民年龄更大，身高较低，受教育程度较低，家庭人口规模较大，家庭存款较少，而且更多居住在农村地区，可以合理推测处理组即参加公共医疗保险的居民，个人禀赋不足、家庭经济条件较差、整体抵御风险能力较弱，这与新公共医疗保险政策的设计初衷相符合。匹配后，处理组和控制组标准偏误的绝对值大都在 5% 以下，二者均值相等的 T 检验的 p 值也大于 10%。而且匹配估计后，Pseudo R^2 和 LR 统计量都有显著降低，可以发现匹配后 LR 统计量对应的 p 值为 0.711，在所有显著性水平下都不再显著。这均表明通过倾向得分匹配能够较好地平衡处理组和控制组两组之间的控制变量差异。总体而言，本次匹配效果较好。

表 6-10　匹配变量的平衡性检验结果

变量	匹配状态	均值		下降		T 检验	
		处理组	控制组	偏差	偏差降低比例	t 统计量	p>t
性别	匹配前	0.457 15	0.457 34	0		−0.01	0.994
	匹配后	0.455 46	0.449 28	1.2%	−3 256.1	0.45	0.656
年龄	匹配前	43.334	36.662	39.9%		8.6	0
	匹配后	42.972	42.141	5%	87.5	1.79	0.074
受教育程度	匹配前	7.337 4	8.452 2	−25.4%		−5.38	0
	匹配后	7.374 9	7.511 6	−3.1%	87.7	−1.1	0.273
身高	匹配前	163.37	164.83	−17.2%		−3.76	0
	匹配后	163.46	163.62	−1.8%	89.4	−0.66	0.511
工作	匹配前	0.345 83	0.315 7	6.4%		1.39	0.164
	匹配后	0.344 69	0.353 28	−1.8%	71.5	−0.65	0.517
社会经济地位	匹配前	2.612 1	2.418 1	19.4%		4.21	0
	匹配后	2.598 8	2.560 1	3.9%	80.1	1.4	0.161
家庭规模	匹配前	4.111 7	3.853 2	15.1%		3.23	0.001
	匹配后	4.072	4.085 7	−0.8%	94.7	−0.28	0.781
家庭储蓄	匹配前	3.440 9	3.814 8	−8.2%		−1.8	0.071
	匹配后	3.458 4	3.467 7	−0.2%	97.5	−0.07	0.941
城市地区	匹配前	0.538 64	0.692 83	−32.1%		−6.86	0
	匹配后	0.544 54	0.554 17	−2%	93.8	−0.7	0.487
社区经济差异	匹配前	4.832 8	4.745 7	6.7%		1.48	0.139
	匹配后	4.824 2	4.844 9	−1.6%	76.2	−0.58	0.559
联合检验	Pseudo R^2	LR 统计量	p 值				
匹配前	0.048	147.5	0				
匹配后	0.001	7.15	0.711				

注：采用的匹配方法是核匹配，其中核函数为 tricubic 函数，使用有放回的匹配

资料来源：CFPS 2010 年调查数据

2. PSM-DID

表 6-11 展示了公共医疗保险对居民人力资本的影响的基准回归分析结果，其中，第（1）~（3）列展示了 DID 的基准回归结果，第（4）~（6）列展示了 PSM-DID 结果。DID 模型结果显示，公共医疗保险能够改善居民的认知能力和非认知能力，但是除顺同性指标之外，其余各项人力资本指标的影响在 15% 的显著性水平均不

显著。基准回归模型并不能有效识别出公共医疗保险对居民人力资本的影响效应。这大概是因为居民在是否参加公共医疗保险的选择中存在明显的逆向选择问题，认知能力和非认知能力越低的居民，越是倾向参加公共医疗保险。因此，我们进一步采用 PSM-DID 模型解决基准回归分析中出现的选择偏误问题。我们也主要关注解决选择偏误后的 PSM-DID 模型回归结果。

表 6-11　基准回归分析结果

被解释变量		DID			PSM-DID		
		（1）	（2）	（3）	（4）	（5）	（6）
		系数	标准误	样本量	系数	标准误	样本量
认知能力	字词成绩	0.026 7	0.037	6 380	0.004	0.051	5 827
	数学成绩	0.043 7	0.031	6 380	0.040	0.051	5 827
非认知能力	严谨性	0.014 6	0.041	6 378	0.019	0.036	5 824
	顺同性	0.113***	0.048	5 878	0.148***	0.042	5 045
	外向性	0.060 5	0.059	6 379	0.081*	0.052	5 825
	开放性	0.053 1	0.043	6 373	0.094***	0.038	5 820
	情绪稳定性	0.026 7	0.037	6 380	0.034	0.041	5 803

***、*分别表示在 5%、15% 的显著性水平上显著

注：由于被解释变量过多，限于篇幅原因，我们只展示了主要解释变量的回归结果。控制变量为性别、年龄、身高、受教育程度、工作、社会经济地位、家庭规模、家庭人均存款、城市地区和社区经济差异。所有模型均控制了省份固定效应

PSM-DID 模型结果显示，第一，在认知能力方面，公共医疗保险对居民的认知能力并没有显著稳健的改善作用。第二，在非认知能力方面，公共医疗保险能够显著改善居民的顺同性、外向性和开放性，对于其非认知能力中的严谨性和情绪稳定性并没有显著影响。此外，与认知能力相比，参与公共医疗保险对居民的非认知能力中顺同性、外向性和开放性的估计系数和显著性要明显高于对认知能力的估计结果。

这大概是因为能力的形成是一个动态、综合的过程，在完成学历教育之后，进入劳动力市场之后也会继续发展，其中居民的认知能力主要是在学历教育培养中获得的，而非认知能力多是在工作中积累的（Gintis，1971；何珺子和王小军，2017）。因此，对于已经完成学历教育进入劳动者市场的居民而言，参与公共医疗保险对他们的部分非认知能力的改善作用可能要显著优于认知能力。

3. 公共医疗保险对居民智力人力资本影响的机制分析

在前一部分的基准回归分析中，研究发现，参与公共医疗保险能够改善居民非认知能力中的顺同性、外向性和开放性，而且这种改善作用要显著高于对认知

能力的影响作用。那么公共医疗保险又是如何影响居民的人力资本呢？我们将进一步分析公共医疗保险对居民人力资本的影响机制。

1）健康

公共医疗保险对居民人力资本的影响，可能会通过保障和改善居民的健康水平进而影响到其认知能力和非认知能力。根据表 6-12 的回归结果可以发现，公共医疗保险能够显著改善居民的自评健康情况，而且，尽管公共医疗保险能够减少居民患有慢性病和身体不适的概率，但是效应并不显著。

表 6-12　公共医疗保险对居民人力资本的影响机制：健康

A 部分	健康状况			健康变化			
	自评健康	慢性病患病情况	近期身体不适情况	健康变化	健康变差	健康不变	健康变好
公共医疗保险	0.087^{***}（0.025）	-0.010（0.018）	-0.000 2（0.023）	0.105^{***}（0.033）	-0.087^{***}（0.024）	0.069^{***}（0.026）	0.018（0.018）
N	5 973	5 966	5 973	5 973	5 973	5 973	5 973

B 部分	健康行为			就医行为	
	锻炼	吸烟	喝酒	就医	医疗水平
公共医疗保险	0.024（0.025）	0.024（0.023）	-0.009（0.018）	0.095^{**}（0.059）	0.044（0.068）
N	5 966	5 970	5 824	1 733	1 203

***、**分别表示在 5%、10%的显著性水平上显著

注：括号内为标准误。表格回归模型为 PSM-DID 模型，限于篇幅原因，我们只展示了主要解释变量的回归结果。控制变量为性别、年龄、身高、受教育程度、工作、社会经济地位、家庭规模、家庭人均存款、城市地区和社区经济差异。所有模型均控制了省份固定效应

参与公共医疗保险对居民的自评健康改善作用主要体现在其健康变化方面，参加公共医疗保险能够显著提高居民健康状况较 1 年前有所改善的概率。具体而言，尽管我们发现公共医疗保险并不会显著提高参保者健康状况相较 1 年前变得更好的概率，但是能够显著减少居民健康状况较 1 年前变得更差的可能性，同时也会显著提高健康状况较之前保持不变的概率。

在现有文献中，公共医疗保险对参保居民的健康影响机制一般体现为能够提高参保居民的医疗服务利用率，进而改善其健康状况（Card et al.，2008；Wagstaff et al.，2009；Lei and Lin，2009；程令国和张晔，2012）。显然公共医疗保险对居民健康行为和就医行为影响的估计结果也从侧面体现出这一结论。对于参保居民而言，公共医疗保险并不能够使得他们的健康行为有所改善，相反，因为公共医疗保险的保障托底，参保居民更可能会减少锻炼行为，以及增加酗酒等不良健康行为，这使得参保居民健康状况与以前相比变得更好的概率下降。从就医行为来看，公共医疗保险能够显著提高参保居民在日常生活中感到不适时及时就医的可

能性，这显然有利于减少参保居民在患病之后健康恶化的可能性。

总的来说，公共医疗保险能够通过提高医疗服务利用率、维持参保居民健康水平不变或者避免健康情况恶化等方面改善参保居民的健康状况。作为居民人力资本发展的载体，健康水平的改善有利于居民的人力资本发展。

2）教育支出

公共医疗保险对居民认知能力和非认知能力的影响，一方面，可能会通过保障和改善居民的健康水平进而影响到其认知能力和非认知能力；另一方面，公共医疗保险能够显著降低居民自付医疗支出，有利于促进家庭非医疗消费并改善家庭福利等（Finkelstein et al.，2012；白重恩等，2012；Barnes et al.，2017），公共医疗保险也有可能会通过增加教育培训支出等提升居民的认知能力和非认知能力。

考虑到对于已经完成学历教育的居民而言，进入劳动力市场之后也可以通过其他非学历教育等活动进一步提升自身能力，即干中学（何珺子和王小军，2017），我们从教育支出视角出发，以居民是否参加非学历教育培训活动[①]和家庭文娱教育支出为被解释变量，分析参加公共医疗保险可能产生的影响效应。表 6-13 的回归结果显示，参加公共医疗保险能够显著提高家庭的文化娱乐支出。此外，第（2）列的估计结果显示，参加公共医疗保险也能够在 20%的显著性水平上提高居民进行非学历培训的频率。因此，与未参加公共医疗保险相比，参加公共医疗保险也能够在一定程度上增加文教娱乐等非医疗支出，提高居民业余培训的可能性，这都有利于居民非认知能力的改善。

表 6-13　公共医疗保险对居民人力资本的影响机制：教育支出

变量	（1）	（2）
	文娱支出	非学历培训
公共医疗保险	317.838*** （133.467）	0.049 1[#] （0.045）
N	3 115	3 091

***、#分别表示在 5%、20%的显著性水平上显著

注：括号内为标准误。表格回归模型为 PSM-DID 模型，限于篇幅原因，我们只展示了主要解释变量的回归结果。控制变量为性别、年龄、身高、受教育程度、工作、社会经济地位、家庭规模、家庭人均存款、城市地区和社区经济差异。所有模型均控制了省份固定效应

---

① 非学历教育培训活动是指居民在国家正式学历教育以外的、不授予学位的各种培训或进修，而且必须出于工作或学习的需要，能够提高个人工作、学习能力，主要包括业务技能、管理能力、实用技能、党课思政和其他培训活动。

4. 稳健性分析

因个体禀赋的差异，公共医疗保险对居民人力资本的影响可能会存在群体异质性。为进一步验证结果的稳健性，这里主要根据居民城乡地区、性别和受教育程度对样本进行划分，以验证在不同子样本中公共医疗保险对居民人力资本的影响，具体估计结果见表6-14。

表 6-14　稳健性检验

被解释变量		性别		地区		受教育程度	
		女性	男性	农村	城市	初中及以下	初中以上
认知能力	字词成绩	−0.055 （0.072）	0.042 （0.068）	−0.094 （0.082）	0.054 （0.062）	−0.044 （0.056）	0.074** （0.044）
	数学成绩	0.001 （0.071）	0.004 （0.07）	0.028 （0.083）	0.004 （0.062）	0.026 （0.047）	−0.008 （0.036）
非认知能力	严谨性	−0.014 （0.047）	−0.023 （0.054）	−0.04 （0.056）	0.051 （0.045）	0.005 （0.041）	0.026 （0.073）
	顺同性	0.048 （0.057）	0.229*** （0.062）	0.166*** （0.068）	0.067 （0.053）	0.111*** （0.048）	0.095 （0.086）
	外向性	0.024 （0.069）	0.054 （0.077）	0.001 （0.084）	0.012 （0.066）	0.005 （0.061）	0.101 （0.101）
	开放性	0.055 （0.052）	0.135*** （0.054）	−0.079 （0.058）	0.153*** （0.05）	0.11*** （0.043）	0.122** （0.075）
	情绪稳定性	−0.032 （0.056）	0.024 （0.06）	0.042 （0.067）	−0.019 （0.05）	0.067 （0.049）	−0.084 （0.074）
样本量		3 196	2 666	2 353	3 473	4 438	1 246

***、**分别表示在5%、10%的显著性水平上显著

注：括号内为标准误。表格回归模型为PSM-DID模型，限于篇幅原因，我们只展示了主要解释变量的回归结果。控制变量为性别、年龄、身高、受教育程度、工作、社会经济地位、家庭规模、家庭人均存款、城市地区和社区经济差异。所有模型均控制了省份固定效应

首先，在不同性别子样本中，我们可以发现公共医疗保险对不同性别群体的认知能力均没有显著作用，且仅对男性群体中顺同性和开放性等非认知能力有显著改善作用。其次，在不同地区中，公共医疗保险仅对农村地区居民的顺同性的改善作用较为显著，而对于城市地区居民的非认知能力（除开放性外）并没有显著改善作用。最后，在不同受教育程度群体中，公共医疗保险对完成义务教育及以下程度的群体的顺同性和开放性有显著改善作用，对于义务教育以上群体而言，则对字词成绩和开放性有显著改善作用。

总而言之，在认知能力方面，公共医疗保险仅对初中以上教育程度的群体的字词成绩有改善作用，而在性别和地区方面并没有显著差异。在非认知能力方面，公共医疗保险仅对男性、城乡地区和初中及以下教育程度群体的部分非认知能力

指标有显著改善作用。

（三）研究小结

基于 CFPS 2010 年和 CFPS 2014 年数据的实证分析结果如下：一是公共医疗保险对居民的认知能力并没有显著改善作用。二是公共医疗保险仅能够显著改善非认知能力中的顺同性、外向性和开放性，而对其他方面并没有显著效应。三是公共医疗保险可以通过改善居民健康状况以提升其人力资本水平，主要是维持健康水平不变或者避免健康恶化。四是增加居民的文娱支出或者非学历教育培训也是公共医疗保险改善居民人力资本水平的潜在渠道。

第七章　公共服务供给对人力资本影响的实证分析：以低保政策为例

低保是对特定困难家庭采取的帮扶政策，对城乡居民特困家庭均发挥着积极作用，对人力资本的形成也有积极影响。在前述实证检验了公共教育、公共医疗对人力资本影响的基础上，本章考虑专门帮扶特殊困难群体的低保政策对人力资本的影响机制与效应。

第一节　低保政策对人力资本影响的文献综述

众所周知，改革开放以来中国反贫困事业取得了举世瞩目的成就。按照 2010 年官方贫困标准，中国农村贫困发生率从 1978 年的 97.5%大幅下降到 2017 年末的 3.1%，农村贫困人口减少了 7.4 亿人[①]。与此同时，中国城乡居民社会救助规模从 2003 年的 153 亿元增加到了 2017 年的 2 609.8 亿元，增长约 16 倍[②]。公共转移支付规模的扩张保障了贫困人群的基本经济福利，发挥着巨大的减贫效应（World Bank，2001）。

一、低保政策对人力资本影响的研究

长久以来，众多学者对公共转移支付的减贫效应进行了大量探讨，且认为公共转移支付能够减少贫困并降低收入不平等（Agostini and Brown，2011；

---

① 数据来源于《扶贫开发成就举世瞩目，脱贫攻坚取得决定性进展——改革开放 40 年经济社会发展成就系列报告之五》。
② 数据来源于历年《中国民政统计年鉴》。

Gertler et al.，2012；苏春红和解垩，2015；解垩，2017）。在不同国别的分析中，Aggarwal（2011）通过对印度的研究，得出个体获得工作补助和食品补助后，其贫困和贫困脆弱性均有显著下降。在针对中国的研究中，都阳和 Park（2007）认为相对于国际可比的救助项目，中国城市贫困救助体系具有较高的救助效率，减贫效应较为明显。陈国强等（2018）将收入贫困进一步扩展到多维贫困，发现公共转移支付可以显著降低个体陷入收入贫困的概率，且减少了多维贫困。樊丽明和解垩（2014）则从贫困脆弱性出发，利用两轮微观调查面板数据研究表明，公共转移支付对暂时性贫困和慢性贫困的脆弱性影响微弱。

事实上，公共转移支付的目标不只是给予贫困家庭现金救助以减少贫困，更是提升贫困家庭人力资本尤其是子代人力资本。可能的情况是公共转移支付当期减贫效果显著，却对贫困家庭子代人力资本提升并无明显作用；或公共转移支付不仅通过改善家庭收入减少了当期贫困，同时也有效促进了贫困家庭子代人力资本的形成。已有文献研究认为贫困家庭子代人力资本的积累是阻断贫困代际传递的重要途径（邹薇和郑浩，2014；黄潇，2014）。公共转移支付能否提升贫困家庭子代人力资本水平，不仅直接影响贫困家庭子代未来发展，同时对实现长久脱贫、防止返贫也具有重要实践意义。由此可知，仅关注当期减贫效应对于评估公共转移支付改善贫困家庭的福利效果具有局限性，继而不利于公共转移支付体系进一步完善。

近些年来，部分学者将公共转移支付与人力资本形成联系起来进行研究，认为公共转移支付对贫困家庭子代人力资本形成具有正向影响（Baird et al.，2013）。Parker 和 Vogl（2018）以墨西哥 PROGRESA 项目为例，研究发现公共转移支付显著促进了贫困家庭子代人力资本的提升，使其受教育年限增加了约 1.3 年。Barham等（2018）以尼加拉瓜 9~12 岁男性为研究对象，进一步发现公共转移支付对人力资本形成的短期效应在 10 年后仍持续存在。除教育外，健康是人力资本的另一重要方面。Gertler（2004）采用随机控制实验，检验墨西哥 PROGRESA 项目对贫困家庭儿童健康的影响，发现公共转移支付降低了 0~3 岁儿童 22.3%的患病概率和8.6%的营养不良概率，并使其身高平均增加了 0.96 厘米。Angeles 等（2019）分析了马拉维 SCTP 项目对青少年心理健康的影响，结果表明公共转移支付可以显著改善贫困家庭青少年心理健康状况，对女性作用尤为明显。然而在中国，公共转移支付对贫困家庭子代人力资本形成的影响尚未得到充分评估，其具体影响机制也未得到足够重视。

二、简单述评

公共转移支付在减少当期贫困的同时，促进贫困家庭子代人力资本形成，对阻断贫困代际传递和减少未来贫困具有重要现实意义（Barham et al., 2018）。如果公共转移支付仅能"授人以鱼"，增加贫困家庭当期收入，而未能"授人以渔"，有效促进贫困家庭子代人力资本提升，那么就需重新评估公共转移支付的福利改善效应，完善公共转移支付体系。教育是人力资本形成的重要方式，且是长久持续的过程。个体义务教育阶段的学业表现会直接影响其后续的教育机会获得和人力资本积累。

鉴于此，本章以义务教育阶段 10~15 岁儿童为研究对象，借助 CFPS 2012年数据，采用倾向得分匹配方法检验公共转移支付对贫困家庭子代人力资本形成的影响和具体作用机制。相比于既有研究，本章做出的新尝试主要包括以下三个方面：①评估了公共转移支付在贫困家庭子代人力资本形成中的作用；②探究了公共转移支付影响贫困家庭子代人力资本形成的具体作用机制；③为完善公共转移支付体系进而促进贫困家庭子代人力资本提升提供了经验证据。

第二节　低保政策对人力资本影响的实证分析

前述研究已经证实，公共服务供给如教育、医疗等有助于提升子女人力资本水平。国家实施低保政策是为了帮扶存在特殊困难成员（如因有重度残疾或疾病从而丧失劳动力）的家庭，较好地解决这些特殊困难家庭的生活问题。无疑地，了解低保政策对这些特殊困难家庭的子代人力资本的影响效应与机制，对完善中国低保政策、提升特困家庭子代人力资本水平具有重要意义。

一、研究方法设计

在公共转移支付对贫困家庭儿童人力资本影响的研究中，公共转移支付的获取并非随机决定，而是受到家庭人均收入、家庭规模和所在地区等诸多因素的影响，可能存在样本选择问题。因此，简单地将获取公共转移支付的贫困家庭儿童与未获取公共转移支付家庭儿童的人力资本水平对比得出的结论可能存在样本选择偏误。

为克服这一问题，以准确获得公共转移支付对贫困家庭儿童人力资本的影响，本节采用 Rosenbaum 和 Rubin（1983）及 Heckman 等（1997）提出的倾向得分匹配方法来构造反事实，即对一个获得公共转移支付的贫困家庭儿童而言，在其他影响因素不变的情形下，如果未获得公共转移支付，那么其人力资本如何？公共转移支付的平均处理效应就是两种情形下人力资本水平的差异。

倾向得分匹配方法的具体步骤如下：一是将获得公共转移支付的贫困家庭儿童作为处理组，未获得公共转移支付家庭的儿童作为控制组。依据一系列协变量，采用 Logit 模型估计样本接受处理的概率，得到倾向得分值。二是寻找与每位获得公共转移支付的贫困家庭儿童的倾向得分值最相近的未获得公共转移支付家庭的儿童作为其反事实。三是计算两组儿童人力资本水平差异的均值，得到公共转移支付对贫困家庭儿童人力资本的平均处理效应：

$$\text{ATT}_{\text{PSM}} = E_{p(x)|D=1}\left[E\left(Y_{i1|D_1=1,p(x)}\right) - E\left(Y_{i0|D_1=0,p(x)}\right) \right] \tag{7-1}$$

其中，D 为虚拟变量，处理组为 1，控制组为 0；Y_{i1} 为获得公共转移支付的贫困家庭儿童的人力资本水平；Y_{i0} 为未获得公共转移支付家庭的儿童的人力资本水平；x 为协变量；E 为期望算子。

倾向得分匹配方法须满足两个条件：一是条件独立分布假设；二是共同支撑和平衡性条件。条件独立分布假设要求给定倾向得分值的条件下，贫困家庭儿童人力资本水平与是否获得公共转移支付相互独立。满足这一条件意味着公共转移支付的获得是条件外生的（Gerfin and Lechner，2002）。该假设要求匹配时尽可能多地控制影响儿童人力资本水平和公共转移支付获得的因素。结合相关文献并考虑数据可得性，这里选择以下控制变量：一是儿童特征，包括年龄、性别、户籍类型和学习努力。二是学校特征，如学校质量。三是家庭特征，包括父母受教育程度、家庭规模和家庭获得公共转移支付前的人均收入。此外，考虑到可能存在不可观测因素的影响，在匹配过程中还纳入了儿童所处地区的虚拟变量。共同支撑和平衡性条件是确保匹配有效性的前提，共同支撑条件要求处理组和控制组的倾向得分值存在足够大的重合区域，从而确保匹配质量。平衡性条件则意味着协变量在匹配后的处理组和控制组间平衡分布，不存在系统性差异。

二、数据来源与变量定义

数据来自 CFPS 2012 年数据[①]。CFPS 2012 年数据覆盖了中国 25 个省、自治区、直辖市，成功调查了 13 315 户家庭，共有社区问卷、家庭问卷、成人问卷和

---

① CFPS 在不同调查轮次采用不同测试题目测度认知能力水平，不同测试题得分不具有可比性。考虑到数据的可得性及可比性，我们最终采用 CFPS 2012 年数据作为分析样本。

少儿问卷四种主题问卷类型。这里的研究对象是义务教育阶段 10~15 岁儿童[①]。为获取父母和家庭特征，这里依据父母个人代码和家庭代码将儿童问卷数据与成人问卷数据及家庭问卷数据进行链接。

贫困家庭识别。世界银行在 2015 年对国际贫困标准进行了修订，将国际贫困线的低标准设定为 1.9 美元/（人·天），高标准设定为 3.1 美元/（人·天）。修订后的国际贫困线低标准与中国现行官方贫困标准基本一致。因此，这里分别采用 1.9 美元/（人·天）和 3.1 美元/（人·天）来识别深度贫困和轻度贫困[②]。

已有文献普遍采用受教育水平或受教育年限测度成年个体的人力资本水平（宋旭光和何宗樾，2018；范子英和高跃光，2019）。由于儿童处于人力资本积累阶段，该指标并不适用。陶然和周敏慧（2012）采用学习成绩测度儿童人力资本水平。王春超和钟锦鹏（2018）则认为儿童人力资本包括认知能力和非认知能力两部分。结合已有文献和可得数据，这里采用两类指标衡量儿童人力资本。一类指标是儿童学习成绩排名。依据问题"最近一次大考（期中或期末）中，你在班级排名大约为？"，由此生成学习成绩是否进入班级前 10%和前 25%的两个虚拟变量，成绩处于相应分位取值为 1，否则为 0。另一类指标是标准化认知能力测试得分。CFPS 2012 年数据使用一套包含记忆试题和数列试题的认知测试题评估 10~15 岁儿童的认知能力。这里采用即时记忆测试得分、延时记忆测试得分和数列测试得分衡量儿童认知能力。不同年级儿童的认知测试得分并不具有可比性，因此我们依据儿童就读年级对原始测试得分进行了标准化处理。

是否获得公共转移支付是这里的核心解释变量。现阶段，中国面向城乡家庭的公共转移支付主要包括两类。一是针对贫困家庭的最低生活保障、五保户补助、特困户补助和救济金等。二是并非为反贫困设计的农业补贴和退耕还林补助等。随着覆盖范围的不断扩大和补助标准的持续提高，最低生活保障制度确保贫困家庭基本经济福利的作用日益增强，发挥着显著的减贫效应（樊丽明和解垩，2014）。截至 2017 年底，全国低保对象达到了 5 306.2 万人，其中城市低保人数为 1 261 万人，农村低保人数为 4 045.2 万人。2017 年全年各级财政共支出城市低保金 640.5 亿元，农村低保金 1 051.8 亿元。全国城市和农村低保平均标准分别达到了 6 487.2 元/（人·年）和 4 300.7 元/（人·年）[③]。此外，据作者计算，低保补助金平均达到

---

① 本章主要采用学习成绩和认知能力测试得分衡量儿童人力资本，这两类指标存在于儿童自答问卷中。CFPS将儿童自答问卷的受访对象限定为 10~15 岁儿童，并未采集 6~10 岁儿童的数据。

② 中国现行官方贫困标准为年人均 2 300 元（2010 年不变价），经价格指数调整后 2011 年可比贫困标准为 2 424元。按照购买力平价（purchasing power parity，PPP）和价格指数调整后，1.9 美元/（人·天）和 3.1 美元/（人·天）对应的 2011 年可比贫困标准分别为 2 653 元和 4 182 元。

③ 数据来源于民政部《2017 年社会服务发展统计公报》。

了贫困家庭获得的公共转移支付总额的 55.01%[①]。因此，我们将是否获得低保补助金作为公共转移支付的代理变量。

学习努力对儿童人力资本积累具有显著且重要的影响，其作用在初中阶段尤为明显（刘成奎等，2019a）。本章结合 CFPS 2012 年数据中的四道访题衡量儿童学习努力，分别为"我学习很努力"、"我在课堂上会集中精力学习"、"我会在完成学校功课时核对数遍，检查是否正确"和"我只在完成功课后才玩"，选项为 1~5 的有序变量，1~5 依次表示十分不同意、不同意、中立、同意和十分同意。对四个变量取均值以衡量儿童学习努力水平。

儿童人力资本会受到就读学校质量的显著影响，社会经济地位更高、物质设施更完备的学校可以更有效地提升学生学业水平（谢桂华和张阳阳，2018）。参考李忠路和邱泽奇（2016）的做法，这里采用儿童关于学校及任课老师的评价来反映学校质量，包括"是否对学校满意"、"是否对班主任满意"、"是否对语文老师满意"、"是否对数学老师满意"及"是否对外语老师满意"。选项均为 1~5 有序变量，1 表示非常不满意，5 表示非常满意。上述变量均值衡量了儿童就读学校质量的差异。

家庭背景可以通过多种渠道显著影响儿童人力资本积累。Attanasio 等（2017）研究发现，父母受教育程度和家庭收入对儿童认知能力存在显著促进作用。这是因为，一般而言，受教育程度较高的父母更重视子女教育并进行更有效的人力资本投资，父母受教育程度与家庭人力资本投资存在互补关系（Becker et al.，2018）。这里定义家庭背景为父亲受教育年限、母亲受教育年限、获得公共转移支付前家庭人均收入的对数等。此外，我们也在估计过程中纳入了家庭规模，家庭规模用家庭成员数的对数表示。

最后，儿童人力资本水平亦会受到儿童自身特征差异的影响。因此，这里在模型估计时还控制了儿童性别、年龄、户籍类型等特征。此外，我们通过加入儿童所在地区虚拟变量，以减弱地区不可观测因素的影响。表 7-1 分别列示了上述变量在全样本和分组样本中的均值。

表 7-1　主要变量均值描述

变量	全部样本	城市样本	农村样本	低保样本	低保贫困户样本	低保非贫困户样本
	均值	均值	均值	均值	均值	均值
成绩是否进入班级前 10%	0.34	0.38	0.33	0.38	0.42	0.36

[①] 该比例是指在获取公共转移支付的贫困家庭中，低保补助金占公共转移支付总额的比例。

续表

变量	全部样本	城市样本	农村样本	低保样本	低保贫困户样本	低保非贫困户样本
	均值	均值	均值	均值	均值	均值
成绩是否进入班级前25%	0.65	0.69	0.63	0.71	0.74	0.70
标准化即时记忆得分	0.10	0.27	0.04	0.10	0.07	0.12
标准化延时记忆得分	0.10	0.26	0.05	0.22	0.17	0.26
标准化数列测试得分	0.03	0.24	−0.04	−0.04	−0.12	0.01
是否获取低保	0.11	0.12	0.11	1.00	1.00	1.00
年龄	12.53	12.51	12.54	12.60	12.56	12.62
性别	0.51	0.48	0.52	0.50	0.56	0.46
户籍类型	0.26	1.00	0.00	0.28	0.29	0.27
学习努力水平	2.33	2.41	2.31	2.26	2.38	2.18
儿童对学校评价	4.12	4.12	4.12	4.21	4.19	4.21
家庭人均收入	8.52	9.07	8.33	7.75	6.34	8.68
父亲受教育年限	8.49	11.06	7.60	7.73	7.42	7.93
母亲受教育年限	7.09	10.87	5.78	5.72	5.34	5.97
家庭规模	4.75	4.15	4.95	4.95	4.88	4.99
东部地区	0.37	0.46	0.34	0.20	0.15	0.23
中部地区	0.30	0.38	0.26	0.26	0.31	0.23

三、实证结果和分析

这里将获得公共转移支付的贫困家庭儿童作为处理组，未获得公共转移支付家庭的儿童作为控制组。采用倾向得分匹配方法来估计公共转移支付对贫困家庭儿童人力资本的影响。为确保结果的稳健性，采用了不同的匹配方法和参数设定。具体而言，采用近邻匹配时，考虑了 k 取值为 1、5 和 10 的情况；采用半径匹配时，将半径分别设定为 0.01、0.05 和 0.1；使用半径近邻匹配时，考虑了半径为 0.25 倍倾向得分值的标准差，k 取值分别为 1、5 和 10 的情况；最后核密度匹配时，分别使用了 Normal 核函数、Epanechnikov 核函数和 Tricube 核函数。

（一）共同支撑和平衡性条件检验

在采用以上匹配方法将处理组和控制组进行匹配后，需要进行平衡性检验以确保匹配能够有效校正样本选择偏误。平衡性条件要求协变量的分布在匹配后的处理组和控制组间不存在系统性差异。为此，首先对单个协变量在匹配后的控制组和处理组间的均值差异进行检验。表 7-2 的检验结果显示[①]，单个协变量在匹配后的处理组和控制组间的均值差异的 p 值均大于 10%，且标准化偏误多数小于10%，表明匹配后单个协变量在处理组和控制组间的分布是平衡的。其次，这里依据匹配后的样本重新估计了 Logit 模型，并采用联合显著性检验的 LR 统计量对协变量整体平衡性进行检验。从表 7-2 中可以看到匹配后 LR 统计量对应的 p 值为1.000，意味着匹配较好地平衡了整体协变量在处理组和控制组间的差异。

表 7-2　共同支撑和平衡性检验

变量	匹配状态	均值差异检验			标准化差异
		处理组均值	控制组均值	均值差异 p 值	
年龄	匹配前	12.533	12.522	0.958	0.7%
	匹配后	12.604	12.542	0.839	4.1%
性别	匹配前	0.550	0.512	0.568	7.5%
	匹配后	0.491	0.503	0.903	−2.4%
户籍类型	匹配前	0.283	0.256	0.638	6.1%
	匹配后	0.264	0.241	0.785	5.2%
学习努力水平	匹配前	2.379	2.342	0.622	6.2%
	匹配后	2.392	2.319	0.553	11.9%
儿童对学校评价	匹配前	4.188	4.111	0.399	11.5%
	匹配后	4.198	4.223	0.842	−3.7%
家庭人均收入	匹配前	6.363	8.614	0.000	−170.6%
	匹配后	6.745	6.799	0.834	−4.1%
父亲受教育年限	匹配前	7.400	8.582	0.013	−31.5%
	匹配后	7.076	6.972	0.890	2.8%

① 表 7-2 采用的匹配方法是半径近邻匹配，其中，半径 r 为 0.25 倍倾向得分值的标准差，k 取值为 10。其他匹配方法类似，不再展示。

续表

变量	匹配状态	均值差异检验			标准化差异
		处理组均值	控制组均值	均值差异 p 值	
母亲受教育年限	匹配前	5.350	7.258	0.001	−44.2%
	匹配后	5.151	4.583	0.492	13.1%
家庭规模	匹配前	4.867	4.721	0.496	9.0%
	匹配后	5.000	4.957	0.887	2.7%
是否东部地区	匹配前	0.150	0.389	0.000	−55.8%
	匹配后	0.170	0.152	0.801	4.3%
是否中部地区	匹配前	0.300	0.299	0.989	0.2%
	匹配后	0.283	0.252	0.718	6.8%
共同支撑样本	联合检验	Pseudo R^2	LR 统计量	p 值	
1 283					
总样本	匹配前	0.320	155.15	0.000	
1 290	匹配后	0.007	1.00	1.000	

注：表 7-2 采用的匹配方法是半径近邻匹配，其中，半径 r 为 0.25 倍倾向得分值的标准差，k 取值为 10

　　值得注意的是，只有处理组和控制组的倾向得分值存在足够大的共同支撑域时，才能保证匹配结果的有效性。如果共同支撑域较小，通过匹配得到的结论将只适用于总体样本的特定子集，不具有代表性（Heckman and Vytlacil，2001）。因此，在估计平均处理效应前，还需检验共同支撑条件以确保匹配质量。表 7-2 中的结果显示，匹配后仅有 7 个样本落在共同支撑域外，大部分样本都落在共同支撑域内，表明倾向得分值在处理组和控制组中具有足够大的共同支撑域，足以确保平均处理效应的有效性和代表性。

（二）全样本分析

　　表 7-3 展示了不同匹配方法和参数设定下，公共转移支付对贫困家庭儿童人力资本的平均处理效应。第（2）列结果显示，在 1.9 美元贫困标准下，如果获得公共转移支付，则深度贫困家庭儿童学习成绩进入班级前 25% 的概率将至少提高 8.3 个百分点。但获得公共转移支付并未对儿童学习成绩进入班级前 10% 及儿童认知能力水平产生显著影响。第（7）列结果显示，获得公共转移支付显著使得轻度贫困家庭儿童学习成绩进入班级前 25% 的概率至少增加 11.9 个百分点。此外，第（9）

列结果显示，在超过半数的匹配方法和参数设定下，公共转移支付显著提高了轻度贫困家庭儿童的标准化延时记忆得分。此外，对比第（2）列和第（7）列的结果可以发现，第（7）列的估计系数总体上大于第（2）列的估计系数，表明相对于深度贫困家庭而言，公共转移支付对轻度贫困家庭儿童学习成绩的促进作用更为显著。

表 7-3　全样本平均处理效应

贫困标准	1.9 美元					3.1 美元				
	（1）	（2）	（3）	（4）	（5）	（6）	（7）	（8）	（9）	（10）
匹配方法	成绩班级前10%	成绩班级前25%	标准化即时记忆得分	标准化延时记忆得分	标准化数列测试得分	成绩班级前10%	成绩班级前25%	标准化即时记忆得分	标准化延时记忆得分	标准化数列测试得分
1∶1 匹配	0.25** (0.113)	0.188** (0.089)	0.028 (0.164)	0.163 (0.165)	0.121 (0.226)	0.125 (0.088)	0.196** (0.089)	0.219 (0.164)	0.322** (0.132)	0.140 (0.155)
1∶5 匹配	0.175* (0.104)	0.144** (0.062)	0.145 (0.146)	0.183 (0.149)	0.108 (0.172)	0.116 (0.102)	0.194** (0.086)	0.239 (0.151)	0.214 (0.161)	0.139 (0.160)
1∶10 匹配	0.138 (0.100)	0.097* (0.056)	0.155 (0.134)	0.222 (0.142)	0.028 (0.161)	0.132 (0.098)	0.187** (0.081)	0.175 (0.143)	0.196 (0.155)	0.116 (0.154)
半径 r=0.01	0.071 (0.240)	0.357** (0.175)	0.383 (0.339)	0.368 (0.338)	−0.113 (0.389)	0.095 (0.080)	0.131* (0.073)	0.162 (0.114)	0.198* (0.118)	0.043 (0.130)
半径 r=0.05	0.141 (0.096)	0.09* (0.051)	0.039 (0.126)	0.132 (0.138)	0.014 (0.151)	0.097 (0.078)	0.134* (0.071)	0.163 (0.113)	0.191 (0.117)	0.047 (0.129)
半径 r=0.1	0.113 (0.092)	0.083* (0.047)	0.015 (0.120)	0.078 (0.132)	−0.060 (0.145)	0.118 (0.093)	0.171** (0.074)	0.084 (0.130)	0.112 (0.143)	0.019 (0.138)
半径 r=0.25×se k=1	0.226* (0.115)	0.194** (0.092)	0.034 (0.165)	0.150 (0.165)	0.194 (0.224)	0.127 (0.089)	0.182** (0.090)	0.226 (0.168)	0.325** (0.134)	0.118 (0.157)
半径 r=0.25×se k=5	0.188* (0.107)	0.131** (0.065)	0.119 (0.150)	0.180 (0.153)	0.076 (0.178)	0.116 (0.102)	0.194** (0.086)	0.239 (0.151)	0.214 (0.161)	0.139 (0.160)
半径 r=0.25×se k=10	0.156 (0.105)	0.105* (0.062)	0.115 (0.144)	0.215 (0.150)	0.023 (0.171)	0.091 (0.076)	0.119* (0.071)	0.088 (0.114)	0.22* (0.113)	0.039 (0.126)
Normal 核函数	0.183 (0.126)	0.144* (0.080)	0.231 (0.185)	0.258 (0.195)	0.265 (0.223)	0.086 (0.074)	0.139** (0.068)	0.093 (0.109)	0.199* (0.110)	0.105 (0.119)
Epanechnikov 核函数	0.138 (0.096)	0.089* (0.050)	0.046 (0.126)	0.131 (0.138)	0.013 (0.151)	0.095 (0.076)	0.131* (0.071)	0.085 (0.112)	0.226** (0.114)	0.078 (0.124)
Tricube 核函数	0.138 (0.095)	0.089* (0.049)	0.048 (0.125)	0.124 (0.137)	0.004 (0.150)	0.097 (0.077)	0.137* (0.072)	0.091 (0.113)	0.23** (0.114)	0.089 (0.124)

**、*分别表示在 5%、10%的显著性水平上显著

注：括号内是采用 Bootstrap 抽样 500 次得到的稳健标准误，se 为倾向得分值的标准差

（三）城乡分组分析

尽管我国对农村最低生活保障制度的探索早于城市，但限于农村税费改革和基层财政困难的影响，相对于城市最低生活保障制度，农村最低生活保障制度发展相对滞后（吴敏和刘冲，2018）。城乡最低生活保障制度在筹资方式、补助标准等方面存在明显差异。不仅如此，相对于城市，农村地区义务教育质量相对偏低，而家庭教育投入与学历教育存在互补。因此，义务教育质量和最低生活保障制度特征的城乡差异可能会使低保政策对贫困家庭儿童人力资本的影响存在不同。因此，将城市和农村样本分别进行分析有利于深刻地理解以最低生活保障为主要内容的公共转移支付对儿童人力资本影响的城乡差异性。城乡分组样本的估计结果展示在表 7-4 中。

表 7-4　城乡分组平均处理效应

匹配方法	城市样本					农村样本				
	（1）	（2）	（3）	（4）	（5）	（6）	（7）	（8）	（9）	（10）
	成绩班级前10%	成绩班级前25%	标准化即时记忆得分	标准化延时记忆得分	标准化数列测试得分	成绩班级前10%	成绩班级前25%	标准化即时记忆得分	标准化延时记忆得分	标准化数列测试得分
1:1 匹配	0.077 (0.180)	0.154 (0.104)	0.020 (0.333)	0.145 (0.281)	0.170 (0.269)	−0.029 (0.128)	0.029 (0.121)	0.401* (0.211)	0.481** (0.199)	0.226 (0.245)
1:5 匹配	0.108 (0.167)	0.185* (0.106)	0.461 (0.291)	0.240 (0.261)	0.221 (0.206)	0.078 (0.115)	0.000 (0.102)	0.147 (0.183)	0.114 (0.186)	0.017 (0.220)
1:10 匹配	0.108 (0.164)	0.217** (0.086)	0.359 (0.285)	0.181 (0.253)	0.197 (0.207)	0.096 (0.112)	0.191* (0.098)	0.102 (0.173)	0.092 (0.177)	−0.094 (0.207)
半径 r=0.01	0.095 (0.167)	0.295* (0.159)	0.301 (0.303)	0.187 (0.335)	0.246 (0.286)	0.054 (0.110)	0.161* (0.095)	0.100 (0.165)	0.116 (0.172)	−0.044 (0.199)
半径 r=0.05	0.003 (0.227)	0.312** (0.134)	0.339 (0.279)	0.137 (0.282)	0.248 (0.249)	0.041 (0.109)	0.171* (0.094)	0.103 (0.163)	0.099 (0.170)	−0.069 (0.198)
半径 r=0.1	0.107 (0.190)	0.204** (0.089)	0.309 (0.260)	0.164 (0.265)	0.171 (0.226)	0.054 (0.107)	0.178* (0.092)	0.082 (0.161)	0.064 (0.168)	−0.089 (0.196)
半径 r=0.25×se k=1	0.167 (0.168)	0.25* (0.141)	0.239 (0.374)	0.015 (0.281)	0.151 (0.297)	0.095 (0.109)	−0.048 (0.102)	0.021 (0.192)	0.491*** (0.174)	0.048 (0.222)
半径 r=0.25×se k=5	0.011 (0.217)	0.333** (0.160)	0.221 (0.318)	0.081 (0.313)	0.286 (0.255)	0.078 (0.115)	0.2* (0.102)	0.147 (0.183)	0.114 (0.186)	0.017 (0.220)
半径 r=0.25×se k=10	0.021 (0.208)	0.317** (0.149)	0.329 (0.304)	0.129 (0.298)	0.308 (0.245)	0.096 (0.112)	0.191* (0.098)	0.102 (0.173)	0.092 (0.177)	−0.094 (0.207)

***、**、*分别表示在 1%、5%、10%的显著性水平上显著

注：括号内是采用 Bootstrap 抽样 500 次得到的稳健标准误，se 为倾向得分值的标准差

　　第（2）列结果显示，低保政策会显著提高城市贫困家庭儿童学习成绩进入班级前25%的概率，但对儿童学习成绩是否进入班级前10%及儿童认知能力水平的影响基本不显著。第（7）列结果表明，低保政策对农村贫困家庭儿童人力资本的提升也主要作用于学习成绩。如果获得低保补助金，农村贫困家庭儿童学习成绩进入班级前25%的概率会显著增加。虽然低保政策对城市和农村贫困家庭儿童学习成绩都具有促进作用，但对比第（2）列和第（7）列的估计结果可以发现，总体上，相对于农村贫困家庭，低保政策对城市贫困家庭儿童学习成绩的提升作用更为显著，其原因可能在于现阶段低保补助标准在城乡间存在较大差异。后文分析发现，1.9美元贫困标准下，低保补助金占城市贫困家庭消费支出的18.82%，这一比例在农村仅为5.72%。有限的低保补助金限制了低保政策对农村贫困家庭儿童学业表现的影响。此外，一般而言，家庭教育投入与学历教育存在互补。农村地区相对偏低的义务教育质量可能会进一步削弱低保政策对农村贫困家庭儿童学习成绩的积极影响。

　　（四）家庭背景分组分析

　　相关研究显示父母受教育程度能够显著促进儿童人力资本积累（Attanasio et al.，2017；李忠路和邱泽奇，2016）。这是因为，一般而言，受教育程度较高的父母会对子女教育进行更多的物质投入和时间投入（Duncan and Murnane，2011）。更为重要的是，教育投入和父母受教育程度存在互补关系，受教育程度较高的父母对子女教育投入的边际回报率通常更高（Becker et al.，2018）。因此，公共转移支付对贫困家庭儿童人力资本的影响可能会因父母受教育程度不同而存在差异。本部分依据父母受教育程度将样本分为初中以下组和初中及以上组分别进行估计，以检验公共转移支付对贫困家庭儿童人力资本的影响在父母受教育程度方面可能存在的差异。估计结果展示在表7-5中。

表7-5　家庭背景分组平均处理效应

匹配方法	初中及以上分组					初中以下分组				
	（1）	（2）	（3）	（4）	（5）	（6）	（7）	（8）	（9）	（10）
	成绩班级前10%	成绩班级前25%	标准化即时记忆得分	标准化延时记忆得分	标准化数列测试得分	成绩班级前10%	成绩班级前25%	标准化即时记忆得分	标准化延时记忆得分	标准化数列测试得分
1∶1匹配	0.269** （0.122）	0.192 （0.125）	0.59** （0.274）	0.621*** （0.223）	0.111 （0.283）	−0.125 （0.190）	−0.063 （0.143）	0.121 （0.263）	0.090 （0.276）	−0.167 （0.335）
1∶5匹配	0.293** （0.143）	0.307*** （0.115）	0.120 （0.221）	0.319* （0.193）	−0.079 （0.246）	−0.050 （0.140）	0.125 （0.117）	0.070 （0.203）	−0.061 （0.232）	0.073 （0.249）

续表

匹配方法	初中及以上分组					初中以下分组				
	（1） 成绩班级前10%	（2） 成绩班级前25%	（3） 标准化即时记忆得分	（4） 标准化延时记忆得分	（5） 标准化数列测试得分	（6） 成绩班级前10%	（7） 成绩班级前25%	（8） 标准化即时记忆得分	（9） 标准化延时记忆得分	（10） 标准化数列测试得分
1∶10 匹配	0.24* （0.142）	0.267** （0.107）	0.045 （0.207）	0.292* （0.177）	−0.204 （0.229）	0.000 （0.136）	0.231** （0.114）	−0.046 （0.191）	−0.234 （0.221）	−0.034 （0.225）
半径 r=0.01	0.190 （0.116）	0.21** （0.088）	0.273 （0.198）	0.473** （0.189）	0.092 （0.225）	−0.112 （0.106）	0.068 （0.102）	0.291* （0.164）	0.274 （0.174）	−0.012 （0.179）
半径 r=0.05	0.201* （0.107）	0.179** （0.091）	0.163 （0.173）	0.392** （0.163）	0.082 （0.191）	−0.107 （0.100）	0.062 （0.096）	0.223 （0.143）	0.127 （0.157）	−0.016 （0.160）
半径 r=0.1	0.217** （0.109）	0.241*** （0.078）	0.085 （0.173）	0.359** （0.162）	−0.034 （0.200）	−0.101 （0.099）	0.051 （0.095）	0.144 （0.138）	0.054 （0.152）	−0.055 （0.155）
半径 r=0.25×se k=1	0.292** （0.130）	0.292** （0.124）	0.285 （0.234）	0.569** （0.234）	0.110 （0.266）	−0.120 （0.139）	−0.080 （0.123）	0.434** （0.211）	0.366* （0.210）	−0.062 （0.250）
半径 r=0.25×se k=5	0.238** （0.115）	0.229** （0.092）	0.224 （0.201）	0.485** （0.189）	0.112 （0.227）	−0.050 （0.140）	0.125 （0.117）	0.070 （0.203）	−0.061 （0.232）	0.073 （0.249）
半径 r=0.25×se k=10	0.216* （0.114）	0.216** （0.087）	0.198 （0.188）	0.439** （0.177）	0.038 （0.217）	−0.127 （0.107）	0.072 （0.103）	0.27* （0.161）	0.182 （0.169）	0.005 （0.183）

***、**、*分别表示在1%、5%、10%的显著性水平上显著

注：括号内是采用 Bootstrap 抽样 500 次得到的稳健标准误，se 为倾向得分值的标准差

父母受教育程度为初中及以上分组样本的估计结果显示，公共转移支付显著促进了儿童人力资本提升。第（1）列和第（2）列结果显示，在父母受教育程度为初中及以上的分组样本中，如果获得公共转移支付，则贫困家庭儿童学习成绩进入班级前10%和班级前25%的概率显著增加。除提高学习成绩外，第（4）列的结果表明，公共转移支付会显著提高贫困家庭儿童标准化延迟记忆得分。然而，在父母受教育程度为初中以下的分组样本中，总体上，我们并未发现公共转移支付显著促进贫困家庭儿童人力资本的证据。公共转移支付对贫困家庭儿童人力资本影响在父母受教育程度分组中存在差异的原因可能在于贫困家庭在获得公共转移支付后，受教育程度较高的父母将会对子女教育进行更多且有效的投入，进而更为显著地影响儿童人力资本积累。

四、影响机制分析

通过梳理文献发现，最低生活保障这类公共转移支付影响贫困家庭儿童人力

资本的机制主要有三种。首先，教育物质投入是公共转移支付影响贫困家庭儿童人力资本的重要渠道；其次，公共转移支付通过提高贫困家庭收入会在一定程度上增加父母闲暇时间，并可能增加父母给予子女教育指导的时间，从而有助于提升贫困家庭儿童的人力资本；最后，公共转移支付通过改善家庭收入也能够部分减轻贫困家庭父母的精神压力，有利于建立良好的家庭教养方式，促进儿童人力资本积累。此外，低保政策的瞄准效率和救助标准也会直接影响其对贫困家庭儿童人力资本的作用。本部分将对上述影响机制分别进行检验。

（一）低保政策的瞄准效率和救助水平

低保政策的实行积极推动了我国反贫困事业的发展（李实和杨穗，2009）。然而现行低保政策在具体实施过程中，存在低保资格审查不严、补助资金发放程序不规范和事后监督薄弱等不足，结果导致有限的财政救助资金流向非贫困家庭，限制了低保政策效果的发挥。低保政策减少贫困和改善贫困家庭福利水平的关键在于是否瞄准了贫困家庭以及救助水平如何（朱梦冰和李实，2017）。如果瞄准失效或补助标准偏低，那么低保政策促进贫困家庭儿童人力资本积累的作用将受到极大限制。低保政策的救助水平和瞄准效果展示在表 7-6 中。

表 7-6　低保政策的救助水平和瞄准效果

低保政策的救助水平					
贫困标准	1.9 美元			3.1 美元		
	全样本	城市样本	农村样本	全样本	城市样本	农村样本
低保补助金占贫困户消费支出比例	9.71%	18.82%	5.72%	8.17%	20.41%	4.64%

低保政策的瞄准效果					
贫困标准		1.9 美元		3.1 美元	
		非贫困户	贫困户	非贫困户	贫困户
全样本	非低保户	91.6%	81.25%	93.08%	82.29%
	低保户	8.4%	18.75%	6.92%	17.71%
城市样本	非低保户	92.38%	58.54%	94.22%	61.29%
	低保户	7.62%	41.46%	5.78%	38.71%
农村样本	非低保户	91.26%	84.59%	92.52%	85.29%
	低保户	8.74%	15.41%	7.48%	14.71%

从救助水平来看，无论是总样本还是城乡分组样本，低保政策的救助水平都偏低。1.9 美元贫困标准下，总体样本中，低保补助金占贫困家庭消费支出的 9.71%，

农村地区仅为 5.72%，城市地区最高也不过 18.82%。当贫困标准提高到 3.1 美元后，低保政策的救助水平并未发生明显变化，低保补助金占贫困家庭消费支出的比例在总体样本和城乡分组样本中分别为 8.17%、20.41% 和 4.64%。Handa 和 Davis（2006）研究发现，公共转移支付收入至少达到贫困家庭消费支出的 20%，才能明显改善儿童人力资本。低保政策偏低的救助水平极大地削弱了其提升贫困家庭儿童人力资本积累的作用。

低保政策的瞄准效果可从排斥率和漏损率两方面进行分析（解垩，2016）[①]。从表 7-6 下半部分可以看到，1.9 美元贫困标准下，全样本中低保补助金流向非贫困家庭的漏损率为 8.4%，农村地区为 8.74%，城市地区最低也达到了 7.62%。当贫困标准提高到 3.1 美元后，低保政策的漏损率略有下降。相对于漏损率而言，低保政策的排斥率更加严重。全样本中 81.25% 的贫困家庭未获得低保补助金，农村地区的排斥率更是高达 84.59%，城市地区的排斥率最低也达到了 58.54%。低保排斥率在 3.1 美元贫困标准下存在小幅上升。以上结果说明现行低保政策的瞄准效率偏低，这不仅导致部分低保补助金流向非贫困家庭，更为严重的是大量真正贫困的家庭被排斥在低保救助体系外。因此，本章认为瞄准失效和偏低的救助水平将严重降低低保政策促进贫困家庭儿童人力资本提升的作用。

（二）低保政策对家庭教育物质投入和时间投入的影响

家庭收入对儿童人力资本积累有着显著影响。低保补助金增加了贫困家庭收入，但能否促进贫困家庭儿童人力资本积累则取决于家庭内部如何使用低保补助金（Barrientos and Dejong，2006）。如果家庭收入提高通过增加家庭教育投入而对儿童人力资本产生促进作用，则存在正向收入效应（Macours et al.，2012）。收入效应大小与低保补助金额多少紧密相关。一般而言，低保补助金只有满足贫困家庭基本生活所需后，才可能用于子女教育投入等方面。此外，低保补助金在缓解家庭经济压力的同时，也在一定程度上增加了贫困家庭父母的闲暇时间。如果父母对子女教育给予指导的时间投入增多，如检查孩子作业、与孩子交流学习相关的事情，则有助于提升儿童人力资本。

为检验上述论断，这里分析了低保政策如何影响贫困家庭对子女教育的物质投入和时间投入。我们用"过去一年全年不含学校发的教材费、参考书费和课外书费"、"过去一年全年的课外辅导班费和家教费"和"过去一年全年在校伙食费"来衡量家庭的教育物质投入。此外，CFPS 2012 年数据中存在如下两个问题，"自本学期开始以来，您经常和孩子讨论学校里的事情吗？"以及"您经常检查孩子

---

① 漏损率是指低保户中的非贫困家庭占总体非贫困家庭的比例，排斥率则反映了贫困家庭被排斥在最低生活保障救助体系外的程度，是指非低保户中的贫困家庭占总体贫困家庭的比例。

的家庭作业吗？"，选项均为 1~5 的有序变量，1~5 依次表示很经常、经常、偶尔、很少和从不。依据上述两个变量的均值，生成了家庭的教育时间投入是否达到总体样本的前 25% 和前 50% 的两个虚拟变量，以反映不同家庭教育时间投入的差异。

表 7-7 第（1）~（3）列展示了低保政策对贫困家庭教育物质投入的影响。结果显示，获得低保补助金后，贫困家庭儿童课外教材支出显著增加。但低保补助金并未对课外辅导支出及在校伙食费产生显著影响。这表明获得低保补助金后，贫困家庭对子女教育物质投入的增加主要体现为增加课外教材支出。第（4）、（5）列结果则表明，总体上，低保补助金没有明显改变贫困家庭父母的时间配置偏好，子女教育时间投入未显著增加。以上结果表明，相对于教育时间投入，教育物质投入尤其是课外教材支出是低保补助金影响贫困家庭儿童人力资本的重要渠道。

表 7-7　低保政策对家庭教育物质投入、教育时间投入和家庭教养方式的影响

匹配方法	教育物质投入			教育时间投入		家庭教养方式	
	（1）	（2）	（3）	（4）	（5）	（6）	（7）
	课外教材支出	课外辅导支出	在校伙食费	时间投入前25%	时间投入前50%	与父母争吵	与父母交流谈心
1：1 匹配	0.927** (0.387)	0.519 (0.471)	0.370 (0.629)	0.123 (0.093)	0.158* (0.087)	−0.088 (0.084)	0.105 (0.091)
1：5 匹配	0.678** (0.308)	0.371 (0.428)	0.320 (0.548)	0.053 (0.081)	0.095 (0.072)	−0.151** (0.071)	0.007 (0.080)
1：10 匹配	0.622** (0.292)	0.277 (0.411)	0.681 (0.524)	0.030 (0.078)	0.082 (0.069)	−0.156** (0.068)	0.047 (0.077)
半径 r=0.01	0.723* (0.395)	1.078** (0.527)	0.801 (0.702)	−0.036 (0.101)	0.071 (0.083)	−0.271*** (0.090)	0.036 (0.100)
半径 r=0.05	0.485* (0.279)	0.566 (0.464)	0.378 (0.530)	0.017 (0.077)	0.044 (0.066)	−0.070 (0.066)	0.073 (0.077)
半径 r=0.1	0.656* (0.377)	0.142 (0.581)	0.481 (0.719)	−0.015 (0.105)	0.113 (0.087)	−0.191** (0.092)	0.081 (0.105)
半径 r=0.25×se k=1	0.862** (0.399)	0.450 (0.490)	0.489 (0.651)	0.111 (0.095)	0.167* (0.091)	−0.093 (0.086)	0.130 (0.093)
半径 r=0.25×se k=5	0.576* (0.315)	0.285 (0.436)	0.401 (0.562)	0.049 (0.083)	0.098 (0.074)	−0.146** (0.072)	0.026 (0.082)
半径 r=0.25×se k=10	0.581* (0.302)	0.206 (0.422)	0.619 (0.541)	0.045 (0.080)	0.084 (0.072)	−0.132* (0.069)	0.053 (0.079)
Normal 核函数	0.592* (0.325)	0.852 (0.525)	0.708 (0.610)	−0.027 (0.088)	0.042 (0.076)	−0.133* (0.078)	0.014 (0.087)
Epanechnikov 核函数	0.812** (0.404)	1.062** (0.536)	0.696 (0.714)	−0.012 (0.103)	0.083 (0.084)	−0.253*** (0.092)	0.034 (0.102)
Tricube 核函数	0.683* (0.404)	1.183** (0.565)	0.872 (0.704)	0.006 (0.101)	0.102 (0.084)	−0.217** (0.092)	0.061 (0.101)

***、**、*分别表示在 1%、5%、10% 的显著性水平上显著

注：括号内是采用 Bootstrap 抽样 500 次得到的稳健标准误，se 为倾向得分值的标准差

（三）低保政策对家庭教养方式的影响

Feinstein 和 Symons（1999）研究发现，教养方式是家庭社会经济条件影响儿童人力资本的重要渠道。良好的家庭教养方式不仅可以增进父母与子女的感情，更能促进儿童心理健康和教育发展。家庭经济困难给贫困家庭父母造成了一定的精神压力，而这种精神压力可能会对家庭教养方式带来不利影响，导致父母与子女关系不和谐，影响贫困家庭儿童人力资本积累（Gershoff et al., 2007）。低保补助金作为政府向贫困家庭提供的无偿性现金救助，能够减轻贫困家庭经济压力，在一定程度上缓解贫困家庭父母的精神压力，进而可能对家庭教养方式产生正向影响，如减少父母与子女的争吵、增加子女与父母的沟通交流等。

结合 CFPS 2012 年数据，依据问题"过去一个月，你和父母大概争吵了几次？"和"过去一个月，你和父母交流谈心了几次？"，生成是否与父母争吵和是否与父母交流谈心的虚拟变量。与父母发生争吵取值为 1，否则为 0。相应地，与父母交流谈心取值为 1，否则为 0。我们用以上两个变量反映家庭教养方式的差异。表 7-7 第（6）、（7）列展示了低保政策对贫困家庭教养方式的影响。结果显示，低保政策显著降低了贫困家庭儿童与父母争吵的概率，但并未对与父母交流谈心产生显著影响，表明低保政策对贫困家庭教养方式的正向影响主要体现在降低儿童与父母争吵方面。

五、结论与政策建议

公共转移支付发挥着巨大的减贫效应，其中，面向贫困家庭的最低生活保障制度反贫困作用尤为突出。公共转移支付在减少当期贫困的同时，是否能够"授人以渔"，提升贫困家庭子代人力资本？本章以最低生活保障为例，尝试回答"公共转移支付能否促进贫困家庭子代人力资本形成"这一问题。本章采用倾向得分匹配方法克服样本选择问题，借助 CFPS 2012 年微观调查数据，以义务教育阶段 10~15 岁儿童为样本，实证检验了低保政策对贫困家庭儿童人力资本的影响及具体作用机制。研究发现：①低保政策显著提升了贫困家庭儿童人力资本水平，主要体现在对贫困家庭儿童学习成绩的影响方面；②低保政策对儿童人力资本的促进作用在城市和父母受教育程度较高的贫困家庭中更为明显；③低保政策增加了贫困家庭的物质教育投入，主要是课外教材支出，且有利于建立良好的家庭教养方式，体现在降低与父母争吵的概率方面，从而改善了贫困家庭儿童人力资本的积累。

为更好地发挥最低生活保障这类公共转移支付对贫困家庭子代人力资本形成的促进作用，结合前文研究结论，建议如下。①进一步提高低保政策瞄准效率。

首先，加强低保对象资格审查，防止各类"骗保"和"冒领"现象发生，避免低保财政救助资金浪费。其次，建立低保绩效的动态评估体系，对低保对象"进入"和"退出"进行动态监测评估，避免低保产生的福利依赖。②适度提高低保补助标准。低保补助标准的合理界定，既要以保证贫困家庭基本生活所需为基础，又要兼顾贫困家庭成员的发展，尤其是贫困家庭子代人力资本的形成，同时还需考虑地方政府财政能力的约束。在科学评估的基础上确定既能保证贫困家庭基本生活所需，又能促进贫困家庭成员发展，同时符合地方财政能力的低保补助标准。此外，还应加大农村地区低保资金财政投入，缩小城乡低保保障水平差异。③合理设定低保等公共转移支付受益条件。为有效促进贫困家庭子代人力资本的形成，应从子女教育、健康等方面设置受益条件。例如，可以限定接受公共转移支付的家庭必须将一定比例的补助金优先用于子女在教育和健康方面的人力资本提升，而不被其他家庭支出所替代，增强公共转移支付促进贫困家庭子代人力资本形成的作用。

第八章　人力资本对收入机会不平等影响的实证分析

前面已经检验了教育、医疗等公共服务对人力资本的影响效果与影响机制，证实了公共服务供给对人力资本的重要影响。本章将在前面实证分析的基础上，进一步检验人力资本对收入机会不平等的影响效果与影响机制，而收入机会不平等必然会引致收入不平等。

第一节　人力资本对收入机会不平等影响的文献综述

收入是个人经济福利的重要组成部分，因此收入分配不平等问题一直以来备受关注，尤其是其中由环境导致的机会不平等部分。

一、人力资本对收入机会不平等影响的研究

机会不平等不仅难以被个体所接受，也有碍社会和谐稳定，更不利于经济持续稳定地增长（Aiyar and Ebeke，2020；Marrero and Rodríguez，2013）。如何削减机会不平等，从而形成更加公平的收入分配格局，更好地满足人民日益增长的美好生活需要与实现经济可持续发展是亟待回答的政策命题。

人力资本是个人收入水平的重要决定因素（Psacharopoulos，1977），构成个体人力资本的主要有受教育程度和健康状况等，其中，教育人力资本往往与个人的技能水平和生产率存在正向关联，受教育程度的提高有利于增加个体的就业机会，并且是更优质的就业机会，进而能够为个体达到更高的收入梯度提供良好的条件。健康人力资本也会影响个体的就业机会，并且会直接影响个体的工作状态，健康水平的提高能够降低疾病对个人劳动力市场参与的不利影响，增加个体的健康工

作时长，为个体创造更好的经济条件提供基本保障。人力资本已经被证实具有降低家庭经济福利不平等（Baye and Epo，2015）以及收入不平等（石大千和张哲诚，2018；杨晶等，2019；J. Lee and H. Lee，2018；Park，1996；Sehrawat and Singh，2019）的作用。但较少有研究直接关注人力资本与收入机会不平等的关系，Zhou 和 Zhao（2019）认为近来教育更多的是扮演着维持环境优势的角色，而作为实现社会群体流动的路径则变得越来越困难。教育是收入代际传递的渠道之一（陈杰等，2016；陈琳和袁志刚，2012；Fan，2016；Qin et al.，2016），同时教育也是可以用来提升代际收入流动性的重要方式（黄潇，2014；李勇辉和李小琴，2016；刘志国和范亚静，2014；徐俊武和张月，2015；杨沫和王岩，2020；Iannelli and Paterson，2007）。政府通过弥补低收入家庭对子女教育投资的不足来提升其子女教育水平，进而有助于提高代际收入流动性（宋旭光和何宗樾，2018；周波和苏佳，2012；Kotera and Seshadri，2017；Yang and Qiu，2016）。

二、简单述评

综合前述文献可知，已有文献大多是从代际收入流动性角度来分析人力资本对代际收入公平的影响，并主要聚焦于教育人力资本，这为进一步探究人力资本对收入机会不平等的影响奠定了良好的基础。需要指出的是，代际收入传递尽管是收入机会不公平的重要体现，仍然难以反映收入机会不平等的全貌。因此，有必要直接从机会平等的视角切入，分析人力资本在应对收入机会不平等上可能发挥的作用。

本章将在机会平等的视角下展开，直接探讨人力资本对收入机会不平等的影响。具体来说，综合考虑教育人力资本与健康人力资本这两个重要的人力资本维度，分别测度实际收入机会不平等与人力资本得到提高后的"反事实"收入机会不平等，通过对比机会不平等变动情况来检验人力资本究竟是否能够产生收入机会不平等削减效应。进一步检验当收入机会不平等削减效应存在时，其背后可能的来源是什么。对这些问题的回答将有助于拓宽政府可用于降低收入机会不平等的政策工具的思路，因为政府对人力资本的干预，特别是集中于劣势群体中的个体（Oster，2009），如教育政策，是可以促进人力资本水平提高的（Egert et al.，2020）。

第二节 人力资本对收入机会不平等的影响效应

前面章节已经检验并证实了公共服务供给对人力资本的影响，这里进一步检验人力资本对收入机会的影响效应。收入机会直接决定收入水平，由此也能验证人力资本对收入不平等的影响。

一、实证策略

开展人力资本对收入机会不平等的实证分析，就必须先测度收入机会不平等与设计好人力资本提升效应衡量标准。

（一）收入机会不平等测度

根据 Ferreira 和 Gignoux（2011），依据环境变量将有限样本个体总数 N 划分为不同的组别，通过构造"平滑"收入分布，即对属于同一组别的个体，以该组的均值收入替代组内个体的收入，从而实现直接测度收入机会不平等的目标。此时，机会不平等绝对量由计算组间不平等得到。对于不平等衡量指标，选择具有良好性质的平均对数偏差，也称零阶泰尔指数，在文献中以 GE（0）代指，后文便以 GE（0）代指。

具体而言，在依据环境变量确定组别数目时，采用两步聚类法，同时考虑赤池信息准则与聚类结果的质量，根据环境信息将个体划归到不同的组别。在测度过程中，选择参数法进行估计。通过估计以下收入决定方程来构造"平滑"收入分布：

$$\ln y_i = \varphi C_i + \varepsilon_i \tag{8-1}$$

其中，y_i 表示个体 i 的收入水平；C_i 表示个体 i 面临的环境，包含一系列的环境变量。收入通常被认为是环境与努力的函数，由于努力会受到环境的影响，故式（8-1）是环境与努力共同决定的收入决定方程的约简型形式。本节的重点在于检验人力资本提升是否有助于降低收入机会不平等，由此，无法囊括所有可能影响收入的环境变量所导致的机会不平等测度下界并不会对这一目标产生影响。

（二）人力资本提升的效应检验

理想情景下，可以通过直接利用个体达到更高人力资本水平下的收入信息来检验人力资本提升对收入机会不平等可能产生的效应。但是这种理想情景在现实中是不存在的，我们无法获取到相关信息。因为个体不可能同时拥有较低人力资本水平与较高人力资本水平，我们也就无法直接同时得到这两种情形下的个体收入。因此，这里借鉴张卫东和杨全胜（2020）的匹配思路，将倾向得分匹配方法融入机会不平等测度中，以此来考察当个体的人力资本水平提高后，收入机会不平等状况会如何变化。这里的人力资本水平提高是指提高到本章所定义的最高人力资本水平。

　　具体地，首先需要明确什么是最高人力资本水平与较低人力资本水平。接着根据个体的人力资本属于最高人力资本水平还是较低人力资本水平构建处理变量，将环境变量作为协变量，收入作为结果变量进行倾向得分匹配。属于最高人力资本水平的定义为控制组，属于较低人力资本水平的定义为处理组，进而达到从控制组中选取个体作为处理组匹配个体的目的。这样一来经过匹配，处理组与得到的来自控制组的匹配样本环境相似，只是与匹配个体在人力资本水平上存在差异。也就是说，我们就相当于拥有了属于较低人力资本水平的个体实现最高人力资本水平后所能获得的"反事实"收入。最后将人力资本水平较低组的匹配收入与人力资本水平最高组的原始收入合并，重新组成完整的收入分布。再次利用前述测度方法测算出此时的收入机会不平等程度，通过比较实际情境下的收入机会不平等程度与所有个体都达到最高人力资本水平时的收入机会不平等程度，可以观察到人力资本改善对收入机会不平等带来的影响。

二、数据与变量介绍

（一）数据来源

　　本章用于实证分析的数据来自中国人民大学中国调查与数据中心的 CGSS 数据库。该数据库涵盖了个人的收入、教育、健康与家庭等多方面的信息，为分析人力资本对个体收入机会不平等的影响提供了丰富的变量。为保持研究所需变量的完整性及调查问题设置前后的一致性，最终使用的是除 2011年外的 CGSS 在2008~2017 年的历次调查数据，具体包括 CGSS 2008、CGSS 2010、CGSS 2012、CGSS 2013、CGSS 2015、CGSS 2017 共六年的截面数据。

　　在数据整理过程中，首先，根据个体的教育和就业情况，剔除掉尚在接受教育且没有工作的样本个体，以及明确回答已经退休的样本个体；其次，考虑到参数估计中要以收入对数作为因变量构建收入决定方程，因此剔除收入为 0 的观测值；最后，删去各变量值存在缺失的样本个体。考虑到出生于不同年代的人所经历的时代背景不一样，由此人力资本对收入机会不平等的影响也可能在不同出生年代间存在差异，同时为了兼顾样本容量，构建一个由六年数据混合而成的总样本，再对该混合样本根据个体出生年份以十年为间隔，划分为 1950~1959 年出生、1960~1969 年出生、1970~1979 年出生与 1980~1989 年出生。样本中也包含出生于1950 年之前的个体和 1990 年及其之后的个体，但这两大群体要么大部分人已经事实上退休，要么样本量不足，因此不予考虑。经过整理后的混合样本共有 34 987个观测值，四大出生队列依次各占 8 742 个、10 256 个、9 337 个、6 652 个。

（二）主要变量

CGSS 问卷中询问了个体全年的总收入，以此作为本章实证分析的收入变量。由于样本是混合各年数据得到的，为增强可比性，利用居民消费价格指数统一将各年收入平减至 CGSS 2008 年。

对于环境变量，选择构建性别、户籍、出生地、居住地为代表的个体特征，以及父亲受教育程度、就业状况、政治面貌和个体 14 岁时家庭的社会经济地位为代表的家庭背景作为本节的环境变量。性别变量定义为男性赋值 1，女性赋值 0。根据被访者对户口情况问题的回答，将户籍状态区分为自打出生就获得非农户口（赋值 1）与其他情形（赋值 0）。同时，2017 年 CGSS 调查了被访者 14 岁时的常居住地，通过将该问题的回答与我们构建的户籍变量进行比较，可以发现二者的重合度在 90%左右，这也能从侧面说明户籍变量反映个体实际居住在城市还是农村的准确性较高，从而能较真实地反映个体所拥有的户籍为其可能带来的发展机会差异。出生地变量则结合被访者对"哪一年来到本地居住的"（2008 年的表述为"在本地累计生活了多少年"）以及"户口是哪一年迁到本地的"的回答，定义为一直住在本地（赋值 1）与其他情形（赋值 0）。居住地变量按照被访者的受访地点分为居住在东部、中部还是西部地区。对于个体的家庭背景，父亲受教育程度根据数据库中父亲最高受教育程度信息对应地换算成受教育年限 0 年（没有受过任何教育）、6 年（私塾、扫盲班或小学）、9 年（初中）、12 年（职高、普高、中专或技校）与 15 年（大学专科及以上）。父亲就业状况以个体提供的 14 岁时父亲就业信息为依据，分为无工作、务农、非正式就业和全职就业这四类就业状况。考虑到简单地将父亲去世或去向不明视同为无工作情形可能无法准确反映出父亲就业带来的影响，因此不考虑属于这两种情况的样本个体。父亲政治面貌按照是否属于某一党派的成员（共产党员或民主党派成员均可）进行划分。在调查中，被访者对其 14 岁时家庭的社会经济地位进行了 1 到 10 分的主观评分，本节进一步根据评分①将社会经济地位分为下层、中层和上层。

在人力资本变量的选取上，主要关注人力资本的两个维度，即教育人力资本与健康人力资本，这也是现实生活中人们普遍最为重视的两个人力资本维度。接受教育是个体实现人力资本积累最为重要的方式，结合数据可获得性与已有文献做法，样本个体的教育人力资本用受教育程度来表示，CGSS 对被访者与其父母的受教育问题的设置是相同的，因此，同样将个体的受教育程度转换为相应的受教

---

① CGSS 2008 年的评分含义与其他年份刚好相反，即 10 分代表最底层，而其他年份 10 分均代表最高层，构建变量时已进行统一。

育年限。健康人力资本以被访者的自评健康状态表示[①]，通过整理将个体的健康状态分为不健康、一般与健康。

三、实证结果及分析

这里分别按照实际收入机会不平等、人力资本提升对收入机会不平等的削减效应、削减效应背后的收入增长效应进行实证分析。

（一）实际收入机会不平等

依据本章选定的环境变量，采用两步聚类法，最终四大出生队列的个体被分为 40 个组别。计算收入机会不平等前，首先需要估计前面提到的收入决定方程，各环境因素对个体收入的影响见表 8-1。从中可以发现，无论是性别、户籍、出生地、居住地等个体特征，还是父亲受教育程度、就业状况以及个体 14 岁时家庭社会经济地位等家庭背景，都会在一定程度上对个体的收入产生影响。

表 8-1 环境对四大出生队列收入的影响

变量	出生队列			
	1950~1959 年	1960~1969 年	1970~1979 年	1980~1989 年
性别	0.438 14*** (0.020 45)	0.604 87*** (0.018 67)	0.583 94*** (0.019 00)	0.407 66*** (0.021 61)
户籍	0.597 22*** (0.029 73)	0.366 45*** (0.026 72)	0.302 13*** (0.024 80)	0.176 00*** (0.026 84)
出生地	−0.336 50*** (0.023 89)	−0.309 65*** (0.022 40)	−0.334 42*** (0.020 99)	−0.396 89*** (0.023 09)
父亲受教育程度	0.023 95*** (0.002 76)	0.033 09*** (0.002 41)	0.032 00*** (0.002 63)	0.020 39*** (0.003 43)
父亲务农	−0.171 16* (0.091 39)	−0.083 26 (0.085 99)	−0.081 43 (0.067 46)	−0.167 72** (0.070 96)
父亲非正式就业	0.076 19 (0.108 65)	0.096 45 (0.106 41)	0.080 93 (0.083 81)	−0.014 88 (0.077 95)
父亲全职就业	0.103 32 (0.091 04)	0.016 27 (0.084 87)	0.045 28 (0.066 63)	0.132 21* (0.068 64)
14 岁时家庭社会经济地位：中层	0.205 14*** (0.022 55)	0.213 98*** (0.020 68)	0.207 37*** (0.020 55)	0.078 64*** (0.022 58)
14 岁时家庭社会经济地位：上层	0.214 03*** (0.068 93)	0.203 51*** (0.062 94)	0.105 63* (0.061 89)	0.068 83 (0.060 27)

---

① 成人的身体质量指数（即 BMI 指数）是反映个体身体健康的较为客观的指标。CGSS 也询问了被访者的身高与体重，但是除 2008 年外的其余年份，对体重问题的实际回答单位均表现出明显不统一，因此并未通过构建 BMI 指数作为健康人力资本变量。

续表

变量	出生队列			
	1950~1959 年	1960~1969 年	1970~1979 年	1980~1989 年
东部地区	0.641 29*** （0.029 61）	0.716 91*** （0.025 45）	0.783 57*** （0.025 15）	0.661 96*** （0.030 25）
中部地区	0.167 67*** （0.028 51）	0.218 17*** （0.024 52）	0.229 68*** （0.025 62）	0.209 64*** （0.032 60）
观测值	8 742	10 256	9 337	6 652
调整后的 R^2	0.351	0.297	0.324	0.278

\#、*、**、***分别表示在 15%、10%、5%、1%的显著性水平上显著。限于篇幅，本表只展示了部分结果

参数估计下测度得到的各出生队列的机会不平等程度如表 8-2 所示。表 8-2 的第 2 列为每一出生队列的收入不平等指数，第 3 列为每一出生队列的机会不平等指数，最后一列计算的是每一出生队列的机会不平等占收入不平等的比重。

表 8-2 各出生队列的机会不平等程度 [GE (0)]

出生队列	收入不平等	机会不平等	机会不平等占比
1950~1959 年	0.589 68	0.223 58	37.92%
1960~1969 年	0.561 55	0.145 57	25.92%
1970~1979 年	0.536 33	0.167 39	31.21%
1980~1989 年	0.461 74	0.117 27	25.40%

由表 8-2 可知，出生于 1950~1959 年、1970~1979 年的个体面临着相较另外两大出生队列更高的机会不平等程度，其中，1950~1959 年出生的个体在本节研究的样本个体中经历了最为严重的机会不平等。结合参数估计时收入决定方程回归结果可以发现，各类环境因素对该出生队列收入均有着显著的影响，如父辈特征与家庭社会经济地位为代表的家庭背景。1970~1979 年出生的这一代人的个体发展受到经过一段时间的改革开放而形成的社会格局的影响，如家庭社会经济地位、居住地区等都对日后的个人收入具有较显著的作用，因此收入机会不平等程度也较高。1960~1969 年出生的个体在进入劳动力市场时开始享受改革开放初期带来的机遇，此时个人发展的空间有所扩大，发展平台增多，社会背景与出身对个人获得更高社会经济地位的制约有所减弱，在本章就表现为这一出生队列的机会不平等程度相较前面提到的两个出生队列更为缓和。再看 1980~1989 年出生的个体，其机会不平等占收入不平等的比重虽然在四大出生队列中最低，但是几乎与

1960~1969 年出生个体相当，需要警惕该出生队列面对的机会不平等状况。从目前的出生时序来看，收入机会不平等总体上趋向降低，即后代人的收入机会不平等情况与前代人相比有所改善。

（二）人力资本提升对收入机会不平等的削减效应

实证策略介绍部分提到，匹配前应首先对最高人力资本水平与较低人力资本水平予以定义。在此，我们以是否同时具备最高受教育程度和最佳健康状态来区分最高人力资本水平与较低人力资本水平。这里的最高受教育程度是指接受了大学专科及以上教育，最佳健康状态是指自评健康状况为健康。鉴于出生在1950~1959 年的样本个体接受大专及以上教育的较少，参考已有文献做法，将此出生队列接受高中教育（包含职高、普高、中专或技校）也纳入最高受教育程度的范围。以选取的环境变量为协变量，基于 Logit 回归，采用 k 近邻匹配方法进行倾向得分匹配。在具体考察人力资本提升下收入机会不平等的变化时，首先探讨综合考虑教育与健康人力资本的情形，这也是本节研究的重点。其次，我们也对单独考虑教育人力资本、健康人力资本的情形进行分析，以丰富本章的结论。

1. 综合考虑教育与健康人力资本

为提高匹配质量，1950~1959 年和 1980~1989 年出生队列的近邻数为 2，1960~1969 年和 1970~1979 年出生队列的近邻数为 3。所有出生队列匹配时均满足重叠假定（overlap assumption）。样本损失情况具体如下：1950~1959 年出生队列损失 4 个样本，1960~1969 年出生队列损失 1 个样本，1970~1979 年出生队列与1980~1989 年出生队列各损失 2 个样本。匹配后，协变量应在处理组与控制组之间分布较为均匀，也即需要通过平衡性检验。汇总来看，所有出生队列匹配后的标准化偏差基本都在 10%以内（仅 1960~1969 年出生队列性别变量的标准化偏差为10.6%），通过了平衡性检验。接下来以 1950~1959 年出生队列的平衡性检验结果为例进行说明。

表 8-3 显示，所有变量的标准化偏差在匹配后都得到了较大幅度消减，标准化偏差绝对值均未超过 10%，同时大多数变量的 T 检验结果表明匹配后处理组与控制组不存在系统性差异。为进一步说明匹配效果，绘制处理组与控制组匹配前后的倾向得分值核密度函数图。从图 8-1 可以看到，经过匹配，处理组与控制组之间的倾向得分值差异有了明显缩小，这表明人力资本水平较低组与其从人力资本水平最高组中选取的匹配样本在环境特征上具有较好的相似性。其余出生队列相应的核密度函数图（图 8-2~图 8-4）同样表明，匹配后处理组与控制组的倾向得分值分布与匹配前相比更加接近。平衡性检验结果与核密度函数图综合显示，总体来说，倾向得分匹配效果较好。

表 8-3　倾向得分匹配平衡性检验（1950~1959 年出生队列）

变量	样本	变量均值		标准化偏差	偏差消减	T 检验	
		处理组	控制组			t 值	p 值
性别	匹配前	0.535 64	0.641 11	−21.5%	90.8%	−6.99	0.000
	匹配后	0.535 93	0.545 63	−2.0%		−1.19	0.234
户籍	匹配前	0.282 6	0.563 64	−59.3%	98.9%	−20.22	0.000
	匹配后	0.282 75	0.279 61	0.7%		0.43	0.669
出生地	匹配前	0.766 48	0.660 87	23.5%	77.9%	8.06	0.000
	匹配后	0.766 36	0.789 71	−5.2%		−3.44	0.001
父亲受教育程度	匹配前	3.137 4	5.490 1	−56.0%	98.8%	−19.46	0.000
	匹配后	3.139	3.110 5	0.7%		0.45	0.649
父亲政治面貌	匹配前	0.122 91	0.244 27	−31.7%	99.8%	−11.57	0.000
	匹配后	0.122 98	0.122 78	0.1%		0.04	0.970
父亲就业	匹配前	1.622 4	2.198 4	−59.8%	98.7%	−20.12	0.000
	匹配后	1.623 3	1.616	0.8%		0.48	0.631
14 岁时家庭社会经济地位	匹配前	0.296 91	0.546 25	−45.9%	95.6%	−16.08	0.000
	匹配后	0.297 07	0.286 16	2.0%		1.37	0.170
东部地区	匹配前	0.378 49	0.584 19	−42.1%	89.8%	−13.92	0.000
	匹配后	0.378 7	0.399 77	−4.3%		−2.64	0.008
中部地区	匹配前	0.363 78	0.279 84	18.0%	95.5%	5.79	0.000
	匹配后	0.363 98	0.367 72	−0.8%		−0.48	0.634

注：表中偏差消减一列的值为取了绝对值后的数值，下同

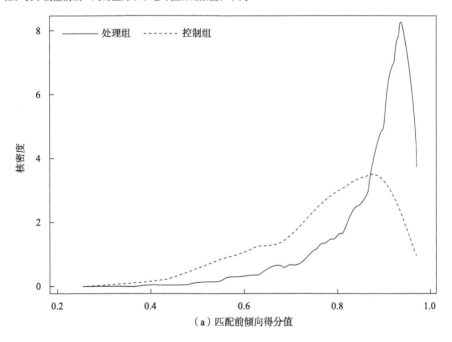

（a）匹配前倾向得分值

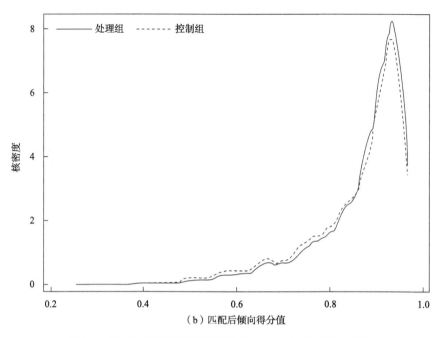

（b）匹配后倾向得分值

图 8-1　倾向得分值核密度函数图（1950~1959 年出生队列）

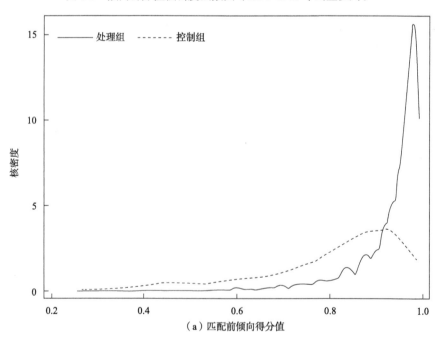

（a）匹配前倾向得分值

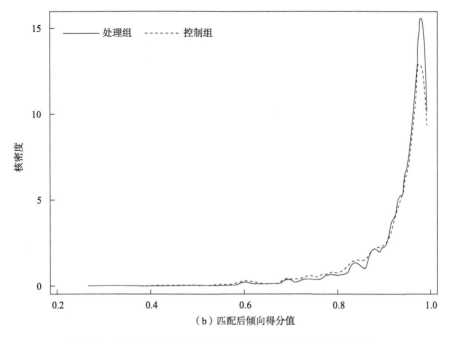

（b）匹配后倾向得分值

图 8-2　倾向得分值核密度函数图（1960~1969 年出生队列）

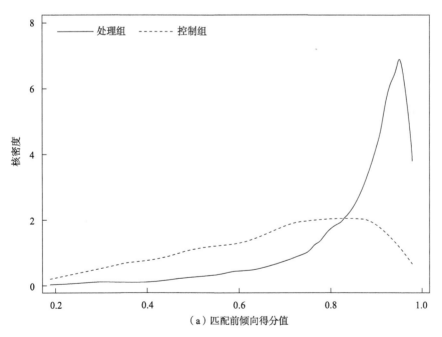

（a）匹配前倾向得分值

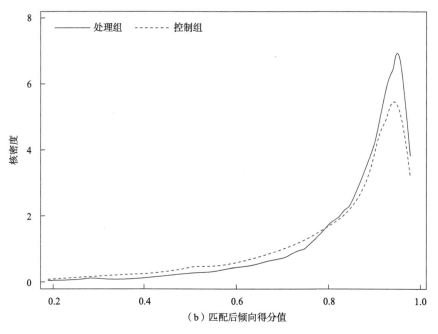

（b）匹配后倾向得分值

图 8-3　倾向得分值核密度函数图（1970~1979 年出生队列）

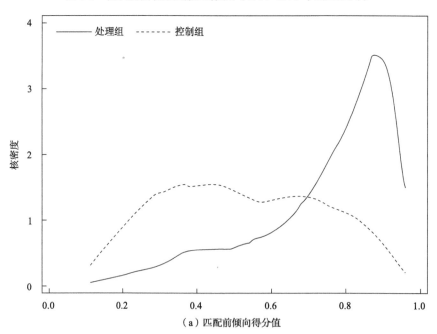

（a）匹配前倾向得分值

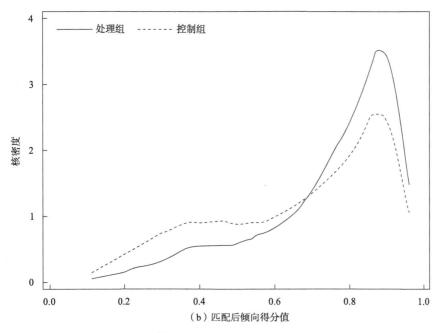

（b）匹配后倾向得分值

图 8-4 倾向得分值核密度函数图（1980~1989 年出生队列）

在所有个体都具有最高人力资本水平的"反事实"下，重新测算各个出生队列的收入机会不平等程度，表 8-4 展示了人力资本提升带来的机会不平等变化。前面提到匹配时损失的样本量极少，因此收入不平等指数值的变化几乎可以忽略不计，在此情境下可以直接比较机会不平等程度的变化。

表 8-4 人力资本提升的收入机会不平等削减效应

出生队列	实际机会不平等（1）	"反事实"机会不平等（2）	（3）=（2）-（1）	（4）=（3）/（1）
1950~1959 年	0.223 58	0.080 22	-0.143 36	-64.12%
1960~1969 年	0.145 57	0.021 28	-0.124 29	-85.38%
1970~1979 年	0.167 39	0.032 96	-0.134 43	-80.31%
1980~1989 年	0.117 27	0.053 42	-0.063 85	-54.45%

由表 8-4 可知，人力资本提升"反事实"下的收入机会不平等程度降低，这一结论对所有出生队列都成立。同时，我们也发现不同出生队列机会不平等变动幅度有所不同。对于 1960~1969 年出生群体，当人人都达到综合考虑教育与健康的最高人力资本水平后，该出生队列获得了最大的机会不平等削减效应。出生于

1970~1979 年的群体次之，其所能收获的机会不平等削减效应也较大。再次是出生于 1950~1959 年的群体，而出生于 1980~1989 年的群体在人力资本水平得到提高后所表现出的机会不平等削减幅度最小。虽然当个体人力资本得到提升后，1950~1959 年及 1980~1989 年出生队列所经历的机会不平等降低幅度不如另外两个出生队列大，但也都很可观，这说明个人的人力资本状况对收入机会不平等具有重要影响，人力资本在削减收入机会不平等上可以发挥一定的作用。

2. 教育人力资本

接下来单独考虑教育人力资本提升到最高水平的情形。与前文定义一致，最高教育人力资本水平指的是达到最高受教育程度，其余的受教育程度为较低教育人力资本水平。重复综合考虑教育与健康人力资本时的实证思路，为最优化匹配质量，1950~1959 年和 1980~1989 年出生队列的近邻数不变，1960~1969 年和1970~1979 年出生队列的近邻数为 1。匹配时 1950~1959 年出生队列损失 6 个样本，1960~1969 年出生队列损失 1 个样本，1970~1979 年出生队列损失 2 个样本，1980~1989 年出生队列损失 27 个样本。整体而言，平衡性检验与倾向得分值核密度函数图都表明与匹配前相比，匹配后处理组与控制组在环境上具有更好的相似性，在此不再赘述。

当所有个体实现最高教育人力资本水平时，收入机会不平等变化如表 8-5 所示。表 8-5 的最后一列显示，单纯教育人力资本的提升同样产生了收入机会不平等削减效应。而且 1960~1969 年和 1970~1979 年出生队列的削减效应仍然大于1950~1959 年和 1980~1989 年出生队列的相应值，各出生队列机会不平等削减幅度的相对变化与综合考虑教育与健康人力资本情形下的变化是一致的，这表明教育人力资本在人力资本降低收入机会不平等中起着重要作用。

表 8-5　教育人力资本提升的收入机会不平等削减效应

出生队列	实际机会不平等（1）	"反事实"机会不平等（2）	（3）=（2）-（1）	（4）=（3）/（1）
1950~1959 年	0.223 58	0.076 50	-0.147 08	-65.78%
1960~1969 年	0.145 57	0.025 10	-0.120 47	-82.76%
1970~1979 年	0.167 39	0.048 23	-0.119 16	-71.19%
1980~1989 年	0.117 27	0.062 30	-0.054 97	-46.87%

3. 健康人力资本

最后单独考虑健康人力资本提升到最高水平的情形。最高健康人力资本水平的定义同样与前文一致，即自评健康状况为健康，其余的健康状况则属于较低健康人力资本水平。近邻匹配的 k 值与综合人力资本情形下相同，匹配时

1950~1959 年出生队列损失 4 个样本，1960~1969 年出生队列损失 4 个样本，1970~1979 年出生队列损失 1 个样本，1980~1989 年出生队列损失 2 个样本。倾向得分匹配后，各出生队列均满足平衡性检验要求，核密度函数图也表明最高健康人力资本水平组与较低健康人力资本水平组的环境特征更加接近。

表 8-6 展示了当所有个体的健康人力资本都处于最高水平时,收入机会不平等的变动。可以发现，健康人力资本的提升与教育人力资本一样，会带来收入机会不平等的降低。在降低幅度上，健康人力资本的作用与教育人力资本的作用相比更小。此外，健康人力资本提升产生的收入机会不平等削减效应在出生队列间总体呈现减小趋势。这可能是因为随着技术进步、生活条件的改善与医疗服务水平的提高，一方面劳动力需求的技能化和专业化增强，另一方面人们的健康水平普遍有了提高，所以单纯健康人力资本提升发挥的作用较小。

表 8-6　健康人力资本提升的收入机会不平等削减效应

出生队列	实际机会不平等（1）	"反事实"机会不平等（2）	（3）=（2）−（1）	（4）=（3）/（1）
1950~1959 年	0.223 58	0.173 86	−0.049 72	−22.24%
1960~1969 年	0.145 57	0.123 60	−0.021 97	−15.09%
1970~1979 年	0.167 39	0.139 36	−0.028 03	−16.75%
1980~1989 年	0.117 27	0.103 91	−0.013 36	−11.39%

（三）削减效应背后的收入增长效应

至此，前一小节的实证结果已经回答了人力资本是否具有收入机会不平等削减效应的问题。表 8-4~表 8-6 所体现出的不同出生年代背景下收入机会不平等削减效应存在差异的原因何在还尚不可知，可以利用匹配数据做进一步分析。

1. 综合考虑教育与健康人力资本

人力资本水平提高为个体获得更高收入增加了更多可能性，因此可以合理预期，人力资本提升所产生的机会不平等削减效应可能来源于人力资本改善带来的收入增长效应。这一收入增长效应可能对于处于环境优势与劣势的群体并不相同，进而能够解释不同出生年代收入机会不平等削减效应的差异。

接下来就进行相应的验证。对匹配数据利用两步聚类法，根据有利环境变量与不利环境变量分别将每一出生队列的个体聚成两类。再根据有利环境聚类结果与不利环境聚类结果，标识个体属于高有利环境组还是低有利环境组、高不利环境组还是低不利环境组[①]。最终把同时处于高有利环境组与低不利环境组的样本个

[①] 对于有利环境聚类结果，对比有利环境变量聚类均值，择其高者作为高有利环境组；对于不利环境聚类结果，对比不利环境变量聚类均值，择其高者作为高不利环境组。

体定义为环境优势组，相对应地把同时处于高不利环境组与低有利环境组的样本个体定义为环境劣势组。剩下的属于其他组合情形的样本个体不予考虑。后文单独考虑教育人力资本和健康人力资本时的分析思路与此一致。

表 8-7 展示了每一出生队列环境优势组与环境劣势组的收入均值变动情况。从表 8-7 中可知，无论是处于环境优势还是环境劣势的个体，其匹配收入整体而言都得到了显著的提高。人力资本水平较低个体的匹配收入是其面临的环境不变，而人力资本水平达到最高水平下的收入。因此，匹配收入均值的提高意味着人力资本提升在削减收入机会不平等上的作用至少部分来自人力资本改善带来的收入增长效应，这验证了之前的猜想。与 1960~1969 年出生队列收入机会不平等降低最明显一致，这一出生队列环境优势组和劣势组的收入均值绝对增加量也在所有队列中最大。究其原因，正如前文提到，该出生队列可以充分利用时代机遇，凭借良好的人力资本提高自己在收入分配中的地位。1970~1979 年出生队列虽然实际收入机会不平等程度较高，但假使个体人力资本水平有了提高，由此产生的收入增长效应也较为明显。原因可能在于，其进入劳动力市场时接受过大专及以上教育的个人相对较少，从而使得个人通过人力资本提升渠道增加收入的空间较大。综合来看，出生于 1950~1959 年的个体在匹配到最高人力资本水平后，收入均值增长情况尽管好于出生于 1980~1989 年的个体，但远不及 1960~1969 年、1970~1979 年出生队列。该出生队列受到个人社会背景与出身的深刻影响，即使人力资本水平得到提高，收入增长也较为有限。1980~1989 年出生队列环境优势组的匹配收入与实际收入均值检验结果表明，其收入情况在匹配前后并不存在显著差异，但是环境劣势组的匹配收入有了显著提高。接受高等教育的群体逐步扩大，加之环境对个体社会经济地位仍有着重要影响，可能是其人力资本提升带来的收入增长效应不及其余出生队列的原因。

表 8-7　环境优势组与环境劣势组收入均值变动情况　　　　单位：元

收入水平		1950~1959 年出生	1960~1969 年出生	1970~1979 年出生	1980~1989 年出生
环境优势组	实际收入均值	29 506.12	38 448.70	48 793.21	58 062.41
	匹配收入均值	30 561.12	58 809.64	56 482.51	57 459.59
	匹配收入与实际收入均值差	1 055.00	20 360.94	7 689.30	−602.82
环境劣势组	实际收入均值	8 849.18	14 099.33	17 361.32	20 244.52
	匹配收入均值	11 959.73	31 546.51	27 296.60	23 691.42
	匹配收入与实际收入均值差	3 110.55	17 447.18	9 935.28	3 446.90
环境优势组与劣势组差异	实际收入均值	20 656.94	24 349.37	31 431.89	37 817.89
	匹配收入均值	18 601.39	27 263.13	29 185.91	33 768.17

注：除 1980~1989 年出生队列环境优势组匹配收入与实际收入均值差检验不显著外，其余均值检验均在 1% 的水平上显著

综上所述，各出生队列的收入变动情况基本都反映出了人力资本提升会带来一定的收入增长效应。具体对比每一出生队列环境优势组与劣势组收入均值变动情况，可以发现，总体上，环境劣势组的匹配后收入均值较环境优势组的匹配后收入均值增加更多，这进一步使得环境优势组与环境劣势组之间的收入均值差距在匹配后得以缩小。这也说明人力资本水平提高能在一定程度上弥补环境对个体实现更高收入所造成的不利影响，帮助其改善在收入分配中的地位。与此同时也应注意到，尽管环境优势组与劣势组之间的收入差距在人力资本得到提升后有所缩小，但是不能忽视二者之间始终存在的较大收入均值差距。

2. 教育人力资本

仅考虑教育人力资本提升时，环境优势组与环境劣势组的收入均值变动情况如表8-8所示。结合环境优势组、劣势组匹配前后收入均值变化，以及各自的匹配前后收入均值检验结果，可以看出教育人力资本水平的提高带来了显著的收入增长效应。分出生队列看，1960~1969年和1970~1979年两大出生队列在教育人力资本改善后的收入增长绝对量最大，对于环境优势组与环境劣势组而言均是如此。这进一步解释了表 8-8 反映出的两大出生队列因教育人力资本提升而得以降低的收入机会不平等为什么最为明显。1950~1959年和1980~1989年这两大出生队列在教育人力资本改善后的收入增长绝对量则要小一些，与之对应的是，这两大出生队列表现出的收入机会不平等削减效应也更小。单一的教育人力资本提升带来的不同出生队列收入增长差异大体和综合人力资本提升下的结果一致，进而印证了对表8-7收入增长效应的分析具有合理性。

表 8-8　环境优势组与环境劣势组收入均值变动情况（教育人力资本）单位：元

收入水平		1950~1959年出生	1960~1969年出生	1970~1979年出生	1980~1989年出生
环境优势组	实际收入均值	29 119.76	38 448.70	48 793.21	56 252.20
	匹配收入均值	31 063.39	55 568.51	60 230.63	61 612.69
	匹配收入与实际收入均值差	1 943.63	17 119.81	11 437.42	5 360.49
环境劣势组	实际收入均值	8 782.26	14 099.33	17 361.32	21 426.34
	匹配收入均值	11 878.34	31 772.12	27 356.31	24 960.20
	匹配收入与实际收入均值差	3 096.08	17 672.79	9 994.99	3 533.86
环境优势组与劣势组差异	实际收入均值	20 337.50	24 349.37	31 431.89	34 825.86
	匹配收入均值	19 185.05	23 796.39	32 874.32	36 652.49

注：所有出生队列的均值检验均在1%的水平上显著

比较环境优势组与环境劣势组的收入均值变动情况可知，同样是在达到最高教育人力资本水平的情形下，1950~1959 年和 1960~1969 年出生队列处于环境劣势的个体的收入改善情况好于处于环境优势的个体。对于出生在 1970~1979 年及 1980~1989 年的个体来说，在环境上处于优势的个体的匹配收入相较于实际收入增加得更多。环境优势组、劣势组的收入均值相对变化进一步导致了各出生队列教育人力资本水平提高前后的环境优势组与劣势组的收入差异。不可否认的是，教育人力资本的改善可以在一定程度上弥补处于环境劣势的个体面对的不利状况，并且环境优势组和环境劣势组之间的收入差异是一直存在的。

3. 健康人力资本

当只考虑个体的健康人力资本水平提高时，环境优势组与环境劣势组的收入均值变动情况如表 8-9 所示。与综合考虑教育与健康人力资本、单独考虑教育人力资本这两种情形不同的是，单纯的健康人力资本提升并没有带来显著的收入增长效应。各出生队列环境优势组的匹配收入甚至有了较显著的下降，但变化绝对量总体不及前面两种情形。与处于环境优势的个体相比，处于环境劣势的个体受到的影响则不那么显著，并且受影响的程度较小，其中，1960~1969 年出生队列环境劣势组的收入均值在健康人力资本提升到最高水平前后没有显著变化，同时 1970~1979 年和 1980~1989 年出生队列环境劣势组匹配前后收入均值变化只是在 10%的水平上显著。通过分析四个出生队列的平均自评健康水平可以发现，其均在"一般"以上，大都比较接近"健康"，这可能是健康人力资本水平由较低提高到最高水平而收入没有显著正向变化的原因。再分环境优、劣势组看，优势组的平均健康人力资本状况优于劣势组，由此带来的收入差异变化导致了二者在匹配后的收入均值差距仍然有所缩小，这也解释了表 8-6 体现出的健康人力资本提升带来的较小的收入机会不平等削减效应。表 8-9 表明单一的健康人力资本无法有效地通过提高收入而帮助个体改善其在收入分配中的地位。

表 8-9　环境优势组与环境劣势组收入均值变动情况（健康人力资本）　单位：元

	收入水平	1950~1959 年出生	1960~1969 年出生	1970~1979 年出生	1980~1989 年出生
环境优势组	实际收入均值	29 785.91	38 335.48	48 905.69	56 773.65
	匹配收入均值	27 999.30	36 672.03	46 423.02	52 968.07
	匹配收入与实际收入均值差	−1 786.61	−1 663.45	−2 482.67	−3 805.58
环境劣势组	实际收入均值	9 324.81	14 379.61	17 361.32	21 430.44
	匹配收入均值	8 819.11	14 227.33	17 084.44	21 014.70
	匹配收入与实际收入均值差	−505.70	−152.28	−276.88	−415.74
环境优势组与劣势组差异	实际收入均值	20 461.10	23 955.87	31 544.37	35 343.21
	匹配收入均值	19 180.19	22 444.70	29 338.58	31 953.37

注：除了 1960~1969 年出生队列环境劣势组的均值检验在 10%的水平上不显著，1970~1979 年和 1980~1989 年出生队列环境劣势组的均值检验在 10%的水平上显著外，其余均值检验均在 1%的水平上显著

结合本章考虑的三种情形，可以得知人力资本提升下的收入机会不平等削减效应至少部分得益于人力资本改善带来的收入增长效应，其中，教育人力资本发挥的作用尤其显著，单一的健康人力资本的影响则相对较小，说明健康人力资本可能更多地起着基础性保障作用。

四、稳健性检验

为进一步验证第四部分所得结论的稳健性，利用卡尺近邻匹配方法重新进行匹配。按照惯例，卡尺范围依据 k 近邻匹配下倾向得分 0.25 倍的样本标准差确定。接下来依次对三种情形下的稳健性检验结果进行分析。

（一）综合考虑教育与健康人力资本

除了 1950~1959 年出生队列损失了 7 个样本，其余队列的样本数目损失情况与 k 近邻匹配相同。对于平衡性检验，同样以 1950~1959 年出生队列为例，表 8-10 给出了卡尺近邻匹配的平衡性检验结果，结合核密度函数图（与 k 近邻匹配下的核密度函数图非常相似），说明卡尺近邻匹配效果整体较好。此时，个体以教育与健康综合表征的人力资本达到最高水平下的收入机会不平等变化与使用 k 近邻匹配方法相比，基本没有差异。仅出生于 1950~1959 年和 1960~1969 年的个体的收入机会不平等值有细微变化，其机会不平等分别下降了 64.17%（原为 64.12%）、85.39%（原为 85.38%），这一变化并没有改变对不同出生队列收入机会不平等的相对变化大小的判断。从表 8-11 反映出的收入均值变动情况来看，卡尺近邻匹配与 k 近邻匹配下的结果基本相同，1950~1959 年和 1960~1969 年两个出生队列的细微差异对前文根据收入均值变化得出的结论并不会产生影响。

表 8-10　卡尺近邻匹配平衡性检验（1950~1959 年出生队列）

变量	样本	变量均值		标准化偏差	偏差消减	T 检验	
		处理组	控制组			t 值	p 值
性别	匹配前	0.535 64	0.641 11	−21.5%	90.8%	−6.99	0.000
	匹配后	0.535 74	0.545 45	−2.0%		−1.19	0.234
户籍	匹配前	0.282 6	0.563 64	−59.3%	98.9%	−20.22	0.000
	匹配后	0.282 46	0.279 32	0.7%		0.43	0.669
出生地	匹配前	0.766 48	0.660 87	23.5%	77.5%	8.06	0.000
	匹配后	0.766 27	0.790 03	−5.3%		−3.50	0.000

续表

变量	样本	变量均值		标准化偏差	偏差消减	T检验	
		处理组	控制组			t 值	p 值
父亲受教育程度	匹配前	3.137 4	5.490 1	−56.0%	98.8%	−19.46	0.000
	匹配后	3.133 9	3.105 3	0.7%		0.46	0.649
父亲政治面貌	匹配前	0.122 91	0.244 27	−31.7%	99.8%	−11.57	0.000
	匹配后	0.122 62	0.122 42	0.1%		0.04	0.970
父亲就业	匹配前	1.622 4	2.198 4	−59.8%	98.7%	−20.12	0.000
	匹配后	1.622 8	1.615 5	0.8%		0.48	0.631
14 岁时家庭社会经济地位	匹配前	0.296 39	0.546 25	−45.9%	95.8%	−16.08	0.000
	匹配后	0.297 07	0.285 94	1.9%		1.32	0.188
东部地区	匹配前	0.378 49	0.584 19	−42.1%	89.7%	−13.92	0.000
	匹配后	0.378 45	0.399 53	−4.3%		−2.64	0.008
中部地区	匹配前	0.363 78	0.279 84	18.0%	95.5%	5.79	0.000
	匹配后	0.364 12	0.367 87	−0.8%		−0.48	0.634

表 8-11　卡尺近邻匹配下的分环境优、劣势组收入均值变动情况　单位：元

收入水平		1950~1959年出生	1960~1969年出生	1970~1979年出生	1980~1989年出生
环境优势组	实际收入均值	29 397.46	38 448.70	48 793.21	58 062.41
	匹配收入均值	30 568.08	58 804.88	56 482.51	57 459.59
	匹配收入与实际收入均值差	1 170.62	20 356.18	7 689.30	−602.82
环境劣势组	实际收入均值	8 849.18	14 099.33	17 361.32	20 244.52
	匹配收入均值	11 959.73	31 546.51	27 296.60	23 691.42
	匹配收入与实际收入均值差	3 110.55	17 447.18	9 935.28	3 446.90
环境优势组与劣势组差异	实际收入均值	20 548.28	24 349.37	31 431.89	37 817.89
	匹配收入均值	18 608.35	27 258.37	29 185.91	33 768.17

注：除 1980~1989 年出生队列环境优势组匹配收入与实际收入均值检验不显著外，其余均值检验均在 1%的水平上显著

（二）教育人力资本

单纯考虑教育人力资本时，采用卡尺近邻匹配方法进行匹配后的样本数目损

失情况与原来的 k 近邻匹配完全相同。当所有个体的教育人力资本水平都为最高水平时，收入机会不平等变化情况完全与利用 k 近邻匹配方法得到的结果一致。进一步通过表 8-12 的分环境优、劣势组比较实际与匹配收入均值可以发现，此时的收入均值变动情况也完全与由 k 近邻匹配得到的结果相同。利用卡尺近邻匹配得到的结果再次证实了前述结论的稳健性。

表 8-12　卡尺近邻匹配下的分环境优、劣势组收入均值变动情况（教育人力资本）

单位：元

收入水平		1950~1959 年出生	1960~1969 年出生	1970~1979 年出生	1980~1989 年出生
环境优势组	实际收入均值	29 119.76	38 448.70	48 793.21	56 252.20
	匹配收入均值	31 063.39	55 568.51	60 230.63	61 612.69
	匹配收入与实际收入均值差	1 943.63	17 119.81	11 437.42	5 360.49
环境劣势组	实际收入均值	8 782.26	14 099.33	17 361.32	21 426.34
	匹配收入均值	11 878.34	31 772.12	27 356.31	24 960.20
	匹配收入与实际收入均值差	3 096.08	17 672.79	9 994.99	3 533.86
环境优势组与劣势组差异	实际收入均值	20 337.50	24 349.37	31 431.89	34 825.86
	匹配收入均值	19 185.05	23 796.39	32 874.32	36 652.49

注：所有出生队列的均值检验均在 1% 的水平上显著

（三）健康人力资本

仅考虑单一的健康人力资本时，卡尺近邻匹配的样本数目损失情况与 k 近邻匹配保持一致。当所有个体都实现最高健康人力资本水平时，只有 1970~1979 年和 1980~1989 年两个出生队列的收入机会不平等值有细微变化。1970~1979 年出生队列的机会不平等降低了 16.76%（原为 16.75%），1980~1989 年出生队列的机会不平等降低了 11.9%（原为 11.39%），这并不会对出生队列总体趋势的判断造成影响。尽管 1980~1989 年出生队列的收入均值有所变化，但表 8-13 呈现出的结果与 k 近邻匹配下的结果总体仍然是一致的。

表 8-13　卡尺近邻匹配下的分环境优、劣势组收入均值变动情况（健康人力资本）

单位：元

收入水平		1950~1959 年出生	1960~1969 年出生	1970~1979 年出生	1980~1989 年出生
环境优势组	实际收入均值	29 785.91	38 335.48	48 905.69	56 773.65
	匹配收入均值	27 999.30	36 672.03	46 423.02	52 948.20
	匹配收入与实际收入均值差	−1 786.61	−1 663.45	−2 482.67	−3 825.45

续表

收入水平		1950~1959 年出生	1960~1969 年出生	1970~1979 年出生	1980~1989 年出生
环境劣势组	实际收入均值	9 324.81	14 379.61	17 361.32	21 430.44
	匹配收入均值	8 819.11	14 227.33	17 084.44	21 043.38
	匹配收入与实际收入均值差	−505.70	−152.28	−276.88	−387.06
环境优势组与劣势组差异	实际收入均值	20 461.10	23 955.87	31 544.37	35 343.21
	匹配收入均值	19 180.19	22 444.70	29 338.58	31 904.82

注：除了 1960~1969 年出生队列环境劣势组的均值检验在 10%的水平上不显著，1970~1979 年和 1980~1989 年出生队列环境劣势组的均值检验在 10%的水平上显著外，其余均值检验均在 1%的水平上显著

上述三种情形下的稳健性检验结果表明，以卡尺近邻匹配方法得到的结果与利用 k 近邻匹配方法得到的结果总体上是保持一致的，这说明前述由 k 近邻匹配得到的基准结果具有一定的稳健性。

五、研究小结

人力资本是个人获取收入的重要决定因素。为了检验人力资本对收入机会不平等的作用，通过综合 CGSS 2008~2017 年（不含 2011 年数据）历次微观调查数据，并将总样本分为 1950~1959 年、1960~1969 年、1970~1979 年与 1980~1989 年四个出生队列，在此基础上进行实证检验。通过比较实际收入机会不平等测度结果与根据经过倾向得分匹配得到的人力资本达到最高水平下的"反事实"收入而得的收入机会不平等测度结果，我们发现以下几点。①当个体都具备以教育人力资本与健康人力资本综合表征的最高人力资本水平时，所有出生队列的机会不平等程度都有较大幅度的下降。但不同出生年代又有所差异，削减效应从大到小依次为 1960~1969 年、1970~1979 年、1950~1959 年、1980~1989 年。②进一步根据环境信息将个体划分为环境优势组与环境劣势组，通过分环境优势组与劣势组比较匹配前后收入均值的变动情况，证实了人力资本产生的收入机会不平等削减效应至少部分来自人力资本提升促成的收入增长效应，各出生队列差异化的收入增长效应与差异化的收入机会不平等削减效应一致。同时，环境劣势组收入均值在人力资本水平得到提高后的绝对增长幅度普遍高于环境优势组，两组之间收入均值差距也得到了缩小。但不容忽视的是，环境优势组与劣势组之间收入均值差距仍然较大。③单独考虑教育人力资本与健康人力资本的结果表明，单一的教育人力资本改善具有比单一的健康人力资本改善更为显著的收入机会不平等削减效应，且与综合人力资本一样带来了显著的收入增长效应，健康人力资本更多地可能是起着基础性保障作用。④采用不同匹配方法的稳健性检验结果也证实了根据

基准结果而得到的结论的稳健性。

　　综上可知，个体人力资本积累的最终结果离不开政府提供的公共资源，政府可以开展有针对性的政策干预来削减收入机会不平等。以干预人力资本达到降低收入机会不平等的目标，不仅有助于实现机会意义上的公平，客观上还能通过国民人力资本水平的提升而为经济高质量发展提供更优质的人才保障。除了可利用税收和转移支付安排外，公共服务提供也是对个体人力资本形成进行有益干预的可选路径之一（刘成奎和杨冰玉，2018）。此外，政府也要努力营造公平竞争的社会环境，不断弱化个体无法控制的环境对个体发展机会的异质性不良影响。如此，一方面使得教育与健康机会更加均等，另一方面也能给予人力资本充分发挥作用的空间，最终使人力资本成为整个社会能以此实现群体流动的路径，而非社会经济地位再生产的路径。

第九章　主要结论与对策建议

推动实现收入分配公平是政府决策追求的目标，也是社会各界高度关注的焦点问题。促进收入分配公平既是经济问题，也是社会与政治问题。然而，由于个体禀赋存在差异，即使在社会环境上能实现严格意义上的机会平等，其最终结果也可能会出现个人在教育与就业机会上的不平等，进而导致收入分配的不平等。

一、主要结论

现有针对收入分配不平等的研究成果多侧重于个体禀赋、个体努力与社会环境等因素的影响，其中社会环境虽然包含了公共服务供给内容，但其一般逻辑假定是社会环境直接影响收入分配不平等。本书则通过引入人力资本中间变量，将研究的逻辑起点假定为公共服务供给的环境因素、个体禀赋因素等如何影响人力资本的形成与积累，进而通过人力资本形成的差异导致了收入分配不平等。

通过梳理公共服务供给、个体禀赋与努力对人力资本的形成机制，以及人力资本对收入分配不平等的影响机制，并利用中国微观调研数据开展实证检验，发现如下主要结论。

（一）个体努力或个体特征对收入机会不平等影响较大

中国推行基本公共服务均等化政策以来，虽然教育、医疗等公共服务供给均等化水平有了较大提升，但是省份之间、城乡之间、地区之间依旧未能达到"合意"状态。

基于 2013 年 CHIP 数据对中国居民收入分配中的机会不平等及不同环境变量对短期机会不平等的贡献进行估算后发现以下几点。①现阶段我国居民收入分配差距中的近四分之一（占 23.48%）是环境导致的，收入差距中的绝大部分源自个体努力水平（占 71.07%）的不同。②机会不平等的直接渠道和间接渠道分别解释了 20.21% 和 3.27% 的收入不平等，意味着环境主要通过直接渠道影响收入不平等，通过间接渠道的影响较弱。

利用 CFPS 2010、CFPS 2012 和 CFPS 2014 三年数据，在测度长期收入的基础上，结合机会不平等参数法，评估居民收入分配中的长期机会不平等后发现以下几方面。①由于单年收入容易受随机冲击的影响，基于单年收入估算的机会不平等水平在不同年份存在较为明显的波动。长期收入能够减弱随机冲击的影响，基于长期收入估计的长期相对机会不平等占收入不平等的比例为 30.40%，意味着个体长期收入不平等中的 30.40%源自个体无法控制的外部环境。②从长期机会不平等构成看，现阶段个体特征是导致长期机会不平等的首要因素，其中，户口类型对长期机会不平等的贡献最大。家庭背景因素中，父亲受教育程度对长期机会不平等的作用最重要。③短期机会不平等估算和分解结果显示，户口类型在机会不平等形成中发挥的作用趋于减弱，但父亲受教育程度对机会不平等的贡献则趋于增强。

（二）公共教育供给对人力资本形成有积极作用

一是公共教育有助于提升人力资本。利用中国数据的实证分析发现以下几点。①学历教育能够显著提高劳动者的认知能力和非认知能力，且对认知能力的提升作用要高于非认知能力。②学历教育对劳动者的认知能力和部分非认知能力的提升作用会随着学历水平的提高而增加。③学历教育是劳动者认知能力形成的主要渠道，尤其是小学及以下程度的学历教育对劳动者认知能力的贡献更加重要。④学历教育能够显著减少劳动者认知能力之间的城乡差距，以及缩小父母受教育年限差异带来的认知能力和非认知能力之间的差距，打破人力资本的代际固化。

二是父母受教育程度提高有助于提升子代人力资本。利用中国数据的实证分析发现以下几点。①父母受教育程度提高对子代健康和非认知能力有积极影响。父母受教育程度提高对子代健康存在显著正向影响，而且父母受教育程度越高越有利于子代健康。②父母受教育程度对子代人力资本存在直接与间接影响。受教育程度较高的父母会直接增加子代出生禀赋，也会改善家庭经济条件、提高对子代营养上的投入以及增加与子女的交流，进而间接促进子代的人力资本的形成。③受教育程度越高的父母越重视子女早期健康投入，而缺少非认知能力的投入。④父母受教育程度对儿童人力资本的影响受子代性别、居住地差异的影响。

三是公共教育对人力资本也存在逆传递效应。运用中国第一部《义务教育法》的实施作为工具变量的实证分析发现以下几点。①子女受教育程度提高显著促进父母健康，尤其是受教育程度越高的子女越有可能促进父母健康。②子女受教育程度对母亲健康的影响比父亲更大。③有兄弟姐妹且居住距离较近的有助于其父母健康。④子女受教育程度通过向父母提供物质支持以及对父母进行日常照料等渠道影响父母健康。

（三）公共医疗有助于提升人力资本水平

一是公共医疗有助于提升健康人力资本。利用 CFPS 2010 年数据的实证分析发现以下几点。①公共医疗保险显著改善了居民的健康人力资本。公共医疗保险能够有效降低居民近期内身体不适的可能性，但是对居民的自评健康和慢性病患病情况并没有显著作用。②公共医疗保险能够提高参保者的医疗服务利用率。公共医疗保险不仅能够显著提高参保者患病就医的概率，也能够提高参保者对就医条件的满意度，这均有利于提高参保者的医疗服务利用率，改善其健康状况。③公共医疗保险对参保者健康状况的改善，主要体现在提高健康保持不变的概率，同时降低健康状况变得更差的可能性。这主要是因为公共医疗保险主要是通过提高医疗服务利用率这一渠道来改善参保居民的健康状况的。

二是公共医疗有助于间接地提升智力人力资本。基于 CFPS 2010 年和 CFPS 2014 年数据的实证分析可知以下几点。①公共医疗保险对居民的认知能力并没有直接的显著改善作用。②公共医疗保险仅能够显著改善非认知能力中的顺同性、外向性和开放性，而对其他方面并没有显著效应。③公共医疗保险可以通过改善健康状况来提升其人力资本水平，主要是通过维持健康水平不变或者避免健康恶化影响。④增加居民的文娱支出或者非学历教育培训也是公共医疗保险改善居民人力资本水平的潜在渠道。

（四）低保等财政转移支付有助于促进贫困家庭儿童人力资本形成

借助 CFPS 2012 年微观调查数据，实证检验低保政策对义务教育阶段 10~15 岁的贫困家庭儿童人力资本的影响后发现以下几点。①低保政策显著提升了贫困家庭儿童人力资本水平，主要体现在对贫困家庭儿童学习成绩的影响。②低保政策对儿童人力资本的促进作用在城市和父母受教育程度较高的贫困家庭中更为明显。③低保政策增加了贫困家庭的物质教育投入，主要是课外教材支出，且有利于建立良好的家庭教养方式，体现在降低与父母争吵的概率，从而改善了贫困家庭儿童人力资本。④现行低保政策在具体实施过程中存在精准性不够问题，一些贫困家庭并未从低保政策中受益。

（五）人力资本差异会导致收入机会不平等

根据 CGSS 2008~2017 年历次微观调查数据（除 2011 年外），将总样本分为 1950~1959 年、1960~1969 年、1970~1979 年与 1980~1989 年四个出生队列，对此进行了实证检验。通过比较实际收入机会不平等测度结果与根据经过倾向得分匹配得到的人力资本达到最高水平下的"反事实"收入而得的机会不平等测度结果，研究发现，当个体都具备以教育人力资本与健康人力资本综合表征的最高人力资本水平时，所有出生队列的机会不平等程度都有较大幅度的下降。但不同出生年代又有所差异，削减效应从大到小依次为 1960~1969 年、1970~1979 年、1950~1959 年、1980~1989 年。进一步根据环境信息将个体划分为环境优势组与环境劣势组，通过分环境优势组与劣势组比较匹配前后收入均值的变动情况，我们证实了人力资本产生的收入机会不平等削减效应至少部分来自人力资本提升促成的收入增长效应，各出生队列差异化的收入增长效应与差异化的机会不平等削减效应一致。同时，环境劣势组收入均值在人力资本得到提高后的增长幅度普遍高于环境优势组，两组之间收入均值差距也得到了缩小，但不容忽视的是，环境优势组与劣势组之间收入均值差距仍然较大。

二、对策建议

根据前述理论与实证分析结果，基本验证了公共服务供给对人力资本形成与积累、人力资本对收入机会不平等的影响机理。为了更好地推动解决收入分配不平等问题，提出如下建议。

（一）强化公共教育提升人力资本

教育是提升人力资本、促进社会公平的基础，由此建议：

一是加大财政的教育投入。教育尤其是义务教育是人民的基本权利，政府推进教育均等化必须加大财政资金投入，将义务教育经费保障作为最基本民生支出，尤其是要保障农村义务教育财政投入的适当超前，以弥补目前城乡之间的失衡。

二是促进基础教育均等化。第一，促进城乡义务教育均等化。相比于城镇，农村父母受教育程度较低，抑制了子代人力资本的形成，由此更加需要增加对农村的教育投入、改善教学环境、提高教师待遇、吸引优秀教师到农村来任教，从而逐步实现城乡义务教育均等化。第二，政府应针对低收入家庭进行精准帮扶，将各类补助、补贴落实到家庭或个人，尤其要注意降低低收入家庭子女接受义务教育的机会成本。

三是完善义务教育政策。第一，延长义务教育年限。延长义务教育年限（如延长为 12 年），尽可能增加劳动者尤其是女性与农村居民在学校接受教育的时间，促进其认知能力和非认知能力的培养。第二，促进学前教育的推广。在义务教育普及的基础上改善儿童的学前教育质量，改善对个体的生命周期早期的干预措施，因为越来越多的研究表明一个人早期人力资本的积累会对其未来成就产生重要的影响。

四是推动非学历教育开展。第一，增加对已工作劳动者的非学历教育。在完成增加学历教育的基础上，在工作中进一步加强对业务技能、管理能力、职业证书和党政思想等的培训活动，推进劳动者人力资本的发展。第二，鼓励各类单位或企业开展对在职员工的持续性或终身职业培训，由此产生的成本可以从企业成本中据实列支。

五是重视家庭在人力资本传递与逆传递中的作用。第一，重视父母在子代人力资本中发挥的作用。应该鼓励父母加强对子女的早期投资，改变目前比较重视对子女后期投资的不良认知与习惯，因为早期人力资本对一个人的日后发展至关重要。政府应该通过各种宣传方式，强化父母对子代养育知识的宣传，从而改善父母促进子代人力资本的习惯及行为。第二，重视发挥子代对父母健康人力资本的逆传递效应。目前中国老年人与子女分居情况比较普遍，老年人的孤独感强烈，不利于父母健康，为此，政府应以立法或者宣传等方式（如增加探亲假等），尽量增加子女与父母交流的机会，促进父母的心理健康甚至身体健康。

（二）强化公共医疗保险对人力资本的提升作用

公共医疗保险是促进个体健康的重要保障，由此建议：

一是加大财政对公共医疗的投入。基本公共医疗是人民的基本权利，由于医疗市场供给需求曲线的重合性，医疗服务价格无法形成均衡点，再加上医疗保险市场的道德风险与逆向选择，政府对基本公共医疗的投入是全社会基本公共医疗的保证。即使由于信息不对称，政府的公共医疗投入存在着一定效率损失，财政对基本公共医疗的投入也会极大地提高人民的医疗服务数量与水平。

二是完善公共医疗的就医就诊等制度。第一，扩大公共医疗的保障范围和覆盖水平，提高参保者患病就医的可能性和去更高医疗水平医院就医的可能性，尤其是要提高低收入家庭患者看病就诊的可能性，减少其"有病不医"的行为。第二，推动公共医疗的医疗保障范围分级，实现小病在社区医院就诊，有效分流，缓解大医院的医疗压力。第三，建立健全医疗保险对居民健康的长期动态追踪机制，切实改善居民健康状况。

三是完善医疗保险报销等制度。第一，推进慢性病报销政策、大病医疗保险政策等补充条款的完善，提高对身患重病、低收入群体、医疗负担较重群体等弱势群体的健康补助，减少不同群体间的健康不平等。第二，简化公共医疗异地报销流程，提高公共医疗作为医疗保障政策给劳动者带来的安全感和参保劳动者对未来的信心程度。

四是重视公共医疗对人力资本的间接促进作用。公共医疗对智力人力资本的影响是通过提升健康水平而改善人力资本水平的，而健康水平会影响非认知能力进而影响人力资本形成。由此建议完善对婴幼儿的营养改善与健康保护政策、完善对成人的日常健康检查制度与锻炼制度、完善公共卫生的预防与保护制度等。

（三）完善低保政策等财政转移支付制度

低保政策是财政转移支付的重要形式，能有效保障居民的最低生存。由此建议：

一是合理认知低保政策的低福利性。低保是对特定群体的帮扶，也必然受到一定社会经济条件的制约，尤其是在中国背景下，低保支付水平应该保持适当水平，既要保证被帮扶者的基本生活，又要避免形成被帮扶者的依赖心理。

二是进一步提高低保政策瞄准效率。第一，加强低保对象资格审查，防止各类"骗保"和"冒领"现象发生，避免低保财政救助资金浪费。第二，建立低保绩效的动态评估体系，对低保对象"进入"和"退出"进行动态监测评估，避免低保产生的福利依赖。第三，加快推进智慧低保政策，依托民政部门的低保信息管理系统，完善与动态调整低收入人口数据库，实现对低收入人口的监测与预警。同时，利用智能手机终端非常普及的条件，强化低保系统 App 的推广与应用，更加高效、便捷、精准地掌握低保人口信息与政策落地情况。

三是适度提高低保补助标准。第一，在科学评估的基础上确定既能保证贫困家庭基本生活所需，又能促进贫困家庭成员发展，同时符合地方财政能力的低保补助标准。第二，应加大农村地区低保资金财政投入，缩小城乡低保保障水平差异。第三，对特殊困难群体如高龄老人、孤儿、智力残障人士等，低保保障水平应该能够保障其个人甚至家庭的基本生存以及其未成年子女能完成义务教育。

四是合理设定低保等公共转移支付受益条件。对低保保障对象应该实行动态监控与调整政策，一旦低保人口家庭收入达到退出标准，应即时退出低保保障；对智力与体力正常的低保人口，应该接受政府给予的技能培训固定时间长度或次数，并努力寻找工作机会至少三次失败的，才可以继续享有低保保障；接受公共转移支付的家庭必须将一定比例的补助金优先用于子女在教育和健康方面的人力资本提升，而不被其他家庭支出所替代，以便强化公共转移支付促进贫困家庭子代人力资本形成的作用。

（四）完善其他配套保障制度体系

除了前述政策之外，促进人力资本形成还需要更多其他制度体系的配套支持。由此建议：

一是加快推进户籍制度改革。现有户籍制度安排是阻碍劳动力自由流动的重要因素，加快户籍制度改革可以减少劳动力流动障碍，促进农村居民向城市迁移，为农村居民摆脱不利环境和寻找工作机会创造有利条件。一方面，要深化改革积分落户政策，调整积分落户的标准，提高居住年限与社保缴纳年限的赋分比重，切实保证常住居民的落户机会与权利。另一方面，深化居住证制度的政策内涵改革，逐步提高居住证持有者能够享有常住地的基本公共服务待遇与享有范围，真正实现居住证群体与户籍群体享有基本公共服务的均等化。

二是解决劳动力市场的各类就业歧视。第一，政府应通过立法保障女性劳动者和农村劳动者的合法权益，将性别歧视与农村户籍务工人员歧视纳入劳动监察范围，推广涉及性别歧视与户籍歧视的公益诉讼。第二，构建反性别歧视的专门机构，如组建性别平等委员会专责处理有关性别不平等的争议与投诉，或者充实妇联组织，赋予其专责处理性别不平等的投诉与保护，让其拥有一定的行政执法权。第三，加强劳动力市场上企业歧视女性和农村劳动者行为的监管与处罚，改善女性和农村劳动者的弱势地位，减少性别和户籍引致的机会不平等。

三是完善"三孩"生育配套政策。子女陪伴父母有助于提升父母健康水平，而家庭子女数量增加会增加子女陪伴父母的可能性，由此通过完善生育、医疗、教育等方面的公共服务，消除家庭"不敢生""不愿生"的顾虑，推动"三孩"生育政策落实。例如，各地可适当延长母亲的生育假期时间与父亲的照顾假期时间、地方财力允许的可以直接进行财政补贴、对单亲家庭等特殊家庭收养等给予帮助、关注生育困难群体诉求并提供帮助、对高等教育适龄婚育者给予尊重等。

四是完善对地方政府的政绩考核制度。地方政府政绩考核制度中经济发展依然位居最重要位置，今后应树立地方政府基本公共服务导向的政绩考核制度，如增加地方政府为本辖区常住居民提供均等化的基本公共服务指标的权重，而且在考核指标中应该包括"硬指标"，如常住人口城镇化率、户籍人口与非户籍人口基本公共服务覆盖率等，以及"软指标"如一般公共服务满意度，尤其是教育、医疗、环境等公共服务满意度指标等，通过完善地方政府政绩考核制度以便有效推动地方政府切实地推进基本公共服务均等化。

参 考 文 献

安体富, 任强. 2008. 中国公共服务均等化水平指标体系的构建——基于地区差别视角的量化分析[J]. 财贸经济, （6）: 79-82.

白雪梅. 2004. 教育与收入不平等: 中国的经验研究[J]. 管理世界, （6）: 53-58.

白重恩, 李宏彬, 吴斌珍. 2012. 医疗保险与消费: 来自新型农村合作医疗的证据[J]. 经济研究, （2）: 41-53.

北京大学中国经济研究中心. 2007. 中国政府财政医疗卫生支出公平性研究[R]. 北京大学中国经济研究中心.

贝克尔 G S. 2016. 人力资本（原书第 3 版）[M]. 陈耿宣, 等译. 北京: 机械工业出版社.

边燕杰, 王文彬, 张磊, 等. 2012. 跨体制社会资本及其收入回报[J]. 中国社会科学, （2）: 110-126.

才国伟, 刘剑雄. 2014. 收入风险、融资约束与人力资本积累——公共教育投资的作用[J]. 经济研究, （7）: 67-80.

蔡媛媛, 郭继强, 费舒澜. 2020. 中国收入机会不平等的趋势与成因: 1989-2015[J]. 浙江社会科学, （10）: 13-24, 156.

陈爱丽, 郑逸芳, 许佳贤. 2019. 教育能促进社会阶层代际流动吗? ——基于中国综合社会调查（CGSS）的经验证据[J]. 教育与经济, （6）: 27-34.

陈斌开, 张鹏飞, 杨汝岱. 2010. 政府教育投入、人力资本投资与中国城乡收入差距[J]. 管理世界, （1）: 36-43.

陈昌盛, 蔡跃洲. 2007. 中国政府公共服务: 基本价值取向与综合绩效评估[J]. 财政研究, （6）: 20-24.

陈纯槿, 李实. 2013. 城镇劳动力市场结构变迁与收入不平等: 1989~2009[J]. 管理世界（月刊）, （1）: 45-55, 187.

陈恩, 李卫卫. 2017. 人力资本积累与产业结构升级的双向关系研究[J]. 西北人口, 38（2）: 18-23, 30.

陈国强, 罗楚亮, 吴世艳. 2018. 公共转移支付的减贫效应估计——收入贫困还是多维贫困? [J]. 数量经济技术经济研究, （5）: 59-76.

陈华, 邓佩云. 2016. 城镇职工基本医疗保险的健康绩效研究——基于 CHNS 数据[J]. 社会保障研究，（4）：44-52.

陈杰, 苏群, 周宁. 2016. 农村居民代际收入流动性及传递机制分析[J]. 中国农村经济,（3）:36-53.

陈琳, 葛劲峰. 2015. 不同所有制部门的代际收入流动性研究——基于劳动力市场分割的视角[J].
    当代财经,（2）: 3-11.

陈琳, 袁志刚. 2012. 中国代际收入流动性的趋势与内在传递机制[J]. 世界经济,（6）: 115-131.

陈晓宇. 2012. 谁更有机会进入好大学——我国不同质量高等教育机会分配的实证研究[J]. 高等
    教育研究, 33（2）: 20-29.

陈银娥, 刑乃千, 师文明. 2012. 农村基础设施投资对农民收入的影响——基于动态面板数据模
    型的经验研究[J]. 中南财经政法大学学报,（1）: 97-103, 144.

陈云松, 范晓光. 2016. 阶层自我定位、收入不平等和主观流动感知（2003-2013）[J]. 中国社会
    科学,（12）: 109-126, 206-207.

程令国, 张晔. 2012. "新农合"：经济绩效还是健康绩效？[J]. 经济研究,（1）: 120-133.

程令国, 张晔, 沈可. 2014. 教育如何影响了人们的健康？——来自中国老年人的证据[J]. 经济
    学（季刊）, 14（1）: 305-330.

程名望, Jin Y H, 盖庆恩, 等. 2014. 农村减贫：应该更关注教育还是健康？——基于收入增长
    和差距缩小双重视角的实证[J]. 经济研究,（11）: 130-144.

程名望, 盖庆恩, Jin Y H, 等. 2016a. 人力资本积累与农户收入增长[J]. 经济研究,（1）: 168-181,
    192.

程名望, 史清华, Jin Y H, 等. 2016b. 市场化、政治身份及其收入效应——来自中国农户的证
    据[J]. 管理世界,（3）: 46-59.

程永宏. 2008. 基尼系数组群分解新方法研究：从城乡二亚组到多亚组[J]. 经济研究,（8）:
    124-135, 144.

丛树海. 2012. 基于调整和改善国民收入分配格局的政府收支研究[J]. 财贸经济,（6）: 15-20.

邸玉娜. 2014. 代际流动、教育收益与机会平等——基于微观调查数据的研究[J]. 经济科学,（1）:
    65-74.

董芳, 周江涛. 2019. 父母时间投资对子代人力资本的影响及异质性研究[J]. 西北人口,（6）:
    48-61.

董静, 李子奈. 2004. 修正城乡加权法及其应用——由农村和城镇基尼系数推算全国基尼系数[J].
    数量经济技术经济研究,（5）: 120-123.

董丽霞. 2018. 中国的收入机会不平等——基于 2013 年中国家庭收入调查数据的研究[J]. 劳动
    经济研究, 6（1）: 44-62.

董志强, 汤灿晴. 2010. 收入波动与基尼系数：关于收入不平等的一个讨论[J]. 统计研究,（9）:
    52-57.

都阳, Park A. 2007. 中国的城市贫困：社会救助及其效应[J]. 经济研究,（12）: 24-33.

杜育红. 2020. 人力资本理论：演变过程与未来发展[J]. 北京大学教育评论,（1）: 90-100, 191.

樊桦. 2001. 农村居民健康投资不足的经济学分析[J]. 中国农村观察, (6): 37-43.

樊丽明, 解垩. 2014. 公共转移支付减少了贫困脆弱性吗? [J]. 经济研究, (8): 67-78.

范子英, 高跃光. 2019. 财政扶贫资金管理、支出激励与人力资本提升[J]. 财政研究, (3): 14-29.

付梅英, 王德. 2008. 高等教育支出绩效评价与投入机制改革[J]. 中央财经大学学报, (12): 11-15.

高梦滔. 2006. 城市贫困家庭青年就业与收入的实证研究——基于西部三个城市的微观数据[J]. 管理世界, (11): 51-58.

高梦滔, 和云. 2006. 妇女教育对农户收入与收入差距的影响: 山西的经验证据[J]. 世界经济, (7): 82-91, 96.

高文书. 2009. 健康人力资本投资、身高与工资报酬——对12城市住户调查数据的实证研究[J]. 中国人口科学, (3): 76-85, 112.

高翔, 龙小宁, 杨广亮. 2015. 交通基础设施与服务业发展——来自县级高速公路和第二次经济普查企业数据的证据[J]. 管理世界, (8): 81-96.

龚六堂. 2005. 政府政策评价的改变: 从增长极大到社会福利极大[J]. 经济学动态, (10): 9-12.

龚欣, 李贞义. 2018. 学前教育经历对初中生非认知能力的影响: 基于CEPS的实证研究[J]. 教育与经济, (4): 37-45.

谷晓然, 刘维娜. 2016. 中国居民收入流动性与长期贫困[J]. 财经科学, (2): 50-61.

郭庆旺, 陈志刚, 温新新, 等. 2016. 中国政府转移性支出的收入再分配效应[J]. 世界经济, (8): 50-68.

何珺子, 王小军. 2017. 认知能力和非认知能力的教育回报率——基于国际成人能力测评项目的实证研究[J]. 经济与管理研究, (5): 66-74.

洪岩璧, 刘精明. 2019. 早期健康与阶层再生产[J]. 社会学研究, (1): 156-182, 245.

侯风云, 付洁, 张凤兵. 2009. 城乡收入不平等及其动态演化模型构建——中国城乡收入差距变化的理论机制[J]. 财经研究, (1): 4-15, 48.

胡安宁. 2014. 教育能否让我们更健康——基于2010年中国综合社会调查的城乡比较分析[J]. 中国社会科学, (5): 116-130, 206.

胡鞍钢, 胡琳琳, 常志霄. 2006. 中国经济增长与减少贫困 (1978—2004) [J]. 清华大学学报 (哲学社会科学版), (5): 105-115.

胡鞍钢, 魏星. 2009. 区域发展政策的公平性分析——机会平等视角下的实证研究[J]. 公共管理学报, (2): 14-20, 122-123.

胡祖光. 2004. 基尼系数理论最佳值及其简易计算公式研究[J]. 经济研究, (9): 60-69.

黄超. 2018. 家长教养方式的阶层差异及其对子女非认知能力的影响[J]. 社会, (6): 216-240.

黄国英, 谢宇. 2017. 认知能力与非认知能力对青年劳动收入回报的影响[J]. 中国青年研究, (2): 56-64, 97.

黄薇. 2017. 医保政策精准扶贫效果研究——基于URBMI试点评估入户调查数据[J]. 经济研究, (9): 117-132.

黄潇. 2014. 如何预防贫困的马太效应——代际收入流动视角[J]. 经济管理,（5）：153-162.

贾婧, 柯睿. 2020. 免费义务教育政策与农村人力资本积累——基于 CFPS 的实证研究[J]. 教育与经济,（1）：19-30.

江求川, 任洁. 2020. 教育机会不平等：来自 CEPS 的新证据[J]. 南开经济研究,（4）：165-184.

江求川, 任洁, 张克中. 2014. 中国城市居民机会不平等研究[J]. 世界经济,（4）：111-138.

康继军, 郭蒙, 傅蕴英. 2014. 要想富, 先修路？——交通基础设施建设、交通运输业发展与贫困减少的实证研究[J]. 经济问题探索,（9）：41-46.

魁奈 F. 1979. 魁奈经济著作选集[M]. 吴斐丹, 张草纫, 选译. 北京：商务印书馆.

乐君杰, 胡博文. 2017. 非认知能力对劳动者工资收入的影响[J]. 中国人口科学,（4）：66-76, 127.

李成友, 孙涛, 焦勇. 2018. 要素禀赋、工资差距与人力资本形成[J]. 经济研究,（10）：113-126.

李春玲. 2003. 社会政治变迁与教育机会不平等——家庭背景及制度因素对教育获得的影响（1940—2001）[J]. 中国社会科学,（3）：86-98, 207.

李春玲. 2010. 高等教育扩张与教育机会不平等——高校扩招的平等化效应考查[J]. 社会学研究,（3）：82-113, 244.

李春玲, 李实. 2008. 市场竞争还是性别歧视——收入性别差异扩大趋势及其原因解释[J]. 社会学研究,（2）：94-117, 244.

李华, 朱玲轩. 2016. 工薪所得税及其改革的公平效应——基于 K 指数的实证检验[J]. 当代财经,（2）：33-42.

李姣媛, 方向明. 2018. 社会医疗保险对儿童健康和医疗服务消费的影响研究[J]. 保险研究,（4）：98-111.

李力行, 周广肃. 2014. 家庭借贷约束、公共教育支出与社会流动性[J]. 经济学（季刊）, 14（1）：65-82.

李丽, 赵文龙, 边卫军. 2017. 家庭背景对非认知能力影响的实证研究[J]. 教育发展研究, 37（1）：45-52.

李玲, 蒋洋梅, 孙倩文. 2020. 新人力资本理论下学前教育经历对初中生能力发展的影响[J]. 学前教育研究,（1）：64-75.

李任玉, 杜在超, 何勤英, 等. 2014. 富爸爸、穷爸爸和子代收入差距[J]. 经济学（季刊）, 14（1）：231-258.

李实, 丁赛. 2003. 中国城镇教育收益率的长期变动趋势[J]. 中国社会科学,（6）：58-72, 206.

李实, 罗楚亮. 2011. 中国收入差距究竟有多大？——对修正样本结构偏差的尝试[J]. 经济研究,（4）：68-79.

李实, 杨穗. 2009. 中国城市低保政策对收入分配和贫困的影响作用[J]. 中国人口科学,（5）：19-27, 111.

李实, 詹鹏, 杨灿. 2016. 中国农村公共转移收入的减贫效果[J]. 中国农业大学学报（社会科学版），（5）：71-80.

李实，朱梦冰. 2018. 中国经济转型 40 年中居民收入差距的变动[J]. 管理世界，（12）：19-28.

李涛，张文韬. 2015. 人格特征与股票投资[J]. 经济研究，（6）：103-116.

李湘君，王中华，林振平. 2012. 新型农村合作医疗对农民就医行为及健康的影响——基于不同收入层次的分析[J]. 世界经济文汇，（3）：58-75.

李祥云. 2014. 中国高等教育对收入分配不平等程度的影响——基于省级面板数据的实证分析[J]. 高等教育研究，35（6）：52-58，75.

李晓曼，于佳欣，代俊廷，等. 2019. 生命周期视角下新人力资本理论的最新进展：测量、形成及作用[J]. 劳动经济研究，7（6）：110-131.

李晓曼，曾湘泉. 2012. 新人力资本理论——基于能力的人力资本理论研究动态[J]. 经济学动态，（11）：120-126.

李莹. 2020. 我国收入分配中机会不平等的演变趋势、形成机制与削减对策[J]. 发展研究，（9）：9-15.

李莹，吕光明. 2016. 机会不平等在多大程度上引致了我国城镇收入不平等[J]. 统计研究，（8）：63-72.

李莹，吕光明. 2018. 我国城镇居民收入分配机会不平等因何而生[J]. 统计研究，（9）：67-78.

李莹，吕光明. 2019. 中国机会不平等的生成源泉与作用渠道研究[J]. 中国工业经济，（9）：60-78.

李永友，郑春荣. 2016. 我国公共医疗服务受益归宿及其收入分配效应——基于入户调查数据的微观分析[J]. 经济研究，（7）：132-146.

李勇辉，李小琴. 2016. 人力资本投资、劳动力迁移与代际收入流动性[J]. 云南财经大学学报，（5）：39-50.

李郁芳，王宇. 2014. 城镇化背景下公共品供给结构偏向与城乡收入分配[J]. 广东社会科学，（6）：33-39.

李忠路. 2018. 拼爹重要，还是拼搏重要？当下中国公众对绩效分配原则的感知[J]. 社会，（1）：215-237.

李忠路，邱泽奇. 2016. 家庭背景如何影响儿童学业成就？——义务教育阶段家庭社会经济地位影响差异分析[J]. 社会学研究，（4）：121-144，244-245.

连玉君，黎文素，黄必红. 2014. 子女外出务工对父母健康和生活满意度影响研究[J]. 经济学（季刊），14（1）：185-202.

林万龙. 2007. 中国农村公共服务供求的结构性失衡：表现及成因[J]. 管理世界，（9）：62-68.

刘波，胡宗义，龚志民. 2020. 中国居民健康差距中的机会不平等[J]. 经济评论，（2）：68-85.

刘畅，易福金，徐志刚. 2017. 父母健康：金钱和时间孰轻孰重？——农村子女外出务工影响的再审视[J]. 管理世界，（7）：74-87.

刘成奎，何英明. 2020. 环境、努力与收入不平等[J]. 劳动经济研究，8（5）：70-95.

刘成奎，齐兴辉. 2019. 公共转移支付能授人以渔吗？——基于子代人力资本的研究[J]. 财政研究，（11）：77-90.

刘成奎，齐兴辉，任飞容.2021. 中国居民收入分配中的机会不平等——理论分析与经验证据[J].
　　经济与管理研究，（2）：95-110.

刘成奎，王朝才.2011. 城乡基本公共服务均等化指标体系研究[J]. 财政研究，（8）：25-29.

刘成奎，王宙翔，任飞容.2019a. 努力与儿童认知能力[J]. 经济学动态，（4）：49-62.

刘成奎，王宙翔，齐兴辉.2019b. 中国居民收入不公平的测度与分解[J]. 统计与决策，35（23）：
　　77-80.

刘成奎，杨冰玉.2018. 公共产品供给、机会不平等与城乡收入不平等研究评述[J]. 宁夏社会科
　　学，（4）：125-132.

刘冲，周黎安.2014. 高速公路建设与区域经济发展：来自中国县级水平的证据[J]. 经济科学，
　　（2）：55-67.

刘冠军，尹振宇.2020. 能力和教育：人力资本理论发展中两个核心概念转换研究[J]. 国外理论
　　动态，（2）：91-98.

刘华，徐建斌.2014. 转型背景下的居民主观收入不平等与再分配偏好——基于 CGSS 数据的经
　　验分析[J]. 经济学动态，（3）：48-59.

刘靖.2008. 非农就业、母亲照料与儿童健康——来自中国乡村的证据[J]. 经济研究，（9）：
　　136-149.

刘生龙，周绍杰，胡鞍钢.2016. 义务教育法与中国城镇教育回报率：基于断点回归设计[J]. 经
　　济研究，（2）：154-167.

刘晓婷.2014. 社会医疗保险对老年人健康水平的影响：基于浙江省的实证研究[J]. 社会，34（2）：
　　193-214.

刘怡，李智慧，耿志祥.2017. 婚姻匹配、代际流动与家庭模式的个税改革[J]. 管理世界，（9）：
　　60-72.

刘志国，James M. 2017. 收入流动性与我国居民长期收入不平等的动态变化：基于 CHNS 数据
　　的分析[J]. 财经研究，（2）：60-69，133.

刘志国，范亚静.2014. 教育与居民收入代际流动性的关系研究[J]. 统计与决策，（22）：101-105.

刘志国，宋海莹.2018. 中国不同所有制部门间的性别歧视——基于收入角度的分析[J]. 人口与
　　经济，（4）：44-52.

刘中华.2018. 非认知能力对学业成就的影响——基于中国青少年数据的研究[J]. 劳动经济研
　　究，6（6）：69-94.

龙翠红，王潇.2014. 中国代际收入流动性及传递机制研究[J]. 华东师范大学学报（哲学社会科
　　学版），（5）：156-164，183.

鲁万波，于翠婷，高宇璇.2018. 中老年人健康机会不平等的城乡分解[J]. 财经科学，（3）：42-54.

陆方文，刘国恩，李辉文.2017. 子女性别与父母幸福感[J]. 经济研究，（10）：173-188.

罗楚亮，滕阳川，李利英.2019. 行业结构、性别歧视与性别工资差距[J]. 管理世界，（8）：58-68.

罗能生, 彭郁. 2016. 交通基础设施建设有助于改善城乡收入公平吗? ——基于省级空间面板数据的实证检验[J]. 产业经济研究,（4）：100-110.

吕炜, 高飞. 2013. 城镇化、市民化与城乡收入差距——双重二元结构下市民化措施的比较与选择[J]. 财贸经济,（12）：38-46, 93.

吕炜, 杨沫, 王岩. 2015. 城乡收入差距、城乡教育不平等与政府教育投入[J]. 经济社会体制比较,（3）：20-33.

马克思. 1972. 马克思恩格斯全集[M]. 中共中央马克思恩格斯列宁斯大林著作编译局, 译. 北京：人民出版社.

马歇尔 A. 1964. 经济学原理（上卷）[M]. 朱志泰, 译. 北京：商务印书馆.

马歇尔 A. 1965. 经济学原理（下卷）[M]. 陈良璧, 译. 北京：商务印书馆.

马占利, 邹薇. 2018. 中国机会不平等的测算与分解——基于"反事实"收入分布方法[J]. 经济问题探索,（11）：1-9.

孟凡强, 吴江. 2014. 中国劳动力市场中的户籍歧视与劳资关系城乡差异[J]. 世界经济文汇,（2）：62-71.

闵维方. 2020. 人力资本理论的形成、发展及其现实意义[J]. 北京大学教育评论,（1）：9-26, 188-189.

明塞尔 J. 2001. 人力资本研究[M]. 张凤林, 译. 北京：中国经济出版社.

聂海峰, 岳希明. 2016. 行业垄断对收入不平等影响程度的估计[J]. 中国工业经济,（2）：5-20.

宁光杰. 2009. 教育扩张能改善收入分配差距吗? ——来自CHNS2006年数据的证据[J]. 世界经济文汇,（1）：1-14.

诺思 D C. 1992. 经济史上的结构和变革[M]. 厉以平, 译. 北京：商务印书馆.

潘杰, 雷晓燕, 刘国恩. 2013. 医疗保险促进健康吗? ——基于中国城镇居民基本医疗保险的实证分析[J]. 经济研究,（4）：130-142, 156.

配第 W. 1978. 政治算术[M]. 陈冬野, 译. 北京：商务印书馆.

彭晓博, 王天宇. 2017. 社会医疗保险缓解了未成年人健康不平等吗[J]. 中国工业经济,（12）：59-77.

亓寿伟. 2016. 中国代际收入传递趋势及教育在传递中的作用[J]. 统计研究,（5）：77-86.

齐良书. 2011. 新型农村合作医疗的减贫、增收和再分配效果研究[J]. 数量经济技术经济研究, 28（8）：35-52.

权衡. 2004. 公共政策、居民收入流动与收入不平等[J]. 经济学家,（6）：57-63.

权衡. 2008. "收入分配—收入流动"现代框架：理论分析及其政策含义[J]. 学术月刊,（2）：82-87.

任晓红, 张宗益. 2013. 交通基础设施、要素流动与城乡收入差距[J]. 管理评论,（2）：51-59.

商华, 乔冬娇. 2015. 新型城镇化背景下我国人力资本积累影响因素研究[J]. 科研管理, 36（7）：161-167.

盛卫燕, 胡秋阳. 2019. 认知能力、非认知能力与技能溢价——基于CFPS2010-2016年微观数据的实证研究[J]. 上海经济研究，（4）：28-42.

石大千，张哲诚. 2018. 教育不平等与收入差距关系再检验——基于教育不平等分解的视角[J]. 教育与经济，（5）：48-56.

石磊，张翼. 2010. 政策偏向、双重结构失衡与城乡收入不均等[J]. 上海经济研究，（5）：3-12.

石智雷. 2015. 多子未必多福——生育决策、家庭养老与农村老年人生活质量[J]. 社会学研究，（5）：189-215，246.

史新杰，卫龙宝，方师乐，等. 2018. 中国收入分配中的机会不平等[J]. 管理世界，（3）：27-37.

斯密 A. 1972. 国民财富的性质和原因的研究（上卷）[M]. 郭大力，王亚南，译. 北京：商务印书馆.

宋旭光，何宗樾. 2018. 义务教育财政支出对代际收入流动性的影响[J]. 财政研究，（2）：64-76.

宋扬. 2017. 中国的机会不均等程度与作用机制——基于 CGSS 数据的实证分析[J]. 财贸经济，（1）：34-50.

苏春红，解垩. 2015. 财政流动、转移支付及其减贫效率——基于中国农村微观数据的分析[J]. 金融研究，（4）：34-49.

孙婧芳. 2017. 城市劳动力市场中户籍歧视的变化：农民工的就业与工资[J]. 经济研究，（8）：171-186.

孙开. 2005. 农村公共产品供给与相关体制安排[J]. 财贸经济，（6）：40-44，96.

孙三百，黄薇，洪俊杰. 2012. 劳动力自由迁移为何如此重要？——基于代际收入流动的视角[J]. 经济研究，（5）：147-159.

孙文凯，王乙杰. 2016. 父母外出务工对留守儿童健康的影响——基于微观面板数据的再考察[J]. 经济学（季刊），15（3）：963-988.

唐国华. 2009. 农村公共品供给与农民收入增长关系的实证分析[J]. 湖南农业大学学报（社会科学版），（2）：19-24，34.

陶然，周敏慧. 2012. 父母外出务工与农村留守儿童学习成绩——基于安徽、江西两省调查实证分析的新发现与政策含义[J]. 管理世界，（8）：68-77.

陶裕春，申昱. 2014. 社会支持对农村老年人身心健康的影响[J]. 人口与经济，（3）：3-14.

万广华. 2008. 不平等的度量与分解[J]. 经济学（季刊），（1）：347-368.

万广华，周章跃，陆迁. 2005. 中国农村收入不平等：运用农户数据的回归分解[J]. 中国农村经济，（5）：4-11.

王兵，聂欣. 2016. 经济发展的健康成本：污水排放与农村中老年健康[J]. 金融研究，（3）：59-73.

王春超，林俊杰. 2021. 父母陪伴与儿童的人力资本发展[J]. 教育研究，（1）：104-128.

王春超，叶琴. 2014. 中国农民工多维贫困的演进——基于收入与教育维度的考察[J]. 经济研究，（12）：159-174.

王春超，张承莎. 2019. 非认知能力与工资性收入[J]. 世界经济，（3）：143-167.

王春超，钟锦鹏. 2018. 同群效应与非认知能力——基于儿童的随机实地实验研究[J]. 经济研究，

（12）：177-192.

王国华. 2004. 农村公共产品供给与农民收入问题研究[J]. 中央财经大学学报，（1）：1-3, 39.

王洪亮，徐翔. 2006. 收入不平等孰甚：地区间抑或城乡间[J]. 管理世界，（11）：41-50.

王慧敏，吴愈晓，黄超. 2017. 家庭社会经济地位、学前教育与青少年的认知——非认知能力[J]. 青年研究，（6）：46-57, 92.

王静曦，周磊. 2020. 贫困补助能提高义务教育学生的人力资本吗？[J]. 中国软科学，（7）：65-76.

王美艳. 2005. 中国城市劳动力市场上的性别工资差异[J]. 经济研究，（12）：35-44.

王敏，李茜. 2008. 教育深化、社会资本差异与我国代际收入公平——新"读书无用论"引发的思考[J]. 云南财经大学学报，（5）：107-111.

王少平，欧阳志刚. 2008. 中国城乡收入差距对实际经济增长的阈值效应[J]. 中国社会科学，（2）：54-66, 205.

王守坤. 2012. 交通基础设施建设与中国地区居民收入差异——基于省级面板数据的分析[J]. 华东经济管理，（6）：60-64.

王伟同. 2009. 城市化进程与城乡基本公共服务均等化[J]. 财贸经济，（2）：40-45.

王伟宜. 2008. 美国不同家庭背景子女高等教育机会差异研究[J]. 西南交通大学学报（社会科学版），（6）：84-89.

王小龙，何振. 2018. 新农合、农户风险承担与收入增长[J]. 中国农村经济，（7）：79-95.

王学龙，袁易明. 2015. 中国社会代际流动性之变迁：趋势与原因[J]. 经济研究，（9）：58-71.

王延中，龙玉其，江翠萍，等. 2016. 中国社会保障收入再分配效应研究——以社会保险为例[J]. 经济研究，（2）：4-15, 41.

王一兵. 2004. 共同富裕与机会平等[J]. 当代财经，（12）：5-9.

王翌秋，刘蕾. 2016. 新型农村合作医疗保险、健康人力资本对农村居民劳动参与的影响[J]. 中国农村经济，（11）：68-81.

王祖祥. 2006. 中部六省基尼系数的估算研究[J]. 中国社会科学，（4）：77-87, 206-207.

魏万青. 2015. 中等职业教育对农民工收入的影响——基于珠三角和长三角农民工的调查[J]. 中国农村观察，（2）：33-43, 95-96.

文雯. 2013. 现阶段我国收入分配不公的来源及其经济社会影响——基于CGSS 2006的微观测量分析[J]. 上海经济研究，（2）：120-131, 144.

翁杰，郭天航. 2014. 中国农村转移劳动力需要什么样的政府培训？——基于培训效果的视角[J]. 中国软科学，（4）：73-82.

吴贾，韩潇，林嘉达. 2019. 父母工作时间的代际影响：基于城市和流动人口子女认知和非认知能力的分析[J]. 劳动经济研究，7（3）：56-83.

吴贾，林嘉达，韩潇. 2020. 父母耐心程度、教育方式与子女人力资本积累[J]. 经济学动态，（8）：37-53.

吴贾，姚先国，张俊森. 2015. 城乡户籍歧视是否趋于止步——来自改革进程中的经验证据：

1989—2011[J]. 经济研究，（11）：148-160.

吴联灿，申曙光. 2010. 新型农村合作医疗制度对农民健康影响的实证研究[J]. 保险研究，（6）：60-68.

吴敏，刘冲. 2018. 财政分权与城乡居民低保支出[J]. 经济科学，（5）：17-29.

吴万宗，汤学良. 2016. 员工培训的动态变化与企业绩效——基于中国制造业企业数据的实证分析[J]. 中国经济问题，（9）：86-98.

吴晓刚. 2007. 中国的户籍制度与代际职业流动[J]. 社会学研究，（6）：38-65，242-243.

吴晓刚，张卓妮. 2014. 户口、职业隔离与中国城镇的收入不平等[J]. 中国社会科学，（6）：118-140，208-209.

习明明，张进铭. 2012. 教育对我国城乡收入不平等的影响——基于分位数回归分析方法[J]. 中国地质大学学报（社会科学版），（5）：123-131.

夏庆杰，宋丽娜，Appleton S. 2010. 经济增长与农村反贫困[J]. 经济学（季刊），（3）：851-870.

谢桂华，张阳阳. 2018. 点石成金的学校？——对学校"加工能力"的探讨[J]. 社会学研究，（3）：141-165，245.

谢申祥，刘生龙，李强. 2018. 基础设施的可获得性与农村减贫——来自中国微观数据的经验分析[J]. 中国农村经济，（5）：112-131.

谢宇，胡婧炜，张春泥. 2014. 中国家庭追踪调查：理念与实践[J]. 社会，（2）：1-32.

解垩. 2016. 中国农村最低生活保障：瞄准效率及消费效应[J]. 经济管理，38（9）：173-185.

解垩. 2017. 公共转移支付对再分配及贫困的影响研究[J]. 经济研究，（9）：103-116.

解雨巷，解垩. 2019. 教育流动、职业流动与阶层代际传递[J]. 中国人口科学，（2）：40-52，126-127.

邢春冰. 2008. 农民工与城镇职工的收入差距[J]. 管理世界，（5）：55-64.

邢春冰. 2013. 教育扩展、迁移与城乡教育差距——以大学扩招为例[J]. 经济学（季刊），13（1）：207-232.

熊彼特 J. 1990. 经济发展理论[M]. 何畏，等译. 北京：商务印书馆.

熊瑞祥，李辉文. 2016. 儿童照管、公共服务与农村已婚女性非农就业——来自CFPS数据的证据[J]. 经济学（季刊），（1）：393-414.

徐俊武，易祥瑞. 2014. 增加公共教育支出能够缓解"二代"现象吗？——基于CHNS的代际收入流动性分析[J]. 财经研究，（11）：17-28.

徐俊武，张月. 2015. 子代受教育程度是如何影响代际收入流动性的？——基于中国家庭收入调查的经验分析[J]. 上海经济研究，（10）：121-128.

徐明生. 2003. 人力资本计量及优化配置研究[D]. 厦门大学博士学位论文.

徐晓红. 2015. 中国城乡居民收入差距代际传递变动趋势：2002—2012[J]. 中国工业经济，（3）：5-17.

徐映梅，张学新. 2011. 中国基尼系数警戒线的一个估计[J]. 统计研究，（1）：80-83.

许多多. 2017. 大学如何改变寒门学子命运：家庭贫困、非认知能力和初职收入[J]. 社会，（4）：

90-118.

续继，黄娅娜. 2018. 性别认同与家庭中的婚姻及劳动表现[J]. 经济研究，（4）：136-150.

薛宝贵，何炼成. 2015. 公共权力、腐败与收入不平等[J]. 经济学动态，（6）：27-35.

颜敏. 2013. 高等教育对我国工资收入差距的贡献——基于泰尔指数测算及分解分析[J]. 上海经济研究，（4）：119-132.

杨晶，邓大松，申云. 2019. 人力资本、社会保障与中国居民收入不平等——基于个体相对剥夺视角[J]. 保险研究，（6）：111-124.

杨娟，张绘. 2015. 中国城镇居民代际收入流动性的变化趋势[J]. 财政研究，（7）：40-45.

杨俊，黄潇. 2010. 教育不平等与收入分配差距的内在作用机制——基于中国省级面板数据的分析[J]. 公共管理学报，（3）：75-82，126.

杨俊，黄潇，李晓羽. 2008. 教育不平等与收入分配差距：中国的实证分析[J]. 管理世界，（1）：38-47，187.

杨沫，王岩. 2020. 中国居民代际收入流动性的变化趋势及影响机制研究[J]. 管理世界，（3）：60-75，Ⅳ.

杨亚平，施正政. 2016. 中国代际收入传递的因果机制研究[J]. 上海经济研究，（3）：61-72.

杨燕绥，胡乃军. 2010. 财政支出比较视角下公务员退休金制度设计[J]. 公共管理学报，7（2）：21-27，123.

岳军. 2004. 农村公共产品供给与农民收入增长[J]. 山东社会科学，（1）：84-87.

岳希明，张斌，徐静. 2014. 中国税制的收入分配效应测度[J]. 中国社会科学，（6）：96-117，208.

詹国辉，张新文，杜春林. 2016. 公共服务对城乡收入差距的转化效应——来自全国基础数据的实证检验[J]. 当代经济科学，（5）：50-58，125-126.

詹新宇，杨灿明. 2015. 个人所得税的居民收入再分配效应探讨[J]. 税务研究，（7）：54-59.

展进涛，黄宏伟. 2016. 农村劳动力外出务工及其工资水平的决定：正规教育还是技能培训？——基于江苏金湖农户微观数据的实证分析[J]. 中国农村观察，（2）：55-67，96.

张川川. 2015. "中等教育陷阱"？——出口扩张、就业增长与个体教育决策[J]. 经济研究，（12）：115-127，157.

张川川，陈斌开. 2014. "社会养老"能否替代"家庭养老"？——来自中国新型农村社会养老保险的证据[J]. 经济研究，（11）：102-115.

张传勇. 2014. 房价与收入分配的内生性及其互动关系[J]. 统计研究，（1）：63-69.

张凤林. 2006. 人力资本理论及其应用研究[M]. 北京：商务印书馆.

张立冬. 2013. 中国农村贫困代际传递实证研究[J]. 中国人口·资源与环境，（6）：45-50.

张楠，林嘉彬，李建军. 2020. 基础教育机会不平等研究[J]. 中国工业经济，（8）：42-60.

张世伟，吕世斌. 2008. 家庭教育背景对个人教育回报和收入的影响[J]. 人口学刊，（3）：49-53.

张卫东，杨全胜. 2020. 教育促进阶层流动的效应：基于 PSM 方法的新视角[J]. 统计与决策，36（3）：71-74.

张小芳，潘欣欣，陈习定，等.2020. 教育公共支出与收入不平等——基于结构门槛回归模型的实证研究[J]. 宏观经济研究，（1）：164-175.

张勋，万广华.2016. 中国的农村基础设施促进了包容性增长吗？[J]. 经济研究，（10）：82-96.

张勋，王旭，万广华，等.2018. 交通基础设施促进经济增长的一个综合框架[J]. 经济研究，（1）：50-64.

章丹，徐志刚，陈品.2019. 新农合"病有所医"有无增进农村居民健康？对住院患者医疗服务利用、健康和收入影响的再审视[J]. 社会，（2）：58-84.

章莉，李实，Jr Darity W A，等.2014. 中国劳动力市场上工资收入的户籍歧视[J]. 管理世界，（11）：35-46.

章元，万广华，刘修岩，等.2009. 参与市场与农村贫困：一个微观分析的视角[J]. 世界经济，32（9）：3-14.

赵广川.2017. 国民健康不平等及其内在影响机制、演变过程[J]. 世界经济文汇，（5）：55-74.

赵锦山.2015. 城乡生源地、高校层次与大学生职业获得研究——基于17所高校2768名大学毕业生的实证[J]. 广西师范大学学报（哲学社会科学版），（5）：76-82.

赵为民.2020. 新农合大病保险改善了农村居民的健康吗？[J]. 财经研究，（1）：141-154.

赵西亮.2017. 教育、户籍转换与城乡教育收益率差异[J]. 经济研究，（12）：164-178.

赵修渝，李湘军.2007. 中国高等教育机会不均对个人收入差距的影响及对策研究[J]. 重庆大学学报（社会科学版），（2）：133-137.

赵颖.2016a. 语言能力对劳动者收入贡献的测度分析[J]. 经济学动态，（1）：32-43.

赵颖.2016b. 员工下岗、家庭资源与子女教育[J]. 经济研究，（5）：101-115，129.

赵忠，侯振刚.2005. 我国城镇居民的健康需求与 Grossman 模型——来自截面数据的证据[J]. 经济研究，（10）：79-90.

郑力.2020. 班级规模会影响学生的非认知能力吗？——一个基于 CEPS 的实证研究[J]. 教育与经济，（1）：87-96.

郑适，周海文，周永刚，等.2017. "新农合"改善农村居民的身心健康了吗？——来自苏鲁皖豫四省的经验证据[J]. 中国软科学，（1）：139-149.

钟熙维，周银斌.2016. 通信基础设施与城乡收入差距——基于我国省级动态面板数据模型的实证研究[J]. 开发研究，（3）：112-117.

周冰，万举.2006. 经济机会与农民在经济转型中的收入增长[J]. 学术月刊，（10）：75-81.

周波，苏佳.2012. 财政教育支出与代际收入流动性[J]. 世界经济，（12）：41-61.

周海波，胡汉辉，谢呈阳.2017. 交通基础设施、产业布局与地区收入——基于中国省级面板数据的空间计量分析[J]. 经济问题探索，（2）：1-11.

周金燕.2015. 人力资本内涵的扩展：非认知能力的经济价值和投资[J]. 北京大学教育评论，（1）：78-95，189-190.

朱红，张宇卿.2018. 非认知与认知发展对大学生初职月薪的影响[J]. 华东师范大学学报（教育科学版），（5）：42-50，166.

朱梦冰，李实. 2017. 精准扶贫重在精准识别贫困人口——农村低保政策的瞄准效果分析[J]. 中国社会科学，（9）：90-112，207.

朱志胜，李雅楠，宋映泉. 2019. 寄宿教育与儿童发展——来自贫困地区 137 所农村寄宿制学校的经验证据[J]. 教育研究，（8）：79-91.

邹薇，马占利. 2019. 家庭背景、代际传递与教育不平等[J]. 中国工业经济，（2）：80-98.

邹薇，郑浩. 2014. 贫困家庭的孩子为什么不读书：风险、人力资本代际传递和贫困陷阱[J]. 经济学动态，（6）：16-31.

Aaberge R，Brandolini A. 2015. Multidimensional poverty and inequality[J]. SSRN Electronic Journal，2：141-216.

Aggarwal M. 2011. An assessment of the effectiveness of anti-poverty programs for rural development in India[J]. Journal of International Money & Finance，31（6）：1371-1391.

Aggarwal S. 2018. Do rural roads create pathways out of poverty? Evidence from India[J]. Journal of Development Economics，133：375-395.

Agostini C A，Brown P H. 2011. Cash transfers and poverty reduction in Chile[J]. Journal of Regional Science，51（3）：604-625.

Aiyar S，Ebeke C. 2020. Inequality of opportunity，inequality of income and economic growth[J]. World Development，136：105-115.

Ali F R M，Elsayed M A A. 2018. The effect of parental education on child health：Quasi-experimental evidence from a reduction in the length of primary schooling in Egypt[J]. Health Economics，27：649-662.

Alkire S，Foster J. 2011. Counting and multidimensional poverty measurement[J]. Journal of Public Economics，95（7/8）：476-487.

Almås I，Cappelen A W，Lind J T，et al. 2011. Measuring unfair（in）equality[J]. Journal of Public Economics，95（7/8）：488-499.

Almond D，Currie J，Duque V. 2018. Childhood circumstances and adult outcomes：Act Ⅱ[J]. Journal of Economic Literature，56（4）：1360-1446.

Anand S，Ravallion M. 1993. Human development in poor countries：On the role of private incomes and public services[J]. Journal of Economic Perspectives，7（1）：133-150.

Angeles G，de Hoop J，Handa S，et al. 2019. Government of Malawi's unconditional cash transfer improves youth mental health[J]. Social Science & Medicine，225：108-119.

Anger S，Schnitzlein D D. 2017. Cognitive skills，non-cognitive skills，and family background：Evidence from sibling correlations[J]. Journal of Population Economics，30（2）：591-620.

Arneson R J. 1989. Equality and equal opportunity for welfare[J]. Philosophical Studies，56（1）：77-93.

Arneson R J. 1990. Liberalism, distributive subjectivism, and equal opportunity for welfare[J]. Philosophical and Public Affairs, 19（2）: 158-194.

Arneson R J. 1999. Equality of opportunity for welfare defended and recanted[J]. Journal of Political Philosophy, 7（4）: 488-497.

Arrow K J. 1962. The economic implications of leaning by doing[J]. The Review of Economic Studies, 29（3）: 155-173.

Arrow K J. 1973. Higher education as a filter[J]. Journal of Public Economics, 2（3）: 193-216.

Asadullah M N, Trannoy A, Tubeuf S, et al. 2021. Measuring educational inequality of opportunity: Pupil's effort matters[J]. World Development, 138: 105-262.

Atkin D. 2016. Endogenous skill acquisition and export manufacturing in Mexico[J]. American Economic Review, 106（8）: 2046-2085.

Atkinson A. 1970. On the measurement of inequality[J]. Journal of Economic Theory, 2（3）: 224-263.

Attanasio O, Meghir C, Nix E, et al. 2017. Human capital growth and poverty: Evidence from Ethiopia and Peru[J]. Review of Economic Dynamics, （25）: 234-259.

Baird S, Ferreira F H G, Özler B, et al. 2013. Relative effectiveness of conditional and unconditional cash transfers for schooling outcomes in developing countries: A systematic review[J]. Campbell Systematic Reviews, 9（1）: 1-124.

Barham T, Macours K, Maluccio J. 2018. Are conditional cash transfers fulfilling their promise? Schooling, learning, and earnings after 10 years[R]. CEPR Discussion Paper, No. DP11937.

Barnes K, Mukherji A, Mullen P, et al. 2017. Financial risk protection from social health insurance[J]. Journal of Health Economics, 55: 14-29.

Barrientos A, Dejong J. 2006. Reducing child poverty with cash transfers: A sure thing?[J]. Development Policy Review, 24（5）: 537-552.

Barro R J, Lee J W. 1996. International measurement of schooling years and schooling quality[J]. American Economic Review, 86（2）: 218-223.

Barro R J, Lee J W. 2001. International data on educational attainment: Updates and implications[J]. Oxford Economic Papers, 53（3）: 541-563.

Baum-Snow N, Brandt L, Henderson J V, et al. 2017. Roads, railroads, and decentralization of Chinese cities[J]. Review of Economics and Statistics, 99（3）: 435-448.

Baye F M, Epo B N. 2015. Impact of human capital endowments on inequality of outcomes in Cameroon[J]. The Review of Income and Wealth, 61（1）: 93-118.

Becker G S. 1962. Investment in human capital: A theoretical analysis[J]. Journal of Political Economy, 70（5）: 9-49.

Becker G S. 1964. Human Capital: A Theoretical and Empirical Analysis, with Special Reference to Education[M]. New York: Columbia University Press.

Becker G S. 1975. Human Capital[M]. 2nd ed. New York: Columbia University Press.

Becker G S. 1992. Nobel lecture: The economic way of looking at behavior[J]. Journal of Political Economics, 101（3）: 358-409.

Becker G S, Kominers S D, Murphy K M, et al. 2018. A theory of intergenerational mobility[J]. Journal of Political Economy, 126（S1）: S7-S25.

Becker G S, Murphy K, Tamura R. 1990. Human capital, fertility, and economic growth[J]. Journal of Political Economy, 98（5）: S12-S37.

Becker G S, Tomes N. 1976. Child endowments and the quantity and quality of children[J]. Journal of Political Economy, 84（4）: S143-S162.

Behrman J R, Rosenzweig M R. 2002. Does increasing women's schooling raise the schooling of the next generation?[J]. American Economic Review, 92（1）: 323-334.

Belo R, Ferreira P, Telang R. 2016. Spillovers from wiring schools with broadband: The critical role of children[J]. Management Science, 62（12）: 3450-3471.

Berger L M, Paxson C, Waldfogel J. 2009. Income and child development[J]. Children and Youth Services Review, 31（9）: 978-989.

Berger T, Enflo K. 2017. Locomotives of local growth: The short- and long-term impact of railroads in Sweden[J]. Journal of Urban Economics, 98: 124-138.

Berniell L, de la Mata D, Valdes N. 2013. Spillovers of health education at school on parents' physical activity[J]. Health Economics, 22（9）: 1004-1020.

Besley T, Burgess R. 2002. The political economy of government responsiveness: Theory and evidence from India[J]. Quarterly Journal of Economics, 117（4）: 1415-1451.

Bevis L, Barrett C B. 2015. Decomposing intergenerational income elasticity: The gender-differentiated contribution of capital transmission in rural Philippines[J]. World Development, 74: 233-252.

Bhutta Z A, Ahmed T, Black R E, et al. 2008. What works? Interventions for maternal and child undernutrition and survival[J]. The Lancet, 371（9610）: 417-440.

Bijwaard G E, Kippersluis H V. 2016. Efficiency of health investment: Education or intelligence?[J]. Health Economics, 25（9）: 1056-1072.

Bingley P, Christensen K, Jensen V M. 2009. Parental schooling and child development: Learning from twin parents[R]. The Danish National Centre for Social Research Working Paper, No.7.

Björklund A, Jäntti M, Roemer J E. 2012. Equality of opportunity and the distribution of long-run income in Sweden[J]. Social Choice and Welfare, 39（2/3）: 675-696.

Black S E, Devereux P J. 2010. Recent developments in intergenerational mobility[J]. National Bureau of Economic Research, （1）: 1487-1541.

Black S E, Devereux P J, Salvanes K G. 2007. From the cradle to the labor market? The effect of birth weight on adult outcomes[J]. Quarterly Journal of Economics, 122 (1): 409-439.

Blanden J, Gregg P, Macmillan L. 2007. Accounting for intergenerational income persistence: Noncognitive skills, ability and education[J]. Economic Journal, 117 (519): 43-60.

Blankenau W, Youderian X. 2015. Early childhood education expenditures and the intergenerational persistence of income[J]. Review of Economic Dynamics, 18 (2): 334-349.

Bloom D E, Canning D, Fink G. 2010. Implications of population aging for economic growth[J]. Oxford Review of Economic Policy, 26 (4): 583-612.

Boachie M K, Ramu K. 2015. Public health expenditure and health status in Ghana[R]. MPRA Paper.

Boehm S, Grossmann V, Steger T M. 2015. Does expansion of higher education lead to trickle-down growth?[J]. Journal of Public Economics, 132: 79-94.

Bourguignon F, Ferreira F H, Menendez M. 2007a. Inequality of opportunity in Brazil[J]. Review of Income and Wealth, 53 (4): 585-618.

Bourguignon F, Ferreira F H, Menendez M. 2013. Inequality of opportunity in Brazil: A corrigendum[J]. Review of Income and Wealth, 59 (3): 551-555.

Bourguignon F, Ferreira F H, Walton M. 2007b. Equity, efficiency and inequality traps: A research agenda[J]. The Journal of Economic Inequality, 5 (2): 235-256.

Bowles S, Gintis H, Osborne M. 2001. The determinants of earnings: A behavioral approach[J]. Journal of Economic Literature, 39 (4): 1137-1176.

Brandt L, Holz C A. 2006. Spatial price differences in China: Estimates and implications[J]. Economic Development and Cultural Change, 55 (1): 43-86.

Brown S, Taylor K. 2014. Household finances and the "Big Five" personality traits[J]. Journal of Economic Psychology, 45: 197-212.

Burde D, Linden L L. 2013. Bringing education to afghan girls: A randomized controlled trial of village-based schools[J]. American Economic Journal: Applied Economics, 5 (3): 27-40.

Burke M A, Sass T R. 2013. Classroom peer effects and student achievement[J]. Journal of Labor Economics, (1): 51-82.

Cameron A C, Gelbach J B, Miller D L. 2008. Bootstrap-based improvements for inference with clustered errors[J]. Review of Economics and Statistics, 90 (3): 414-427.

Cameron A C, Miller D L. 2015. A practitioner's guide to cluster-robust inference[J]. Journal of Human Resources, 50 (2): 317-372.

Campos B C, Ren Y, Petrick M. 2016. The impact of education on income inequality between ethnic minorities and Han in China[J]. China Economic Review, 41: 253-267.

Cappelen A W, Sørensen E Ø, Tungodden B. 2010. Responsibility for what? Fairness and individual responsibility[J]. European Economic Review, 54 (3): 429-441.

Card D, Dobkin C, Maestas N. 2008. The impact of nearly universal insurance coverage on health care utilization: Evidence from Medicare[J]. American Economic Review, 98（5）: 2242-2258.

Checchi D, Peragine V. 2010. Inequality of opportunity in Italy[J]. The Journal of Economic Inequality, 8（4）: 429-450.

Chen Y, Lei X, Zhou L A. 2017. Does raising family income cause better child health? Evidence from China[J]. Economic Development and Cultural Change, 65（3）: 495-520.

Chetty R, Hendren N, Lin F, et al. 2016. Childhood environment and gender gaps in adulthood[J]. American Economic Review, 106（5）: 282-288.

Chou S Y, Grossman M, Liu J. 2014. The impact of national health insurance on birth outcomes: A natural experiment in Taiwan[J]. Journal of Development Economics, 111: 75-91.

Chou S Y, Liu J T, Grossman M, et al. 2010. Parental education and child health: Evidence from a natural experiment in Taiwan[J]. American Economic Journal: Applied Economics, 2（1）: 33-61.

Clark D, Royer H. 2013. The effect of education on adult mortality and health: Evidence from Britain[J]. American Economic Review, 103（6）: 2087-2120.

Clay D C, Vander Haar J E. 1993. Patterns of intergenerational support and childbearing in the third world[J]. Population Studies, 47（1）: 67-83.

Cohen G A. 1989. On the currency of egalitarian justice[J]. Ethics, 99（4）: 906-944.

Coleman J S, Campbell E Q, Hobson C F, et al. 1966. Equality of educational opportunity[R]. Washington D. C. , U. S. Department of Health, Education, and Welfare, Office of Education.

Connelly R, Zheng Z. 2003. Determinants of school enrollment and completion of 10 to 18 year olds in China[J]. Economics of Education Review, 22（4）: 379-388.

Cornwell B, Laumann E O. 2015. The health benefits of network growth: New evidence from a national survey of older adults[J]. Social Science & Medicine, 125（1）: 94-106.

Cowell F A. 1985. Measures of distributional change: An axiomatic approach[J]. The Review of Economic Studies, 52（1）: 135-151.

Cox D. 1987. Motives for private income transfers[J]. Journal of Political Economy, 95（3）: 508-546.

Cui Y, Liu H, Zhao L. 2019. Mother's education and child development: Evidence from the compulsory school reform in China[J]. Journal of Comparative Economics, 47（3）: 669-692.

Cunha F, Elo I T, Culhane J F. 2013. Eliciting maternal subjective expectations about the technology of cognitive skill formation[J]. NBER Working Papers, No.19144.

Cunha F, Heckman J J. 2007. The technology of skill formation[J]. American Economic Review, 97（2）: 31-47.

Cunha F, Heckman J J, Schennach S M. 2010. Estimating the technology of cognitive and non-cognitive skill formation[J]. Econometrica, 78（3）: 883-931.

Currie J. 2011. Inequality at birth: Some causes and consequences[J]. American Economic Review, 101（3）: 1-22.

Cutler D M，Lleras-Muney A. 2010. Understanding differences in health behaviors by education[J]. Journal of Health Economics，29（1）：1-28.

Dagum C，Slottje D J. 2000. A new method to estimate the level and distribution of household human capital with application[J]. Structural Change and Economic Dynamics，11（2）：67-94.

Davidson R，MacKinnon J G. 2010. Wild bootstrap tests for Ⅳ regression[J]. Journal of Business & Economic Statistics，28（1）：128-144.

Davillas A，Jones A M. 2020. Ex ante inequality of opportunity in health，decomposition and distributional analysis of biomarkers[J]. Journal of Health Economics，69：1022511-102251.16.

de la Croix D，Doepke M. 2004. Public versus private education when differential fertility matters[J]. Journal of Development Economics，73（2）：607-629.

de Neve J W，Fink G. 2018. Children's education and parental old age survival-quasi-experimental evidence on the intergenerational effects of human capital investment[J]. Journal of Health Economics，58（3）：76-89.

de Neve J W，Harling G. 2017. Offspring schooling associated with increased parental survival in Rural KwaZulu-Natal[J]. Social Science & Medicine，176（3）：149-157.

de Neve J W，Kawachi I. 2017. Spillovers between siblings and from offspring to parents are understudied：A review and future directions for research[J]. Social Science & Medicine，183（3）：56-61.

Decker S L，Lipton B J. 2015. Do medicaid benefit expansions have teeth? The effect of medicaid adult dental coverage on the use of dental services and oral health[J]. Journal of Health Economics，44：212-225.

Denison E F. 1962. The sources of economic growth in the United States[R]. Committee for Economic Development.

Devooght K. 2008. To each the same and to each his own：A proposal to measure responsibility-sensitive income inequality[J]. Economica，75（298）：280-295.

Dias P R. 2009. Inequality of opportunity in health：Evidence from a UK cohort study[J]. Journal of Health Economics，（18）：1057-1074.

Dickson M，Gregg P，Robinson H. 2016. Early，late or never? When does parental education impact child outcomes?[J]. The Economic Journal，126（596）：F184-F231.

Djemai E. 2018. Roads and the spread of HIV in Africa[J]. Journal of Health Economics，60：118-141.

Doepke M，Zilibotti F. 2017. Parenting with style：Altruism and paternalism in intergenerational preference transmission[J]. Econometrica，85（5）：1331-1371.

Doeringer P B，Piore M J. 1971. Internal Labor Market and Manpower Analysis[M]. Lexington：Massachusetts.

Dohmen T，Falk A，Huffman D，et al. 2010. Are risk aversion and impatience related to cognitive ability?[J]. American Economic Review，100（3）：1238-1260.

Donaldson D. 2018. Railroads of the Raj：Estimating the impact of transportation infrastructure[J]. American Economic Review，108（4/5）：899-934.

Dublin L I，Lotka A. 1930. The Money Value of Man[M]. New York：Ronald Press.

Duncan G J，Murnane R J. 2011. Whither opportunity？Rising inequality，schools，and children's life chances[R]. Russell Sage Foundation，New York.

Dworkin R. 1981. What is equality? Part I：Equality of welfare[J]. Philosophy & Public Affairs，10（3）：185-246.

Egert B，Botev J，Turner D. 2020. The contribution of human capital and its policies to per capita income in Europe and the OECD[J]. European Economic Review，129：103560.

Eisner R. 1985. The total incomes system of accounts[J]. Survey of Current Business，65（1）：24-28.

Eriksson T，Pan J，Qin X. 2014. The intergenerational inequality of health in China[J]. China Economic Review，31：392-409.

Ermisch J，Pronzato C H. 2010. Causal effects of parents' education on children's education[R]. ISER Working Paper Series.

Faber B. 2014. Trade integration，market size，and industrialization：Evidence from China's national trunk highway system[J]. The Review of Economic Studies，81（3）：1046-1070.

Fan Y. 2016. Intergenerational income persistence and transmission mechanism：Evidence from urban China[J]. China Economic Review，41：299-314.

Fang H，Eggleston K，Rizzo J A，et al. 2012. The returns to education in China：Evidence from the 1986 Compulsory Education Law[R]. NBER Working Paper.

Farr W. 1853. Equitable taxation of property[J]. Journal of Royal Statistics，16（3）：1-45.

Feinstein L，Symons J. 1999. Attainment in secondary school[J]. Oxford Economic Papers，51（2）：300-321.

Feldstein M S. 1967. Economic Analysis for Health Service Efficiency：Econometric Studies of the British National Health Service（Volume 51 of Contributions to Economic Analysis）[M]. Amsterdam：North-Holland Publishing Company.

Feldstein M S. 1977. The Rising Cost of Hospital Care[M]. Washington：Information Resources Press.

Ferreira F H G，Gignoux J. 2008. The measurement of inequality of opportunity：Theory and an application to Latin America[R]. The World Bank Policy Research Working Paper，No. 4659.

Ferreira F H G，Gignoux J. 2011. The measurement of inequality of opportunity：Theory and an application to Latin America[J]. The Review of Income and Wealth，57（4）：622-657.

Finkelstein A，Taubman S，Wright B，et al. 2012. The oregon health insurance experiment：Evidence from the first year[J]. The Quarterly Journal of Economics，127（3）：1057-1106.

Fleurbaey M. 1995a. Equal opportunity or equal social outcome?[J]. Economics & Philosophy，

11（1）：25-55.

Fleurbaey M. 1995b. Equality and responsibility[J]. European Economic Review，39（3）：683-689.

Fleurbaey M，Maniquet F. 2011. A Theory of Fairness and Social Welfare[M]. Cambridge：Cambridge University Press.

Fleurbaey M，Peragine V. 2013. Ex ante versus ex post equality of opportunity[J]. Economica，80（317）：118-130.

Fleurbaey M，Schokkaert E. 2009. Unfair inequalities in health and health care[J]. Journal of Health Economics，28（1）：73-90.

Foster J E. 1983. An axiomatic characterization of the Theil measure of inequality[J]. Journal of Economic Theory，31：105-121.

Frankenberg E，Lillard L，Willis R J. 2002. Patterns of intergenerational transfers in Southeast Asia[J]. Journal of Marriage & Family，64（3）：627-641.

Friedman E M，Mare R D. 2014. The schooling of offspring and the survival of parents[J]. Demography，51（4）：1271-1293.

Gaertner W，Schwettmann L. 2007. Equity，responsibility and the cultural dimension[J]. Economica，74（296）：627-649.

Gerfin M，Lechner M. 2002. A microeconometric evaluation of the active labour market policy in Switzerland[J]. The Economic Journal，112（482）：854-893.

Gershoff E T，Aber J L，Raver C C，et al. 2007. Income is not enough：Incorporating material hardship into models of income associations with parenting and child development[J]. Child Development，78（1）：70-95.

Gertler P J. 2004. Do conditional cash transfers improve child health? Evidence from Progresa's control randomized experiment[J]. American Economic Review，94（2）：336-341.

Gertler P J，Martinez S W，Rubio-Codina M. 2012. Investing cash transfers to raise long-term living standards[J]. American Economic Journal：Applied Economics，4（1）：164-192.

Gintis H. 1971. Education，technology，and the characteristics of worker productivity[J]. The American Economic Review，61（2）：266-279.

Golley J，Kong S T. 2018. Inequality of opportunity in China's educational outcomes[J]. China Economic Review，51：116-128.

Golsteyn B H H，Grönqvist H，Lindahl L. 2014. Adolescent time preferences predict lifetime outcomes[J]. Economic Journal，124（580）：F739-F761.

Gourieroux C，Monfort A，Renault E，et al. 1987. Generalised residuals[J]. Journal of Econometrics，34（1）：5-32.

Graham J W，Webb R H. 1979. Stocks and depreciation of human capital：New evidence from a present-value perspective[J]. Review of Income and Wealth，25（2）：209-224.

Grépin K A, Bharadwaj P. 2015. Maternal education and child mortality in Zimbabwe[J]. Journal of Health Economics, 44: 97-117.

Griliches Z. 1977. Estimating the returns to schooling: Some econometric problems[J]. Econometrica: Journal of the Econometric Society, 45 (1): 1-22.

Grossman M. 1972. On the concept of health capital and the demand for health[J]. Journal of Political Economy, 80 (2): 223-255.

Grubb W N. 1993. Further tests of screening on education and observed ability[J]. Economics of Education Review, 12 (2): 125-136.

Gupta S, Verhoeven M, Tiongson E R. 1999. Does higher government spending buy better results in education and health care?[R]. IMF Working Paper.

Gupta S, Verhoeven M, Tiongson E R. 2003. Public spending on health care and the poor[J]. Health Economics, 12 (8): 685-696.

Hadley J, Waidmann T. 2006. Health insurance and health at age 65: Implications for medical care spending on new medicare beneficiaries[J]. Health Services Research, 41 (2): 429-451.

Handa S, Davis B. 2006. The experience of conditional cash transfers in Latin America and the Caribbean[J]. Development Policy Review, 24 (5): 513-536.

Hansen C W, Lønstrup L. 2012. Can higher life expectancy induce more schooling and earlier retirement?[J]. Journal of Population Economics, 25 (4): 1249-1264.

Hanushek E A. 1997. Assessing the effects of school resources on student performance: An update[J]. Educational Evaluation & Policy Analysis, 19 (2): 141-164.

Hanushek E A, Kimko D D. 2000. Schooling, labor-force quality, and the growth of nations[J]. American Economic Review, 90 (5): 1184-1208.

He H J, Nolen P J. 2019. The effect of health insurance reform: Evidence from China[J]. China Economic Review, (53): 168-179.

Heckman J J, Ichimura H, Todd P E. 1997. Matching as an econometric evaluation estimator: Evidence from evaluating a job training programme[J]. The Review of Economic Studies, 64(4): 605-654.

Heckman J J, Rubinstein Y. 2001. The importance of non-cognitive skills: Lessons from the GED testing program[J]. American Economic Review, (2): 145-149.

Heckman J J, Stixrud J, Urzua S. 2006. The effects of cognitive and non-cognitive abilities on labor market outcomes and social behavior[J]. Journal of Labor Economics, 30 (6): 884-897.

Heckman J J, Vytlacil E. 2001. Policy-relevant treatment effects[J]. Jorunal of Economic Literature, 91 (2): 107-111.

Heiss F. 2011. Dynamics of self-rated health and selective mortality[J]. Empirical Economics, 40(1): 119-140.

Hodgson C. 2018. The effect of transport infrastructure on the location of economic activity: Railroads and post offices in the American West[J]. Journal of Urban Economics, 104: 59-76.

Holmlund H, Lindahl M, Plug E. 2010. The causal effect of parent's schooling on children's schooling: A comparison of estimation methods[J]. Journal of Economic Literature, 49 (3): 615-651.

Hong S N, Nguyen H T, Khanam R, et al. 2015. Does school type affect cognitive and non-cognitive development in children? Evidence from Australian primary schools[J]. Labour Economics, 33: 55-65.

Huang W. 2015. Understanding the effects of education on health: Evidence from China[R]. IZA Discussion Papers, No.9225.

Hufe P, Kanbur R, Peichl A. 2018. Measuring unfair inequality: Reconciling equality of opportunity and freedom from poverty[R]. CEPR Discussion Papers.

Iannelli C, Paterson L. 2007. Education and social mobility in Scotland[J]. Research in Social Stratification and Mobility, 25 (3): 219-232.

Idler E L, Benyamini Y. 1997. Self-rated health and mortality: A review of twenty-seven community studies[J]. Journal of Health & Social Behavior, 38 (1): 21-37.

Ikkink K K, Tilburg T V, Knipscheer C P M. 1999. Perceived instrumental support exchanges in relationships between elderly parents and their adult children: Normative and structural explanations[J]. Journal of Marriage & Family, 61 (4): 831-844.

Jedwab R, Kerby E, Moradi A. 2017. History, path dependence and development: Evidence from colonial railways, settlers and cities in Kenya[J]. The Economic Journal, 127 (603): 24-46.

Jedwab R, Moradi A. 2016. The permanent effects of transportation revolutions in poor countries: Evidence from Africa[J]. Review of Economics and Statistics, 98 (2): 268-284.

Jensen R. 2012. Do labor market opportunities affect young women's work and family decisions? Experimental evidence from India[J]. The Quarterly Journal of Economics, 127 (2): 753-792.

Jorgenson D W, Fraumeni B M. 1989. The accumulation of human and non-human capital, 1948-1984[C]//Lipsey R E, Tice H S. The Measurement of Savings, Investment and Wealth. Chicago: The University of Chicago Press: 227-282.

Jorgenson D W, Fraumeni B M. 1992. The output of the education sector[C]//Griliches Z. Output Measurement in the Services Sector. Chicago: The University of Chicago Press: 303-338.

Jusot F, Tubeuf S, Trannoy A. 2013. Circumstances and efforts: How important is their correlation for the measurement of inequality of opportunity in health?[J]. Health Economics, 22 (12): 1470-1495.

Kabubo-Mariara J, Ndenge G K, Mwabu D K. 2009. Determinants of children's nutritional status in Kenya: Evidence from demographic and health surveys[J]. Journal of African Economies, (3):

363-387.

Kakwani N. 1977. Applications of Lorenz curves in economic analysis[J]. Econometrica, 45（3）: 719-727.

Keane M P, Roemer J E. 2009. Assessing policies to equalize opportunity using an equilibrium model of educational and occupational choices[J]. Journal of Public Economics, 93（7/8）: 879-898.

Keats A. 2018. Women's schooling, fertility, and child health outcomes: Evidence from Uganda's free primary education program[J]. Journal of Development Economics, 135: 142-159.

Kendrick J. 1976. The Formation and Stocks of Total Capital[M]. New York: Columbia University Press for NBER.

Kilburn K, Handa S, Angeles G, et al. 2017. Short-term impacts of an unconditional cash transfer program on child schooling: Experimental evidence from Malawi[J]. Economics of Education Review, 59: 63-80.

Konow J. 2001. Fair and square: The four sides of distributive justice[J]. Journal of Economic Behavior & Organization, 46（2）: 137-164.

Konow J. 2003. Which is the fairest one of all? A positive analysis of justice theories[J]. Journal of Economic Literature, 41（4）: 1188-1239.

Konow J, Schwettmann L. 2016. The economics of justice[R]. Handbook of Social Justice Theory and Research.

Kotera T, Seshadri A. 2017. Educational policy and intergenerational mobility[J]. Review of Economic Dynamics, 25: 187-207.

Kotlikoff L J, Spivak A. 1981. The family as an incomplete annuities market[J]. Journal of Political Economy, 89（2）: 372-391.

Kourtellos A, Marr C, Tan C M. 2020. Local intergenerational mobility[J]. European Economic Review, 126: 103460.

Kruger D I. 2007. Coffee production effects on child labor and schooling in Rural Brazil[J]. Journal of Development Economics, 82（2）: 448-463.

Kuziemko I. 2014. Human capital spillovers in families: Do parents learn from or lean on their children?[J]. Journal of Labor Economics, 32（4）: 755-786.

Lee J, Lee H. 2018. Human capital and income inequality[J]. Journal of the Asia Pacific Economy, 23（4）: 554-583.

Lee Y J, Parish W L, Willis R J. 1994. Sons, Daughters, and intergenerational support in Taiwan[J]. American Journal of Sociology, 99（4）: 1010-1041.

Lefranc A, Pistolesi N, Trannoy A. 2008. Inequality of opportunities vs. inequality of outcomes: Are Western societies all alike?[J]. Review of Income and Wealth, 54（4）: 513-546.

Lefranc A, Pistolesi N, Trannoy A. 2009. Equality of opportunity and luck: Definitions and testable conditions, with an application to income in France[J]. Journal of Public Economics, 93(11/12): 1189-1207.

Lei X, Lin W. 2009. The new cooperative medical scheme in rural China: Does more coverage mean more service and better health?[J]. Health Economics, 18 (S2): S25-S46.

Levere M, Orzol S, Leininger L, et al. 2019. Contemporaneous and long-term effects of children's public health insurance expansions on supplemental security income participation[J]. Journal of Health Economics, (64): 80-92.

Li Donni P, Rodríguez J G, Rosa Dias P. 2015. Empirical definition of social types in the analysis of inequality of opportunity: A latent classes approach[J]. Social Choice & Welfare, 44 (3): 673-701.

Lucas R E. 1988. On the mechanics of economic development[J]. Journal of Monetary Economics, 22: 3-42.

Lundborg P, Majlesi K. 2018. Intergenerational transmission of human capital: Is it a one-way street?[J]. Journal of Health Economics, 57 (1): 206-220.

Lundborg P, Nilsson A, Rooth D. 2014. Parental education and offspring outcomes: Evidence from the Swedish compulsory school reform[J]. American Economic Journal: Applied Economics, 6(1): 253-278.

Maccini S, Yang D. 2009. Under the weather: health, schooling, and economic consequences of early-life rainfall[J]. American Economic Review, 99 (3): 1006-1026.

Machin S, Salvanes K G, Pelkonen P. 2012. Education and mobility[J]. Journal of the European Economic Association, 10 (2): 417-450.

Macours K, Schady N, Vakis R. 2012. Cash transfers, behavioral changes, and cognitive development in early childhood: Evidence from a randomized experiment[J]. American Economic Journal: Applied Economics, 4 (2): 247-273.

Magdalou B, Nock R. 2011. Income distributions and decomposable divergence measures[J]. Journal of Economic Theory, 146 (6): 2440-2454.

Mani A, Mukand S. 2005. Democracy, visibility and public good provision[J]. Journal of Development Economics, 83 (2): 506-529.

Marrero G A, Rodríguez J G. 2013. Inequality of opportunity and growth[J]. Journal of Development Economics, 104 (3): 107-122.

Marta P, Karolina S. 2018. Personality, cognitive skills and life outcomes: Evidence from the Polish follow-up study to PIAAC[J]. Large-Scale Assessments in Education, 6 (1): 116-145.

Mayer S E, Sarin A. 2005. Some mechanisms linking economic inequality and infant mortality[J]. Social Science & Medicine, 60 (3): 439-455.

McCrary J, Royer H. 2011. The effect of female education on fertility and infant health: Evidence from school entry policies using exact date of birth[J]. American Economic Review, 101（1）: 158-195.

McGarry K, Schoeni R F. 1995. Transfer behavior in the health and retirement study: Measurement and the redistribution of resources within the family[J]. Journal of Human Resources, 30: S184-S226.

Meghir C, Palme M, Simeonova E, et al. 2018. Education and mortality: Evidence from a social experiment[J]. American Economic Journal: Applied Economics, 10（2）: 234-256.

Mejía D, St-Pierre M. 2008. Unequal opportunities and human capital formation[J]. Journal of Development Economics, 86（2）: 395-413.

Michael R T. 1973. Education and the derived demand for children[J]. Journal of Political Economy, 81（2）: S128-S164.

Milligan K, Stabile M. 2011. Do child tax benefits affect the well-being of children? Evidence from Canadian child benefit expansions[J]. American Economic Journal: Economic Policy, 3（3）: 175-205.

Mincer J. 1962. On-the-job training: Costs, returns and some implications[J]. Journal of Political Economy, 70（5）: 50-79.

Mincer J. 1974. Schooling, Experiences and Earnings[M]. New York: Columbia University Press.

Mitrut A, Tudor S. 2018. Bridging the gap for Roma: The effects of an ethnically targeted program on prenatal care and child health[J]. Journal of Public Economics, 165: 114-132.

Moulton B R. 1990. An illustration of a pitfall in estimating the effects of aggregate variables on micro units[J]. Review of Economics and Statistics, 72（2）: 334-338.

Mulligan C B, Sala-i-Martin X. 1997. A labor income-based measure of the value of human capital: An application to the states of the United States[J]. Japan and the World Economy, 9（2）: 159-191.

Muralidharan K, Prakash N. 2017. Cycling to school: Increasing secondary school enrollment for girls in India[J]. American Economic Journal: Applied Economics, 9（3）: 321-350.

Mushkin S J. 1962. Health as an investment[J]. Journal of Political Economy, 70: 129-157.

Nicoletti C, Tonei V. 2020. Do parental time investments react to changes in child's skills and health?[J]. European Economic Review, 127: 103491.

Nixon J, Ulmann P. 2006. The relationship between health care expenditure and health outcomes: Evidence and caveats for a causal link[J]. European Journal of Health Economics, 7（1）: 7-18.

Oliveira J. 2016. The value of children: Inter-Generational support, fertility, and human capital[J]. Journal of Development Economics, 129: 1-16.

Orgill-Meyer J, Pattanayak S K. 2020. Improved sanitation increases long-term cognitive test scores[J]. World Development, 132: 104975.

Osili U O, Long B T. 2008. Does female schooling reduce fertility? Evidence from Nigeria[J]. Journal of Development Economics，87（1）：57-75.

Oster E. 2009. Does increased access increase equality? Gender and child health investments in India[J]. Journal of Development Economics，89（1）：62-76.

Oster E，Steinberg B M. 2013. Do IT service centers promote school enrollment? Evidence from India[J]. Journal of Development Economics，104：123-135.

Park K H. 1996. Educational expansion and educational inequality on income distribution[J]. Economics of Education Review，15（1）：51-58.

Parker S W，Vogl T. 2018. Do conditional cash transfers improve economic outcomes in the next generation? Evidence from Mexico[R]. National Bureau of Economic Research.

Peng X B，Conley D. 2016. The implication of health insurance for child development and maternal nutrition：Evidence from China[J]. The European Journal of Health Economics，17：521-534.

Plug E. 2004. Estimating the effect of mother's schooling on children's schooling using a sample of adoptees[J]. American Economic Review，94（1）：358-368.

Prettner K，Schaefer A. 2021. U-shape of income inequality over the 20th century：The role of education[J]. Scandinavian Journal of Economics，123（2）：645-675.

Psacharopoulos G. 1977. Schooling，experience and earnings：The case of an LDC[J]. Journal of Development Economics，4（1）：39-48.

Qin X Z，Wang T Y，Zhuang C C. 2016. Intergenerational transfer of human capital and its impact on income mobility：Evidence from China[J]. China Economic Review，38：306-321.

Quirk J，Saposnik R. 1962. Admissibility and measurable utility functions[J]. Review of Economics Studies，29（2）：140-146.

Ramos X，van de Gaer D. 2016. Approaches to inequality of opportunity：Principles，measures and evidence[J]. Journal of Economic Surveys，30（5）：855-883.

Ravallion M，Chen S. 2007. China's（uneven）progress against poverty[J]. Journal of Development Economics，82（1）：1-42.

Rawls J. 1971. A Theory of Justice[M]. Cambridge：Harvard University Press.

Rinne U，Schneider M，Uhlendorff A. 2011. Do the skilled and prime-aged unemployed benefit more from training? Effect heterogeneity of public training programmes in Germany[J]. Applied Economics，43（25）：3465-3494.

Roemer J. 1993. A pragmatic theory of responsibility for the egalitarian planner[J]. Philosophical and Public Affairs，22（2）：146-166.

Roemer J. 1998. Equality of Opportunity[M]. Cambridge：Harvard University Press.

Roemer J. 2003. Defending equality of opportunity[J]. The Monist，86（2）：261-282.

Roemer J，Aaberge R，Colombino U，et al. 2003. To what extent do fiscal regimes equalize opportunities for income acquisition among citizens?[J]. Journal of Public Economics，87（3/4）：

539-565.

Romer P. 1986. Increasing returns and long-run growth[J]. Journal of Political Economy,（94）：1002-1037.

Romer P. 1990. Endogenous technological change[J]. Journal of Political Economy, 98（5）：71-102.

Rosenbaum P R, Rubin D B. 1983. The central role of the propensity score in observational studies for causal effects[J]. Biometrika, 70（1）：41-55.

Salehi-Isfahani D, Hassine N, Assaad R. 2014. Equality of opportunity in educational achievement in the Middle East and North Africa[J]. Journal of Economic Inequality, 12（4）：489-515.

Schady N R. 2004. Do macroeconomic crises always slow human capital accumulation?[J]. The World Bank Economic Review, 18（2）：131-154.

Schultz T W. 1960. Capital formation by education[J]. Journal of Political Economy, 68（6）：571-583.

Schultz T W. 1961a. Education and Economic Growth[M]. Chicago：University of Chicago Press.

Schultz T W. 1961b. Investment in human capital[J]. American Economic Review, 51（1）：1-17.

Schultz T W. 1963. The Economic Value of Education[M]. New York：Columbia University Press.

Schultz T W, Tansel A. 1997. Wage and labor supply effects of illness in Côte d'Ivoire and Ghana：Instrumental variable estimates for day disabled[J]. Journal of Development Economics, 53：251-286.

Sehrawat M, Singh S K. 2019. Human capital and income inequality in India：Is there a non-linear and asymmetric relationship?[J]. Applied Economics, 51（39）：4325-4336.

Sen A. 1999. Commodities and Capabilities[M]. Oxford：Oxford University Press.

Shah M, Steinberg B M. 2017. Drought of opportunities：Contemporaneous and long-term impacts of rainfall shocks on human capital[J]. Journal of Political Economy, 125（2）：527-561.

Shenoy A. 2018. Regional development through place-based policies：Evidence from a spatial discontinuity[J]. Journal of Development Economics, 130：173-189.

Shorrocks A F. 2013. Decomposition procedures for distributional analysis：A unified framework based on the Shapley value[J]. The Journal of Economic Inequality, 11（1）：99-126.

Silverstein M, Bengtson V L. 1991. Do close parent-child relations reduce the mortality risk of older parents?[J]. Journal of Health and Social Behavior, 32（4）：382-395.

Skirbekk V. 2008. Fertility trends by social status[J]. Demographic Research, 18：145-180.

Soares F V, Soares S, Medeiros M, et al. 2006. Cash transfer programmes in Brazil：Impacts on inequality and poverty[R]. International Policy Centre for Inclusive Growth.

Spence M A. 1973. Job market signaling[J]. Quarterly Journal of Economics, 87：355-374.

Spence M A. 1974. Market Signaling：Informational Transfer in Hiring and Related Screening Processes[M]. Cambridge：Harvard University Press.

Stampini M, Martinez-Cordova S, Insfran S, et al. 2018. Do conditional cash transfers lead to better secondary schools? Evidence from Jamaica's path[J]. World Development, 101: 104-118.

Stephens M, Yang D Y. 2014. Compulsory education and the benefits of schooling[J]. American Economic Review, 104（6）: 1777-1792.

Stewart T A. 1997. Intellectual Capital: The New Wealth of Organisations[M]. New York: Doubleday.

Storeygard A. 2016. Farther on down the road: Transport costs, trade and urban growth in Sub-Saharan Africa[J]. The Review of Economic Studies, 83（3）: 1263-1295.

Stromberg D. 2004. Mass media competition, political competition and public policy[J]. The Review of Economics Studies, 71: 265-284.

Tao H L, Stinson T F. 1997. Alternative measurement of human capital stock[R]. Development Center Bulletin 97/01, University of Minnesota.

Taubman P, Wales T J. 1973. Higher education, mental ability, and screening[J]. Journal of Political Economy, 81（1）: 28-55.

Torssander J. 2013. From child to parent? The significance of children's education for their parents' longevity[J]. Demography, 50（2）: 637-659.

Townsend P. 1979. Poverty in the United Kingdom: A Survey of Household Resources and Standards of Living[M]. Berkeley: University of California Press.

Wagstaff A, Yip W, Lindelow M, et al. 2009. China's health system and its reform: A review of recent studies[J]. Health Economics, 18（S2）: S7-S23.

Wan G. 2004. Accounting for income inequality in rural China: A regression-based approach[J]. Journal of Comparative Economics, 32（2）: 348-363.

Wang Q, Yu X R. 2017. Family linkages, social interactions, and investment in human capital: A theoretical analysis[J]. Journal of Comparative Economics, 45（2）: 271-286.

Wassermann L. 2003. Specifying human capital[J]. Journal of Economic Surveys, 17（3）: 239-270.

Weisbrod B A. 1961. The valuation of human capital[J]. Journal of Political Economy, 69（5）: 425-436.

Wilkinson R G. 2000. The need for an interdisciplinary perspective on the social determinants of health[J]. Health Economics, 9（7）: 581-583.

Williamson O E. 1996. Economic organization: The case for Candor[J]. Academy of Management Review, （1）: 48-57.

World Bank. 2001. World Development Report 2000/2001: Attacking Poverty[M]. Oxford: Oxford University Press.

Wright T. 1936. Factors affecting the cost of airplanes[J]. Journal of Aeronautical Sciences, （4）: 122-128.

Xiao Y, Li L, Zhao L Q. 2017. Education on the cheap: The long-run effects of a free compulsory education reform in rural China[J]. Journal of Comparative Economics, 45（3）: 544-562.

Xie S, Mo T. 2014. The impact of education on health in China[J]. China Economic Review, 29: 1-18.

Xing C, Yang P, Li Z. 2018. The medium-run effect of China's higher education expansion on the unemployment of college graduates[J]. China Economic Review, 51: 181-193.

Yang J, Qiu M. 2016. The impact of education on income inequality and intergenerational mobility[J]. China Economic Review, 37: 110-125.

Zhang H C, Qin X Z, Zhou J T. 2020. Do tiger moms raise superior kids? The impact of parenting style on adolescent human capital formation in China[J]. China Economic Review, 63: 101537.

Zhang J S, Zhang J. 2005. The effect of life expectancy on fertility, saving, schooling and economic growth: Theory and evidence[J]. Scandinavian Journal of Economics, 107: 45-66.

Zhang J S, Zhang J, Lee R. 2001. Mortality decline and long-run economic growth[J]. Journal of Public Economics, 80 (3): 485-507.

Zhou J Y, Zhao W. 2019. Contributions of education to inequality of opportunity in income: A counterfactual estimation with data from China[J]. Research in Social Stratification and Mobility, 59: 60-70.

Zimmer Z, Martin L G, Ofstedal M B, et al. 2007. Education of adult children and mortality of their elderly parents in Taiwan[J]. Demography, 44 (2): 289-305.

附　　录

附表 3-1a　2004~2019 年各省（区、市）义务教育供给指数

省（区、市）	2004年	2005年	2006年	2007年	2008年	2009年	2010年	2011年	2012年	2013年	2014年	2015年	2016年	2017年	2018年	2019年
北京	0.486	0.500	0.504	0.432	0.436	0.441	0.443	0.423	0.418	0.410	0.404	0.407	0.417	0.426	0.417	0.408
天津	0.448	0.458	0.455	0.454	0.457	0.464	0.465	0.444	0.441	0.437	0.431	0.431	0.433	0.432	0.430	0.421
河北	0.359	0.372	0.381	0.381	0.382	0.381	0.374	0.346	0.328	0.336	0.328	0.315	0.312	0.309	0.305	0.307
上海	0.526	0.540	0.542	0.549	0.556	0.560	0.560	0.527	0.530	0.530	0.542	0.558	0.565	0.577	0.579	0.580
江苏	0.247	0.274	0.300	0.320	0.333	0.351	0.367	0.343	0.341	0.341	0.328	0.318	0.312	0.307	0.306	0.310
浙江	0.259	0.267	0.265	0.261	0.262	0.279	0.297	0.266	0.274	0.273	0.276	0.278	0.282	0.287	0.286	0.287
福建	0.301	0.307	0.314	0.326	0.333	0.342	0.366	0.340	0.331	0.326	0.318	0.311	0.306	0.297	0.284	0.276
山东	0.378	0.386	0.386	0.389	0.386	0.382	0.376	0.359	0.364	0.367	0.358	0.350	0.347	0.343	0.336	0.336
广东	0.200	0.199	0.203	0.222	0.240	0.262	0.291	0.264	0.275	0.285	0.290	0.288	0.289	0.287	0.279	0.273
海南	0.235	0.209	0.222	0.249	0.278	0.300	0.333	0.310	0.319	0.318	0.313	0.309	0.301	0.291	0.279	0.276
山西	0.402	0.389	0.384	0.378	0.375	0.373	0.372	0.354	0.365	0.397	0.389	0.386	0.381	0.373	0.362	0.359
安徽	0.231	0.249	0.261	0.275	0.287	0.307	0.346	0.332	0.369	0.361	0.351	0.329	0.315	0.308	0.298	0.295
江西	0.266	0.280	0.287	0.281	0.272	0.270	0.261	0.237	0.241	0.271	0.266	0.260	0.251	0.244	0.248	0.253
河南	0.382	0.388	0.384	0.386	0.384	0.382	0.374	0.362	0.368	0.420	0.414	0.407	0.385	0.376	0.368	0.367
湖北	0.224	0.244	0.261	0.272	0.281	0.288	0.297	0.270	0.317	0.318	0.331	0.319	0.306	0.294	0.275	0.270
湖南	0.319	0.339	0.350	0.350	0.342	0.334	0.323	0.281	0.283	0.276	0.266	0.254	0.249	0.251	0.245	0.252
内蒙古	0.265	0.272	0.276	0.280	0.292	0.303	0.315	0.299	0.311	0.324	0.322	0.312	0.306	0.307	0.303	0.302
广西	0.167	0.192	0.191	0.214	0.229	0.241	0.249	0.243	0.241	0.239	0.236	0.233	0.235	0.240	0.243	0.242
重庆	0.259	0.260	0.252	0.277	0.284	0.302	0.311	0.296	0.305	0.312	0.313	0.310	0.299	0.301	0.297	0.299
四川	0.155	0.166	0.156	0.161	0.182	0.202	0.223	0.173	0.194	0.226	0.229	0.229	0.229	0.235	0.231	0.235
贵州	0.135	0.154	0.172	0.185	0.194	0.199	0.210	0.211	0.239	0.244	0.253	0.264	0.273	0.274	0.276	0.271

续表

省（区、市）	2004年	2005年	2006年	2007年	2008年	2009年	2010年	2011年	2012年	2013年	2014年	2015年	2016年	2017年	2018年	2019年
云南	0.196	0.202	0.203	0.200	0.206	0.220	0.230	0.224	0.243	0.257	0.255	0.259	0.265	0.267	0.270	0.272
西藏	0.093	0.104	0.131	0.182	0.199	0.220	0.237	0.245	0.250	0.255	0.278	0.296	0.293	0.275	0.290	0.292
陕西	0.274	0.290	0.290	0.300	0.310	0.319	0.343	0.327	0.347	0.353	0.351	0.338	0.327	0.314	0.302	0.297
甘肃	0.122	0.139	0.155	0.179	0.207	0.221	0.257	0.260	0.285	0.321	0.335	0.338	0.336	0.332	0.324	0.324
青海	0.197	0.192	0.197	0.191	0.197	0.189	0.193	0.129	0.167	0.194	0.178	0.200	0.199	0.204	0.185	0.190
宁夏	0.210	0.192	0.183	0.190	0.189	0.214	0.220	0.212	0.239	0.247	0.246	0.254	0.256	0.255	0.251	0.245
新疆	0.224	0.244	0.253	0.263	0.273	0.286	0.301	0.257	0.268	0.283	0.288	0.276	0.268	0.270	0.264	0.259
辽宁	0.321	0.326	0.322	0.322	0.323	0.333	0.350	0.307	0.312	0.328	0.330	0.330	0.333	0.336	0.325	0.321
吉林	0.324	0.342	0.353	0.353	0.356	0.367	0.381	0.365	0.368	0.376	0.385	0.378	0.376	0.374	0.366	0.366
黑龙江	0.295	0.294	0.308	0.317	0.325	0.331	0.339	0.317	0.310	0.356	0.354	0.346	0.331	0.327	0.321	0.320

附表 3-1b　2004~2019 年各省（区、市）城镇义务教育供给指数

省（区、市）	2004年	2005年	2006年	2007年	2008年	2009年	2010年	2011年	2012年	2013年	2014年	2015年	2016年	2017年	2018年	2019年
北京	0.714	0.441	0.446	0.401	0.407	0.415	0.411	0.407	0.404	0.398	0.393	0.393	0.399	0.408	0.400	0.392
天津	0.501	0.507	0.496	0.490	0.491	0.481	0.459	0.478	0.477	0.473	0.471	0.430	0.415	0.414	0.411	0.402
河北	0.451	0.448	0.425	0.432	0.429	0.432	0.409	0.492	0.488	0.487	0.483	0.447	0.420	0.397	0.395	0.400
上海	0.543	0.555	0.562	0.579	0.584	0.588	0.592	0.543	0.545	0.544	0.553	0.567	0.573	0.589	0.592	0.594
江苏	0.274	0.307	0.317	0.333	0.338	0.359	0.340	0.393	0.390	0.387	0.377	0.364	0.358	0.356	0.351	0.356
浙江	0.311	0.305	0.304	0.310	0.312	0.329	0.344	0.311	0.325	0.322	0.327	0.330	0.334	0.337	0.338	0.339
福建	0.293	0.294	0.284	0.290	0.298	0.308	0.370	0.351	0.335	0.334	0.336	0.331	0.330	0.326	0.320	0.316
山东	0.356	0.353	0.336	0.346	0.346	0.346	0.323	0.362	0.369	0.383	0.375	0.366	0.364	0.364	0.359	0.356
广东	0.214	0.229	0.255	0.249	0.274	0.280	0.290	0.303	0.322	0.316	0.318	0.317	0.317	0.318	0.311	0.304
海南	0.219	0.196	0.190	0.209	0.231	0.246	0.247	0.303	0.309	0.307	0.302	0.292	0.284	0.283	0.271	0.272
山西	0.309	0.323	0.325	0.328	0.332	0.341	0.314	0.429	0.438	0.469	0.472	0.469	0.466	0.435	0.428	0.424
安徽	0.257	0.268	0.268	0.287	0.285	0.290	0.299	0.366	0.389	0.391	0.382	0.371	0.366	0.365	0.352	0.338
江西	0.376	0.298	0.256	0.275	0.266	0.244	0.143	0.327	0.327	0.344	0.340	0.319	0.302	0.297	0.300	0.308
河南	0.347	0.348	0.331	0.340	0.341	0.341	0.287	0.491	0.495	0.528	0.529	0.508	0.481	0.479	0.478	0.474
湖北	0.258	0.253	0.250	0.262	0.274	0.280	0.247	0.291	0.330	0.332	0.345	0.329	0.322	0.309	0.292	0.285
湖南	0.337	0.340	0.328	0.355	0.354	0.350	0.328	0.336	0.346	0.345	0.335	0.326	0.332	0.352	0.345	0.354

续表

省(区、市)	2004年	2005年	2006年	2007年	2008年	2009年	2010年	2011年	2012年	2013年	2014年	2015年	2016年	2017年	2018年	2019年
内蒙古	0.249	0.250	0.260	0.261	0.274	0.296	0.304	0.307	0.322	0.334	0.334	0.327	0.323	0.326	0.323	0.322
广西	0.275	0.277	0.277	0.286	0.290	0.290	0.296	0.279	0.284	0.280	0.276	0.268	0.276	0.283	0.288	0.289
重庆	0.237	0.229	0.268	0.280	0.291	0.303	0.314	0.353	0.345	0.348	0.341	0.334	0.320	0.323	0.320	0.323
四川	0.232	0.246	0.275	0.283	0.297	0.316	0.324	0.299	0.318	0.331	0.332	0.305	0.304	0.314	0.309	0.314
贵州	0.278	0.277	0.268	0.295	0.293	0.290	0.288	0.323	0.340	0.363	0.385	0.402	0.389	0.388	0.384	0.379
云南	0.253	0.258	0.267	0.267	0.259	0.269	0.272	0.273	0.288	0.300	0.296	0.285	0.283	0.287	0.287	0.288
西藏	0.301	0.302	0.285	0.326	0.334	0.351	0.387	0.341	0.355	0.358	0.330	0.333	0.327	0.312	0.321	0.321
陕西	0.241	0.249	0.241	0.246	0.251	0.261	0.157	0.426	0.490	0.496	0.488	0.466	0.425	0.388	0.368	0.365
甘肃	0.183	0.191	0.191	0.210	0.222	0.229	0.232	0.262	0.274	0.292	0.308	0.312	0.316	0.320	0.316	0.317
青海	0.226	0.210	0.199	0.193	0.193	0.195	0.186	0.122	0.159	0.186	0.172	0.200	0.200	0.203	0.191	0.201
宁夏	0.230	0.210	0.192	0.195	0.194	0.214	0.200	0.221	0.237	0.244	0.248	0.256	0.261	0.264	0.260	0.257
新疆	0.304	0.307	0.255	0.256	0.254	0.265	0.230	0.225	0.240	0.249	0.253	0.248	0.243	0.248	0.245	0.245
辽宁	0.298	0.301	0.299	0.302	0.301	0.310	0.252	0.328	0.332	0.347	0.350	0.348	0.350	0.347	0.340	0.338
吉林	0.304	0.315	0.318	0.312	0.309	0.314	0.317	0.330	0.334	0.338	0.351	0.349	0.349	0.348	0.342	0.342
黑龙江	0.291	0.290	0.297	0.300	0.303	0.306	0.270	0.314	0.306	0.341	0.339	0.334	0.326	0.331	0.329	0.331

附表 3-1c 2004~2019 年各省（区、市）农村义务教育供给指数

省(区、市)	2004年	2005年	2006年	2007年	2008年	2009年	2010年	2011年	2012年	2013年	2014年	2015年	2016年	2017年	2018年	2019年
北京	0.602	0.702	0.407	0.371	0.587	0.632	0.637	0.542	0.453	0.420	0.414	0.490	0.503	0.531	0.651	0.628
天津	0.328	0.335	0.339	0.345	0.345	0.344	0.346	0.329	0.323	0.322	0.321	0.321	0.330	0.334	0.343	0.346
河北	0.309	0.324	0.333	0.337	0.335	0.333	0.327	0.313	0.308	0.317	0.319	0.312	0.311	0.313	0.316	0.319
上海	0.437	0.439	0.379	0.373	0.304	0.355	0.260	0.531	0.533	0.534	0.549	0.570	0.646	0.590	0.569	0.561
江苏	0.271	0.286	0.302	0.316	0.324	0.330	0.329	0.323	0.314	0.313	0.295	0.286	0.282	0.283	0.292	0.302
浙江	0.264	0.272	0.277	0.285	0.290	0.297	0.292	0.283	0.283	0.287	0.293	0.286	0.292	0.303	0.303	0.304
福建	0.315	0.321	0.323	0.329	0.337	0.340	0.358	0.351	0.347	0.344	0.339	0.334	0.330	0.327	0.320	0.317
山东	0.312	0.319	0.320	0.320	0.321	0.323	0.323	0.316	0.321	0.322	0.319	0.314	0.316	0.316	0.317	0.319
广东	0.206	0.195	0.199	0.216	0.237	0.262	0.290	0.301	0.309	0.320	0.321	0.317	0.312	0.311	0.309	0.310
海南	0.278	0.270	0.282	0.301	0.320	0.337	0.356	0.357	0.366	0.370	0.370	0.367	0.364	0.362	0.343	0.340
山西	0.293	0.301	0.309	0.315	0.324	0.335	0.344	0.350	0.360	0.384	0.384	0.383	0.383	0.381	0.381	0.381

续表

省(区、市)	2004年	2005年	2006年	2007年	2008年	2009年	2010年	2011年	2012年	2013年	2014年	2015年	2016年	2017年	2018年	2019年
安徽	0.230	0.246	0.255	0.258	0.269	0.285	0.299	0.296	0.320	0.319	0.316	0.312	0.306	0.304	0.302	0.307
江西	0.280	0.282	0.279	0.274	0.271	0.274	0.278	0.265	0.271	0.296	0.302	0.305	0.308	0.312	0.321	0.331
河南	0.261	0.267	0.269	0.268	0.267	0.266	0.265	0.255	0.263	0.303	0.307	0.308	0.304	0.308	0.313	0.319
湖北	0.249	0.272	0.290	0.298	0.300	0.300	0.300	0.280	0.315	0.322	0.337	0.333	0.328	0.325	0.321	0.322
湖南	0.304	0.312	0.311	0.307	0.302	0.298	0.295	0.269	0.278	0.284	0.285	0.280	0.280	0.283	0.283	0.293
内蒙古	0.363	0.367	0.371	0.374	0.380	0.384	0.388	0.386	0.391	0.396	0.393	0.382	0.375	0.375	0.375	0.378
广西	0.221	0.241	0.241	0.259	0.267	0.277	0.282	0.285	0.286	0.286	0.288	0.290	0.294	0.301	0.303	0.304
重庆	0.231	0.243	0.250	0.284	0.297	0.312	0.323	0.315	0.322	0.327	0.331	0.332	0.336	0.344	0.353	0.362
四川	0.234	0.242	0.237	0.246	0.265	0.274	0.285	0.243	0.253	0.277	0.279	0.278	0.281	0.286	0.293	0.301
贵州	0.196	0.208	0.216	0.228	0.241	0.248	0.261	0.266	0.287	0.299	0.306	0.308	0.310	0.313	0.315	0.314
云南	0.271	0.272	0.270	0.270	0.277	0.287	0.294	0.294	0.302	0.307	0.310	0.311	0.315	0.316	0.316	0.316
西藏	0.198	0.214	0.251	0.284	0.293	0.302	0.113	0.317	0.311	0.312	0.325	0.333	0.330	0.318	0.329	0.327
陕西	0.281	0.299	0.308	0.320	0.330	0.338	0.347	0.349	0.366	0.373	0.373	0.370	0.364	0.361	0.360	0.357
甘肃	0.224	0.237	0.252	0.266	0.288	0.299	0.314	0.317	0.331	0.353	0.359	0.361	0.363	0.363	0.365	0.369
青海	0.296	0.297	0.298	0.290	0.288	0.286	0.292	0.248	0.271	0.289	0.284	0.294	0.290	0.295	0.284	0.282
宁夏	0.275	0.270	0.269	0.266	0.270	0.281	0.290	0.282	0.307	0.313	0.312	0.317	0.318	0.318	0.326	0.327
新疆	0.312	0.321	0.327	0.331	0.335	0.340	0.344	0.326	0.327	0.338	0.339	0.330	0.322	0.319	0.317	0.314
辽宁	0.316	0.321	0.320	0.325	0.331	0.337	0.344	0.322	0.327	0.341	0.347	0.348	0.347	0.350	0.352	0.357
吉林	0.367	0.376	0.377	0.377	0.382	0.387	0.386	0.379	0.380	0.383	0.387	0.383	0.384	0.389	0.392	0.395
黑龙江	0.354	0.353	0.358	0.362	0.367	0.370	0.373	0.370	0.368	0.397	0.395	0.393	0.387	0.384	0.384	0.382

附表 3-2a　2004~2019 年各省（区、市）医疗卫生供给指数

省（区、市）	2004年	2005年	2006年	2007年	2008年	2009年	2010年	2011年	2012年	2013年	2014年	2015年	2016年	2017年	2018年	2019年
北京	0.428	0.423	0.423	0.442	0.435	0.469	0.456	0.459	0.481	0.489	0.505	0.522	0.546	0.576	0.602	0.635
天津	0.285	0.278	0.277	0.271	0.271	0.289	0.284	0.273	0.280	0.283	0.293	0.307	0.319	0.342	0.347	0.360
河北	0.104	0.109	0.117	0.144	0.149	0.349	0.362	0.372	0.385	0.404	0.423	0.440	0.458	0.496	0.532	0.541
上海	0.292	0.294	0.293	0.301	0.296	0.308	0.306	0.307	0.315	0.328	0.343	0.364	0.387	0.411	0.432	0.461
江苏	0.103	0.116	0.131	0.148	0.147	0.215	0.233	0.259	0.295	0.328	0.357	0.380	0.410	0.438	0.468	0.501
浙江	0.138	0.150	0.167	0.182	0.191	0.258	0.272	0.293	0.321	0.348	0.377	0.418	0.446	0.477	0.503	0.527

省（区、市）	2004年	2005年	2006年	2007年	2008年	2009年	2010年	2011年	2012年	2013年	2014年	2015年	2016年	2017年	2018年	2019年
福建	0.084	0.082	0.096	0.056	0.075	0.236	0.257	0.284	0.316	0.357	0.373	0.385	0.385	0.397	0.420	0.439
山东	0.105	0.115	0.124	0.133	0.165	0.305	0.336	0.367	0.411	0.448	0.458	0.470	0.480	0.515	0.539	0.563
广东	0.079	0.088	0.101	0.113	0.122	0.191	0.205	0.225	0.247	0.270	0.287	0.305	0.326	0.343	0.362	0.380
海南	0.119	0.120	0.126	0.136	0.143	0.216	0.236	0.265	0.284	0.300	0.321	0.354	0.371	0.384	0.409	0.445
山西	0.191	0.188	0.198	0.188	0.226	0.449	0.455	0.447	0.461	0.472	0.482	0.493	0.516	0.530	0.550	0.570
安徽	0.043	0.053	0.064	0.071	0.092	0.182	0.202	0.218	0.243	0.264	0.280	0.295	0.307	0.331	0.354	0.382
江西	0.071	0.064	0.068	0.078	0.093	0.229	0.242	0.279	0.322	0.336	0.355	0.371	0.386	0.419	0.434	0.467
河南	0.068	0.082	0.092	0.100	0.117	0.291	0.315	0.338	0.359	0.400	0.423	0.445	0.467	0.495	0.530	0.551
湖北	0.111	0.111	0.118	0.134	0.151	0.256	0.277	0.308	0.343	0.386	0.425	0.462	0.483	0.503	0.523	0.530
湖南	0.086	0.106	0.111	0.128	0.145	0.294	0.319	0.344	0.369	0.410	0.447	0.490	0.514	0.534	0.556	0.597
内蒙古	0.164	0.171	0.173	0.193	0.200	0.361	0.362	0.384	0.415	0.447	0.473	0.495	0.513	0.548	0.577	0.587
广西	0.048	0.064	0.069	0.085	0.105	0.219	0.266	0.287	0.314	0.347	0.375	0.393	0.407	0.427	0.446	0.475
重庆	0.082	0.084	0.094	0.110	0.127	0.235	0.270	0.298	0.336	0.379	0.409	0.453	0.486	0.518	0.554	0.585
四川	0.101	0.098	0.106	0.119	0.142	0.299	0.336	0.374	0.425	0.469	0.501	0.519	0.541	0.581	0.614	0.651
贵州	0.008	0.019	0.026	0.052	0.063	0.202	0.232	0.265	0.321	0.391	0.425	0.458	0.485	0.532	0.563	0.606
云南	0.075	0.084	0.088	0.099	0.107	0.192	0.217	0.240	0.273	0.308	0.332	0.355	0.384	0.427	0.454	0.496
西藏	0.134	0.145	0.151	0.128	0.174	0.400	0.404	0.545	0.510	0.576	0.595	0.638	0.631	0.673	0.693	0.699
陕西	0.152	0.158	0.165	0.173	0.183	0.346	0.374	0.403	0.436	0.479	0.509	0.532	0.560	0.590	0.611	0.642
甘肃	0.136	0.143	0.152	0.164	0.170	0.295	0.333	0.350	0.389	0.407	0.443	0.454	0.473	0.511	0.544	0.593
青海	0.143	0.138	0.147	0.151	0.170	0.353	0.358	0.398	0.432	0.479	0.520	0.536	0.539	0.596	0.611	0.639
宁夏	0.151	0.156	0.160	0.172	0.192	0.288	0.304	0.326	0.346	0.384	0.401	0.415	0.442	0.485	0.507	0.509
新疆	0.282	0.264	0.272	0.283	0.290	0.386	0.429	0.466	0.492	0.513	0.529	0.537	0.553	0.567	0.581	0.596
辽宁	0.281	0.282	0.287	0.281	0.283	0.386	0.402	0.419	0.446	0.463	0.480	0.501	0.537	0.563	0.592	0.589
吉林	0.208	0.209	0.224	0.230	0.241	0.328	0.351	0.370	0.386	0.401	0.422	0.441	0.468	0.478	0.536	0.547
黑龙江	0.168	0.168	0.173	0.184	0.197	0.298	0.330	0.338	0.357	0.380	0.400	0.419	0.434	0.473	0.488	0.514

附表 3-2b　2004~2019 年各省（区、市）城镇医疗卫生供给指数

省（区、市）	2004年	2005年	2006年	2007年	2008年	2009年	2010年	2011年	2012年	2013年	2014年	2015年	2016年	2017年	2018年	2019年
北京	0.266	0.219	0.217	0.237	0.231	0.237	0.225	0.228	0.243	0.249	0.259	0.272	0.288	0.309	0.330	0.353
天津	0.227	0.145	0.138	0.133	0.134	0.129	0.118	0.102	0.103	0.102	0.107	0.116	0.123	0.139	0.144	0.157
河北	0.508	0.203	0.197	0.218	0.202	0.237	0.258	0.260	0.265	0.284	0.297	0.300	0.301	0.326	0.361	0.360
上海	0.124	0.094	0.096	0.104	0.103	0.104	0.101	0.102	0.108	0.115	0.126	0.146	0.159	0.176	0.188	0.205
江苏	0.282	0.112	0.130	0.141	0.119	0.147	0.135	0.152	0.180	0.203	0.222	0.234	0.250	0.266	0.288	0.309
浙江	0.513	0.135	0.153	0.168	0.174	0.199	0.190	0.205	0.227	0.247	0.268	0.297	0.312	0.330	0.346	0.359
福建	0.370	0.076	0.093	0.029	0.041	0.120	0.128	0.150	0.172	0.207	0.215	0.221	0.217	0.221	0.238	0.256
山东	0.410	0.129	0.132	0.130	0.157	0.206	0.241	0.260	0.292	0.322	0.323	0.318	0.313	0.335	0.357	0.379
广东	0.239	0.048	0.052	0.062	0.068	0.091	0.091	0.105	0.119	0.138	0.152	0.165	0.181	0.193	0.205	0.218
海南	0.269	0.190	0.185	0.189	0.188	0.216	0.229	0.252	0.260	0.266	0.276	0.299	0.303	0.307	0.319	0.352
山西	0.455	0.266	0.253	0.248	0.280	0.384	0.362	0.340	0.341	0.340	0.341	0.342	0.351	0.356	0.368	0.378
安徽	0.434	0.130	0.133	0.129	0.135	0.181	0.200	0.204	0.219	0.235	0.243	0.247	0.247	0.259	0.273	0.294
江西	0.362	0.150	0.137	0.139	0.139	0.173	0.181	0.186	0.214	0.224	0.235	0.241	0.246	0.268	0.277	0.299
河南	0.467	0.222	0.210	0.192	0.195	0.280	0.295	0.300	0.321	0.361	0.372	0.377	0.382	0.393	0.413	0.418
湖北	0.309	0.162	0.162	0.183	0.191	0.234	0.219	0.228	0.248	0.280	0.307	0.334	0.342	0.349	0.359	0.363
湖南	0.547	0.219	0.205	0.211	0.214	0.261	0.276	0.285	0.299	0.336	0.357	0.385	0.387	0.391	0.402	0.436
内蒙古	0.241	0.215	0.204	0.222	0.209	0.267	0.249	0.262	0.286	0.307	0.326	0.344	0.353	0.376	0.396	0.403
广西	0.508	0.177	0.177	0.186	0.196	0.250	0.295	0.298	0.313	0.350	0.371	0.382	0.390	0.398	0.408	0.432
重庆	0.856	0.109	0.110	0.115	0.122	0.170	0.193	0.206	0.227	0.255	0.274	0.301	0.317	0.333	0.357	0.375
四川	0.780	0.245	0.239	0.247	0.250	0.316	0.342	0.364	0.401	0.439	0.454	0.455	0.458	0.479	0.495	0.518
贵州	0.316	0.176	0.176	0.209	0.216	0.293	0.276	0.303	0.352	0.441	0.453	0.465	0.467	0.495	0.512	0.542
云南	0.427	0.259	0.250	0.250	0.241	0.295	0.321	0.322	0.333	0.369	0.383	0.391	0.403	0.433	0.449	0.484
西藏	0.724	0.688	0.656	0.608	0.696	0.730	0.726	0.762	0.673	0.779	0.737	0.759	0.707	0.736	0.786	0.806
陕西	0.521	0.290	0.274	0.259	0.252	0.311	0.311	0.327	0.337	0.382	0.399	0.408	0.423	0.436	0.447	0.467
甘肃	0.738	0.417	0.412	0.411	0.383	0.409	0.426	0.431	0.448	0.451	0.486	0.473	0.476	0.493	0.511	0.548
青海	0.274	0.228	0.246	0.245	0.255	0.318	0.296	0.325	0.345	0.384	0.407	0.417	0.411	0.453	0.459	0.474
宁夏	0.384	0.231	0.225	0.238	0.254	0.282	0.279	0.285	0.303	0.330	0.332	0.333	0.352	0.382	0.398	0.397
新疆	0.326	0.481	0.474	0.461	0.456	0.513	0.502	0.520	0.537	0.555	0.550	0.543	0.545	0.543	0.533	0.537
辽宁	0.369	0.241	0.244	0.234	0.230	0.253	0.252	0.249	0.259	0.273	0.281	0.294	0.321	0.343	0.363	0.364

续表

省（区、市）	2004年	2005年	2006年	2007年	2008年	2009年	2010年	2011年	2012年	2013年	2014年	2015年	2016年	2017年	2018年	2019年
吉林	0.271	0.222	0.238	0.240	0.249	0.281	0.297	0.295	0.308	0.317	0.333	0.361	0.382	0.386	0.441	0.445
黑龙江	0.174	0.157	0.158	0.167	0.168	0.215	0.244	0.244	0.260	0.280	0.292	0.301	0.310	0.343	0.350	0.367

附表 3-2c 2004~2019 年各省（区、市）农村医疗卫生供给指数

省（区、市）	2004年	2005年	2006年	2007年	2008年	2009年	2010年	2011年	2012年	2013年	2014年	2015年	2016年	2017年	2018年	2019年
北京	0.166	0.324	0.331	0.308	0.329	0.307	0.301	0.295	0.283	0.267	0.251	0.250	0.245	0.238	0.214	0.206
天津	0.139	0.308	0.320	0.250	0.195	0.191	0.229	0.278	0.285	0.279	0.305	0.311	0.323	0.320	0.308	0.284
河北	0.226	0.342	0.381	0.442	0.429	0.551	0.521	0.526	0.528	0.524	0.527	0.540	0.562	0.574	0.563	0.562
上海	0.105	0.238	0.169	0.161	0.124	0.102	0.097	0.077	0.064	0.064	0.062	0.036	0.031	0.028	0.026	0.025
江苏	0.069	0.156	0.082	0.094	0.155	0.181	0.216	0.215	0.183	0.171	0.172	0.169	0.172	0.172	0.163	0.161
浙江	0.053	0.150	0.155	0.123	0.108	0.107	0.115	0.120	0.110	0.103	0.099	0.099	0.101	0.102	0.102	0.104
福建	0.144	0.317	0.306	0.311	0.322	0.364	0.394	0.396	0.406	0.411	0.412	0.413	0.418	0.416	0.407	0.386
山东	0.211	0.357	0.379	0.402	0.393	0.477	0.420	0.448	0.453	0.486	0.495	0.511	0.507	0.505	0.492	0.473
广东	0.036	0.135	0.169	0.159	0.176	0.178	0.195	0.203	0.208	0.204	0.186	0.175	0.171	0.167	0.164	0.161
海南	0.033	0.056	0.070	0.066	0.084	0.094	0.098	0.109	0.125	0.137	0.148	0.145	0.150	0.145	0.164	0.154
山西	0.249	0.317	0.420	0.384	0.351	0.501	0.529	0.526	0.531	0.540	0.546	0.553	0.583	0.592	0.582	0.585
安徽	0.089	0.159	0.162	0.152	0.163	0.174	0.173	0.178	0.179	0.180	0.174	0.171	0.169	0.167	0.160	0.158
江西	0.121	0.216	0.243	0.245	0.295	0.333	0.339	0.421	0.442	0.438	0.444	0.450	0.456	0.455	0.434	0.436
河南	0.157	0.270	0.302	0.319	0.335	0.372	0.392	0.416	0.385	0.391	0.397	0.406	0.413	0.418	0.418	0.417
湖北	0.111	0.166	0.214	0.203	0.189	0.210	0.249	0.281	0.287	0.294	0.300	0.302	0.310	0.316	0.314	0.296
湖南	0.127	0.215	0.246	0.251	0.302	0.304	0.330	0.346	0.344	0.359	0.364	0.377	0.386	0.378	0.358	0.354
内蒙古	0.257	0.274	0.302	0.342	0.258	0.394	0.402	0.416	0.412	0.424	0.418	0.420	0.427	0.438	0.440	0.429
广西	0.115	0.192	0.195	0.192	0.187	0.200	0.230	0.251	0.258	0.248	0.252	0.249	0.244	0.243	0.237	0.230
重庆	0.098	0.213	0.214	0.216	0.213	0.245	0.271	0.279	0.288	0.305	0.305	0.322	0.330	0.324	0.316	0.305
四川	0.166	0.245	0.272	0.256	0.271	0.298	0.323	0.345	0.358	0.370	0.383	0.385	0.385	0.398	0.406	0.413
贵州	0.125	0.159	0.178	0.177	0.177	0.218	0.247	0.273	0.303	0.305	0.316	0.325	0.329	0.342	0.344	0.342
云南	0.090	0.116	0.119	0.112	0.114	0.120	0.126	0.131	0.138	0.144	0.147	0.153	0.161	0.172	0.180	0.181
西藏	0.183	0.413	0.424	0.373	0.371	0.460	0.470	0.836	0.867	0.882	0.923	0.943	0.927	0.996	0.977	0.951
陕西	0.210	0.268	0.322	0.325	0.326	0.366	0.415	0.435	0.450	0.439	0.444	0.452	0.460	0.464	0.451	0.446

续表

省（区、市）	2004年	2005年	2006年	2007年	2008年	2009年	2010年	2011年	2012年	2013年	2014年	2015年	2016年	2017年	2018年	2019年
甘肃	0.147	0.183	0.193	0.189	0.211	0.231	0.272	0.284	0.296	0.309	0.316	0.324	0.332	0.350	0.335	0.332
青海	0.352	0.365	0.354	0.297	0.371	0.419	0.426	0.452	0.470	0.484	0.512	0.518	0.514	0.547	0.546	0.561
宁夏	0.138	0.201	0.220	0.205	0.176	0.191	0.210	0.215	0.203	0.209	0.224	0.223	0.218	0.210	0.211	0.204
新疆	0.081	0.044	0.062	0.094	0.068	0.088	0.136	0.182	0.210	0.221	0.234	0.223	0.232	0.234	0.232	0.221
辽宁	0.221	0.277	0.348	0.348	0.326	0.346	0.368	0.400	0.427	0.409	0.409	0.413	0.423	0.408	0.397	0.362
吉林	0.136	0.172	0.168	0.178	0.174	0.186	0.208	0.273	0.271	0.277	0.273	0.246	0.250	0.247	0.240	0.232
黑龙江	0.182	0.195	0.199	0.204	0.211	0.231	0.237	0.249	0.235	0.228	0.227	0.229	0.230	0.213	0.208	0.197

附表 3-3a　2004~2019 年各省（区、市）基础设施供给指数

省（区、市）	2004年	2005年	2006年	2007年	2008年	2009年	2010年	2011年	2012年	2013年	2014年	2015年	2016年	2017年	2018年	2019年
北京	0.315	0.319	0.363	0.367	0.368	0.372	0.375	0.384	0.395	0.394	0.397	0.398	0.401	0.407	0.412	0.430
天津	0.300	0.310	0.336	0.334	0.351	0.381	0.392	0.414	0.417	0.440	0.446	0.468	0.474	0.490	0.496	0.504
河北	0.138	0.147	0.198	0.206	0.208	0.215	0.223	0.234	0.245	0.262	0.266	0.274	0.277	0.288	0.299	0.308
上海	0.357	0.371	0.430	0.454	0.455	0.457	0.499	0.515	0.520	0.527	0.521	0.528	0.536	0.539	0.537	0.535
江苏	0.212	0.224	0.287	0.303	0.315	0.320	0.344	0.365	0.372	0.389	0.396	0.398	0.404	0.415	0.427	0.446
浙江	0.149	0.157	0.219	0.233	0.241	0.253	0.266	0.275	0.280	0.295	0.303	0.310	0.318	0.328	0.339	0.341
福建	0.142	0.151	0.184	0.192	0.200	0.214	0.218	0.229	0.233	0.256	0.260	0.270	0.273	0.280	0.291	0.292
山东	0.138	0.144	0.250	0.260	0.273	0.282	0.292	0.306	0.318	0.329	0.347	0.371	0.378	0.388	0.415	0.428
广东	0.176	0.180	0.223	0.231	0.231	0.236	0.245	0.251	0.255	0.270	0.289	0.291	0.295	0.300	0.304	0.311
海南	0.144	0.133	0.126	0.140	0.144	0.148	0.178	0.188	0.197	0.200	0.209	0.240	0.246	0.257	0.275	0.290
山西	0.130	0.138	0.179	0.196	0.201	0.203	0.217	0.230	0.236	0.240	0.258	0.256	0.262	0.271	0.285	0.295
安徽	0.122	0.126	0.200	0.201	0.217	0.224	0.229	0.238	0.257	0.274	0.272	0.296	0.310	0.318	0.327	0.346
江西	0.113	0.117	0.166	0.178	0.182	0.188	0.195	0.208	0.207	0.219	0.231	0.235	0.241	0.249	0.254	0.301
河南	0.129	0.134	0.253	0.258	0.265	0.268	0.278	0.286	0.299	0.302	0.304	0.308	0.324	0.323	0.330	0.345
湖北	0.124	0.135	0.196	0.201	0.209	0.223	0.241	0.251	0.263	0.272	0.280	0.292	0.297	0.307	0.317	0.341
湖南	0.120	0.129	0.180	0.184	0.192	0.207	0.230	0.236	0.239	0.239	0.245	0.244	0.248	0.248	0.256	0.264
内蒙古	0.103	0.114	0.158	0.155	0.158	0.167	0.184	0.205	0.217	0.228	0.243	0.256	0.264	0.281	0.313	0.332
广西	0.107	0.118	0.135	0.138	0.142	0.148	0.157	0.164	0.166	0.179	0.190	0.193	0.193	0.195	0.205	0.210
重庆	0.081	0.112	0.208	0.219	0.228	0.235	0.251	0.257	0.261	0.275	0.286	0.309	0.318	0.330	0.355	0.382

续表

省（区、市）	2004年	2005年	2006年	2007年	2008年	2009年	2010年	2011年	2012年	2013年	2014年	2015年	2016年	2017年	2018年	2019年
四川	0.058	0.062	0.078	0.086	0.095	0.107	0.118	0.132	0.136	0.137	0.141	0.147	0.152	0.156	0.160	0.165
贵州	0.080	0.081	0.132	0.142	0.145	0.160	0.174	0.182	0.190	0.199	0.210	0.220	0.233	0.242	0.252	0.262
云南	0.092	0.095	0.107	0.112	0.116	0.120	0.123	0.131	0.138	0.138	0.150	0.148	0.151	0.158	0.166	0.174
西藏	0.086	0.105	0.113	0.118	0.121	0.097	0.110	0.097	0.094	0.096	0.097	0.100	0.103	0.107	0.111	0.114
陕西	0.082	0.086	0.126	0.132	0.141	0.151	0.167	0.176	0.185	0.195	0.200	0.202	0.214	0.224	0.232	0.245
甘肃	0.072	0.076	0.094	0.100	0.105	0.108	0.117	0.126	0.132	0.138	0.144	0.146	0.145	0.153	0.159	0.160
青海	0.099	0.102	0.120	0.130	0.144	0.141	0.181	0.208	0.211	0.233	0.242	0.223	0.216	0.227	0.239	0.232
宁夏	0.226	0.241	0.270	0.274	0.278	0.284	0.315	0.363	0.363	0.381	0.393	0.400	0.393	0.416	0.436	0.451
新疆	0.260	0.264	0.270	0.271	0.276	0.280	0.288	0.292	0.343	0.371	0.387	0.396	0.395	0.397	0.405	0.428
辽宁	0.157	0.160	0.203	0.208	0.212	0.215	0.224	0.231	0.244	0.254	0.259	0.272	0.271	0.281	0.300	0.305
吉林	0.109	0.111	0.137	0.140	0.147	0.152	0.161	0.168	0.183	0.177	0.181	0.187	0.191	0.193	0.194	0.196
黑龙江	0.110	0.115	0.139	0.143	0.149	0.154	0.160	0.170	0.173	0.175	0.176	0.177	0.178	0.180	0.184	0.178

附表 3-3b　2004~2019 年各省（区、市）城镇基础设施供给指数

省（区、市）	2004年	2005年	2006年	2007年	2008年	2009年	2010年	2011年	2012年	2013年	2014年	2015年	2016年	2017年	2018年	2019年
北京	0.747	0.764	0.717	0.690	0.699	0.698	0.690	0.685	0.720	0.720	0.718	0.721	0.721	0.718	0.720	0.715
天津	0.739	0.755	0.812	0.785	0.822	0.813	0.830	0.862	0.875	0.888	0.857	0.847	0.837	0.868	0.781	0.801
河北	0.748	0.761	0.678	0.788	0.810	0.826	0.862	0.874	0.873	0.871	0.852	0.878	0.882	0.878	0.898	0.903
上海	0.837	0.783	0.784	0.674	0.676	0.673	0.667	0.666	0.667	0.668	0.668	0.670	0.672	0.674	0.675	0.677
江苏	0.750	0.804	0.627	0.880	0.902	0.903	0.919	0.927	0.937	0.951	0.961	0.970	0.984	0.990	0.984	0.987
浙江	0.801	0.834	0.459	0.812	0.822	0.836	0.851	0.865	0.872	0.873	0.881	0.878	0.872	0.866	0.877	0.892
福建	0.704	0.761	0.500	0.751	0.758	0.783	0.787	0.796	0.806	0.798	0.802	0.804	0.806	0.853	0.905	0.919
山东	0.511	0.533	0.834	0.865	0.890	0.913	0.934	0.957	0.974	0.984	0.991	0.991	0.973	0.981	0.978	0.980
广东	0.717	0.757	0.462	0.549	0.713	0.764	0.766	0.742	0.768	0.772	0.771	0.789	0.777	0.770	0.774	0.795
海南	0.695	0.649	0.554	0.481	0.553	0.661	0.662	0.827	0.838	0.851	0.847	0.848	0.843	0.862	0.824	0.860
山西	0.473	0.512	0.554	0.591	0.623	0.666	0.701	0.733	0.745	0.769	0.777	0.789	0.814	0.823	0.849	0.843
安徽	0.562	0.592	0.612	0.693	0.728	0.745	0.776	0.823	0.845	0.872	0.888	0.900	0.920	0.929	0.943	0.952
江西	0.593	0.605	0.586	0.663	0.703	0.738	0.760	0.782	0.790	0.797	0.806	0.815	0.829	0.850	0.874	0.886
河南	0.527	0.554	0.498	0.547	0.504	0.559	0.576	0.608	0.614	0.644	0.659	0.676	0.706	0.760	0.786	0.803

续表

省（区、市）	2004年	2005年	2006年	2007年	2008年	2009年	2010年	2011年	2012年	2013年	2014年	2015年	2016年	2017年	2018年	2019年
湖北	0.406	0.460	0.654	0.733	0.745	0.756	0.763	0.788	0.810	0.809	0.822	0.815	0.825	0.824	0.846	0.853
湖南	0.508	0.575	0.579	0.657	0.677	0.693	0.705	0.728	0.744	0.755	0.752	0.766	0.773	0.759	0.807	0.841
内蒙古	0.456	0.503	0.498	0.554	0.559	0.616	0.653	0.703	0.761	0.820	0.872	0.908	0.928	0.940	0.918	0.932
广西	0.452	0.515	0.509	0.635	0.662	0.743	0.750	0.740	0.765	0.782	0.773	0.808	0.828	0.844	0.875	0.923
重庆	0.375	0.424	0.493	0.633	0.661	0.679	0.670	0.687	0.695	0.718	0.733	0.745	0.753	0.767	0.786	0.796
四川	0.662	0.667	0.490	0.574	0.601	0.633	0.650	0.674	0.688	0.703	0.705	0.730	0.728	0.738	0.768	0.802
贵州	0.418	0.483	0.396	0.406	0.473	0.500	0.524	0.516	0.521	0.584	0.613	0.669	0.694	0.708	0.727	0.775
云南	0.405	0.407	0.350	0.609	0.643	0.626	0.635	0.632	0.589	0.642	0.736	0.692	0.721	0.659	0.688	0.708
西藏	0.345	0.374	0.276	0.612	0.602	0.669	0.693	0.678	0.327	0.493	0.549	0.809	0.425	0.575	0.485	0.621
陕西	0.567	0.590	0.513	0.687	0.725	0.738	0.758	0.747	0.774	0.775	0.790	0.798	0.784	0.795	0.806	0.828
甘肃	0.490	0.449	0.499	0.532	0.518	0.581	0.613	0.631	0.643	0.682	0.725	0.749	0.768	0.802	0.819	0.849
青海	0.604	0.619	0.600	0.714	0.749	0.734	0.733	0.736	0.738	0.692	0.718	0.693	0.708	0.788	0.818	0.849
宁夏	0.250	0.290	0.576	0.679	0.631	0.776	0.798	0.790	0.724	0.814	0.885	0.861	0.875	0.867	0.911	0.974
新疆	0.699	0.714	0.648	0.766	0.693	0.738	0.779	0.789	0.797	0.812	0.827	0.853	0.865	0.887	0.887	0.946
辽宁	0.615	0.629	0.626	0.693	0.699	0.715	0.730	0.743	0.751	0.761	0.771	0.776	0.776	0.788	0.813	0.817
吉林	0.425	0.501	0.489	0.588	0.616	0.629	0.657	0.682	0.696	0.730	0.747	0.747	0.755	0.754	0.741	0.745
黑龙江	0.448	0.455	0.459	0.498	0.546	0.583	0.608	0.626	0.667	0.706	0.716	0.722	0.731	0.747	0.770	0.785

附表 3-3c　2004~2019 年各省（区、市）农村基础设施供给指数

省（区、市）	2004年	2005年	2006年	2007年	2008年	2009年	2010年	2011年	2012年	2013年	2014年	2015年	2016年	2017年	2018年	2019年
北京	0.317	0.324	0.331	0.337	0.379	0.399	0.412	0.426	0.426	0.409	0.410	0.403	0.403	0.394	0.387	0.383
天津	0.407	0.469	0.514	0.503	0.505	0.525	0.538	0.528	0.530	0.522	0.538	0.542	0.543	0.526	0.520	0.517
河北	0.271	0.283	0.330	0.335	0.343	0.356	0.364	0.368	0.378	0.381	0.396	0.420	0.433	0.437	0.436	0.438
上海	0.537	0.555	0.572	0.590	0.625	0.595	0.602	0.602	0.607	0.768	0.766	0.752	0.772	0.776	0.787	0.799
江苏	0.413	0.432	0.481	0.502	0.534	0.559	0.589	0.605	0.624	0.626	0.642	0.650	0.663	0.671	0.675	0.681
浙江	0.310	0.335	0.385	0.398	0.413	0.427	0.441	0.449	0.457	0.460	0.467	0.474	0.482	0.487	0.489	0.490
福建	0.221	0.233	0.252	0.264	0.281	0.293	0.314	0.331	0.341	0.360	0.365	0.372	0.374	0.378	0.384	0.388
山东	0.379	0.386	0.503	0.517	0.532	0.551	0.565	0.573	0.593	0.591	0.608	0.616	0.626	0.631	0.632	0.636
广东	0.282	0.232	0.323	0.334	0.358	0.367	0.385	0.390	0.400	0.408	0.420	0.425	0.431	0.437	0.444	0.453

续表

省（区、市）	2004年	2005年	2006年	2007年	2008年	2009年	2010年	2011年	2012年	2013年	2014年	2015年	2016年	2017年	2018年	2019年
海南	0.191	0.197	0.164	0.172	0.201	0.230	0.279	0.285	0.299	0.323	0.329	0.341	0.345	0.372	0.408	0.440
山西	0.182	0.190	0.213	0.228	0.238	0.250	0.265	0.261	0.267	0.273	0.275	0.284	0.292	0.300	0.306	0.313
安徽	0.314	0.319	0.382	0.381	0.392	0.399	0.412	0.415	0.436	0.482	0.490	0.511	0.526	0.548	0.569	0.592
江西	0.228	0.236	0.255	0.271	0.282	0.302	0.326	0.346	0.357	0.369	0.378	0.380	0.380	0.392	0.403	0.469
河南	0.353	0.357	0.430	0.448	0.457	0.467	0.474	0.486	0.494	0.491	0.498	0.504	0.540	0.532	0.530	0.526
湖北	0.251	0.256	0.307	0.320	0.336	0.354	0.378	0.390	0.402	0.432	0.442	0.455	0.462	0.470	0.476	0.489
湖南	0.231	0.236	0.241	0.269	0.292	0.316	0.346	0.357	0.362	0.376	0.386	0.401	0.415	0.423	0.435	0.445
内蒙古	0.100	0.102	0.089	0.089	0.099	0.105	0.115	0.131	0.138	0.147	0.156	0.180	0.204	0.221	0.239	0.259
广西	0.172	0.240	0.164	0.177	0.189	0.201	0.219	0.233	0.257	0.274	0.289	0.297	0.300	0.316	0.334	0.353
重庆	0.163	0.178	0.200	0.218	0.241	0.268	0.293	0.317	0.329	0.338	0.356	0.387	0.397	0.401	0.419	0.454
四川	0.130	0.137	0.133	0.155	0.170	0.208	0.234	0.244	0.257	0.269	0.280	0.292	0.304	0.316	0.325	0.336
贵州	0.098	0.106	0.120	0.132	0.153	0.163	0.179	0.192	0.205	0.212	0.226	0.253	0.271	0.301	0.325	0.357
云南	0.176	0.186	0.171	0.176	0.189	0.198	0.212	0.214	0.224	0.231	0.241	0.249	0.251	0.276	0.305	0.336
西藏	0.000	0.001	0.004	0.006	0.010	0.014	0.020	0.026	0.034	0.045	0.059	0.077	0.101	0.131	0.169	0.218
陕西	0.135	0.138	0.149	0.170	0.188	0.211	0.226	0.239	0.249	0.246	0.247	0.260	0.268	0.244	0.225	0.213
甘肃	0.127	0.135	0.145	0.150	0.162	0.171	0.183	0.201	0.201	0.203	0.211	0.220	0.230	0.235	0.240	0.249
青海	0.140	0.144	0.097	0.098	0.105	0.113	0.146	0.145	0.157	0.163	0.164	0.169	0.176	0.176	0.176	0.177
宁夏	0.111	0.127	0.140	0.145	0.152	0.163	0.195	0.207	0.218	0.230	0.237	0.259	0.256	0.272	0.290	0.312
新疆	0.093	0.099	0.104	0.107	0.111	0.118	0.131	0.159	0.175	0.193	0.203	0.211	0.183	0.186	0.189	0.193
辽宁	0.197	0.204	0.211	0.220	0.232	0.242	0.259	0.201	0.271	0.273	0.286	0.305	0.320	0.332	0.334	0.336
吉林	0.209	0.216	0.243	0.245	0.251	0.257	0.276	0.285	0.290	0.281	0.287	0.293	0.311	0.317	0.320	0.324
黑龙江	0.162	0.168	0.181	0.191	0.200	0.215	0.232	0.247	0.256	0.269	0.273	0.280	0.296	0.279	0.263	0.248

附表 3-4a　2004~2019 年各省（区、市）社会保障供给指数

省（区、市）	2004年	2005年	2006年	2007年	2008年	2009年	2010年	2011年	2012年	2013年	2014年	2015年	2016年	2017年	2018年	2019年
北京	0.303	0.346	0.422	0.459	0.520	0.573	0.583	0.634	0.683	0.700	0.720	0.731	0.778	0.816	0.888	0.925
天津	0.342	0.353	0.372	0.379	0.355	0.381	0.472	0.465	0.473	0.468	0.469	0.392	0.414	0.431	0.447	0.458
河北	0.071	0.094	0.146	0.210	0.234	0.265	0.302	0.385	0.443	0.450	0.456	0.445	0.452	0.465	0.469	0.472
上海	0.410	0.408	0.456	0.464	0.482	0.533	0.456	0.513	0.516	0.512	0.518	0.523	0.609	0.619	0.628	0.633

续表

省(区、市)	2004年	2005年	2006年	2007年	2008年	2009年	2010年	2011年	2012年	2013年	2014年	2015年	2016年	2017年	2018年	2019年
江苏	0.159	0.190	0.241	0.327	0.350	0.415	0.380	0.483	0.510	0.516	0.534	0.510	0.516	0.547	0.564	0.585
浙江	0.153	0.169	0.215	0.319	0.360	0.404	0.398	0.469	0.557	0.607	0.618	0.558	0.556	0.578	0.595	0.605
福建	0.083	0.104	0.155	0.242	0.260	0.310	0.334	0.402	0.482	0.497	0.503	0.482	0.497	0.517	0.517	0.526
山东	0.123	0.147	0.196	0.283	0.304	0.347	0.344	0.462	0.502	0.528	0.553	0.518	0.516	0.521	0.530	0.539
广东	0.138	0.149	0.194	0.277	0.320	0.389	0.367	0.439	0.481	0.613	0.655	0.598	0.606	0.606	0.601	0.591
海南	0.093	0.113	0.161	0.228	0.248	0.308	0.350	0.431	0.481	0.502	0.505	0.468	0.468	0.480	0.520	0.530
山西	0.098	0.121	0.175	0.228	0.256	0.312	0.294	0.379	0.453	0.462	0.464	0.445	0.452	0.467	0.476	0.485
安徽	0.046	0.072	0.125	0.181	0.225	0.270	0.303	0.436	0.522	0.522	0.526	0.493	0.498	0.512	0.522	0.535
江西	0.059	0.084	0.136	0.200	0.235	0.288	0.297	0.393	0.444	0.454	0.460	0.432	0.447	0.471	0.475	0.476
河南	0.054	0.084	0.141	0.205	0.242	0.276	0.331	0.428	0.498	0.511	0.521	0.497	0.513	0.537	0.543	0.548
湖北	0.085	0.115	0.166	0.226	0.248	0.307	0.328	0.427	0.470	0.472	0.475	0.437	0.442	0.477	0.485	0.495
湖南	0.061	0.091	0.140	0.217	0.244	0.295	0.320	0.406	0.482	0.494	0.497	0.458	0.465	0.495	0.503	0.508
内蒙古	0.103	0.128	0.172	0.218	0.234	0.280	0.298	0.324	0.403	0.414	0.419	0.386	0.400	0.428	0.436	0.446
广西	0.039	0.065	0.117	0.172	0.212	0.248	0.279	0.338	0.405	0.418	0.427	0.449	0.483	0.506	0.535	0.566
重庆	0.052	0.082	0.129	0.217	0.247	0.345	0.433	0.527	0.549	0.573	0.593	0.504	0.520	0.531	0.562	0.577
四川	0.047	0.082	0.140	0.209	0.248	0.286	0.324	0.383	0.457	0.474	0.482	0.453	0.468	0.486	0.523	0.540
贵州	0.009	0.040	0.099	0.169	0.185	0.212	0.276	0.354	0.409	0.445	0.462	0.456	0.470	0.499	0.533	0.539
云南	0.035	0.062	0.118	0.189	0.196	0.223	0.259	0.330	0.403	0.408	0.412	0.400	0.414	0.431	0.442	0.449
西藏	0.013	0.047	0.104	0.222	0.232	0.289	0.298	0.352	0.376	0.387	0.395	0.393	0.404	0.457	0.454	0.462
陕西	0.080	0.104	0.154	0.229	0.243	0.290	0.327	0.429	0.482	0.487	0.491	0.458	0.469	0.492	0.518	0.540
甘肃	0.042	0.070	0.125	0.193	0.209	0.259	0.282	0.376	0.438	0.449	0.455	0.428	0.436	0.462	0.475	0.487
青海	0.073	0.097	0.147	0.197	0.205	0.222	0.285	0.371	0.402	0.416	0.430	0.403	0.431	0.451	0.459	0.472
宁夏	0.060	0.086	0.137	0.191	0.213	0.271	0.283	0.390	0.539	0.540	0.547	0.420	0.455	0.461	0.466	0.481
新疆	0.108	0.138	0.189	0.216	0.221	0.269	0.342	0.380	0.398	0.403	0.403	0.357	0.376	0.386	0.462	0.472
辽宁	0.204	0.232	0.272	0.333	0.351	0.394	0.395	0.458	0.498	0.514	0.519	0.472	0.490	0.504	0.525	0.524
吉林	0.104	0.107	0.160	0.196	0.217	0.295	0.320	0.372	0.403	0.421	0.424	0.367	0.383	0.412	0.457	0.460
黑龙江	0.155	0.177	0.223	0.243	0.257	0.314	0.312	0.332	0.386	0.402	0.407	0.347	0.357	0.367	0.391	0.413

附表 3-4b　2004~2019 年各省（区、市）城镇社会保障供给指数

省(区、市)	2004年	2005年	2006年	2007年	2008年	2009年	2010年	2011年	2012年	2013年	2014年	2015年	2016年	2017年	2018年	2019年
北京	0.258	0.281	0.330	0.368	0.404	0.459	0.470	0.517	0.555	0.589	0.618	0.638	0.693	0.729	0.779	0.816
天津	0.301	0.254	0.272	0.282	0.285	0.348	0.442	0.432	0.422	0.419	0.419	0.291	0.323	0.336	0.352	0.361
河北	0.290	0.131	0.140	0.146	0.154	0.229	0.236	0.240	0.248	0.251	0.253	0.184	0.186	0.195	0.196	0.202
上海	0.325	0.356	0.430	0.446	0.465	0.544	0.455	0.532	0.540	0.534	0.543	0.535	0.545	0.556	0.563	0.567
江苏	0.371	0.208	0.225	0.246	0.270	0.383	0.371	0.396	0.417	0.414	0.439	0.355	0.359	0.375	0.397	0.420
浙江	0.618	0.181	0.203	0.232	0.292	0.390	0.385	0.443	0.531	0.672	0.754	0.481	0.467	0.492	0.515	0.527
福建	0.091	0.108	0.126	0.147	0.160	0.279	0.258	0.269	0.279	0.287	0.288	0.217	0.237	0.241	0.249	0.256
山东	0.352	0.150	0.162	0.177	0.196	0.291	0.304	0.320	0.334	0.377	0.395	0.269	0.265	0.265	0.273	0.285
广东	0.171	0.160	0.176	0.228	0.263	0.400	0.407	0.530	0.609	0.648	0.718	0.462	0.479	0.463	0.428	0.402
海南	0.221	0.165	0.177	0.195	0.219	0.347	0.385	0.420	0.440	0.464	0.448	0.318	0.278	0.289	0.306	0.331
山西	0.219	0.133	0.175	0.186	0.198	0.288	0.274	0.285	0.288	0.289	0.287	0.212	0.218	0.221	0.228	0.232
安徽	0.208	0.084	0.090	0.097	0.104	0.220	0.243	0.252	0.255	0.248	0.250	0.141	0.140	0.167	0.173	0.181
江西	0.194	0.098	0.105	0.135	0.166	0.295	0.299	0.294	0.309	0.314	0.311	0.185	0.209	0.205	0.209	0.210
河南	0.271	0.138	0.140	0.144	0.147	0.243	0.255	0.258	0.265	0.270	0.272	0.186	0.220	0.215	0.219	0.225
湖北	0.197	0.157	0.173	0.188	0.201	0.339	0.323	0.326	0.325	0.325	0.324	0.224	0.223	0.254	0.259	0.272
湖南	0.351	0.150	0.153	0.156	0.162	0.298	0.306	0.303	0.340	0.330	0.319	0.174	0.168	0.175	0.188	0.207
内蒙古	0.167	0.160	0.166	0.174	0.179	0.285	0.290	0.295	0.307	0.314	0.321	0.226	0.252	0.262	0.274	0.285
广西	0.228	0.066	0.067	0.073	0.080	0.169	0.204	0.207	0.206	0.205	0.205	0.211	0.256	0.261	0.271	0.282
重庆	0.235	0.095	0.105	0.115	0.142	0.263	0.298	0.400	0.430	0.458	0.485	0.275	0.296	0.300	0.312	0.329
四川	0.216	0.148	0.161	0.176	0.191	0.311	0.340	0.374	0.387	0.396	0.406	0.305	0.326	0.343	0.367	0.380
贵州	0.133	0.065	0.071	0.082	0.089	0.181	0.191	0.202	0.206	0.211	0.207	0.135	0.138	0.190	0.201	0.208
云南	0.181	0.094	0.092	0.092	0.091	0.172	0.179	0.180	0.170	0.206	0.202	0.090	0.130	0.125	0.127	0.132
西藏	0.032	0.025	0.022	0.034	0.075	0.144	0.164	0.196	0.239	0.246	0.237	0.127	0.146	0.266	0.285	0.293
陕西	0.252	0.140	0.140	0.143	0.148	0.237	0.266	0.292	0.292	0.314	0.313	0.207	0.212	0.249	0.256	0.276
甘肃	0.109	0.121	0.123	0.133	0.148	0.264	0.258	0.260	0.260	0.255	0.249	0.148	0.145	0.192	0.197	0.201
青海	0.190	0.159	0.166	0.174	0.178	0.223	0.251	0.266	0.288	0.296	0.301	0.202	0.257	0.252	0.258	0.266
宁夏	0.210	0.139	0.154	0.162	0.170	0.288	0.305	0.314	0.681	0.679	0.670	0.251	0.293	0.307	0.319	0.330
新疆	0.174	0.276	0.275	0.274	0.284	0.424	0.416	0.438	0.452	0.456	0.440	0.309	0.361	0.358	0.370	0.383
辽宁	0.379	0.296	0.314	0.338	0.369	0.462	0.466	0.468	0.479	0.505	0.513	0.435	0.438	0.461	0.466	0.471

省(区、市)	2004年	2005年	2006年	2007年	2008年	2009年	2010年	2011年	2012年	2013年	2014年	2015年	2016年	2017年	2018年	2019年
吉林	0.172	0.152	0.179	0.198	0.212	0.394	0.431	0.441	0.448	0.454	0.456	0.289	0.293	0.332	0.345	0.339
黑龙江	0.217	0.218	0.241	0.253	0.257	0.387	0.396	0.399	0.405	0.413	0.417	0.319	0.325	0.336	0.361	0.375

附表 3-4c　2004~2019 年各省（区、市）农村社会保障供给指数

省(区、市)	2004年	2005年	2006年	2007年	2008年	2009年	2010年	2011年	2012年	2013年	2014年	2015年	2016年	2017年	2018年	2019年
北京	0.169	0.236	0.273	0.280	0.411	0.453	0.456	0.444	0.431	0.420	0.414	0.374	0.419	0.424	0.555	0.561
天津	0.261	0.400	0.412	0.430	0.343	0.299	0.474	0.474	0.551	0.553	0.561	0.580	0.604	0.642	0.663	0.681
河北	0.023	0.061	0.129	0.219	0.253	0.266	0.330	0.490	0.604	0.624	0.645	0.691	0.725	0.763	0.788	0.807
上海	0.375	0.253	0.260	0.228	0.245	0.229	0.173	0.231	0.208	0.203	0.194	0.285	0.337	0.336	0.345	0.353
江苏	0.069	0.131	0.204	0.340	0.359	0.402	0.321	0.558	0.600	0.620	0.635	0.686	0.707	0.779	0.792	0.813
浙江	0.054	0.129	0.190	0.359	0.363	0.359	0.340	0.438	0.550	0.497	0.414	0.587	0.592	0.615	0.618	0.622
福建	0.047	0.072	0.139	0.268	0.289	0.298	0.373	0.513	0.708	0.736	0.757	0.790	0.813	0.869	0.899	0.918
山东	0.065	0.122	0.193	0.325	0.348	0.363	0.348	0.581	0.664	0.685	0.723	0.779	0.804	0.834	0.850	0.858
广东	0.026	0.048	0.118	0.247	0.289	0.304	0.235	0.249	0.262	0.465	0.472	0.678	0.679	0.692	0.713	0.715
海南	0.029	0.065	0.132	0.225	0.225	0.236	0.272	0.398	0.474	0.488	0.502	0.535	0.572	0.600	0.677	0.676
山西	0.041	0.083	0.142	0.217	0.255	0.309	0.285	0.450	0.586	0.611	0.625	0.659	0.681	0.720	0.746	0.775
安徽	0.019	0.054	0.123	0.201	0.263	0.279	0.321	0.564	0.736	0.752	0.771	0.799	0.830	0.856	0.886	0.920
江西	0.033	0.072	0.141	0.219	0.257	0.275	0.293	0.479	0.573	0.598	0.621	0.669	0.697	0.763	0.788	0.810
河南	0.013	0.048	0.118	0.200	0.251	0.263	0.348	0.517	0.644	0.672	0.697	0.721	0.749	0.812	0.840	0.866
湖北	0.037	0.078	0.146	0.229	0.257	0.273	0.318	0.524	0.627	0.638	0.654	0.673	0.698	0.757	0.780	0.798
湖南	0.018	0.056	0.120	0.233	0.273	0.286	0.325	0.493	0.616	0.653	0.668	0.711	0.747	0.820	0.846	0.858
内蒙古	0.029	0.065	0.133	0.206	0.235	0.243	0.280	0.336	0.521	0.547	0.554	0.581	0.600	0.660	0.672	0.688
广西	0.023	0.063	0.130	0.203	0.259	0.276	0.307	0.411	0.540	0.571	0.593	0.633	0.673	0.716	0.768	0.822
重庆	0.012	0.049	0.117	0.256	0.293	0.403	0.565	0.685	0.702	0.714	0.723	0.755	0.795	0.831	0.911	0.950
四川	0.023	0.061	0.129	0.215	0.264	0.269	0.316	0.396	0.521	0.549	0.561	0.578	0.599	0.623	0.678	0.705
贵州	0.007	0.040	0.108	0.190	0.208	0.216	0.301	0.420	0.509	0.570	0.612	0.650	0.690	0.727	0.790	0.811
云南	0.021	0.057	0.125	0.215	0.227	0.236	0.287	0.405	0.542	0.541	0.554	0.604	0.622	0.666	0.695	0.714
西藏	0.032	0.068	0.136	0.279	0.272	0.331	0.337	0.402	0.422	0.437	0.451	0.491	0.501	0.550	0.532	0.525
陕西	0.019	0.055	0.123	0.231	0.252	0.286	0.340	0.526	0.647	0.651	0.670	0.701	0.735	0.773	0.833	0.869

续表

省(区、市)	2004年	2005年	2006年	2007年	2008年	2009年	2010年	2011年	2012年	2013年	2014年	2015年	2016年	2017年	2018年	2019年
甘肃	0.010	0.042	0.109	0.191	0.208	0.239	0.276	0.431	0.541	0.570	0.590	0.610	0.636	0.672	0.706	0.733
青海	0.021	0.056	0.124	0.188	0.199	0.203	0.300	0.458	0.507	0.533	0.563	0.586	0.613	0.667	0.692	0.724
宁夏	0.007	0.041	0.110	0.186	0.212	0.245	0.254	0.447	0.451	0.454	0.470	0.561	0.578	0.606	0.609	0.636
新疆	0.007	0.041	0.110	0.146	0.145	0.152	0.273	0.321	0.341	0.344	0.352	0.354	0.362	0.383	0.513	0.520
辽宁	0.039	0.089	0.158	0.262	0.275	0.276	0.269	0.442	0.537	0.553	0.558	0.540	0.586	0.592	0.648	0.645
吉林	0.008	0.042	0.110	0.161	0.188	0.194	0.219	0.322	0.382	0.415	0.420	0.448	0.480	0.511	0.596	0.614
黑龙江	0.044	0.080	0.148	0.177	0.197	0.205	0.191	0.232	0.355	0.382	0.391	0.412	0.430	0.444	0.479	0.517

附表3-5a 2004~2019年各省（区、市）信息供给指数

省（区、市）	2004年	2005年	2006年	2007年	2008年	2009年	2010年	2011年	2012年	2013年	2014年	2015年	2016年	2017年	2018年	2019年
北京	0.326	0.360	0.381	0.390	0.384	0.428	0.480	0.514	0.555	0.616	0.643	0.634	0.648	0.643	0.642	0.653
天津	0.143	0.168	0.197	0.220	0.242	0.283	0.313	0.334	0.356	0.373	0.333	0.353	0.389	0.421	0.434	0.462
河北	0.053	0.079	0.100	0.126	0.147	0.167	0.200	0.259	0.277	0.313	0.340	0.344	0.360	0.371	0.395	0.371
上海	0.271	0.322	0.360	0.384	0.410	0.431	0.517	0.516	0.541	0.559	0.513	0.546	0.574	0.595	0.564	0.600
江苏	0.095	0.133	0.163	0.189	0.211	0.240	0.284	0.353	0.390	0.441	0.426	0.451	0.471	0.483	0.471	0.485
浙江	0.155	0.199	0.227	0.261	0.296	0.322	0.372	0.418	0.448	0.547	0.520	0.540	0.551	0.571	0.582	0.602
福建	0.127	0.150	0.177	0.201	0.253	0.280	0.329	0.365	0.404	0.464	0.422	0.434	0.449	0.448	0.450	0.468
山东	0.078	0.098	0.118	0.143	0.171	0.201	0.231	0.272	0.297	0.340	0.326	0.350	0.371	0.389	0.412	0.438
广东	0.178	0.216	0.239	0.260	0.279	0.298	0.322	0.360	0.398	0.461	0.431	0.428	0.459	0.470	0.484	0.505
海南	0.064	0.086	0.111	0.150	0.184	0.212	0.250	0.296	0.321	0.374	0.401	0.421	0.472	0.495	0.512	0.555
山西	0.056	0.078	0.094	0.125	0.155	0.178	0.196	0.251	0.279	0.318	0.327	0.337	0.348	0.365	0.362	0.371
安徽	0.029	0.048	0.067	0.089	0.112	0.132	0.174	0.203	0.221	0.274	0.274	0.278	0.292	0.306	0.327	0.343
江西	0.031	0.058	0.071	0.093	0.108	0.130	0.152	0.197	0.218	0.265	0.289	0.282	0.280	0.306	0.315	0.326
河南	0.030	0.054	0.072	0.091	0.108	0.126	0.150	0.195	0.219	0.273	0.294	0.297	0.311	0.316	0.317	0.326
湖北	0.060	0.084	0.102	0.117	0.136	0.165	0.186	0.234	0.264	0.305	0.307	0.306	0.320	0.329	0.351	0.361
湖南	0.041	0.062	0.077	0.092	0.102	0.129	0.152	0.190	0.220	0.253	0.263	0.265	0.283	0.303	0.321	0.336
内蒙古	0.047	0.063	0.079	0.098	0.128	0.163	0.203	0.251	0.274	0.302	0.315	0.315	0.331	0.351	0.362	0.365
广西	0.051	0.080	0.088	0.107	0.135	0.145	0.188	0.224	0.250	0.288	0.294	0.301	0.330	0.355	0.372	0.396
重庆	0.095	0.118	0.157	0.167	0.179	0.196	0.229	0.267	0.298	0.345	0.354	0.387	0.419	0.436	0.452	0.473

续表

省（区、市）	2004年	2005年	2006年	2007年	2008年	2009年	2010年	2011年	2012年	2013年	2014年	2015年	2016年	2017年	2018年	2019年
四川	0.043	0.058	0.074	0.096	0.113	0.136	0.164	0.199	0.229	0.274	0.263	0.297	0.331	0.352	0.383	0.412
贵州	0.015	0.027	0.043	0.067	0.087	0.119	0.141	0.163	0.187	0.226	0.231	0.244	0.259	0.290	0.301	0.326
云南	0.034	0.046	0.057	0.071	0.089	0.110	0.138	0.165	0.183	0.226	0.225	0.228	0.251	0.263	0.279	0.291
西藏	0.054	0.074	0.080	0.106	0.148	0.201	0.246	0.301	0.341	0.374	0.398	0.432	0.480	0.503	0.537	0.588
陕西	0.049	0.065	0.087	0.114	0.154	0.184	0.210	0.261	0.285	0.323	0.328	0.323	0.345	0.366	0.351	0.358
甘肃	0.032	0.042	0.062	0.075	0.091	0.116	0.146	0.183	0.203	0.255	0.251	0.272	0.286	0.326	0.342	0.356
青海	0.034	0.049	0.074	0.091	0.106	0.120	0.161	0.199	0.228	0.265	0.282	0.290	0.306	0.330	0.355	0.370
宁夏	0.051	0.072	0.088	0.108	0.140	0.179	0.218	0.260	0.294	0.321	0.356	0.381	0.423	0.446	0.483	0.504
新疆	0.051	0.069	0.093	0.109	0.135	0.147	0.185	0.233	0.270	0.312	0.312	0.315	0.344	0.357	0.372	0.384
辽宁	0.084	0.104	0.120	0.149	0.181	0.214	0.250	0.292	0.336	0.385	0.374	0.372	0.392	0.404	0.373	0.374
吉林	0.056	0.082	0.103	0.125	0.136	0.163	0.192	0.234	0.268	0.304	0.345	0.355	0.343	0.365	0.367	0.360
黑龙江	0.058	0.074	0.087	0.108	0.127	0.147	0.170	0.200	0.230	0.269	0.296	0.297	0.313	0.325	0.317	0.326

附表 3-5b　2004~2019 年各省（区、市）城镇信息供给指数

省（区、市）	2004年	2005年	2006年	2007年	2008年	2009年	2010年	2011年	2012年	2013年	2014年	2015年	2016年	2017年	2018年	2019年
北京	0.487	0.558	0.607	0.571	0.488	0.560	0.596	0.580	0.629	0.681	0.581	0.568	0.556	0.567	0.528	0.543
天津	0.259	0.305	0.357	0.400	0.414	0.451	0.508	0.521	0.530	0.539	0.393	0.421	0.450	0.455	0.451	0.454
河北	0.147	0.237	0.276	0.319	0.313	0.324	0.348	0.411	0.410	0.408	0.435	0.435	0.434	0.441	0.465	0.429
上海	0.550	0.606	0.665	0.740	0.743	0.799	0.830	0.871	0.900	0.930	0.708	0.777	0.851	0.864	0.725	0.756
江苏	0.265	0.349	0.398	0.451	0.506	0.552	0.590	0.674	0.695	0.716	0.668	0.694	0.722	0.741	0.686	0.707
浙江	0.417	0.552	0.585	0.625	0.613	0.647	0.683	0.723	0.744	0.765	0.702	0.705	0.709	0.745	0.700	0.708
福建	0.413	0.480	0.543	0.552	0.617	0.677	0.717	0.726	0.762	0.800	0.566	0.588	0.610	0.621	0.506	0.556
山东	0.216	0.266	0.321	0.357	0.372	0.406	0.440	0.479	0.497	0.515	0.430	0.430	0.431	0.439	0.445	0.448
广东	0.476	0.518	0.572	0.564	0.543	0.569	0.593	0.624	0.659	0.698	0.399	0.415	0.432	0.454	0.494	0.515
海南	0.111	0.192	0.253	0.272	0.303	0.314	0.335	0.375	0.385	0.395	0.362	0.413	0.469	0.489	0.468	0.484
山西	0.103	0.159	0.196	0.206	0.231	0.240	0.267	0.347	0.378	0.411	0.411	0.415	0.420	0.430	0.398	0.404
安徽	0.145	0.216	0.278	0.343	0.356	0.387	0.426	0.479	0.529	0.581	0.486	0.485	0.486	0.514	0.525	0.546
江西	0.186	0.293	0.338	0.369	0.396	0.431	0.459	0.548	0.572	0.596	0.556	0.544	0.533	0.551	0.552	0.526
河南	0.145	0.225	0.261	0.293	0.294	0.339	0.369	0.428	0.449	0.471	0.437	0.461	0.487	0.487	0.466	0.473

省（区、市）	2004年	2005年	2006年	2007年	2008年	2009年	2010年	2011年	2012年	2013年	2014年	2015年	2016年	2017年	2018年	2019年
湖北	0.204	0.280	0.321	0.355	0.325	0.367	0.376	0.461	0.494	0.530	0.433	0.452	0.472	0.477	0.530	0.529
湖南	0.231	0.266	0.293	0.307	0.297	0.322	0.346	0.398	0.434	0.474	0.455	0.480	0.505	0.522	0.543	0.547
内蒙古	0.130	0.171	0.199	0.229	0.244	0.275	0.286	0.353	0.359	0.366	0.344	0.357	0.369	0.375	0.385	0.393
广西	0.237	0.360	0.358	0.387	0.450	0.481	0.509	0.573	0.599	0.627	0.518	0.525	0.532	0.546	0.516	0.534
重庆	0.355	0.421	0.547	0.480	0.426	0.451	0.493	0.482	0.509	0.537	0.485	0.515	0.546	0.550	0.526	0.535
四川	0.218	0.279	0.332	0.367	0.339	0.396	0.445	0.471	0.504	0.539	0.433	0.460	0.488	0.501	0.470	0.492
贵州	0.157	0.197	0.246	0.293	0.293	0.347	0.367	0.396	0.428	0.464	0.397	0.415	0.433	0.454	0.465	0.484
云南	0.183	0.220	0.276	0.292	0.309	0.348	0.386	0.420	0.454	0.489	0.385	0.415	0.448	0.459	0.444	0.466
西藏	0.191	0.209	0.051	0.155	0.247	0.285	0.305	0.390	0.410	0.431	0.417	0.446	0.478	0.487	0.376	0.381
陕西	0.178	0.217	0.291	0.330	0.370	0.408	0.430	0.475	0.487	0.500	0.412	0.402	0.392	0.406	0.387	0.391
甘肃	0.132	0.174	0.213	0.223	0.207	0.230	0.256	0.318	0.357	0.399	0.358	0.391	0.426	0.435	0.405	0.409
青海	0.127	0.159	0.220	0.237	0.188	0.203	0.224	0.291	0.310	0.329	0.336	0.344	0.353	0.358	0.349	0.363
宁夏	0.101	0.146	0.180	0.199	0.232	0.274	0.300	0.329	0.348	0.369	0.372	0.404	0.437	0.452	0.426	0.440
新疆	0.089	0.116	0.163	0.190	0.209	0.235	0.252	0.321	0.350	0.380	0.327	0.347	0.366	0.389	0.347	0.360
辽宁	0.154	0.190	0.215	0.271	0.300	0.353	0.382	0.372	0.402	0.435	0.333	0.364	0.398	0.406	0.344	0.348
吉林	0.182	0.254	0.296	0.319	0.328	0.364	0.391	0.412	0.446	0.483	0.399	0.394	0.389	0.395	0.381	0.386
黑龙江	0.075	0.157	0.188	0.200	0.217	0.243	0.280	0.322	0.342	0.364	0.309	0.321	0.334	0.340	0.329	0.346

附表 3-5c　2004~2019 年各省（区、市）农村信息供给指数

省（区、市）	2004年	2005年	2006年	2007年	2008年	2009年	2010年	2011年	2012年	2013年	2014年	2015年	2016年	2017年	2018年	2019年
北京	0.439	0.484	0.535	0.580	0.622	0.673	0.714	0.739	0.764	0.790	0.714	0.760	0.809	0.815	0.772	0.775
天津	0.276	0.294	0.317	0.339	0.358	0.377	0.403	0.551	0.595	0.646	0.529	0.590	0.662	0.670	0.594	0.589
河北	0.168	0.209	0.225	0.240	0.257	0.290	0.336	0.505	0.535	0.570	0.578	0.594	0.611	0.622	0.602	0.605
上海	0.444	0.535	0.590	0.647	0.686	0.749	0.812	0.742	0.754	0.767	0.572	0.645	0.726	0.739	0.641	0.678
江苏	0.283	0.319	0.376	0.409	0.365	0.398	0.455	0.586	0.648	0.717	0.612	0.657	0.705	0.722	0.658	0.647
浙江	0.337	0.399	0.447	0.492	0.539	0.596	0.649	0.688	0.724	0.761	0.652	0.699	0.750	0.780	0.760	0.769
福建	0.268	0.298	0.338	0.373	0.416	0.460	0.513	0.605	0.637	0.674	0.635	0.641	0.647	0.646	0.620	0.647
山东	0.133	0.171	0.206	0.249	0.301	0.358	0.410	0.476	0.520	0.572	0.516	0.537	0.561	0.581	0.570	0.591
广东	0.281	0.321	0.347	0.377	0.405	0.442	0.484	0.567	0.582	0.598	0.582	0.616	0.651	0.679	0.646	0.656

续表

省（区、市）	2004年	2005年	2006年	2007年	2008年	2009年	2010年	2011年	2012年	2013年	2014年	2015年	2016年	2017年	2018年	2019年
海南	0.152	0.157	0.182	0.207	0.222	0.260	0.283	0.380	0.400	0.422	0.432	0.456	0.481	0.492	0.489	0.521
山西	0.132	0.150	0.196	0.224	0.242	0.278	0.308	0.445	0.481	0.522	0.463	0.487	0.512	0.517	0.491	0.496
安徽	0.108	0.157	0.188	0.221	0.263	0.285	0.343	0.387	0.420	0.460	0.462	0.490	0.518	0.543	0.601	0.615
江西	0.126	0.182	0.205	0.233	0.250	0.295	0.325	0.424	0.455	0.490	0.537	0.543	0.550	0.572	0.592	0.606
河南	0.133	0.182	0.210	0.245	0.270	0.297	0.346	0.442	0.460	0.483	0.478	0.522	0.571	0.577	0.581	0.596
湖北	0.153	0.193	0.228	0.254	0.280	0.314	0.352	0.458	0.492	0.531	0.533	0.544	0.556	0.566	0.615	0.626
湖南	0.099	0.143	0.168	0.190	0.216	0.249	0.279	0.400	0.422	0.446	0.489	0.515	0.543	0.560	0.600	0.602
内蒙古	0.135	0.179	0.197	0.215	0.232	0.263	0.287	0.406	0.417	0.432	0.456	0.479	0.504	0.516	0.502	0.501
广西	0.099	0.165	0.191	0.216	0.240	0.279	0.306	0.427	0.444	0.463	0.497	0.523	0.552	0.573	0.557	0.566
重庆	0.110	0.153	0.176	0.207	0.233	0.249	0.291	0.393	0.420	0.450	0.463	0.489	0.518	0.518	0.534	0.556
四川	0.117	0.165	0.188	0.222	0.249	0.281	0.302	0.365	0.387	0.413	0.419	0.457	0.499	0.515	0.518	0.532
贵州	0.047	0.096	0.121	0.152	0.174	0.203	0.234	0.312	0.338	0.366	0.409	0.452	0.502	0.532	0.502	0.530
云南	0.094	0.119	0.146	0.179	0.213	0.249	0.288	0.368	0.391	0.420	0.398	0.425	0.455	0.466	0.492	0.499
西藏	0.000	0.037	0.058	0.057	0.078	0.107	0.133	0.277	0.293	0.311	0.307	0.332	0.358	0.367	0.436	0.462
陕西	0.148	0.192	0.220	0.247	0.278	0.317	0.358	0.476	0.495	0.514	0.507	0.536	0.568	0.575	0.496	0.500
甘肃	0.111	0.140	0.158	0.190	0.217	0.256	0.284	0.378	0.409	0.445	0.458	0.486	0.516	0.524	0.585	0.568
青海	0.097	0.144	0.170	0.197	0.233	0.268	0.299	0.412	0.431	0.461	0.479	0.499	0.523	0.533	0.497	0.525
宁夏	0.149	0.162	0.194	0.243	0.300	0.359	0.400	0.473	0.515	0.563	0.584	0.579	0.575	0.586	0.574	0.596
新疆	0.056	0.083	0.104	0.131	0.149	0.186	0.217	0.328	0.344	0.367	0.362	0.389	0.420	0.419	0.420	0.437
辽宁	0.174	0.210	0.232	0.240	0.269	0.299	0.330	0.397	0.422	0.450	0.454	0.495	0.542	0.556	0.505	0.509
吉林	0.184	0.218	0.235	0.269	0.294	0.343	0.359	0.461	0.495	0.537	0.563	0.565	0.568	0.566	0.542	0.539
黑龙江	0.161	0.199	0.226	0.257	0.288	0.322	0.357	0.424	0.442	0.465	0.460	0.477	0.495	0.503	0.476	0.490

附表3-6　2004~2019年各省（区、市）人均受教育年限　　单位：年

省（区、市）	2004年	2005年	2006年	2007年	2008年	2009年	2010年	2011年	2012年	2013年	2014年	2015年	2016年	2017年	2018年	2019年
北京	10.559	10.686	10.948	11.085	10.969	11.174	11.477	11.556	11.835	12.026	11.858	6.072	12.306	12.504	12.555	12.682
天津	9.647	9.513	9.727	9.810	9.878	10.050	10.164	10.400	10.512	10.537	10.509	7.986	10.773	11.095	11.073	11.102
河北	8.380	8.169	8.130	8.167	8.358	8.425	8.872	8.666	8.709	8.902	8.868	10.425	8.975	9.139	9.149	9.261

续表

省（区、市）	2004年	2005年	2006年	2007年	2008年	2009年	2010年	2011年	2012年	2013年	2014年	2015年	2016年	2017年	2018年	2019年
上海	10.111	10.026	10.442	10.457	10.545	10.648	10.545	10.484	10.655	10.563	10.814	7.729	11.045	11.430	11.238	11.144
江苏	7.808	8.134	8.253	8.433	8.443	8.546	9.129	9.163	9.261	9.422	9.349	9.426	9.510	9.522	9.373	9.627
浙江	7.951	7.614	8.060	8.106	8.238	8.404	8.617	8.820	9.211	9.368	9.058	9.286	9.116	9.188	9.230	9.346
福建	7.491	7.543	7.727	7.746	7.804	8.346	8.804	8.829	8.564	8.646	8.793	9.507	8.726	9.137	8.970	8.774
山东	7.944	7.722	8.094	8.226	8.275	8.313	8.760	8.673	8.780	8.924	8.982	9.545	9.028	9.124	9.000	9.007
广东	8.130	8.365	8.438	8.680	8.773	8.872	9.228	9.333	9.348	9.226	9.283	9.230	9.613	9.769	9.629	9.714
海南	8.406	8.109	8.169	8.323	8.347	8.436	8.895	8.880	9.146	9.193	9.101	10.359	9.123	9.476	9.809	9.568
山西	8.383	8.417	8.697	8.778	8.810	8.876	9.222	9.154	9.382	9.357	9.296	10.095	9.698	9.924	9.841	9.850
安徽	7.487	7.039	7.337	7.245	7.441	7.622	8.118	8.248	8.516	8.525	8.728	10.180	8.565	8.606	8.871	8.838
江西	7.983	7.531	7.713	8.246	8.255	8.523	8.567	8.736	8.867	9.238	8.875	10.536	8.750	8.766	8.929	9.224
河南	8.219	7.986	8.054	8.182	8.336	8.387	8.657	8.704	8.663	8.783	9.000	10.379	8.814	8.941	8.974	9.124
湖北	8.096	7.822	8.258	8.424	8.485	8.489	9.009	9.047	9.202	9.344	9.111	9.390	9.297	9.405	9.534	9.484
湖南	8.157	7.991	8.168	8.420	8.433	8.465	8.908	8.807	8.721	8.957	9.020	10.051	9.360	9.453	9.372	9.539
内蒙古	8.170	8.223	8.193	8.357	8.370	8.494	8.994	9.228	9.231	9.011	8.996	9.569	9.684	9.609	9.691	9.865
广西	8.016	7.659	8.034	8.032	7.983	8.096	8.437	8.611	8.424	8.593	8.750	10.545	8.762	8.758	8.745	9.016
重庆	7.248	7.392	7.574	7.724	7.788	7.934	8.529	8.777	8.635	8.677	8.954	9.572	9.074	9.195	9.259	9.344
四川	7.455	6.837	7.242	7.434	7.515	7.694	8.157	8.217	8.478	8.447	8.347	9.925	8.304	8.562	8.668	8.824
贵州	6.982	6.418	6.594	6.843	7.046	7.082	7.441	7.588	7.630	8.043	8.091	10.108	7.767	8.140	8.074	7.944
云南	6.816	6.378	6.663	6.785	6.901	6.905	7.569	7.686	7.849	7.842	7.787	10.128	7.992	8.169	8.255	8.384
西藏	4.344	3.739	4.172	4.611	4.716	4.552	5.278	5.513	5.085	4.353	4.223	8.255	5.092	5.610	5.746	5.834
陕西	8.263	8.062	8.299	8.401	8.513	8.584	9.122	8.953	9.136	9.284	9.140	9.597	9.272	9.307	9.530	9.504
甘肃	7.237	6.860	6.779	7.065	7.166	7.291	8.005	8.153	8.279	8.347	8.322	9.565	8.445	8.661	8.462	8.460
青海	6.803	6.758	6.994	7.183	7.255	7.440	7.630	7.788	7.609	7.968	8.035	9.127	7.787	8.021	8.291	8.212
宁夏	7.703	7.375	7.622	7.826	8.127	8.217	8.501	8.388	8.359	8.699	8.545	9.234	9.155	9.200	8.732	8.871
新疆	8.486	8.203	8.297	8.512	8.556	8.658	8.922	9.177	9.052	8.988	9.181	9.422	9.097	9.556	9.404	9.171
辽宁	8.838	8.746	8.922	8.988	9.078	9.237	9.458	9.467	9.898	10.104	9.910	8.814	9.971	9.984	9.952	9.961
吉林	8.800	8.468	8.659	8.776	8.891	8.902	9.281	9.102	9.253	9.403	9.373	9.596	9.513	9.559	9.456	9.454
黑龙江	8.492	8.460	8.532	8.698	8.700	8.745	9.160	9.115	9.209	9.480	9.355	9.500	9.373	9.423	9.539	9.565

附表 3-7a　2004~2019 年各省（区、市）城镇人均受教育年限　　单位：年

省（区、市）	2004年	2005年	2006年	2007年	2008年	2009年	2010年	2011年	2012年	2013年	2014年	2015年	2016年	2017年	2018年	2019年
北京	11.246	11.164	11.450	11.539	11.401	11.609	11.859	11.967	12.228	12.517	12.261	5.445	12.771	12.932	13.037	13.177
天津	10.660	10.208	10.359	10.442	10.445	10.608	10.678	10.948	11.044	11.009	10.952	7.303	11.273	11.637	11.550	11.557
河北	10.289	9.352	9.014	8.897	9.009	9.231	9.934	9.403	9.312	9.810	9.635	8.394	9.948	10.000	10.018	10.006
上海	10.532	10.331	10.782	10.813	10.889	10.999	10.833	10.743	10.880	10.963	11.133	6.901	11.384	11.869	11.617	11.495
江苏	8.579	9.057	9.390	9.377	9.164	9.271	9.925	9.970	10.071	10.128	10.105	7.680	10.227	10.230	9.947	10.162
浙江	9.631	8.398	9.028	8.976	9.108	9.317	9.394	9.735	10.116	10.286	9.846	7.256	9.867	9.804	9.809	9.953
福建	8.656	8.592	8.681	8.770	8.799	9.182	9.565	9.676	9.156	9.341	9.609	7.509	9.576	10.033	9.727	9.386
山东	8.837	8.677	9.068	9.157	9.164	9.168	9.902	9.727	9.736	9.937	9.882	7.859	9.908	10.055	9.877	9.835
广东	9.005	9.056	9.101	9.311	9.398	9.466	9.865	9.975	9.967	9.785	9.927	8.033	10.296	10.419	10.198	10.297
海南	9.705	9.002	9.219	9.347	9.372	9.369	9.909	9.918	10.162	10.057	9.967	8.441	9.900	10.153	10.450	10.353
山西	9.531	9.497	9.886	9.964	9.820	9.869	10.285	10.203	10.437	10.316	10.184	8.441	10.608	10.836	10.755	10.658
安徽	9.076	8.306	8.663	8.413	8.578	8.767	9.417	9.463	9.963	9.684	9.881	8.008	9.546	9.582	9.965	9.822
江西	9.448	8.826	8.994	9.403	9.546	9.731	9.677	9.737	9.897	10.314	9.764	8.607	9.648	9.515	9.717	10.114
河南	9.754	9.313	9.299	9.237	9.429	9.405	9.945	9.970	9.806	9.905	10.233	8.231	9.941	9.935	9.843	10.040
湖北	9.741	9.083	9.799	9.929	9.925	9.831	10.205	10.242	10.394	10.571	10.221	7.666	10.427	10.597	10.586	10.542
湖南	9.337	9.342	9.494	9.807	9.662	9.537	10.064	9.876	9.695	9.827	9.859	8.476	10.363	10.386	10.292	10.475
内蒙古	9.694	9.441	9.378	9.613	9.516	9.543	10.018	10.362	10.161	9.833	9.948	7.968	10.929	10.824	10.861	11.058
广西	9.936	9.118	9.467	9.238	8.998	9.149	9.730	9.962	9.583	9.793	10.010	8.382	9.820	9.657	9.467	9.858
重庆	8.539	8.654	8.634	8.668	8.651	8.691	9.743	10.160	9.829	9.757	10.189	7.814	10.062	10.198	10.254	10.207
四川	9.262	8.607	8.970	8.913	8.896	9.114	9.699	9.481	10.083	10.209	9.852	7.952	9.581	9.816	10.076	10.171
贵州	9.600	8.465	8.241	8.682	8.584	8.465	9.219	9.714	9.495	9.974	10.057	7.743	9.042	9.391	9.315	9.081
云南	8.676	7.937	8.525	8.545	8.366	8.253	9.165	9.457	9.611	9.242	9.107	7.932	9.350	9.389	9.378	9.584
西藏	4.397	5.055	4.497	5.273	4.999	5.204	8.312	7.969	7.052	5.152	5.364	6.444	6.545	7.694	7.317	7.487
陕西	10.087	9.460	10.025	10.044	10.086	9.913	10.526	10.039	10.298	10.303	10.045	7.433	10.254	10.445	10.461	10.196
甘肃	10.130	8.929	8.776	8.907	8.952	9.095	10.109	10.021	9.804	10.100	9.993	8.245	10.005	10.473	9.879	9.691
青海	9.215	9.299	9.264	9.389	9.132	9.473	9.496	9.597	9.305	9.741	9.767	7.400	9.088	9.180	9.623	9.537
宁夏	9.945	9.344	9.381	9.442	9.592	9.703	9.922	9.453	9.467	10.051	9.675	7.379	10.516	10.622	9.846	9.889
新疆	10.200	9.626	9.785	9.962	9.986	10.012	10.327	11.112	10.731	10.251	10.465	7.634	10.478	11.186	10.775	10.158

续表

省（区、市）	2004年	2005年	2006年	2007年	2008年	2009年	2010年	2011年	2012年	2013年	2014年	2015年	2016年	2017年	2018年	2019年
辽宁	9.741	9.592	9.846	9.934	10.095	10.223	10.402	10.372	11.005	11.160	10.844	7.382	10.941	10.887	10.735	10.804
吉林	9.973	9.604	9.787	9.918	10.041	9.980	10.472	10.191	10.330	10.683	10.677	8.303	10.803	11.015	10.700	10.530
黑龙江	9.317	9.352	9.468	9.648	9.623	9.668	10.203	10.135	10.358	10.603	10.428	7.753	10.587	10.576	10.632	10.533

附表 3-7b 2004~2019 年各省（区、市）农村人均受教育年限　　单位：年

省（区、市）	2004年	2005年	2006年	2007年	2008年	2009年	2010年	2011年	2012年	2013年	2014年	2015年	2016年	2017年	2018年	2019年
北京	8.122	8.237	8.382	8.641	8.616	8.727	9.139	8.993	9.396	8.921	9.304	14.786	9.424	9.801	9.528	9.563
天津	7.571	7.479	7.770	7.789	8.008	8.111	8.114	8.068	8.138	8.342	8.386	14.006	8.372	8.503	8.748	8.826
河北	7.556	7.531	7.591	7.708	7.914	7.838	8.020	8.046	8.176	8.051	8.114	13.976	7.882	8.106	8.049	8.268
上海	7.880	7.528	7.640	7.634	7.832	7.911	8.142	8.268	8.765	7.155	8.068	13.340	8.642	8.454	8.571	8.630
江苏	6.954	6.977	7.112	7.404	7.615	7.676	7.904	7.835	7.862	8.146	7.918	13.728	8.038	8.007	8.085	8.370
浙江	6.994	6.608	6.820	6.971	7.072	7.148	7.365	7.305	7.652	7.735	7.600	14.715	7.633	7.923	7.989	7.979
福建	6.492	6.457	6.864	6.788	6.847	7.508	7.775	7.638	7.682	7.570	7.469	14.363	7.271	7.512	7.537	7.591
山东	6.903	6.862	7.291	7.421	7.492	7.532	7.617	7.564	7.717	7.742	7.870	13.398	7.794	7.741	7.669	7.729
广东	7.123	7.197	7.405	7.592	7.692	7.826	7.939	8.024	8.020	8.000	7.861	14.632	8.079	8.272	8.265	8.253
海南	7.432	7.079	7.291	7.429	7.418	7.559	7.869	7.792	8.035	8.200	8.069	14.557	8.121	8.562	8.910	8.457
山西	7.754	7.619	7.825	7.877	8.010	8.056	8.230	8.117	8.269	8.304	8.266	13.546	8.558	8.733	8.599	8.693
安徽	6.656	6.199	6.596	6.544	6.716	6.832	7.110	7.237	7.217	7.424	7.586	14.169	7.505	7.485	7.561	7.612
江西	7.108	6.721	6.939	7.495	7.364	7.642	7.676	7.873	7.911	8.178	7.960	13.517	7.742	7.886	7.947	8.044
河南	7.546	7.341	7.497	7.671	7.753	7.807	7.821	7.808	7.802	7.882	7.952	14.208	7.765	7.955	8.063	8.088
湖北	6.891	6.808	7.078	7.237	7.316	7.362	7.802	7.728	7.802	7.844	7.700	14.116	7.742	7.670	7.951	7.847
湖南	7.413	7.195	7.380	7.528	7.584	7.666	8.004	7.914	7.857	8.151	8.197	12.934	8.250	8.345	8.223	8.309
内蒙古	6.849	6.707	7.129	7.165	7.215	7.370	7.707	7.753	7.965	7.855	7.617	13.311	7.792	7.717	7.805	7.872
广西	7.206	6.901	7.291	7.376	7.397	7.429	7.549	7.612	7.504	7.595	7.648	14.505	7.793	7.901	8.033	8.152
重庆	6.218	6.307	6.686	6.886	6.976	7.164	7.119	7.045	7.020	7.130	7.100	14.078	7.462	7.445	7.425	7.657
四川	6.668	6.013	6.373	6.650	6.737	6.828	7.092	7.294	7.221	6.968	7.005	13.679	7.089	7.290	7.148	7.277
贵州	6.021	5.651	5.982	6.138	6.433	6.505	6.512	6.409	6.536	6.838	6.746	14.366	6.767	7.098	6.983	6.870

省 （区、 市）	2004 年	2005 年	2006 年	2007 年	2008 年	2009 年	2010 年	2011 年	2012 年	2013 年	2014 年	2015 年	2016 年	2017 年	2018 年	2019 年
云南	6.136	5.629	5.870	5.997	6.215	6.230	6.704	6.631	6.677	6.871	6.826	13.937	6.900	7.123	7.246	7.250
西藏	4.313	3.240	4.051	4.345	4.601	4.358	4.336	4.773	4.474	4.092	3.819	11.482	4.473	4.666	5.013	5.045
陕西	7.183	7.082	7.265	7.343	7.428	7.604	7.927	7.963	7.959	8.217	8.120	14.129	8.073	7.837	8.254	8.507
甘肃	6.085	5.950	5.913	6.223	6.331	6.423	6.799	7.031	7.297	7.159	7.110	12.376	7.191	7.112	7.189	7.308
青海	5.375	5.149	5.483	5.716	5.969	5.988	6.063	6.146	6.021	6.256	6.263	12.633	6.391	6.725	6.713	6.554
宁夏	6.183	5.955	6.296	6.575	6.945	6.972	7.152	7.309	7.204	7.221	7.219	14.583	7.411	7.255	7.164	7.375
新疆	7.195	7.338	7.398	7.598	7.607	7.743	7.820	7.595	7.661	7.926	8.006	14.222	7.785	7.930	7.970	8.115
辽宁	7.598	7.455	7.586	7.601	7.580	7.734	7.882	7.833	7.758	7.999	7.995	16.245	8.016	8.161	8.316	8.199
吉林	7.447	7.243	7.382	7.460	7.563	7.656	7.887	7.833	7.978	7.864	7.774	13.264	7.918	7.719	7.829	8.002
黑龙江	7.595	7.253	7.456	7.582	7.596	7.573	7.820	7.767	7.667	7.944	7.861	14.891	7.645	7.787	7.944	8.092

附表 3-8a　2004~2019 年各省（区、市）男性人均受教育年限　　单位：年

省 （区、 市）	2004 年	2005 年	2006 年	2007 年	2008 年	2009 年	2010 年	2011 年	2012 年	2013 年	2014 年	2015 年	2016 年	2017 年	2018 年	2019 年
北京	10.888	11.012	11.212	11.320	11.235	11.444	11.570	11.600	11.990	12.208	11.816	6.086	12.524	12.666	12.634	12.814
天津	9.993	9.846	9.964	10.077	10.150	10.284	10.297	10.440	10.620	10.623	10.563	8.113	10.840	11.294	11.148	11.223
河北	8.726	8.564	8.513	8.553	8.713	8.758	9.116	8.976	8.975	9.121	9.116	10.623	9.273	9.370	9.363	9.501
上海	10.743	10.542	10.971	10.933	11.011	11.102	10.853	10.755	10.862	10.828	11.088	7.939	11.332	11.683	11.457	11.355
江苏	8.555	8.852	8.915	9.034	9.064	9.194	9.613	9.572	9.636	9.837	9.839	9.654	9.960	9.978	9.818	10.062
浙江	8.503	8.207	8.553	8.682	8.789	8.910	9.004	8.872	9.330	9.725	9.486	9.546	9.571	9.647	9.571	9.697
福建	8.201	8.335	8.482	8.522	8.601	8.887	9.244	8.934	8.991	9.156	9.262	9.817	9.242	9.582	9.498	9.276
山东	8.581	8.451	8.803	8.860	8.855	8.842	9.238	9.174	9.258	9.362	9.459	9.665	9.477	9.569	9.488	9.530
广东	8.651	8.869	8.929	9.128	9.212	9.261	9.553	9.798	9.708	9.571	9.751	9.375	9.932	10.032	9.945	10.045
海南	9.012	8.746	8.787	8.946	8.999	9.030	9.352	9.278	9.522	9.643	9.584	10.521	9.479	9.747	9.943	9.677
山西	8.692	8.725	8.922	9.037	9.073	9.177	9.409	9.348	9.565	9.526	9.461	10.106	9.926	10.151	10.042	10.046
安徽	8.160	7.804	8.119	7.934	8.106	8.318	8.702	8.816	9.251	8.932	9.052	10.187	9.060	9.099	9.446	9.385
江西	8.614	8.213	8.369	8.844	8.770	9.024	9.035	9.168	9.317	9.637	9.263	10.569	9.226	9.137	9.286	9.589
河南	8.617	8.458	8.463	8.614	8.720	8.745	8.980	9.156	8.977	9.076	9.250	10.557	9.040	9.189	9.243	9.418
湖北	8.675	8.507	8.817	8.909	8.934	8.964	9.450	9.549	9.645	9.736	9.580	9.656	9.749	9.863	9.989	9.805

续表

省（区、市）	2004年	2005年	2006年	2007年	2008年	2009年	2010年	2011年	2012年	2013年	2014年	2015年	2016年	2017年	2018年	2019年
湖南	8.566	8.464	8.579	8.838	8.871	8.816	9.192	9.137	9.012	9.209	9.254	10.096	9.673	9.749	9.615	9.803
内蒙古	8.556	8.729	8.641	8.730	8.793	8.876	9.280	9.375	9.442	9.291	9.295	9.861	9.871	9.883	9.951	10.082
广西	8.508	8.167	8.468	8.427	8.390	8.459	8.758	9.086	8.729	8.891	9.069	10.822	9.092	9.009	9.012	9.249
重庆	7.644	7.874	7.945	8.081	8.105	8.185	8.820	9.074	8.903	9.025	9.278	9.594	9.382	9.431	9.531	9.585
四川	7.866	7.389	7.780	7.871	7.948	8.108	8.489	8.517	8.809	8.850	8.667	10.123	8.633	8.951	9.002	9.156
贵州	7.560	7.245	7.319	7.492	7.658	7.680	7.985	8.257	8.145	8.369	8.355	10.564	8.253	8.599	8.548	8.438
云南	7.307	6.989	7.180	7.293	7.453	7.397	7.928	7.964	8.151	8.162	8.135	10.388	8.239	8.513	8.615	8.657
西藏	4.974	4.316	4.816	5.124	5.292	5.031	5.820	6.086	5.424	4.611	4.636	8.926	5.546	6.106	6.322	6.412
陕西	8.752	8.560	8.805	8.886	8.957	8.980	9.452	9.248	9.485	9.612	9.546	9.751	9.500	9.431	9.853	9.832
甘肃	7.853	7.628	7.558	7.765	7.809	7.902	8.545	8.697	8.775	8.755	8.790	9.851	8.915	9.180	9.051	9.065
青海	7.469	7.491	7.607	7.799	7.890	8.065	8.117	8.100	8.029	8.396	8.331	9.585	8.256	8.440	8.824	8.721
宁夏	8.288	8.050	8.277	8.425	8.605	8.695	8.907	8.785	8.703	9.071	8.950	9.527	9.559	9.459	9.016	9.276
新疆	8.657	8.418	8.449	8.633	8.678	8.745	9.027	9.283	9.152	9.119	9.266	9.616	9.212	9.636	9.477	9.249
辽宁	9.121	9.064	9.202	9.260	9.342	9.479	9.647	9.672	10.054	10.171	10.112	8.873	10.143	10.094	10.094	10.132
吉林	8.961	8.788	8.940	9.059	9.164	9.165	9.451	9.283	9.391	9.586	9.567	9.618	9.690	9.756	9.632	9.600
黑龙江	8.743	8.819	8.840	9.013	9.009	9.034	9.343	9.245	9.372	9.635	9.418	9.641	9.514	9.567	9.699	9.748

附表 3-8b　2004~2019 年各省（区、市）女性人均受教育年限　单位：年

省（区、市）	2004年	2005年	2006年	2007年	2008年	2009年	2010年	2011年	2012年	2013年	2014年	2015年	2016年	2017年	2018年	2019年
北京	10.208	10.353	10.697	10.850	10.697	10.883	11.378	11.504	11.679	11.834	11.893	6.056	12.071	12.341	12.479	12.550
天津	9.304	9.179	9.497	9.543	9.619	9.806	10.012	10.357	10.404	10.454	10.449	7.829	10.693	10.874	10.986	10.953
河北	8.025	7.776	7.742	7.769	7.991	8.083	8.624	8.336	8.434	8.673	8.610	10.226	8.665	8.905	8.933	9.011
上海	9.503	9.504	9.916	9.984	10.075	10.199	10.220	10.176	10.426	10.281	10.525	7.502	10.737	11.170	11.003	10.915
江苏	7.082	7.451	7.634	7.868	7.863	7.927	8.643	8.757	8.895	9.013	8.857	9.186	9.056	9.054	8.915	9.174
浙江	7.387	7.007	7.562	7.508	7.670	7.892	8.211	8.772	9.087	8.986	8.583	9.009	8.624	8.678	8.862	8.972
福建	6.784	6.750	6.965	6.969	7.003	7.810	8.343	8.730	8.134	8.104	8.291	9.182	8.199	8.679	8.406	8.240
山东	7.310	7.000	7.385	7.594	7.702	7.778	8.278	8.172	8.295	8.476	8.501	9.418	8.569	8.675	8.512	8.481

续表

省（区、市）	2004年	2005年	2006年	2007年	2008年	2009年	2010年	2011年	2012年	2013年	2014年	2015年	2016年	2017年	2018年	2019年
广东	7.591	7.856	7.927	8.220	8.316	8.479	8.877	8.801	8.947	8.847	8.728	9.062	9.253	9.473	9.261	9.323
海南	7.744	7.415	7.490	7.631	7.651	7.758	8.385	8.453	8.716	8.692	8.556	10.182	8.714	9.178	9.669	9.440
山西	8.061	8.102	8.463	8.511	8.543	8.561	9.024	8.948	9.191	9.179	9.128	10.083	9.457	9.678	9.629	9.651
安徽	6.792	6.284	6.544	6.558	6.763	6.898	7.524	7.673	7.726	8.110	8.416	10.173	8.048	8.095	8.267	8.285
江西	7.327	6.845	7.044	7.636	7.733	8.011	8.078	8.266	8.392	8.809	8.457	10.501	8.239	8.372	8.555	8.847
河南	7.806	7.509	7.642	7.743	7.951	8.031	8.333	8.227	8.348	8.494	8.748	10.189	8.582	8.683	8.704	8.826
湖北	7.508	7.122	7.690	7.923	8.028	7.992	8.548	8.523	8.747	8.944	8.630	9.120	8.825	8.924	9.054	9.160
湖南	7.730	7.504	7.748	7.982	7.970	8.101	8.612	8.463	8.416	8.694	8.776	10.005	9.037	9.152	9.126	9.266
内蒙古	7.765	7.695	7.726	7.974	7.928	8.103	8.686	9.085	9.009	8.709	8.687	9.268	9.495	9.336	9.420	9.639
广西	7.491	7.120	7.563	7.607	7.539	7.696	8.094	8.092	8.099	8.271	8.407	10.260	8.408	8.485	8.458	8.769
重庆	6.853	6.907	7.196	7.362	7.469	7.680	8.232	8.476	8.366	8.315	8.613	9.551	8.753	8.960	8.986	9.105
四川	7.040	6.295	6.693	6.996	7.074	7.279	7.816	7.904	8.114	8.028	8.035	9.732	7.978	8.166	8.340	8.507
贵州	6.365	5.554	5.831	6.161	6.391	6.451	6.871	6.842	7.095	7.696	7.817	9.623	7.254	7.654	7.562	7.419
云南	6.316	5.731	6.113	6.248	6.307	6.378	7.183	7.398	7.528	7.499	7.418	9.864	7.740	7.799	7.871	8.100
西藏	3.771	3.177	3.530	4.119	4.188	4.043	4.704	4.914	4.728	4.077	3.820	7.572	4.602	5.113	5.186	5.265
陕西	7.747	10.291	7.795	7.912	8.059	8.181	8.771	8.643	8.764	8.938	8.711	9.441	9.041	9.189	9.208	9.165
甘肃	6.588	24.696	5.991	6.350	6.517	6.664	7.447	7.574	7.757	7.911	7.820	9.262	7.966	8.136	7.855	7.847
青海	6.106	6.015	6.368	6.552	6.629	6.811	7.107	7.471	7.145	7.504	7.741	8.602	7.289	7.552	7.708	7.698
宁夏	7.101	6.698	6.966	7.210	7.624	7.719	8.078	7.966	8.016	8.319	8.137	8.922	8.721	8.963	8.452	8.446
新疆	8.311	7.984	8.136	8.384	8.432	8.569	8.809	9.067	8.939	8.855	9.091	9.220	8.978	9.476	9.329	9.092
辽宁	8.556	8.429	8.640	8.711	8.814	8.995	9.265	9.258	9.740	10.036	9.702	8.755	9.799	9.874	9.807	9.792
吉林	8.639	8.140	8.375	8.484	8.612	8.629	9.107	8.914	9.116	9.211	9.170	9.574	9.334	9.362	9.272	9.307
黑龙江	8.232	8.094	8.216	8.379	8.385	8.448	8.973	8.987	9.041	9.320	9.289	9.360	9.227	9.276	9.373	9.379

附表 3-9　2004~2019 年各省（区、市）人均受教育年限指数

省（区、市）	2004年	2005年	2006年	2007年	2008年	2009年	2010年	2011年	2012年	2013年	2014年	2015年	2016年	2017年	2018年	2019年
北京	0.763	0.777	0.806	0.821	0.808	0.831	0.865	0.874	0.905	0.927	0.908	0.261	0.958	0.980	0.986	1.000
天津	0.661	0.646	0.670	0.679	0.686	0.706	0.718	0.745	0.757	0.760	0.757	0.475	0.786	0.823	0.820	0.823

续表

省(区、市)	2004年	2005年	2006年	2007年	2008年	2009年	2010年	2011年	2012年	2013年	2014年	2015年	2016年	2017年	2018年	2019年
河北	0.519	0.495	0.491	0.495	0.516	0.524	0.574	0.551	0.556	0.577	0.573	0.748	0.586	0.604	0.605	0.617
上海	0.713	0.703	0.749	0.751	0.761	0.772	0.761	0.754	0.773	0.763	0.791	0.446	0.817	0.860	0.838	0.828
江苏	0.455	0.491	0.505	0.525	0.526	0.538	0.603	0.606	0.617	0.636	0.627	0.636	0.645	0.647	0.630	0.658
浙江	0.471	0.433	0.483	0.488	0.503	0.522	0.545	0.568	0.612	0.629	0.595	0.620	0.601	0.609	0.614	0.627
福建	0.420	0.425	0.446	0.448	0.454	0.515	0.566	0.569	0.540	0.549	0.565	0.645	0.558	0.604	0.585	0.563
山东	0.470	0.445	0.487	0.502	0.507	0.512	0.561	0.552	0.564	0.580	0.586	0.649	0.591	0.602	0.588	0.589
广东	0.491	0.517	0.525	0.553	0.563	0.574	0.614	0.626	0.627	0.614	0.620	0.614	0.657	0.674	0.659	0.668
海南	0.522	0.489	0.495	0.513	0.515	0.525	0.577	0.575	0.605	0.610	0.600	0.740	0.602	0.642	0.679	0.652
山西	0.519	0.523	0.554	0.563	0.567	0.574	0.613	0.605	0.631	0.628	0.621	0.711	0.666	0.692	0.682	0.683
安徽	0.419	0.369	0.402	0.392	0.414	0.434	0.490	0.504	0.534	0.535	0.558	0.720	0.540	0.544	0.574	0.570
江西	0.475	0.424	0.444	0.504	0.505	0.535	0.540	0.559	0.573	0.615	0.574	0.760	0.560	0.562	0.580	0.613
河南	0.501	0.475	0.483	0.497	0.514	0.520	0.550	0.555	0.551	0.564	0.588	0.742	0.567	0.582	0.585	0.602
湖北	0.487	0.457	0.505	0.524	0.531	0.531	0.589	0.594	0.611	0.627	0.601	0.632	0.622	0.634	0.648	0.642
湖南	0.494	0.475	0.495	0.523	0.525	0.528	0.578	0.567	0.557	0.584	0.591	0.706	0.629	0.639	0.630	0.649
内蒙古	0.495	0.501	0.498	0.516	0.518	0.532	0.588	0.614	0.614	0.589	0.588	0.652	0.665	0.656	0.666	0.685
广西	0.478	0.438	0.480	0.480	0.475	0.487	0.525	0.545	0.524	0.543	0.560	0.761	0.562	0.561	0.560	0.590
重庆	0.392	0.408	0.429	0.446	0.453	0.469	0.536	0.563	0.547	0.552	0.583	0.652	0.597	0.610	0.617	0.627
四川	0.415	0.346	0.392	0.413	0.422	0.442	0.494	0.501	0.530	0.526	0.515	0.692	0.510	0.539	0.551	0.569
贵州	0.363	0.300	0.319	0.347	0.370	0.374	0.414	0.430	0.435	0.481	0.487	0.712	0.450	0.492	0.485	0.470
云南	0.344	0.295	0.327	0.341	0.354	0.354	0.428	0.441	0.460	0.459	0.453	0.714	0.476	0.495	0.505	0.519
西藏	0.068	0.000	0.048	0.098	0.109	0.091	0.172	0.198	0.151	0.069	0.054	0.505	0.151	0.209	0.224	0.234
陕西	0.506	0.483	0.510	0.521	0.534	0.542	0.602	0.583	0.603	0.620	0.604	0.655	0.619	0.623	0.648	0.645
甘肃	0.391	0.349	0.340	0.372	0.383	0.397	0.477	0.494	0.508	0.515	0.512	0.651	0.526	0.550	0.528	0.528
青海	0.343	0.338	0.364	0.385	0.393	0.414	0.435	0.453	0.433	0.473	0.480	0.602	0.453	0.479	0.509	0.500
宁夏	0.443	0.407	0.434	0.457	0.491	0.501	0.533	0.520	0.517	0.555	0.537	0.614	0.606	0.611	0.558	0.574
新疆	0.531	0.499	0.510	0.534	0.539	0.550	0.580	0.608	0.594	0.587	0.609	0.635	0.599	0.650	0.633	0.607
辽宁	0.570	0.560	0.580	0.587	0.597	0.615	0.639	0.641	0.689	0.712	0.690	0.567	0.697	0.698	0.695	0.696
吉林	0.566	0.529	0.550	0.563	0.576	0.577	0.620	0.600	0.617	0.633	0.630	0.655	0.646	0.651	0.639	0.639
黑龙江	0.531	0.528	0.536	0.555	0.555	0.560	0.606	0.601	0.612	0.642	0.628	0.644	0.630	0.636	0.649	0.651

附表 3-10a　2004~2019 年各省（区、市）城镇人均受教育年限指数

省(区、市)	2004年	2005年	2006年	2007年	2008年	2009年	2010年	2011年	2012年	2013年	2014年	2015年	2016年	2017年	2018年	2019年
北京	0.780	0.771	0.803	0.813	0.798	0.821	0.850	0.862	0.892	0.925	0.896	0.119	0.954	0.972	0.984	1.000
天津	0.713	0.662	0.679	0.688	0.689	0.707	0.715	0.746	0.757	0.753	0.747	0.331	0.783	0.825	0.815	0.815
河北	0.671	0.564	0.526	0.513	0.525	0.551	0.631	0.570	0.560	0.617	0.597	0.455	0.632	0.638	0.640	0.639
上海	0.699	0.676	0.727	0.731	0.739	0.752	0.733	0.723	0.738	0.748	0.767	0.285	0.796	0.851	0.822	0.808
江苏	0.476	0.531	0.569	0.567	0.543	0.555	0.630	0.635	0.646	0.653	0.650	0.374	0.664	0.664	0.632	0.657
浙江	0.596	0.456	0.527	0.522	0.537	0.560	0.569	0.608	0.651	0.671	0.621	0.326	0.623	0.616	0.616	0.633
福建	0.485	0.478	0.488	0.498	0.501	0.545	0.589	0.601	0.542	0.563	0.594	0.354	0.590	0.642	0.607	0.568
山东	0.506	0.487	0.532	0.542	0.543	0.543	0.627	0.607	0.608	0.631	0.625	0.394	0.628	0.644	0.624	0.619
广东	0.525	0.531	0.536	0.560	0.570	0.577	0.623	0.635	0.634	0.614	0.630	0.414	0.672	0.686	0.661	0.672
海南	0.605	0.524	0.549	0.564	0.567	0.566	0.628	0.629	0.657	0.645	0.634	0.461	0.627	0.656	0.689	0.678
山西	0.585	0.581	0.625	0.634	0.618	0.623	0.671	0.661	0.688	0.674	0.659	0.461	0.707	0.733	0.724	0.713
安徽	0.533	0.445	0.486	0.457	0.476	0.498	0.572	0.577	0.634	0.602	0.625	0.411	0.586	0.591	0.634	0.618
江西	0.575	0.504	0.524	0.570	0.586	0.607	0.601	0.608	0.626	0.674	0.611	0.479	0.598	0.583	0.606	0.651
河南	0.610	0.560	0.558	0.551	0.573	0.570	0.632	0.635	0.616	0.627	0.665	0.437	0.631	0.631	0.620	0.643
湖北	0.609	0.534	0.615	0.630	0.630	0.619	0.661	0.666	0.683	0.703	0.663	0.372	0.687	0.706	0.705	0.700
湖南	0.563	0.563	0.580	0.616	0.600	0.585	0.645	0.624	0.603	0.618	0.622	0.465	0.679	0.682	0.671	0.692
内蒙古	0.603	0.574	0.567	0.594	0.583	0.586	0.640	0.679	0.656	0.619	0.632	0.407	0.744	0.732	0.736	0.759
广西	0.631	0.538	0.577	0.551	0.524	0.541	0.607	0.634	0.591	0.615	0.639	0.454	0.618	0.599	0.577	0.622
重庆	0.472	0.485	0.483	0.486	0.485	0.489	0.609	0.656	0.619	0.610	0.660	0.389	0.645	0.661	0.667	0.662
四川	0.554	0.480	0.521	0.514	0.512	0.537	0.604	0.579	0.648	0.662	0.621	0.405	0.590	0.617	0.647	0.658
贵州	0.593	0.463	0.438	0.488	0.477	0.463	0.549	0.606	0.581	0.635	0.645	0.381	0.529	0.569	0.560	0.533
云南	0.487	0.403	0.470	0.472	0.452	0.439	0.543	0.576	0.594	0.552	0.536	0.403	0.564	0.569	0.567	0.591
西藏	0.000	0.075	0.011	0.100	0.069	0.092	0.446	0.407	0.302	0.086	0.110	0.233	0.245	0.376	0.333	0.352
陕西	0.648	0.577	0.641	0.643	0.648	0.628	0.698	0.643	0.672	0.673	0.643	0.346	0.667	0.689	0.691	0.660
甘肃	0.653	0.516	0.499	0.514	0.519	0.535	0.651	0.640	0.616	0.650	0.637	0.438	0.639	0.692	0.624	0.603
青海	0.549	0.558	0.554	0.569	0.539	0.578	0.581	0.592	0.559	0.609	0.612	0.342	0.534	0.545	0.595	0.585
宁夏	0.632	0.563	0.568	0.575	0.592	0.604	0.629	0.576	0.577	0.644	0.601	0.340	0.697	0.709	0.621	0.625
新疆	0.661	0.596	0.614	0.634	0.637	0.640	0.675	0.765	0.721	0.667	0.691	0.369	0.693	0.773	0.726	0.656
辽宁	0.609	0.592	0.621	0.631	0.649	0.664	0.684	0.681	0.753	0.770	0.734	0.340	0.745	0.739	0.722	0.730

省(区、市)	2004年	2005年	2006年	2007年	2008年	2009年	2010年	2011年	2012年	2013年	2014年	2015年	2016年	2017年	2018年	2019年
吉林	0.635	0.593	0.614	0.629	0.643	0.636	0.692	0.660	0.676	0.716	0.715	0.445	0.730	0.754	0.718	0.698
黑龙江	0.560	0.564	0.577	0.598	0.595	0.600	0.661	0.654	0.679	0.707	0.687	0.382	0.705	0.704	0.710	0.699

附表3-10b　2004~2019年各省（区、市）农村人均受教育年限指数

省(区、市)	2004年	2005年	2006年	2007年	2008年	2009年	2010年	2011年	2012年	2013年	2014年	2015年	2016年	2017年	2018年	2019年
北京	0.375	0.384	0.395	0.415	0.413	0.422	0.454	0.442	0.473	0.437	0.466	0.888	0.476	0.504	0.483	0.486
天津	0.333	0.326	0.348	0.350	0.367	0.375	0.375	0.371	0.377	0.392	0.396	0.828	0.395	0.405	0.424	0.430
河北	0.332	0.330	0.335	0.344	0.359	0.354	0.368	0.370	0.380	0.370	0.375	0.826	0.357	0.374	0.370	0.387
上海	0.357	0.330	0.338	0.338	0.353	0.359	0.377	0.387	0.425	0.301	0.371	0.777	0.415	0.401	0.410	0.414
江苏	0.286	0.287	0.298	0.320	0.336	0.341	0.359	0.353	0.355	0.377	0.360	0.806	0.369	0.367	0.373	0.394
浙江	0.289	0.259	0.275	0.287	0.295	0.300	0.317	0.313	0.339	0.346	0.335	0.882	0.338	0.360	0.365	0.364
福建	0.250	0.247	0.279	0.273	0.277	0.328	0.349	0.338	0.342	0.333	0.325	0.855	0.310	0.328	0.330	0.335
山东	0.282	0.278	0.311	0.322	0.327	0.330	0.337	0.332	0.344	0.346	0.354	0.781	0.350	0.346	0.341	0.345
广东	0.299	0.304	0.320	0.335	0.342	0.353	0.361	0.368	0.368	0.366	0.355	0.876	0.372	0.387	0.386	0.385
海南	0.322	0.295	0.312	0.322	0.321	0.332	0.356	0.350	0.369	0.381	0.371	0.870	0.375	0.409	0.436	0.401
山西	0.347	0.337	0.353	0.357	0.367	0.370	0.384	0.375	0.387	0.389	0.386	0.792	0.409	0.422	0.412	0.419
安徽	0.263	0.228	0.258	0.254	0.267	0.276	0.298	0.307	0.306	0.322	0.334	0.840	0.328	0.326	0.332	0.336
江西	0.297	0.268	0.284	0.327	0.317	0.338	0.341	0.356	0.359	0.380	0.363	0.790	0.346	0.357	0.362	0.369
河南	0.331	0.315	0.327	0.341	0.347	0.351	0.352	0.351	0.351	0.357	0.362	0.843	0.348	0.363	0.371	0.373
湖北	0.281	0.274	0.295	0.307	0.313	0.317	0.351	0.345	0.351	0.354	0.343	0.836	0.346	0.341	0.362	0.354
湖南	0.321	0.304	0.318	0.330	0.334	0.340	0.366	0.359	0.355	0.378	0.381	0.745	0.385	0.393	0.383	0.390
内蒙古	0.277	0.267	0.299	0.302	0.306	0.318	0.343	0.347	0.363	0.355	0.337	0.774	0.350	0.344	0.351	0.356
广西	0.305	0.281	0.311	0.318	0.320	0.322	0.331	0.336	0.328	0.335	0.339	0.866	0.350	0.358	0.369	0.378
重庆	0.229	0.236	0.265	0.280	0.287	0.302	0.298	0.293	0.291	0.299	0.297	0.833	0.325	0.323	0.322	0.340
四川	0.264	0.213	0.241	0.262	0.269	0.276	0.296	0.312	0.306	0.287	0.290	0.803	0.296	0.311	0.300	0.310
贵州	0.214	0.185	0.211	0.223	0.246	0.251	0.252	0.244	0.253	0.277	0.270	0.856	0.271	0.297	0.288	0.279
云南	0.223	0.184	0.202	0.212	0.229	0.230	0.266	0.261	0.264	0.279	0.276	0.823	0.281	0.299	0.308	0.308
西藏	0.082	0.000	0.062	0.085	0.105	0.086	0.084	0.118	0.095	0.066	0.045	0.634	0.095	0.110	0.136	0.139
陕西	0.303	0.295	0.310	0.316	0.322	0.336	0.360	0.363	0.363	0.383	0.375	0.837	0.372	0.353	0.386	0.405

省(区、市)	2004年	2005年	2006年	2007年	2008年	2009年	2010年	2011年	2012年	2013年	2014年	2015年	2016年	2017年	2018年	2019年
甘肃	0.219	0.208	0.206	0.229	0.238	0.245	0.274	0.292	0.312	0.301	0.298	0.702	0.304	0.298	0.304	0.313
青海	0.164	0.147	0.172	0.190	0.210	0.211	0.217	0.223	0.214	0.232	0.232	0.722	0.242	0.268	0.267	0.255
宁夏	0.226	0.209	0.235	0.256	0.285	0.287	0.301	0.313	0.305	0.306	0.306	0.872	0.321	0.309	0.302	0.318
新疆	0.304	0.315	0.320	0.335	0.336	0.346	0.352	0.335	0.340	0.360	0.366	0.844	0.349	0.361	0.364	0.375
辽宁	0.335	0.324	0.334	0.335	0.334	0.346	0.357	0.353	0.347	0.366	0.366	1.000	0.367	0.378	0.390	0.381
吉林	0.323	0.308	0.318	0.324	0.332	0.340	0.357	0.353	0.364	0.356	0.349	0.771	0.360	0.344	0.353	0.366
黑龙江	0.335	0.309	0.324	0.334	0.335	0.333	0.352	0.348	0.340	0.362	0.355	0.896	0.339	0.350	0.362	0.373

附表 3-11a 2004~2019 年各省（区、市）男性人均受教育年限指数

省(区、市)	2004年	2005年	2006年	2007年	2008年	2009年	2010年	2011年	2012年	2013年	2014年	2015年	2016年	2017年	2018年	2019年
北京	0.773	0.788	0.812	0.824	0.814	0.839	0.854	0.857	0.903	0.929	0.883	0.208	0.966	0.983	0.979	1.000
天津	0.668	0.651	0.665	0.678	0.687	0.702	0.704	0.721	0.742	0.742	0.735	0.447	0.768	0.821	0.804	0.813
河北	0.519	0.500	0.494	0.499	0.517	0.523	0.565	0.548	0.548	0.565	0.565	0.742	0.583	0.595	0.594	0.610
上海	0.756	0.733	0.783	0.779	0.788	0.799	0.769	0.758	0.770	0.766	0.797	0.426	0.826	0.867	0.840	0.828
江苏	0.499	0.534	0.541	0.555	0.559	0.574	0.623	0.619	0.626	0.650	0.650	0.628	0.664	0.666	0.647	0.676
浙江	0.493	0.458	0.499	0.514	0.526	0.541	0.552	0.536	0.590	0.637	0.608	0.615	0.618	0.627	0.618	0.633
福建	0.457	0.473	0.490	0.495	0.504	0.538	0.580	0.543	0.550	0.570	0.582	0.647	0.580	0.620	0.610	0.584
山东	0.502	0.487	0.528	0.535	0.534	0.533	0.579	0.572	0.582	0.594	0.605	0.629	0.607	0.618	0.609	0.614
广东	0.510	0.536	0.543	0.566	0.576	0.582	0.616	0.645	0.634	0.618	0.640	0.595	0.661	0.673	0.662	0.674
海南	0.553	0.521	0.526	0.545	0.551	0.555	0.593	0.584	0.613	0.627	0.620	0.730	0.608	0.639	0.662	0.631
山西	0.515	0.519	0.542	0.556	0.560	0.572	0.599	0.592	0.618	0.613	0.606	0.681	0.660	0.687	0.674	0.674
安徽	0.452	0.410	0.447	0.426	0.446	0.471	0.516	0.530	0.581	0.543	0.557	0.691	0.558	0.563	0.604	0.597
江西	0.506	0.459	0.477	0.533	0.524	0.554	0.555	0.571	0.588	0.626	0.582	0.736	0.578	0.567	0.585	0.621
河南	0.506	0.487	0.488	0.506	0.518	0.521	0.549	0.570	0.549	0.560	0.581	0.734	0.556	0.574	0.580	0.600
湖北	0.513	0.493	0.530	0.541	0.543	0.547	0.604	0.616	0.627	0.638	0.619	0.628	0.639	0.653	0.668	0.646
湖南	0.500	0.488	0.502	0.532	0.536	0.530	0.574	0.567	0.553	0.576	0.581	0.680	0.630	0.639	0.624	0.646
内蒙古	0.499	0.519	0.509	0.519	0.527	0.537	0.584	0.595	0.603	0.586	0.586	0.652	0.654	0.655	0.663	0.679
广西	0.493	0.453	0.489	0.484	0.479	0.488	0.523	0.561	0.519	0.538	0.559	0.766	0.562	0.552	0.553	0.581
重庆	0.392	0.419	0.427	0.443	0.446	0.455	0.530	0.560	0.540	0.554	0.584	0.621	0.596	0.602	0.614	0.620

续表

省(区、市)	2004年	2005年	2006年	2007年	2008年	2009年	2010年	2011年	2012年	2013年	2014年	2015年	2016年	2017年	2018年	2019年
四川	0.418	0.362	0.408	0.418	0.427	0.446	0.491	0.494	0.529	0.534	0.512	0.683	0.508	0.545	0.552	0.570
贵州	0.382	0.345	0.353	0.374	0.393	0.396	0.432	0.464	0.451	0.477	0.475	0.735	0.463	0.504	0.498	0.485
云南	0.352	0.315	0.337	0.350	0.369	0.363	0.425	0.429	0.451	0.453	0.449	0.715	0.462	0.494	0.506	0.511
西藏	0.077	0.000	0.059	0.095	0.115	0.084	0.177	0.208	0.130	0.035	0.038	0.542	0.145	0.211	0.236	0.247
陕西	0.522	0.499	0.528	0.538	0.546	0.549	0.604	0.580	0.608	0.623	0.615	0.640	0.610	0.602	0.652	0.649
甘肃	0.416	0.390	0.382	0.406	0.411	0.422	0.498	0.516	0.525	0.522	0.527	0.651	0.541	0.572	0.557	0.559
青海	0.371	0.374	0.387	0.410	0.421	0.441	0.447	0.445	0.437	0.480	0.472	0.620	0.464	0.485	0.531	0.518
宁夏	0.467	0.439	0.466	0.484	0.505	0.515	0.540	0.526	0.516	0.560	0.545	0.613	0.617	0.605	0.553	0.584
新疆	0.511	0.483	0.486	0.508	0.513	0.521	0.554	0.585	0.569	0.565	0.583	0.624	0.576	0.626	0.607	0.581
辽宁	0.565	0.559	0.575	0.582	0.591	0.608	0.627	0.630	0.675	0.689	0.682	0.536	0.686	0.680	0.680	0.684
吉林	0.547	0.526	0.544	0.558	0.570	0.571	0.604	0.584	0.597	0.620	0.618	0.624	0.632	0.640	0.626	0.622
黑龙江	0.521	0.530	0.532	0.553	0.552	0.555	0.592	0.580	0.595	0.626	0.600	0.627	0.612	0.618	0.633	0.639

附表3-11b 2004~2019年各省（区、市）女性人均受教育年限指数

省(区、市)	2004年	2005年	2006年	2007年	2008年	2009年	2010年	2011年	2012年	2013年	2014年	2015年	2016年	2017年	2018年	2019年
北京	0.327	0.333	0.349	0.357	0.349	0.358	0.381	0.387	0.395	0.402	0.405	0.134	0.413	0.426	0.432	0.436
天津	0.285	0.279	0.294	0.296	0.299	0.308	0.318	0.334	0.336	0.338	0.338	0.216	0.349	0.358	0.363	0.361
河北	0.225	0.214	0.212	0.213	0.224	0.228	0.253	0.240	0.244	0.255	0.252	0.328	0.255	0.266	0.267	0.271
上海	0.294	0.294	0.313	0.316	0.321	0.326	0.327	0.325	0.337	0.330	0.341	0.201	0.351	0.371	0.364	0.360
江苏	0.181	0.199	0.207	0.218	0.218	0.221	0.254	0.259	0.266	0.271	0.264	0.279	0.273	0.273	0.267	0.279
浙江	0.196	0.178	0.204	0.201	0.209	0.219	0.234	0.260	0.275	0.270	0.251	0.271	0.253	0.256	0.264	0.269
福建	0.168	0.166	0.176	0.176	0.178	0.215	0.240	0.258	0.230	0.238	0.279	0.233	0.256	0.243	0.235
山东	0.192	0.178	0.196	0.205	0.210	0.214	0.237	0.232	0.238	0.246	0.247	0.290	0.251	0.255	0.248	0.246
广东	0.205	0.217	0.221	0.234	0.239	0.246	0.265	0.261	0.268	0.264	0.258	0.273	0.282	0.293	0.283	0.286
海南	0.212	0.197	0.200	0.207	0.208	0.213	0.242	0.245	0.257	0.256	0.250	0.326	0.257	0.279	0.302	0.291
山西	0.227	0.229	0.246	0.248	0.249	0.250	0.272	0.268	0.279	0.279	0.277	0.321	0.292	0.302	0.300	0.301
安徽	0.168	0.144	0.156	0.157	0.167	0.173	0.202	0.209	0.211	0.229	0.243	0.325	0.226	0.229	0.237	0.237
江西	0.193	0.170	0.180	0.207	0.212	0.225	0.228	0.236	0.242	0.262	0.245	0.340	0.235	0.241	0.250	0.263
河南	0.215	0.201	0.208	0.212	0.222	0.226	0.240	0.235	0.240	0.247	0.259	0.326	0.251	0.256	0.257	0.263

省(区、市)	2004年	2005年	2006年	2007年	2008年	2009年	2010年	2011年	2012年	2013年	2014年	2015年	2016年	2017年	2018年	2019年
湖北	0.201	0.183	0.210	0.221	0.225	0.224	0.250	0.248	0.259	0.268	0.253	0.276	0.262	0.267	0.273	0.278
湖南	0.212	0.201	0.212	0.223	0.223	0.229	0.253	0.246	0.243	0.256	0.260	0.317	0.272	0.278	0.276	0.283
内蒙古	0.213	0.210	0.211	0.223	0.221	0.229	0.256	0.275	0.271	0.257	0.256	0.283	0.294	0.286	0.290	0.300
广西	0.200	0.183	0.204	0.206	0.203	0.210	0.229	0.228	0.229	0.237	0.243	0.329	0.243	0.247	0.245	0.260
重庆	0.171	0.173	0.187	0.194	0.199	0.209	0.235	0.246	0.241	0.239	0.253	0.296	0.259	0.269	0.270	0.275
四川	0.180	0.145	0.163	0.177	0.181	0.191	0.216	0.220	0.229	0.225	0.226	0.305	0.223	0.232	0.240	0.248
贵州	0.148	0.110	0.123	0.139	0.149	0.152	0.172	0.170	0.182	0.210	0.216	0.300	0.189	0.208	0.204	0.197
云南	0.146	0.119	0.136	0.143	0.145	0.149	0.186	0.196	0.202	0.201	0.197	0.311	0.212	0.215	0.218	0.229
西藏	0.028	0.000	0.016	0.044	0.047	0.040	0.071	0.081	0.072	0.042	0.030	0.204	0.066	0.090	0.093	0.097
陕西	0.212	0.331	0.215	0.220	0.227	0.233	0.260	0.254	0.260	0.268	0.257	0.291	0.273	0.279	0.280	0.278
甘肃	0.159	1.000	0.131	0.147	0.155	0.162	0.198	0.204	0.213	0.220	0.216	0.283	0.223	0.230	0.217	0.217
青海	0.136	0.132	0.148	0.157	0.160	0.169	0.183	0.200	0.184	0.201	0.212	0.252	0.191	0.203	0.211	0.210
宁夏	0.182	0.164	0.176	0.187	0.207	0.211	0.228	0.223	0.225	0.239	0.230	0.267	0.258	0.269	0.245	0.245
新疆	0.239	0.223	0.230	0.242	0.244	0.251	0.262	0.274	0.268	0.264	0.275	0.281	0.270	0.293	0.286	0.275
辽宁	0.250	0.244	0.254	0.257	0.262	0.270	0.283	0.283	0.305	0.319	0.303	0.259	0.308	0.311	0.308	0.307
吉林	0.254	0.231	0.242	0.247	0.253	0.253	0.276	0.267	0.276	0.280	0.278	0.297	0.286	0.287	0.283	0.285
黑龙江	0.235	0.228	0.234	0.242	0.242	0.245	0.269	0.270	0.272	0.285	0.284	0.287	0.281	0.283	0.288	0.288